ETUDES

SUR

L'ÉCONOMIE NATIONALE

DE LA RUSSIE

PAR

W. BESOBRASOF,

MEMBRE DE L'ACADÉMIE IMPÉRIALE DES SCIENCES.

RÉGION (CENTRALE) INDUSTRIELLE DE MOSCOU.

TOME I.

St. PÉTERSBOURG, 1883.

Commissionnaires de l'Académie Impériale des sciences:

À ST.-PÉTERSBOURG: À RIGA: À LEIPZIG:

MM. Eggers & Cᵉ et J. Glasounof;   M. N. Kymmel;   Voss' Sortiment (G. Haessel).

Prix: 1 R. 60 Cop. = 5 M. 30 Pf.

ETUDES

SUR

L'ÉCONOMIE NATIONALE

DE LA RUSSIE

PAR

W. BESOBRASOF,

MEMBRE DE L'ACADÉMIE IMPÉRIALE DES SCIENCES.

RÉGION (CENTRALE) INDUSTRIELLE DE MOSCOU.

TOME I.

⋯•⋄•⋯

St. PÉTERSBOURG, 1883.

Commissionnaires de l'Académie Impériale des sciences:

à ST.-PÉTERSBOURG: **à RIGA:**   **à LEIPZIG:**

M. M. Eggers & Cᵒ et J. Glasounof;   M. N. Kymmel;   Voss' Sortiment (G. Haessel).

Prix: 1 r. 60 cop. = 5 M. 80 Pf.

Imprimé par ordre de l'Académie Impériale des Sciences.
Janvier, 1883.   C. Vessélofsky, Secrétaire perpétuel.

Imprimerie de l'Académie Impériale des Sciences.
(Vass.-Ostr., 9e ligne, № 12.)

TABLE DES MATIÈRES DU Iʳᵉ TOME.

Deux questions, économiques par excellence et se rapportant à notre pays attirent particulièrement l'attention de notre gouvernement et de notre société:

1. A quel degré et dans quelle direction *la richesse de la nation russe et sa production* se sont-elles développées dans le courant de ces vingt dernières années, c'est-à-dire depuis l'abolition du servage et l'introduction d'autres grandes réformes du dernier règne? Ces réformes amenaient par elles-mêmes un revirement complet dans toute l'organisation sociale et particulièrement dans l'organisation économique de la Russie.

2. A quel degré *les conditions du bien-être* des différentes classes sociales et *surtout de la classe ouvrière* se sont-elles modifiées à la suite de ce revirement, dans quel état se trouvent ces conditions actuellement et surtout à quel point peuvent-elles influer sur *le développement ultérieur de notre culture?*

Evidemment, ces deux questions sont si étroitement liées entre elles, qu'elles ne forment qu'une seule et même question générale: *quelle influence les modifications des formes de l'économie nationale dans le courant de ces vingt dernières années ont-elles eue sur le bien-être du peuple?* Evidemment, l'intérêt théorique et pratique de tout mouvement dans la production d'une contrée se concentre non dans la quantité ou dans la somme de cette production, mais dans l'influence de ce mouvement sur la répartition de cette richesse dans la société et surtout sur les conditions du bien-être de la classe ouvrière, qui partout, et particulièrement dans notre pays, compose la partie la plus grande de la nation et la base de la puissance de l'État.

1

Il est impossible de ne pas reconnaître les questions proposées plus haut comme étant les plus essentielles dans toutes les études économiques qui se rapportent actuellement à la Russie. Mais ce n'est pas tout. Non seulement, tout ce qui entre dans le domaine de notre économie nationale est soumis à la solution de ces questions, mais encore la manière d'envisager les problèmes politiques et sociaux qui nous attendent dans l'avenir le plus rapproché en dépendent. Les réponses à ces questions doivent renfermer le total de notre passé récent, les symptômes les plus ostensibles de notre situation actuelle, non seulement économique, mais encore politique et morale, et enfin les indications les plus vraisemblables pour l'avenir. — L'appréciation de toutes les mesures prises par l'Etat et qui ont changé le cours de notre vie dans l'espace de ces vingt dernières années, qui, sans aucun doute, feront époque dans notre histoire, dépend des différents symptômes de tel ou tel mouvement de la richesse du peuple et de son bien-être dans telle ou telle contrée, dans telle ou telle autre classe de la société. La direction de l'activité future du gouvernement dépend entièrement de cette appréciation. Les préoccupations les plus brûlantes de notre gouvernement et de notre public amenées par les tristes évènements de ces dernières années sont étroitement liées aux susdites questions.

Le caractère de ces questions et le manque de faits irrécusables pour leur solution, les expose aux réponses les plus opposées au point de vue, tantôt de l'optimisme, tantôt du pessimisme des différents intérêts personnels et des différentes sympathies politiques qui leur sont inhérentes.[1]) Une appréciation scientifique impartiale de ces questions est par conséquent urgente, ainsi qu'une appréciation exempte de tout esprit de parti. Pour établir cette appréciation il faut avant tout un ensemble de données positives sur les choses qui entrent dans le cercle des questions sus-mentionnées et qui ont encore été peu étu-

---

1) Nous pouvons citer comme exemple la polémique étendue, soulevée il y a peu de temps dans notre presse par le livre du P-ce *A. Vassiltchikoff* «*La propriété du sol et l'agriculture en Russie et dans les autres états de l'Europe*». St.-Pét. 1876.

diées dans notre pays, au point de vue de la science[2]. Des investigations *locales* basées sur les faits sont urgentes par-dessus tout.

Une variété excessive des conditions économiques locales, souvent différentes et opposées, non seulement dans deux gouvernements limitrophes de la même contrée, mais encore dans des districts voisins du même gouvernement, voire même dans le même district, donne lieu à une masse de notions erronées sur la situation économique de la Russie, parcequ'on applique ces notions, tirées de quelque région isolée, à un espace immense, souvent à tout l'empire. De plus, il est indispensable que les recherches locales soient faites sur les lieux mêmes et, par des personnes, dont *l'esprit* y soit intéressé et non par les procédés bureaucratiques usités dans nos travaux statistiques. Cette façon de recueillir des notions statistiques, à travers toute une série d'instances administratives et d'employés de police, produit des données incertaines et insuffisantes, surtout dans la partie économique[3].

2) Plusieurs excellentes études statistiques et économiques se rapportant aux susdites questions ont été dernièrement faites par nos institutions locales (zemstwos, assemblées des représentants des gouvernements et des districts), particulièrement dans les gouvernements de Moscou et de Tver. Il faut espérer, qu'avec le temps, des travaux semblables se produiront dans tous les gouvernements et feront la base de résumés généraux exacts et véridiques sur tout l'Empire ou sur ses parties les plus importantes, mais en attendant ces travaux ne donnent que des notions partielles sur des contrées et des industries séparées. L'ouvrage remarquable de Mr. D. A. Timiriaseff: «Revue du développement des principales branches de l'industrie et du commerce en Russie, pendant ces vingt dernières années, en tableaux graphiques; S.-P. 1876» nous donne des notions sur la question générale du mouvement de l'industrie productive en Russie, mais cet ouvrage ne résout qu'une seule question (*dans les limites les plus restreintes*) sur l'extension de l'industrie productive, dans ses branches diverses, pendant le cours de la période mentionnée; nous ne trouvons ici que des mouvements généraux de l'industrie dans toute la Russie sans aucun rapport avec ses différentes contrées et sans aucune étude *des relations de ce mouvement avec les conditions économiques de la vie du peuple et de son bien-être*. De plus, il est impossible de ne pas observer, qu'en dépit de l'analyse exemplaire des matériaux qui distingue l'ouvrage de Mr. Timiriaseff, ces matériaux (relevés des fabriques, présentés au Ministère des finances, voy. plus bas) par leur inexactitude (comme l'auteur en convient lui-même), ne sont assez justes que pour des résumés généraux (du mouvement général de l'industrie pendant ces vingt années) et ne suffisent nullement pour l'explication des questions partielles sur le mouvement de l'industrie dans telle ou telle autre année et sur ses causes.

3) V. entre autres l'aveu très franc et constaté dans ce sens de la part du Comité statistique central dans son «Annuaire statistique de l'Empire de Russie» Série II, liv. 6, 1872. «Introduction» concernant les notions officielles sur les fabriques, prises dans les gouvernements, présentées au département du commerce et des manufactures du Ministère des finances et qui ont jusqu'ici servi de source unique à tous les résumés statistiques sur cette partie.

1*

La nécessité de pareilles notions locales sur les branches diverses de notre économie nationale a été exprimée depuis peu par des particuliers et par les délégations provinciales (le zemstwo); quelques ouvrages déjà terminés et se trouvant en partie liés aux questions mentionnées, se distinguent par des mérites incontestables [4].

Mais les solutions exactes des questions indiquées exigent une masse bien plus grande de faits et surtout de faits recueillis sur les lieux, spécialement dans ce but.

Le genre de nos travaux antérieurs et plusieurs voyages que nous avons faits dans différentes parties de la Russie, pendant la première partie de ces vingt dernières années, nous font un devoir de contribuer, selon nos forces, à l'étude de ces questions qui relèvent particulièrement de la science économique. C'est dans ce but que, munis de l'autorisation Suprême de S. M. l'Empereur défunt, obtenue en 1879 par le ministre des finances, M. Greig, nous avons parcouru en 1879, 1880 et 1881 dix gouvernements: (ceux de Moscou, de Jaroslav, de Kostroma, de Vladimir, de Nijnii-Novgorod, de Riazane, de Toula, de Kalouga, de Smolensk et de Tver) gouvernements qui entourent celui de Moscou et qui entrent dans la région industrielle centrale de Moscou [5].

Plusieurs raisons nous ont fait donner la préférence à cette région pour le premier essai de nos études; d'abord: 1) Moscou avec la foire de Nijnii-Novgorod forment le centre principal de tout le commerce intérieur de la Russie et cette région réflète mieux que toute autre la marche de la vie économique de tout le pays et même de ses confins asiatiques les plus éloignés. 2) C'est là que se concentre principalement notre industrie manufacturière, et les ouvriers de fabrique, classe presque nouvellement surgie dans notre pays depuis l'abolition du servage, occupent le premier plan dans la question des conditions actuelles de la vie et du bien-être des classes ouvrières. Ils éveillent, comme nous le verrons plus tard, un ensemble de questions d'Etat tout-à-fait nouvelles pour nous.

---

[4] Tous ces ouvrages seront mentionnés en temps et lieu. Les plus remarquables d'entre eux, des *ouvrages modèles*, pour ainsi dire dans leur genre, appartiennent à la délégation provinciale de Moscou (Recueil de notions statistiques sur le gouvernement de Moscou.)

[5] Voyez plus bas, les limites et l'importance de cette région.

L'ouvrage que nous publions est le résultat de ce voyage; c'est le recueil de nos propres observations et des données qui nous ont été fournies sur les lieux. Notre voyage a duré près de trois ans, mais l'étendue du pays, dont l'exploration était notre but, ne nous a permis de visiter et encore dans les délais les plus courts, que les centres principaux de notre industrie et de notre commerce, et les localités les plus *typiques*, sous le rapport de la vie économique de chaque contrée. Par conséquent, nous avons dû compléter et rectifier nos observations personnelles, par les notions que d'autres personnes, s'intéressant à notre travail ont bien voulu nous fournir. Nous avons rencontré presque partout de ces personnes, que leur activité administrative, industrielle ou savante, a mis à même de nous servir de leurs connaissances. Le secours bienveillant que nous avons trouvé chez presque tout le monde industriel, à très peu d'exceptions près[6]), nous a laissé un souvenir de gratitude, que nous tenons à exprimer ici.

Nous avons dressé un *programme de questions*, dont nous avons distribué un grand nombre d'exemplaires aux personnes qui nous ont offert leur concours, afin de faciliter leurs réponses par écrit. Dans la description de notre voyage, nous profitons des réponses qui nous ont été données; quelques unes d'entre elles entreront tout entières sous forme de monographies dans les *Appendices* qui contiendront aussi les notes sur différentes questions ayant quelque rapport avec nos études.

Les observations et les notions mentionnées, celles que nous ont valu de nos voyages antérieurs, ainsi que les matériaux que nous avons tirés d'autres sources, ont formé un assez grand recueil de données qui se rapportent à la situation économique de la région de Moscou et de la Russie en général. Mais nous nous empressons de prévenir le lecteur que cette masse de notions est loin de suffire à la solution des problèmes proposés, concernant même la seule région de la Russie que nous avons explorée. Les informations que nous avons pu recueillir, offrent beaucoup

6) Toutes les personnes qui ont droit à notre gratitude seront nommées plus tard.

7) Voyez l'Appendice I.

de lacunes, et, pour les remplir, il eut fallu incomparablement plus de temps que nous n'avons pu en consacrer à notre voyage. Il va de soi, que dans les conditions qui nous ont mis à même de faire des recherches, par l'intermédiaire d'autres personnes (d'après notre questionaire), la quantité de ces notions qu'on nous a fournies était peu considérable relativement aux diverses parties respectives de notre région. C'est là la raison du manque de *symétrie*, de régularité, et en partie du manque de suite dans notre relation, qui du reste répond au caractère dominant de notre ouvrage, «Description d'un voyage.» Il nous a été, de même, impossible de compulser les archives et toute la littérature très étendue sur l'économie nationale du rayon de Moscou. Nous n'avons profité que des ouvrages les plus marquants et dont l'accès nous était le plus facile[8]). De plus, toutes les données statistiques des temps passés, nécessaires pour établir une comparaison entière et précise entre la situation économique de la Russie actuelle et celle qui a précédé les vingt dernières années, quand même nous nous fussions muni de toutes les notions sur l'époque présente, nous eussent manqué[9]).

8) Nous n'avons puisé à la source que nous offrait la littérature qu'en vue de la caractéristique générale des localités et de l'industrie, mais nous avons taché d'éviter toutes les données statistiques et surtout les chiffres, si peu authentiques. Nous insérons partout et *autant que possible* la bibliographie complète de notre sujet.

9) L'ouvrage de Mr. Tengoborsky «Etudes sur les forces productives de la Russie, Paris 1852—1855», est le meilleur dans ce genre; il est presque parfait sous le rapport de la méthode et de l'élaboration des matériaux, mais il est presqu'exclusivement basé sur des données statistiques officielles, parfaitement incertaines. L'auteur, comme on le sait, n'a fait aucun voyage et s'est borné à un travail de cabinet. Par conséquent, la façon de Mr. Tengoborsky d'envisager notre industrie, notre commerce et les forces productives de la Russie, même à l'époque où il vivait, n'était juste qu'au point de vue très général et dans les résumés approximatifs (surtout dans ces comparaisons avec l'Europe occidentale) et sous ce rapport l'ouvrage de Mr. Tengoborsky est fort précieux. Il ne touche nullement aux conditions du bien-être du peuple, ni à la vie des classes ouvrières. L'ouvrage de Mr. *Schnitzler* «l'Empire des Tzars, Paris, 1862—1869» est tout à fait dans le même genre, mais il est plus nouveau et plus étendu. L'ouvrage du Baron *Haxthausen* (Etudes sur la situation intérieure, la vie nationale et les institutions rurales de la Russie, Hanovre 1847—1848») jette beaucoup plus de jour sur notre situation économique des années 40 et sur les particularités de notre vie nationale, surtout dans la sphère rurale et dans le milieu des classes ouvrières. Il faut ajouter que le voyage du Baron Haxthausen à travers la Russie a été fort rapide. Contrairement à M. Tengoborsky, toutes les notions communiquées par M. Haxthausen (à l'exception des quelques matériaux que le gouvernement lui a fournis, par ex. des notions concernant les paysans de la couronne)

Si nous avions voulu, pour l'ampleur de notre travail, donner à nos investigations le développement nécessaire à la solution des questions sus-mentionnées, la durée de ce travail nous eut éloigné de notre but direct — de présenter une esquisse succincte, mais autant que possible *simultanée* de toute la région centrale de Moscou.

Une enquête statistique et économique, tout-à-fait complète non seulement sur dix gouvernements, mais sur un seul, même quand ce travail eût été divisé entre plusieurs personnes, aurait demandé plusieurs années (nous en voyons l'exemple dans les explorations statistiques, entreprises par le zemstwo de Moscou).

Nous devons faire remarquer, en outre, que nous nous sommes abstenus de présenter des chiffres statistiques d'une valeur incertaine, provenant de sources inconnues ou douteuses. Il est facile de trouver des masses de ces données et des tableaux bien riches, en apparence, dans maintes de nos publications statistiques.

Mais des renseignements, quand même qu'ils ne seraient qu'à peu près exacts, communiqués par des personnes compétentes, sur les lieux mêmes, des observations de témoins oculaires, même leurs impressions, si elles sont impartiales, ont à nos yeux infiniment plus de valeur scientifique et produisent infiniment moins d'appréciations erronées (surtout lorsque les sources sont connues et peuvent être contrôlées), que des masses de chiffres peu probables et prises à des sources peu certaines [10]).

Nous avons cru de notre devoir de prévenir le lecteur de tous les défauts et lacunes de notre travail; il ne doit pas sus-

sont basées sur ses propres observations. Notre ouvrage, d'après le caractère de ses exposés (description de voyage) et son contenu se rapproche de l'ouvrage de Haxthausen plus que de tout autre, mais nous avons puisé nos renseignements à la littérature russe beaucoup plus que lui. Les ouvrages sur la Russie de deux voyageurs étrangers ont de nos jours acquis de la renommée en Europe et méritent en effet une attention particulière. Ce sont ceux de MM. Leroy-Beaulieu (articles dans la Revue des deux Mondes, publiés maintenant séparément, sous le titre de «La Russie et les Russes») et A. Mackensie Wallace («Russia»). Ces ouvrages, basés sur les explorations personnelles et prolongées de leurs auteurs, se distinguent par l'impartialité irréprochable de leurs aperçus. Mais le sujet principal de ces deux ouvrages, n'est pas notre économie nationale, ils sont principalement dirigés vers le caractère général de la Russie et sa vie politique.

10) Nous rangeons dans cette catégorie les chiffres rassemblés par la police et qui figurent dans notre statistique officielle.

citer des exigences auxquelles il ne peut satisfaire. Il ne peut se comparer, sous le rapport du volume, de l'ampleur et surtout des notions statistiques, à d'autres explorations locales, faites chez nous depuis peu, sur des espaces beaucoup plus restreints [11]).

L'intérêt que notre ouvrage pourrait offrir, en dépit de ses défauts et de ses lacunes, tient à ce qu'il présente le premier *essai* d'études locales, dirigées spécialement vers les questions économiques mentionnées et embrasse toute une vaste région de l'empire Russe; de plus, cette région se distingue tout-à-fait, sous le rapport économique, des autres parties de notre pays et joue un rôle prépondérant dans toute notre histoire et dans toute notre économie nationale. Notre essai peut servir de stimulant, et engager à des explorations plus amples dans la même voie.

Tous les renseignements que nous communiquons ainsi que toutes nos observations personnelles, se concentrent principalement, mais non exclusivement, sur les deux questions que nous avons posées dans le commencement.

Nous avons appliqué l'étude de ces questions à *l'industrie manufacturière* (dans la plus large acception de ce terme), qui prédomine dans la région de Moscou, sur toutes les autres branches de la production.

La prépondérance de l'activité manufacturière sur l'agriculture et sur toutes les autres parties du travail national, qui se remarque dans cette région, trouve sa cause dans ce que cette activité grandit continuellement aux dépens de toutes les autres branches, le nombre de bras qu'elle attire augments de plus en plus, elle offre à la population locale la source *presque exclusive de ses revenus pécuniaires* [12]).

De plus, nous avons particulièrement concentré nos études sur les fabriques et usines, *et sur les conditions de la vie de leurs ouvriers* [13]), et nous leur avons donné la préférence sur d'autres formes d'industrie, sur l'industrie domestique et les métiers; cette dernière, dite petite industrie, est étudiée par une commission

11) Par ex. les travaux statistiques des institutions locales dans plusieures provinces (principalement dans les gouvernements de Moscou, de Tver, de Nijni-Novgorod etc.). Nous aurons souvent recours à ces travaux.

12) Voyez plus bas 1-er chapitre.

13) J'ai cru devoir spécialiser et concentrer autant que possible mon travail.

spéciale, établie dans ce but au Ministère des Finances. La question des ouvriers de fabriques s'impose pour ce moment chez nous, comme ailleurs.

L'activité commerciale de la région de Moscou a également attiré notre attention.

Mais le commerce, au point de vue de notre sujet, ne saurait inspirer autant d'intérêt que la question des fabriques. Il ne représente pas directement les *forces productives* de la nation et n'occupe les mains des populations que dans des limites très restreintes.

La question particulière de la marche de nos affaires industrielles et commerciales pendant ces dernières années et entre autres la question de *«l'excitation industrielle,»* qui a immédiatement suivi la guerre de Turquie (et les émissions de papier-monnaie) et qui a soulevé tant d'opinions contraires dans la presse, aura sa place à part dans notre ouvrage et dans la question générale sur le développement de notre industrie pendant ces vingt dernières années.

Nos observations, pendant le cours de nos excursions, ne purent omettre, à part les principaux sujets de notre travail, non seulement d'autres côtés de l'économie nationale et en général toutes les forces productives du pays [14]), mais aussi les phases de sa vie morale, intellectuelle et administrative, qui ont une influence soit directe, soit indirecte sur le bien-être de la nation.

Enfin, le caractère de notre travail (description d'un voyage) ne devait point, avec juste raison, exclure de nos études, divers faits accessoires, par ex. des faits géographiques et historiques, que nous avons rencontrés sur notre route et qui nous ont semblé nouveaux ou peu connus [15]).

Nous avons adopté l'ordre suivant dans notre ouvrage. La description de notre voyage précédera une esquisse générale de

14) Nous avons cherché à ne point perdre de vue, une seule question économique suscitée par la vie du peuple, dans les contrées que nous avons visitées.

15) Nous devons remarquer ici que nos descriptions et nos manuels de géographie réclament impérieusement des matériaux, rafraîchis par des voyages récents et de nouvelles explorations spéciales. Nous trouvons dans nos manuels de géographie des choses qui n'existent plus depuis long-temps dans les endroits auxquels on les prête, et au contraire nous n'y trouvons pas les choses les plus remarquables qui existent de nos jours.

toute la contrée qui a été l'objet de nos recherches, de ses limites, de ses éléments géographiques et historiques, du rôle qu'elle joue dans la vie économique de notre pays et de ses rapports avec toutes les autres parties de la Russie. Quoique cet aperçu général de la contrée doive découler de toutes les recherches effectuées dans chacune de ses localités séparément, il n'y a qu'une esquisse préalable des *éléments fondamentaux ou invariables* de cette contrée, qui puisse donner un intérêt et un sens généraux aux faits isolés et aux observations que nous émettons plus bas.

Nous décrivons ensuite, dans l'ordre chronologique de notre voyage, toutes les localités que nous avons visitées et tous les *faits* qui s'y rapportent. Nous ne nous sommes écartés de cet ordre chronologique, que dans les cas où nous visitions plusieurs fois la même contrée et que nous comblions par des observations ultérieures, les lacunes de nos voyages précédents[16]).

Enfin quelques *résumés*, sous forme de conclusions générales suivront la description de toutes nos excursions et de toutes les localités que nous avons parcourues. Dans ces conclusions, nous toucherons aux questions économiques qui nous ont particulièrement occupé dans toutes nos recherches et nous tâcherons de trouver les réponses qui peuvent être déduites de tous les faits recueillis.

Des *appendices* contiendront des renseignements complémentaires et détaillés concernant diverses localités séparées, ainsi que des notions sur des sujets secondaires, communiquées par d'autres personnes, ou tirées de nos voyages et de nos travaux précédents.

Nous publions notre ouvrage en livraisons séparées, à mesure qu'il avance, pour ne pas retarder la publication de notions qui peuvent servir aux questions pratiques se rattachant à notre travail, et, d'un autre côté, pour éviter la hâte dans l'élaboration de nos matériaux.

---

16) C'est ainsi que tous nos voyages en 1881 n'eurent pour but que de remplir les lacunes de nos voyages de 1879 et 1880. C'est à cause de cela que l'ordre chronologique de nos excursions en 1879 et 1880 fait le cadre de tout l'exposé.

I.

Aperçu général de la région centrale industrielle de Moscou [17]).

Caractère économique de cette région et sa production industrielle en particulier; limites de son territoire, et ses principaux centres. — Commerce et
opérations de transport. — Étendue et population. — Esquisse des éléments
physiques de cette région. Voies de communication naturelles, historiques et commerciales. — Conditions orographiques et climatériques. — Forêts. — Esquisse
historique et ethnographique. — Type grand-russien, son origine et ses traits
caractéristiques. — Produits artistiques. Activité morale. — Portée générale de la
région de Moscou dans notre vie sociale et politique.

La région centrale industrielle de Moscou se distingue très
fort, au point de vue économique, de toutes les autres parties de la Russie; elle se distingue par son industrie manufacturière, qui domine ici toutes les autres branches de l'éco-

---

17) En dehors de nos observations personnelles, nous avons profité pour ce chapitre des sources suivantes: *Wilson*, agriculture et économie rurale en Russie,
St. Pét. 1878 (p. 32, 157—162). *P. Séménoff*, Dictionnaire géographico-statistique de
l'Empire de Russie (publié par la société géographique, en langue russe). Atlas
statistico-économique du Ministère des Domaines. 4-e éd. 1879. Annales statistiques de l'Empire de Russie, du Comité Central statistique (en langue russe) particulièrement t. II, livr. I 1871, le territoire et la population; série II, liv. 6, 1872
(fabriques et manufactures). *M. I. H. Schnitzler*, l'Empire des Tzars, Paris, 1862,
t. I (le territoire, tableau naturel, entre autres 109—115; 143—154, 377, 439—476).
S. Solovieff, Histoire de Russie (entre autres, t. XIII, chap. I, p. 19—51) Statistique de la propriété territoriale et des endroits peuplés de la Russie d'Europe,
éd. de la Commission de la Statistique centrale St. Pét. 1880. *Janson*, Statistique comparée de la Russie et des États de l'Europe occidentale, t. I (territoire
et population, p. 3, 7—9, 28, 35—37, 162, 228, 347—349.) *Victor Ragozine*, Volga,
t. I (par *Racvsky*) St. Pét. 1880.

Recueil statistico-militaire sur la Russie. St. Pét. 1871. *P. Pavlov*, Statistique comparée de la Russie, St. Pét. 1871. *N. Aristoff*, Industrie de la Russie an-

nomie et du travail national. Nous entendons «l'industrie manufacturière» dans la plus large acception de ce terme, — tous les
travaux, sans exception, qui ont pour objet «de transformer, en les
façonnant», les produits bruts fournis par la terre ou la nature[18]).
Cette industrie a pris ici un essor incomparablement plus grand
que dans toute autre partie de la Russie.

Elle y est développée dans toutes ses formes: dans les grands
établissements manufacturiers, les fabriques et les usines, dans les
métiers, dans les différentes faces de l'industrie domestique et
les ateliers des campagnes, et enfin dans les diverses professions
ouvrières pour lesquelles une grande masse de la population rurale s'en va au loin pendant une partie de l'année (Voy. plus-
bas). La *prépondérance* de l'industrie manufacturière sur toutes
les autres branches du travail se manifeste ici, sous les deux
rapports suivants. Premièrement, cette industrie représente dans
cette région une source presqu'exclusive de salaires ou gains pécuniaires[19]) et un moyen indispensable (supplémentaire à l'agriculture) de subsistance pour la masse générale de la population[20]),
même pour celle qui s'occupe encore particulièrement de la production rurale. La population d'un grand nombre de localités de cette
région et de ses centres les plus remarquables, même celle qui,
officiellement, appartient aux villages ou à la population rurale,
se livre à l'industrie, non seulement comme à un moyen d'exis-

cienne, St. Pét. 1866, *A. Vassiltschikoff*, La propriété et l'agriculture en Russie
et dans les autres états de l'Europe, St. Pét. 1876 (t. I, ch. IX). Liste des endroits
peuplés de l'Empire de Russie, éd. du Comité Central Statistique («notions générales sur les gouvernements», insérées dans cette édition). Carte du sol de la Russie
d'Europe, publiée par le Ministère des Domaines. St. Pét. 1879 (il s'y joint un
texte explicatif par *Dokoutschaeff*.) Tous les ouvrages susnommés sont en langue
russe.

18) V. Dictionnaire de l'économie politique («Industrie» et «industrie manufacturière» par Coquelin.)

19) L'agriculture offre à la majorité de la population de la région de Moscou,
la plus grande source de revenus en *nature* ainsi que les moyens *principaux* de la
subsistance quotidienne, mais l'agriculture (en dehors du lin, du chanvre, des légumes) ne donne ici que par exception, et encore dans peu de localités, des
produits pour la vente et l'exportation. Prise dans son ensemble, cette région est
loin de se suffire pour son alimentation.

20) Des villages, qui s'occupent *exclusivement* d'agriculture se voient jusqu'à
présent, même dans les localités les plus industrielles de cette région; mais c'est
particulièrement sur les confins de cette région, comme nous le verrons plus loin;
ils n'en sont pas moins une exception.

tence supplémentaire ou auxiliaire, mais comme à une occupation *exclusive*. Secondement, l'industrie manufacturière règne encore dans cette région, en ce sens qu'elle offre presqu'exclusivement ces *produits d'exportation* aux autres parties de la Russie; en revanche, elle reçoit, pour son usage et pour être travaillés des produits de l'agriculture et des matériaux bruts provenant des autres régions de la Russie.

Une activité industrielle, également puissante, se rencontre dans quelques autres contrées de la Russie, (par ex. à Pétersbourg et dans les localités avoisinantes, dans quelques contrées des provinces de la Baltique et surtout en Pologne). On trouve encore un développement tout aussi étendu de quelques branches isolées de l'industrie (par ex. l'industrie métallurgique, sur l'Oural; la fabrication du sucre de betteraves dans le G^t de Kieff; la fabrication des draps et des étoffes en laine, dans le G^t de Simbirsk, la tannerie à Kazan et a. d. s.), mais nous voyons dans toutes ces autres contrées, ou bien le développement de quelque branche spéciale, ou bien, conjointement, le développement de plusieurs branches, sur des espaces restreints [21]), le plus souvent sur des *points* ou dans des centres de population qui offrent des oasis très limitées, au milieu d'espaces agricoles immenses. Aucune région de la Russie [22]) ne possède une in-

21) Par ex. nous comparerons la région industrielle centrale, qui embrasse près de 303,000 verstes carrées (voy. plus bas) à une de nos autres contrées, très remarquable sous le rapport industriel, — celle de St. Pétersbourg, qui ne s'étend que sur 8600 v. car. La Pologne se distingue par une industrie très développée et n'a que 107,400 v. c.; mais cette contrée est loin de présenter un développement industriel aussi compacte que la région de Moscou.

22) Toutes les données émises ici ne peuvent être ignorées! de tous ceux qui connaissent la Russie et ne peuvent être réfutées; cependant nous regrettons de ne pouvoir les appuyer par des chiffres précis, qui auraient déterminé l'étendue de l'industrie des fabriques et des métiers domestiques et la quantité de bras qu'elle occupe dans la région de Moscou, comparativement aux autres parties de la Russie. Nous ne possédons même pas de chiffres certains par rapport au nombre des fabriques de chaque gouvernement, ainsi que le comité statistique central en convient lui-même. Nous ne parlons même pas d'autres données, indispensables pour déterminer le développement quantitatif de l'industrie en général, des métiers domestiques et manuels, du nombre des mains ouvrières qui s'emploient aux fabriques et aux usines, et a. d. s. Nos renseignements sur les fabriques et les usines de quelques localités isolées, par ex. dans le gt. de Moscou et dans celui de Vladimir, fruit d'études spéciales du Comité statistique central, ne nous présentent qu'une exception, et encore ont-ils 10 ans de date. «La carte de l'industrie manufacturière de la Russie d'Europe, 1868», jointe aux Annales statistiques du

dustrie manufacturière aussi multiple et aussi complète, dans toutes ses formes sans exception, dans tous ses genres, et dans toutes ses branches, que ce territoire dénommé: Région industrielle centrale de Moscou; cette industrie n'embrasse nulle part une étendue aussi vaste et aussi continue. L'activité industrielle de la population ne se développe nulle part avec une constance, une force et une rapidité aussi grandes qu'ici, elle n'absorbe nulle part autant de bras et nulle part elle ne continue à les attirer de la masse générale de la population rurale, avec une force aussi régulièrement croissante et aux dépens de tous les autres travaux.

Nous avons tout d'abord esquissé le caractère industriel de cette région pour définir ultérieurement son territoire et ses limites, parce que ces limites elles-mêmes se déterminent par l'activité du peuple. Nous indiquerons maintenant, mais *approximativement* seulement les limites générales de cette région, (elles seront décrites avec plus de précision et plus de détails dans la description de chaque gouvernement et de chaque localité).

L'esquisse géographique suivante a pour but toutes les formes de l'industrie manufacturière (y compris toutes les formes

Comité de statistique centrale, «l'Atlas statistique de l'Empire de Russie, publié par A. Iliine, St. Pét. 1874» et les cartes jointes au «Recueil statistique militaire St. Pét. 1871», peuvent donner une idée approximative du sujet en question, rien qu'à la simple vue. Ces dessins cartographiques présentent au premier coup d'oeil une masse compacte de manufactures, de fabriques et d'usines, agglomérées sur un grand espace, dans dix gouvernements, avoisinant le gt. de Moscou, avec des ombres plus ou moins épaisses, partant de Moscou et se divisant dans différentes directions (les limites de cet espace sont indiquées plus bas dans le texte.) Les cartes ne nous présentent nulle part un phénomène semblable, dans des proportions même approximatives. Toute cette figure cartographique, vu l'insuffisance et l'ancienneté des renseignements donnés (ils datent d'avant 1868) est loin d'être précise dans les détails et dans les nuances, mais on peut affirmer que si on la complétait par des données plus exactes et plus actuelles, l'impression qu'elle produirait (dans le sens de la prépondérance de l'industrie de la région de Moscou sur toutes les autres parties de la Russie) n'en serait que plus grande. Le nombre des fabriques et des usines a considérablement augmenté pendant ces dernières dix années, dans cette région qui s'est agrandie dans toutes les directions; de plus, les métiers domestiques qui auraient excessivement renforcé les nuances des couleurs, représentant le caractère de l'industrie de la région de Moscou comparativement aux autres régions de la Russie, et qui auraient élargi ses limites (p. ex. sur les territoires des gouvernements de Nijnii-Novgorod, de Riazane, de Toula, de Kalouga et de Tver) ne sont point entrées dans la composition de cette carte. Nos recherches une fois terminées, nous espérons publier une carte de l'industrie de la région de Moscou, pour la joindre à cet ouvrage.

de l'industrie domestique) [23]. Nous devons encore faire une autre remarque, qui élargirait considérablement les limites de cette région: les contrées qui ont des établissements industriels ne doivent pas être les seules à entrer dans son enceinte, mais il faut absolument y comprendre toutes les contrées qui fournissent [24] des ouvriers à ces établissements. Evidemment une contrée emprunte son caractère industriel, plus encore au genre d'occupations, et au genre de vie de sa population, qu'au genre de ses établissements industriels. Cette définition des limites d'un cercle industriel ne peut cependant s'appliquer particulièrement qu'à la Russie, parce que des masses d'ouvriers de fabriques et d'usines y restent toute leur vie incorporées et attachées à leur sol natal, à leurs villages; elles y ont leurs domiciles, leurs maisons, leurs terres, elles y laissent leurs familles, y reviennent périodiquement tous les ans et même plusieurs fois dans le cours de l'année; elles abandonnent souvent leurs travaux de fabrique pour retourner à jamais à leurs pénates et finissent ordinairement leurs jours sous leurs propres toits. Voila pourquoi ces masses d'ouvriers et leur travail industriel doivent être géographiquement enveloppés dans le rayon industriel; ce point de vue élargit considérablement la région de Moscou. Enfin, il est impossible de n'y pas comprendre les contrées (p. ex. plusieurs régions du gt. de Tver) où la majeure partie de la population s'adonne aux divers services et professions hors de leurs maisons. Ces professions n'ont rien de commun avec le travail des fabriques, mais selon leur caractère (p. ex. le métier de

---

23) Si l'on se bornait aux grandes fabriques, les limites de notre région la modifieraient et la diminueraient en général (comme cela a ordinairement lieu dans différents ouvrages). Par ex., une partie notable du gouvernement de Nijnii-Novgorod, qui se distingue par un développement très étendu des métiers manuels-domestiques, ne possède que peu de fabriques et d'usines et n'entrerait point dans les limites de cette région, tandis que ce gouvernement tient un des premiers rangs sous le rapport de son industrie et du genre de vie industriel de sa population.

24) A ce point de vue, les parties de plusieurs gouvernements, par ex.: de ceux de Smolensk, de Riazane, de Tambov, (sans exclure leurs parties méridionales agricoles) et même une partie de celui d'Orel, qui envoient des milliers d'ouvriers aux établissements de Moscou, entrent indubitablement dans le domaine industriel, dont on les exclut quand on se borne à n'y compter que les contrées qui possèdent des fabriques et des usines. Pourtant plusieurs de ces contrées (par ex.: dans le gt. d'Orel), ne peuvent appartenir entièrement à la région industrielle, parce que l'agriculture y domine encore.

menuisier, de peintre en bâtiments, de badigeonneur, de charpentier, de maçon, ou bien la profession de laquais, de portier, et ainsi de suite) entrent dans la catégorie de l'industrie, dans le sens large de ce terme.

Toutes ces conditions posées, les dix gouvernements qui entourent Moscou[25]) entrent dans la formation de notre région industrielle; mais tous les Gts sont loin d'y participer proportionnellement à leur étendue.

Les gts. suivants entrent en entier dans notre région: Gts. de Moscou et de Vladimir; presque tout celui de Nijnii-Novgorod, à très peu d'exceptions près (et notamment sa partie boisée du Nord-Est dans le district de Makarieff, et au Sud-Est sa partie de terre noire «tchernozème», dans le district de Kniaguinine); presque tous le gt. de Jaroslav (à quelques exceptions près, la partie Nord-Est du district de Pochéhone, où cependant les fromageries se sont excessivement multipliées ces dernier temps); presque tout le gt. de Tver[26]) (à l'exception de son extrèmité Ouest, auprès des sources du Volga, dans le district d'Ostaschkoff et de sa limite Nord-Est, dans le district de Vessiegonsk); les gouvernements suivants appartiennent à notre région en partie: le gt. de Riazane, en général la partie où le terrain est moins fertile, au Nord et Nord-Est; une partie du gt. de Toula, celle encore dont le sol n'est pas de la terre noire (la partie Nord et Nord-Ouest); une grande partie du gt. de Kalouga, particulièrement la partie Nord et Nord-Est, ainsi que la pointe Sud (dans le district de Gisdra, et une partie du gt. de Smolensk[27]) particulièrement à l'Est. Nous ne devons pas oublier ici une petite partie Nord du gt. de Tambov (le district de Temnikoff), qui touche au gt. de Vladimir et s'enfonce en coin entre ce gouvernement et ceux de Nijnii-Novgorod et de Riazane.

---

25) On pourrait y assimiler le onzième, celui de Tambov (comme on le verra plus loin).

26) Si l'on prend en considération les métiers domestiques et les professions hors du domicile qui sont très nombreux et qui ont dans ce gouvernement un caractère industriel.

27) Ordinairement on ne fait pas entrer le gt. de Smolensk dans la région industrielle de Moscou, probablement parce que les établissements industriels ne s'y sont propagés que depuis peu, comparativement aux autres contrées de cette région. Hors de cela, notre esquisse de la région industrielle de Moscou s'accorde presqu'en tout avec l'esquisse généralement adoptée dans d'autres ouvrages.

On pourrait encore tracer d'une façon fort sommaire les démarcations actuelles de cette région, de la manière suivante: elle confine au Nord-Ouest et au Nord avec la région dite des lacs (le gt. de Novgorod), plus loin, vers le Nord, avec la région des forêts (le gt. de Vologda et le Nord du g. de Kostroma); au Nord-Est, avec la région agricole septentrionale (gt. de Viatka); à l'Est, au Sud-Est et au Sud, avec la région agricole de la terre noire (des gouvernements de Kazan, de Riazane, de Tambov, de Toula et d'Orel); au Sud-Ouest, avec la même espèce de terrain du gt. Tchernigov et enfin à l'Ouest, avec la Russie Blanche et les contrées agricoles des provinces occidentales, dans les gts. de Smolensk, de Vitebsk et de Pskow.

Voilà à peu près le corps et la démarcation extérieure de la région industrielle de Moscou. Ni les limites des gouvernements, ni même celles des districts ne pourraient marquer exactement les limites de notre région. Les unités économiques des territoires ne peuvent évidemment s'accorder avec les divisions administratives, ou bien avec les limites des gouvernements et des districts; ces dernières se sont déterminées dans notre pays, comme partout ailleurs, par l'ensemble des faits historiques, à la suite de tous les éléments de la vie historique (et non de l'élément économique tout seul), et très souvent ces divisions administratives ont été faites au hasard, arbitrairement ou artificiellement. De plus, il faut prendre en considération que les limites en question ne peuvent être déterminées avec une grande précision, parce que, de leur nature, elles se trouvent dans un *mouvement* continuel; pour la plupart elles s'élargissent. Il n'en pourrait être autrement pour toute activité industrielle en voie de se développer. Les entreprises industrielles cherchent à agrandir leur rayon, par suite de la loi naturelle de leur développement; elles exigent la réduction des prix de deux objets importants — de la main d'oeuvre et du combustible, dont la valeur diminue en proportion de leur éloignement des centres industriels. C'est par l'effet de cette loi que la région de l'industrie de Moscou s'étend continuellement, ainsi que les rayons de ses différents foyers industriels.

La ville de Moscou représente le principal centre de toute

2

cette région, sous le rapport industriel et commercial, ainsi que sous bien d'autres rapports. C'est le réservoir le plus abondant de nos capitaux financiers (de banque), commerciaux et industriels; c'est ici que se concentrent tous les fils commerciaux de la Russie, tout son commerce intérieur et même extérieur, autant que les pays étrangers approvisionnent cette région de matériaux bruts ou de produits fabriqués; c'est à Moscou que, de longue date, rencontrent les esprits les plus entreprenants, les plus aptes à organiser des établissements industriels (même au loin de Moscou); c'est encore ici que les connaissances techniques, en partie scientifiques, mais principalement pratiques, se sont agglomérées pendant des siècles. C'est par cette raison que Moscou, avec ses commerçants et ses capitalistes, grands et petits, et sa population ouvrière, qui y afflue de tous les coins de la Russie, se trouve être la principale pépinière de l'industrie de toute cette région[28] on pourrait même dire, de tout l'Empire.

Toutes les parties de cette région subissent une attraction plus ou moins forte vers Moscou [29]. Cette ville sert de pépinière aux établissements industriels sur un espace de la Russie infiniment plus grand; elle étend son influence jusqu'à ses limites les plus éloignées, ses confins asiatiques (par ex. jusqu' au Caucase et à l'Asie Centrale, où l'on trouve les capitaux moscovites).

L'activité industrielle est particulièrement condensée à Moscou même et dans ses environs (dans tout le district de Moscou), et à côté, dans la direction Nord-Est, Est et Sud-Est (principalement dans les districts de Bogorodsk, en partie dans ceux de Dmitroff, Bronnitzy, Kolomna du Gouvernement de Moscou), dans celui de Pokrov et en partie dans celui d'Alexandrov, (du G-t de Vladimir) et en partie dans celui de Iégorievsk (du G-t

---

28) Les 10 gouvernements, que nous avons nommés, possèdent, même dans leurs contrées les plus éloignées de Moscou, des fabriques qui appartiennent à des capitalistes de cette ville.

29) Il y a des exceptions à cette tension générale. Quelques industries envoient leurs produits aux marchés de St. Pétersbourg. Nous citerons, comme exemple, la culture potagère du gt. de Jaroslav, dans son district de Rostov. En général, la partie Nord-Ouest (particulièrement le Nord du gt. de Tver et une grande partie du gt. de Smolensk) tendent à un certain degré vers St. Pétersbourg et vers les ports de la Baltique. La partie orientale et surtout la partie Nord-Est, et la partie méridionale tendent généralement vers Moscou.

de Riazane). Toute cette contrée, qui a à peu-près la forme
d'un triangle, dont la large base se trouve à Moscou, dans le G-t
de Moscou (dans ses districts susmentionnés) et en partie dans
celui de Riazane, s'étend vers le Nord-Est, en se rétrécissant;
et se termine par un angle, dans le district de Pokrov, du G-t de
Vladimir; cette contrée peut être considérée comme le noyau
principal de toute notre région sous le rapport industriel et manufacturier; elle représente, pour ainsi dire, la masse centrale
des principales hauteurs de tout ce relief industriel. Cependant,
beaucoup d'autres points éminents, moins importants que le premier, ou bien d'autres groupes d'activité industrielle et de capitaux, qui forment leur propre centres et leurs rayons, se rencontrent épars dans toute la région de Moscou, qui exerce encore
sur ces centres secondaires sa force attractive à un degré plus
ou moins sensible.

Moscou ne sert que de centre économique et moral, mais
non *mathématique* (topographique) à toute cette région qui, du
reste, comme nous l'avons dit plus haut, n'a aucune délimitation
précise et ne peut pas les avoir, comme tout procès vital et historique changeant continuellement de forme. La plus grande surface de la figure géographique actuelle de cette région, s'étend
en longueur de l'Ouest à l'Est, ou plutôt du Sud-Ouest au Nord-
Est (depuis les sources du Dnièpre environ, ou de la ville de
Smolensk et des sources de la Desna, dans les districts de Rosslavl et de Ieletz dans le G-t d'Orel, vers les parties intérieures des rivières de l'Oungea et de la Vétlouga et la frontière
du G-t de Kazan, sur le Volga).

L'étendue de cette figure dans sa largeur, du Nord au Sud, est
moindre, dans quelques-uns de ses endroits les plus étroits (du
district de Pochéhone dans le gt. de Jaroslav jusqu'à celui de Sa-
raïsk dans le gt. de Riazane) que la moitié de son étendue de
l'Ouest à l'Est.

Il nous arrivera plus d'une fois de revenir à ce fait de la direction générale de notre région industrielle du Sud-Ouest au
Nord-Est; c'est dans cette direction (voyez plus bas) que s'étend
la ligne principale, ou pour ainsi dire l'axe de l'activité industrielle
des contrées et des points industriels les plus élevés. Nous ob-

2*

serverons ici en passant que la direction générale de la colonisation slave en Russie (les slaves se sont tous dirigés de préférence
du Sud-Ouest au Nord-Est [30]) correspond à cette direction. Il est
surprenant que la position géographique du gt. de Moscou,
qui est le centre de toute la région industrielle, se soit soumis à la
même direction; bien que tout ce gt. vive particulièrement d'une
vie industrielle, et non agricole, sa partie orientale (les districts
de Moscou, de Bogorodsk, partie de ceux de Dmitroff, de Bronnitzy, de Kolomna, de Serpouhhoff), comparée à ses autres parties, se distingue par une activité manufacturière beaucoup plus
grande que sa partie ouest. Evidemment, cette particularité correspond à la direction générale de l'axe principal (voy. plus bas) du
mouvement industriel de toute la région du Sud-Ouest au Nord-Est.

On peut donc dire, que la région industrielle de Moscou occupe, outre les bassins supérieurs du Dnièpre et de la Desna,
les bassins des sources et du cours moyen du Volga, et la partie
nord de presque tout le bassin d'Oka, c-à-d. sa rive gauche;
le siège le plus animé du développement de l'activité industrielle
de cette région s'étend entre le Volga et l'Oka; ces cours d'eau
ont *particulièrement déterminé*, non-seulement le caractère économique, mais encore le caractère historique de toute cette région. En même temps, la zône de terre noire lui sert de limite méridionale. La région industrielle suit cette zône parallèlement, et c'est à son contact continuel avec ce terrain qu'elle
doit sa direction générale du Sud-Ouest au Nord-Est. Il suffirait
d'un regard rapide, jeté sur la carte (géologique) de la Russie [31]),
pour s'assurer à quel degré cette loi se maintient tout le long de
la frontière sud, et combien les limites que la zône de terre noire
impose à la région industrielle du côté du Sud, sont constantes.
La zône de terre noire, dans ses sinuosités les plus capricieuses,
(par ex. dans les gts. de Riazane et de Toula, à peu-près entre
les villes de Toula et de Riazane, où elle s'enfonce en coin, dans
le Nord) suit avec une grande précision, la limite sud de la région
industrielle; ou pour mieux dire, la dernière suit la première. Il
n'est pourtant que trop évident, que cette particularité n'est

---

30) Voyez l'Histoire de Russie par Solovieff.
31) Voy. l'Atlas de l'Economie rurale du Ministère des Domaines.

nullement l'effet du hasard, mais que la démarcation en question est un fait parfaitement naturel sous le rapport économique et historique. Les terres moins fertiles du Nord obligeaient la population à s'occuper de l'industrie. Citons encore un fait, qui vient à l'appui de notre opinion. Le mouvement industriel, qui accompagne incessamment le cours du Volga, presque depuis ses sources, s'interrompt sur les frontières du gt. de Kazan, où il lui eût été si facile de continuer son développement le long du fleuve, soutenu qu'il eut été par le mouvement commercial; l'industrie s'interrompt ici précisément à l'endroit où le sol sur le Volga se transforme en terre noire.

Pour compléter le caractère général de la configuration géographique de notre région nous devons mentionner encore une contrée importante où l'industrie est particulièrement condensée, après Moscou et les localités (citées plus haut) qui l'avoisinent. Cette autre contrée affirme une fois de plus la direction générale (du Sud-Ouest vers le Nord-Est) de la région industrielle. Elle aussi s'étend vers le Nord-Est, à l'endroit où les gts. de Moscou, de Jaroslav, de Kostroma et de Nijnii-Novgorod se rapprochent le plus les uns des autres, et où tous ensemble ils se rapprochent du Volga: dans la partie nord-est du gt. de Vladimir (dans les districts de Chouya et de Viasniky en partie dans celui de Kovrofi), dans la partie sud-est du gt. de Jaroslav (dans le district de Néréchta et en partie dans celui de Jaroslav), dans la partie sud-est du gt. de Kostroma (dans les districts de Kinechma et Juriewetz), et dans la partie ouest du gt. de Nijnii-Novgorod (dans le district de Balachna). Le centre de cette contrée — la localité de Vitchougo-Ivanovo (dans les districts de Kinechma et de Chouya) présente le noyau industriel le plus remarquable après Moscou [32]).

La figure ou le relief industriel [33]) de la région industrielle

---

32) Tout cela sera exposé plus en détail dans la suite.

33) Nous pourrions nous représenter cette activité industrielle comme une couche plus ou moins profonde ou élevée, qui couvrirait la couche de l'activité agricole, et nous affirmons, que, dans les deux contrées indiquées (près de Moscou et dans la région Vitchougo-Ivanovo), cette couche industrielle, en portant des racines, aurait presque détruit toute espèce de travail agricole des habitants et aurait transformé les villageois en bourgeois, quant au genre de vie et caractère (comme par ex. dans les districts de Moscou, de Bogorodsk, de Chouya. C'est dans ce sens que nous employons l'expression de: «Relief industriel».

s'étend en branches ou en foyers plus ou moins puissants, de tous les côtés, en partant des deux centres culminants cités plus haut, et remplit tout le territoire que nous décrivons, jusqu'aux limites générales indiquées.

On peut dire que l'axe principal du mouvement industriel, malgré toutes ses irrégularités, se prolonge, en général, dans la même direction (et quelquefois même d'une façon plus marquée), comme toute l'étendue de notre région (du Sud-Ouest au Nord-Est en se renforçant dans cette direction, quelquefois avec des interruptions assez notables, depuis le gt. de Kalouga, à travers ceux de Moscou, de Vladimir de Kostroma, vers le Volga, entre Kinechma et Jourievetz).

Le développement industriel a commencé à s'étendre vers l'Ouest et le Sud-Ouest (dans les gouvernements de Tver, Smolensk et Kalouga), à une époque relativement récente, mais néanmoins, l'activité industrielle est, jusqu'à présent, beaucoup plus faible ici que dans le Nord-Est.

C'est ainsi que l'extension historique de l'industrie se propage aujourd'hui (du Nord-Est au Sud-Ouest) dans une direction opposée à la direction existante de l'agglomération de l'activité industrielle, du Sud-Ouest ou Nord-Est; c'est le résultat général et naturel du mouvement historique de l'industrie, qui jointe à l'agglomération des capitaux, doit être d'autant plus florissante, que son développement est plus ancien.

En dehors de cette direction générale du mouvement industriel, en dehors de son axe principal indiqué plus haut, on ne pourrait trouver aucun *trait de régularité* et de symétrie dans la disposition des localités industrielles et des centres, ou du moins quelque trait assez marquant pour pouvoir aider à déterminer le caractère général de toute la région [34]). L'activité industrielle, quant à sa répartition topographique, est soumise à une grande irrégularité comme tous les phénomènes naturels et historiques, qui ne se créent pas d'après un plan systématique ou mathématique tracé d'avance, par l'effet de la volonté [35]) personnelle.

---

34) Les traits caractéristique des localités isolées seront indiqués, en temps et lieu convenables.

: 35) Quoique l'influence du gouvernement ait participé au développement industriel de cette région, comme à celui d'autres régions de la Russie (et que par

Des centres et des groupes d'établissements industriels se rencontrent épars dans les diverses parties de notre région, en dehors des principaux centres mentionnés; il serait cependant difficile de trouver quelque règle générale à la disposition de ces centres.

La direction des voies d'eau et des chemins de fer attire les fabriques et les usines, mais n'exerce point, ainsi que nous le verrons, d'influence définitive sur elles. Le développement industriel se trouve interrompu souvent tout-à-fait et brusquement par des localités agricoles, qui se trouvent même dans les contrées envahies par les fabriques[36]). Il nous est arrivé de voir dans des régions semblables, et à très petite distance des fabriques (à une verste et demie), des villages dont les habitants s'occupent exclusivement d'agriculture, et ne veulent en aucune façon participer au travail des fabriques.

Indépendamment du tableau géographique général esquissé plus haut, des groupes de fabriques et de métiers domestiques ont surgi sur toute l'étendue de la région, et *se sont pour la plupart entassés en centres*[37]) sous l'influence de circonstances historiques et locales très variées, souvent même par suite du hasard ou de causes personnelles[38]).

Pour compléter l'esquisse de la figure générale du dévelop-

conséquent il y ait eu ici plan et volonté), sa participation n'a consisté qu'en une seule chose: il a encouragé (particulièrement au moyen des tarifs des douanes), les efforts des entreprises industrielles, qui surgissaient sur le sol industriel déjà existant, et l'action directe du gouvernement ou son initiative, sa force créatrice (comme par ex. les plantations de Pierre le Grand et les fabriques et les usines, organisées par lui et depuis son époque au moyens des subsides du trésor), sont les moins remarquables dans les régions les plus industrielles de la partie Nord-Est des gouvernements de Moscou et de Vladimir. Le sous-sol de tout le développement des fabriques et des usines, c'est la petite industrie et les métiers domestiques presqu'universellement répandus dans les régions les plus industrielles et qui ont surgi d'eux-mêmes, aux époques les plus anciennes de notre histoire, en partie même aux époques préhistoriques (Voy. plus bas).

36) Pour caractériser la région de Moscou et en général notre vie industrielle, nous ferons la remarque que l'agriculture, (il faut excepter ici la plupart des villes), accompagne partout l'activité manufacturière de la population, voire même dans les localités les plus industrielles. Les exceptions de cet ordre économique général, se multiplient aujourd'hui; nous en ferons mention plus tard.

37) Par conséquent, la figure cartographique de l'industrie de cette région ne présente, en général, que des points et des taches plus ou moins nuancés.

38) Par ex. la fabrication d'allumettes, dans le district de Medyne, du gt. de Kalouga, et la fabrication d'harmonicas, à Toula, qui se sont introduites à l'exemple d'individus isolés.

pement industriel de notre région, nous n'avons plus qu'à ajouter que ce développement, en s'éloignant de son centre principal, Moscou et ses foyers limitrophes importants, et en se rapprochant des limites indiquées plus haut, s'affaiblit et se confond dans des nuances imperceptibles, avec les conditions d'un autre ordre économique, propre à toutes les régions limitrophes.

Cependant l'extrémité Nord-Est de notre région, celle qui touche au Volga (dans les Gouv-ts de Kostroma et de Nijnii-Novgorod) forme une exception à cet état de choses. Un développement industriel, excessivement actif, s'y interrompt rapidement, non loin du cours du Volga, sur sa rive gauche (dans les forêts d'Ounja, du gt. de Kostroma).

On pourrait citer une autre exception semblable, assez notable pour jouer un rôle dans la figure générale de notre région industrielle. Elle se trouve, comme exprès, à l'extrémité méridionale de l'axe principal, en lui supposant une continuation, à partir de Moscou, dans une direction Sud-Ouest dans le gt. de Kalouga. Une industrie active et florissante s'étend aujourd'hui, *en forme d'oasis*, (au milieu des pays agricoles d'alentour dans les districts de Pérémichl, de Mestchovsk, et en partie dans celui de Koselsk). Ce sont principalement les usines de M. Maltzoff, qui couvrent tout le vaste district de Gisdra, dans le gt. de Kalouga, une partie du district de Rosslavl, dans la gt. de Smolensk, et du district de Briansk, dans le gt. d'Orel. Ce dernier développement de notre région industrielle est d'une formation toute récente, ce qui ne l'empêche pas d'avoir atteint un degré très élevé, qui ne le cède presque en rien, à celui des autres centres, hormis Moscou. Ce développement est une continuation du mouvement général, toujours dans la direction Sud-Ouest, autour de l'axe principale; en s'enfonçant dans le gt. d'Orel, ce développement présente, pour le moment, la seule déviation quelque peu remarquable, des limites de notre région [39]).

Nous pourrions encore citer une prolongation ultérieure de cette même ligne vers le Sud-Ouest; après une certaine interrup-

---

[39] Le mouvement industriel du Nord, dans le district de Tchérépovetz, du gt. de Novgorod, forme une autre exception; il est entièrement isolé de notre région, bien qu'il l'avoisine, et n'a aucune tendance vers elle.

tion, nous trouvons une zône industrielle dans la partie nord du gt. de Tchernigov (la moins fertile, privée de la terre noire qui prédomine dans les autres parties de ce gouvernement). Cette zône qui a surgi à la suite des mêmes lois naturelles et économiques [40]) est cependant indépendante de la région de Moscou; elle en est entièrement détachée sous le rapport commercial, tend vers d'autres centres, et parconséquent n'entre point dans le cercle de nos études.

C'est ainsi que ces exceptions, citées plus haut, du relief industriel général de notre domaine (dans le gt. de Kalouga et dans celui de Tchernigoff), ne font qu'affirmer de la façon la plus irrévocable la loi générale de la direction de l'axe principal, du mouvement industriel, régulière dans son aspect général, mais très irrégulière dans ses détails.

Cette chaîne des éminences industrielles tantôt s'élève, tantôt s'abaisse, s'interrompt quelquefois tout-à-fait, mais suit infailliblement sa direction du Sud-Ouest au Nord-Est, à partir des bassins supérieurs du Dnièpre et de la Desna (entre ces rivières) [41]), se dirige vers le bassin central du Volga et les embouchures de l'Oka.

En même temps, la loi générale de la direction de la plus vaste zône industrielle de la Russie, étroitement liée à la direction de la couche de tchernozème, s'affirme partout de la manière la plus irréfutable.

Pour achever la peinture générale de la physionomie de cette région, nous n'avons plus qu'à ajouter que tout ce relief industriel se trouve en *mouvement perpétuel*, dans les limites indiquées plus haut. Il grandit, il empiète sur l'espace, s'élargit *extensivement* (pour obéir à la loi qui force les entreprises industrielles à chercher la réduction du coût de la production, — des bras ouvriers et des combustibles, loin de leurs centres), et s'augmente, *intensivement*, dans les mêmes centres (par la force de la loi opposée, qui offre des avantages industriels dans les foyers primitifs, à l'intérieur des centres industriels, où les moyens de transport et les débouchés sont plus faciles).

---

40) C'est-à-dire par l'effet de la stérilité du sol.
41) Le replis de la terre noire est remarquable en cet endroit et confine encore ici avec la zône industrielle.

En dépit de ce progrès, le niveau industriel s'abaisse quelquefois; des contrées autrefois florissantes tombent en décadence et des productions industrielles, jadis très répandues dans certaines localités, disparaissent entièrement. Cependant, le relief général s'efforce, pour ainsi dire, de *remplir* toute la région, dans les limites indiquées qu'il est encore loin d'avoir atteintes partout, puisqu'il ne s'y présente qu'en centres et en foyers plus ou moins vastes [42]).

Nous n'avons observé jusqu'ici que le mouvement général de l'industrie sous le rapport du temps et de l'espace; il ne s'est opéré que dans de longues périodes historiques; nous verrons, dans la suite, les détails de ce mouvement, ainsi que ses déviations locales et ses transitions temporelles.

Quoique le développement de l'industrie, dont nous nous sommes jusqu'ici exclusivement occupés, ait formé le trait le plus caractéristique de la région industrielle centrale, cependant sa portée dans l'économie nationale de la Russie, dépend encore d'une autre force, qui se trouve étroitement liée à la première. Nous voulons parler de son *activité commerciale*; cette dernière n'occupe pourtant pas autant de bras et ne se distingue pas autant des autres contrées de la Russie que l'industrie manufacturière de ce domaine. Moscou, par l'importance de ses capitaux et l'étendue de ses opérations, est le centre commercial de cette région. Cette ville présente un marché journalier et permanent, un entrepôt de toutes les marchandises, consommées par toutes les classes de la société; elle occupe la première place dans tout le commerce intérieur de la Russie d'Europe et de la Russie d'Asie; Moscou peut être considérée comme le principal centre commercial de la Russie, dont dépendent plus ou moins ses contrées les plus éloignées. L'influence commerciale de Moscou se renforce excessivement par le commerce bouillant et presque universel, qui se renouvelle tous les ans, pendant l'espace de deux mois, à la foire de Nijnii-Novgorod, à la jonction principale des voies fluviales de cette région. La foire de Nijnii-Novgorod, — c'est la rencontre périodique d'hommes la plus nombreuse

---

42) Comme nous l'avons dit, une couche agricole s'étend sous cette couche industrielle; elle surgit, paraît souvent à l'extérieur, et interrompt le réseau des points industriels.

de notre Empire. C'est la foire la plus grande du monde, qui met
tous les ans en contact commercial, non seulement toutes
les parties de la Russie entre elles, mais encore toutes les parties du monde avec la Russie. Moscou et ses capitaux sont les
principaux agents moteurs de cette foire, qui n'est qu'une station
provisoire du commerce et du marché de Moscou [43]). Cette ville et
la foire de Nijnii-Novgorod servent d'intermédiaire au commerce,
sur une étendue immense de la Russie dépassant les limites de
la région industrielle de Moscou et recevant les marchandises de
tous les pays étrangers et surtout de l'Asie.

Mais, en dehors de ces deux centres commerciaux préémi-
nents, l'activité puissante de cette région se manifeste sous toutes
les formes possibles, dans les diverses catégories d'opérations
commerciales émanant de ses différents foyers. Plusieurs chefs
lieux de gouvernements et même de districts, particulièrement dans la partie Nord et dans les parties qui avoisinent
le Volga, font des opérations s'étendant non seulement à
toutes les contrées de la Russie, mais encore aux pays étrangers, (surtout par le commerce d'exportation). Le commerce entretient, par-dessus tout, une liaison animée et continuelle de
cette région et de sa population avec toutes les parties de l'Empire, jusqu'à ses dernières limites en Europe et en Asie. Les
marchands de Moscou et des autres centres industriels, avec
une armée innombrable de commis [44]) et d'agents de toutes sortes
qui se répandent dans toute la Russie, pénétrent même dans l'intérieur de tous les états Asiatiques et se présentent comme les
principaux ordonnateurs de toutes les foires russes, en Sibérie,
et sur tous les confins asiatiques. Tout le commerce foirain de
l'Ukraine qui embrasse dans son rayon presque toute la Russie du
Sud (à l'exception de la limite Sud-Ouest), peut être assimilé au
commerce de Moscou; les marchands petits-russiens n'y jouent
qu'un rôle secondaire [45]). La partie commerciale de toute cette

---

43) Voyez plus bas la portée commerciale de Moscou et de la foire de Nijnii-
Novgorod.

44) Cette armée de *commis* qui mènent continuellement une vie nomade, à
travers la Russie, est digne d'une attention particulière, sous le rapport commercial ainsi que sous celui de la culture en général.

45) Voyez les foires de l'Ukraine de I. S. Aksakoff.

région, l'influence personnelle de son monde industriel sur toute l'étendue de la Russie, s'augmente excessivement par ce fait que nos fabricants se passent le plus souvent d'intermédiaires; ils portent partout leur marchandise et la vendent eux-mêmes. Tous ces marchands ambulants appartiennent à tous les degrés du trafic, sans exception, depuis le millionnaire, marchand en gros, jusqu'au plus minime colporteur, portant sa boutique sur ses propres bras, — classe qui dès les temps les plus anciens se trouve principalement dans le gt. de Vladimir (dans les districts de Viasniky, de Kovrov, de Gorohhovetz) et dans les localités voisines. Ces colporteurs parcourent toute la Russie à pied. Un grand nombre d'entre eux, grands et petits, s'établissent finalement loin de leur patrie, et se font en quelque sorte les colons du commerce de Moscou dans toutes les régions de la Russie, en Sibérie, et sur toutes nos frontières asiatiques.

Le *crédit* joue le rôle le plus essentiel dans toute cette activité commerciale; il fait dépendre notre commerce intérieur et tous ses représentants, des centres de la région de Moscou et surtout de la ville de Moscou. Les banques de tous genres qui s'y trouvent en plus grand nombre que dans quelque contrée de la Russie que ce soit, sont une preuve du développement de ce crédit [46]).

Outre les capitaux qui se sont encaissés dans notre région plus que dans toute autre contrée de la Russie, la force du crédit, la force la plus puissante, la plus créatrice de toutes les forces économiques, celle qui élargit le plus le rayon industriel du capital, dépend des connaissances des Moscovites et de leur esprit extraordinairement *entreprenant* et *téméraire*.

Ce ne sont pas seulement les marchands, mais encore tous les fabricants qui font un crédit effréné au commerce intérieur du reste de la Russie (par ex. d'une foire à l'autre); la liquidation de toutes nos transactions intérieures se fait annuellement à la foire de Nijnii-Novgorod; aussi cette foire nous sert-elle tous les ans d'indicateur de la marche des affaires commerciales et industrielles de toute la Russie, pour l'année écoulée, et donne-t-elle une direction à ses affaires pour l'année suivante. Le déve-

46) Consultez à ce sujet la carte des institutions de crédit de la Russie, jointe au livre de *M. Ivaschenko*: Annuaire des banques russes. Liv. 1. St. Pét. 1880.

loppement récent des banques, des institutions de crédit de Moscou, a beaucoup augmenté la force de la région de Moscou, sous le rapport de notre économie nationale.

Il faut ajouter à l'esquisse économique générale de la région, son *activité transportative et son commerce de transit.* Ce coté particulier de son existence a une portée très importante autant pour elle que pour tout notre empire. Cette branche de l'activité nationale occupe ici une quantité de bras, depuis les gros capitalistes, les agents commerciaux et les commissionnaires, jusqu'à une masse de petits voituriers, de patrons de navires et de toutes sortes de facteurs, d'industriels et d'ouvriers, sur toutes les espèces de voies de communication. Cette activité dépend de la situation géographique centrale de notre région, et de la concentration extraordinaire qu'elle présente de nos principales voies de communication par eau, par terre, et enfin, des chemins de fer, récemment construits. Les voies de communication de toutes les contrées de la Russie et même du monde entier ne se croisent nulle part aussi abondamment, ne se présentent où que ce soit dans des directions aussi variées qu'ici.

Toutes les opérations de transport et de transit liées au commerce ou indépendantes de lui, ont donc créé sur toute la surface de la région une quantité de places, où l'on stationne, où l'on charge, où l'on emballe, où l'on reçoit les commissions, des lieux d'entrepôts enfin, qui (outre Moscou — la première place de ce genre) ont une portée embrassant toute la Russie, et quelques uns d'entre eux — une portée presque Européenne. Ces places sont répandues dans toute la région; il y en a de toutes les catégories, et leur étendue correspond au rayon de leur activité. — On pourrait citer Ribinsk comme spécimen de ces localités. Cette ville se distingue dans ce genre spécial d'activité comme le point le plus important de la Russie. Mais outre Ribinsk, nous verrons encore dans toutes les parties de notre région des noeuds de communication plus ou moins importants.

Il serait intéressant, après avoir fait l'esquisse générale des limites géographiques et de la portée économique de la région industrielle de Moscou, de connaître l'étendue de sa surface et le chiffre de sa population; ce serait le moyen de déterminer l'importance quantitative de ses conditions économiques autant pour elle même (pour ses propres habitants), que pour tout l'Empire de Russie. Malheureusement, nous manquons de données précises et nous devons nous en tenir à quelques indications approximatives [47]).

La région de Moscou, d'après notre calcul approximatif [48]), n'a pas moins de 319,000 verstes carrées d'étendue, ce qui fait près de 6% du territoire de toute la Russie d'Europe (y compris la Finlande et le Caucase). Cette étendue (de plus de 363,000 kilomètres carrés) dépasse de beaucoup l'étendue de deux états de l'Europe de premier ordre: la Grande Bretagne (315,325 kilom. car.) et l'Italie (296,305 kilom. car.) et représente près des deux tiers de l'étendue de l'Allemagne (544,907 kilom. carrés) et de la France (528,577 kilom. car.) [49]). Le chiffre de la population de notre région est d'une importance beaucoup plus grande, par rapport à tout l'Empire, que l'étendue de son territoire. Si

47) Indépendamment du manque de renseignements sur la population, l'étendue du pays ne peut être évaluée avec exactitude, parce que ceux des Gouvts. et des districts, dont l'étendue est mesurée, n'entrent point *en entier* dans les limites de notre région.

48) Notre chiffre se base sur les données des Annales statistiques du Comité central de statistique (Tome II, livraison 1), mais il dépasse de beaucoup l'étendue (de 252,000 verstes carrées) de la région industrielle centrale, indiquée dans cette publication; ce dernier calcul s'est glissé dans d'autres livres. Nous comprenons dans la région plusieurs localités omises par les Annales statistiques (nommément le district de Gisdra, dans le Gouvt. de Kalouga, les districts de Smolensk, de Douhhovstchina, de Dorogobouge, de Roslavl, de Viasma, dans le Gouvt. de Smolensk, tout le Gouvt. de Nijnii-Novgorod dont quelques districts seulement ont été inclus dans la nomenclature des Annales, les districts de Vichnii-Volotschok et d'Ostachkoff, dans le Gouvt. de Tver et le district de Soudogda, dans le Gouvt. de Vladimir). Cette différence provient en partie de ce que le rayon de l'industrie de cette région, s'est considérablement élargi, depuis le relevé des Annales statistiques (1871), et en partie aussi, parce que quelques localités (comme par ex. le district de Gisdra, dans le Gouvt. de Kalouga), ont été omises par erreur. Avec tout cela, notre évaluation, selon toute probabilité est au-dessous de la vérité. Il ne faut pas oublier que ce rayon s'élargit continuellement, et puis que généralement il faut comprendre dans cet «espace» de la région industrielle, *toute l'étendue de la population*, qui vit sous l'influence directe de l'industrie, et qui fournit des bras ouvriers soit aux fabriques, soit aux usines, aux métiers manuels, aux métiers hors du logis, et à d'autres travaux auxiliaires de l'industrie, dans toutes ses formes.

49) La comparaison de tous ces chiffres explique, entre autres choses, la difficulté des études statistiques et économiques dans notre pays sur ses grands espaces.

l'on prend approximativement le chiffre de la population de cette région et qu'on le porte à 10 millions d'habitants des deux sexes [50]), il dépassera le huitième de la population de la Russie d'Europe et représentera près de la neuvième partie de la population de tout l'Empire.[51]). Par conséquent, pour se faire une idée de la valeur générale de cette région sous le rapport politique et social, il faut encore (en dehors de ses relations économiques *qualificatives* émises plus haut) prendre en considération ces dernières relations *quantitatives*, qui augmentent de beaucoup l'importance des relations qualificatives.

Les autres éléments de cette région, sous le rapport physique et moral, ne sont pas moins caractéristiques et importants, que ses particularités économiques. Ces divers éléments — physiques (géographiques), éthnographiques, historiques et religieux — n'entrent pas directement dans le cercle de nos études, mais nous ne pouvons les passer sous silence, puisque toute la direction économique de notre région a été plus ou moins déterminée par ces divers éléments et que cette direction, à son tour, a influé sur le développement de ces éléments, qui se sont réunis ici d'une manière tout-à-fait extraordinaire ou providentielle, comme pour donner à toute cette région le premier rôle dans les destinées de notre nation.

Toute l'étendue de la région industrielle de Moscou dont nous avons esquissé les limites, se présente comme une unité géographique, qui se distingue de toutes les autres parties de l'Empire.

---

50) Avec toutes les localités que nous y avons jointes. Notre chiffre puisé à des sources officielles de 1871, s'est trouvé être, maintenant, bien au-dessous de la réalité. Cette région est la plus populeuse de la Russie et ne le cède (non partout à la vérité), qu'à une partie du tchernozème, dans les Gouvts. de Kieff, de Podolie et de Volhynie.

51) Il eut été fort intéressant d'extraire, du chiffre général de la population de cette région, le nombre des ouvriers employés à l'industrie et faisant l'objet de nos recherches. Nous ne nous permettrons pas de l'évaluer, même approximativement. Nous ne regardons même pas comme irréprochable, le chiffre officiel des ouvriers de fabriques. Par exemple (Voy. dans l'Annuaire du Comité central de statistique et la Statistique comparée de M. Janson, p. 109), on évalue pour toute la Russie, le nombre de ces ouvriers (à l'exception des ouvriers des mines) à 575,000 des deux sexes?, et ce nombre nous paraît loin d'atteindre celui de la seule région industrielle de Moscou. Il y a encore quantité d'ouvriers dans l'industrie domestique. Au reste, à part quelques exceptions, même les villages purement agricoles, où les paysans ont encore des occupations *auxiliaires* dans l'industrie, pourraient être regardés comme population plus ou moins industrielle, et vivant de l'industrie.

Ce territoire, par suite de coïncidence des rapports les plus divers de l'homme et de la terre, a toujours été [52]) regardé comme une province à part dans toutes les descriptions géographiques et statistiques de la Russie, (comme tel ce territoire figure dans différentes divisions, administratives et gouvernementales de l'Empire [53]).

Parlons d'abord des conditions physiques primordiales et les plus invariables de ce territoire. Ses eaux, qui, les premières, ont servi de voies de communication, qui ont facilité la colonisation, le commerce et la civilisation dans les premiers temps de notre histoire [54]), comme partout ailleurs, doivent être considérées ici comme la condition la plus caractéristique, autant sous le rapport économique que sous le rapport historique en général. Les rivières ont conservé leur importance jusqu'à nos jours, malgré les chemins de fer et toutes les autres voies de communication artificielles.

La richesse hydrographique de cette contrée lui donne décidément une grande supériorité sur toutes les autres parties de la Russie. Le premier élément de cette richesse, c'est le Volga, qui, sans contredit, est la plus puissante condition physique ayant déterminé l'histoire de l'économie et de toute la vie de cette région. Il est inutile de s'étendre ici sur la grande portée historique de ce fleuve, le plus grand de notre partie du monde [55]),

---

52) Au commencement de ce siècle, notre premier statisticien M. K. Arsénieff indique cet espace comme une province à part, dans sa description statistique de la Russie en 1818 («Esquisse statistique de l'Empire de Russie»). Il n'y a de différence que dans les limites (puisque, comme nous l'avons dit, les limites se sont graduellement élargies dans toutes les directions). Voici ce que dit M. Arsénieff du domaine industriel de Moscou (pag. 24). «Le bassin de l'Oka (ainsi qu'il l'intitule d'après les limites d'alors) est le centre de toute la Russie d'Europe. C'est le foyer de la civilisation et de l'industrie qui, d'ancienne date, ont pris racine ici; c'est l'entrepôt de tous les trésors, que nous offre le commerce intérieur. La terre n'y est que d'une nature médiocrement fertile, mais les capitaux, qui s'y sont accumulés avec le secours de l'ancienne capitale, sa grande population, l'activité de ses habitants, encouragés au travail par des revenus sûrs, ont fait de ce bassin la région privilégiée sous tous les rapports».

53) Par ex. dans les circonscriptions des tribunaux des écoles, de l'administration militaire, etc.

54) Voyez l'Histoire de la Russie, par Soloviéff, tome 1.

55) Le bassin du Volga et de ses affluents comprend 1,360,000 kilom. car. (d'après d'autres calculs même, 1,650,000 k. c.) surface égale à la huitième partie de l'étendue de l'Europe et au double de celle de la France; le bassin du Danube

qui, selon l'expression adoptée, «réunit l'Europe à l'Asie», et qui
les a de tout temps réunies. Il suffit de mentionner ici, que la
voie d'eau du Volga (avec sa continuation artificielle, jusqu'aux
eaux de la Baltique), traverse le cœur et les parties les plus fertiles de la Russie, qu'elle touche par une de ses extrémités aux
déserts de l'Orient, jadis si florissants et si voisins des berceaux
de la civilisation européenne, et s'étendant aujourd'hui sur le seuil
des états les plus vastes et les plus puissants de l'Asie; par
l'autre, aux centres et aux mouvements les plus importants de la
civilisation de l'Europe occidentale. Le Volga, par les replis extraordinaires de son cours, dirigé d'abord de l'Ouest à l'Est et ensuite du Nord au Sud, par ses nombreux affluents, se met en contact direct avec tous les bassins de la Russie d'Europe, sans exception, avec toutes les mers qui baignent ses rivages, et même
avec le système des rivières de la Sibérie (par le bassin de la
Kama, dans l'Oural). Ce fleuve, avec toutes ses particularités,
est donc regardé, à juste titre, comme l'artère principale de toute
la vie historique de la Russie, comme le ressort de son mouvement à l'intérieur, et comme son lien avec la vie des autres nations de l'Ouest et de l'Est, de l'Europe et de l'Asie. Le Volga
appartient à la région industrielle de Moscou, depuis ses sources,
dans tout son cours supérieur, et presque dans tout son cours
moyen [56]). Cette partie du Volga est la plus importante, sous
le rapport de la culture historique et économique. C'est précisément ici qu'il coule dans cette direction de l'Ouest à l'Est,
à laquelle il doit sa plus puissante influence sur notre économie
nationale et sur toute notre histoire; c'est ici qu'il arrose de ses
innombrables sinuosités et de ses affluents, plus nombreux qu'
ailleurs, le plus grand nombre et les contrées les plus variées de
la Russie; c'est encore ici qu'il approche le plus des bassins de
la Mer Blanche et de la Baltique, qu'il met en contact la vie

---

le plus vaste en Europe après celui du Volga, n'a que 770,000 kilom. car. (c. a. d.
moins que la moitié de celui du Volga) et le bassin du Rhin, la rivière la plus
importante de l'Europe, sous le rapport historique, n'a que 200,000 kilom. car.
Schnitzler, l'Empire russe, T. 1, p. 439).

56) On considère comme le cours moyen du Volga, la partie comprise entre
Tver et l'embouchure de l'Oka; d'autres le prolongent jusqu'à l'embouchure de la
Kama.

russe avec la vie des peuples civilisés de l'Europe, et qu'il sert aux échanges internationaux. De plus, c'est encore dans cette partie de son cours, que le Volga reçoit son affluent le plus important, — l'Oka, qui en arrosant de ses eaux six gouvernements, relie la région de Moscou aux extrémités les plus méridionales, et en même temps les bassins de la mer Baltique et de la mer Blanche aux contrées les plus fertiles de la Russie, — aux régions du tchernozème et aux steppes.

L'influence, que ces deux artères de communication (le Volga supérieur et moyen et tout l'Oka), et leur confluent (près de Nijnii-Novgorod), exercent sur le développement économique et historique de cette région, se manifeste déjà rien que par les circonstances suivantes: d'abord, toute notre région, à l'exception de son extrémité occidentale (dans le gouvernement de Smolensk), la moins importante au point de vue industriel, s'étend dans les limites de leurs bassins; ensuite, toutes ces localités les plus industrielles, les plus remarquables et les plus centrales, se trouvent dans l'espace compris entre les cours de ces rivières — particulièrement près de leur confluent, — et enfin, la direction générale de la ligne principale du relief industriel (du Sud-Ouest au Nord-Ouest), correspond parfaitement à la direction générale de cet espace intermédiaire pris entre le Volga et l'Oka. L'activité industrielle de cet espace va en augmentant dans la même direction, c'est-à-dire en se rapprochant du confluent de ces deux fleuves.

Mais indépendamment de ces deux bassins, qui dominent dans notre région, celle ci possède encore les sources des systèmes d'eaux les plus importants de la Baltique et de la mer Noire, — celui de la Dvina Occidentale (dans le district d'Ostachkoff, gt. de Tver), et celui du Dnièpre, dans le district de Bely, gt. de Smolensk.) La région la plus remarquable dans la géographie de la Russie et qui a pour elle la même importance que les Alpes suisses ont pour l'Europe — c'est le versant sud-est du plateau de Valdai (ou d'Alaoune); il se trouve sur la limite nord-ouest de la région de Moscou (principalement dans le district d'Ostachkoff, gt. de Tver, et, en général, dans l'endroit où les frontières des gouvernements de Tver, de Nowgorod, de Pskov et de Smolensk se rapprochent entre elles).

Ce plateau avait attiré l'attention de notre premier historien:
(les forêts «d'Okow» appelées plus tard forêtsVolkonsk, dont parle
Nestor, comme de la source de tous les fleuves)[57]. C'est ici que
nous trouvons le noeud de toute l'hydrographie et de l'orographie
de la Russie d'Europe, la division de toutes ses eaux[58]; c'est ici
que toutes ses rivières prennent leur source, ses rivières dont le
cours a, dès les temps le plus reculés, déterminé son histoire, le
mouvement de toutes ses populations, l'individualité de toutes ses
terres et de ses provinces, leurs tendances commerciales et toute
leur vie économique.

C'est ainsi que la région de Moscou, par rapport à ses voies
fluviales, — ces conduits primitifs de la civilisation, du commerce
et de la migration des peuples, occupe cette position centrale
extraordinaire, qui, en raison de ces voies de communication, lui
a toujours été conservée dans notre histoire et dans la vie de
notre nation. Tous les partages d'eaux, tous nos passages d'un
bassin à l'autre, toutes nos routes historiques, entrent dans cette
région, et semblables aux cols des Alpes dans l'Europe occidentale, ont, dès les temps les plus reculés, même avant que notre
histoire politique ait commencé, servi de passage aux hommes et
à leurs productions vers les marchés de l'Europe et de l'Asie.
Notre région est située sur le croisement de toutes les plus anciennes routes de l'Europe Orientale; les plus remarquables de
ces routes couraient: l'une, du Nord au Sud, de la mer Baltique
à la Méditerrannée, «des Varégues — Normands aux Grecs»,
(expression traditionelle dans nos chroniques) à travers le lac
Ilmen (et d'autres eaux du bassin de la mer Baltique) au Dnièpre;
l'autre, non moins ancienne, d'Occident en Orient, depuis les
mêmes rivages de la Baltique (à travers les eaux de la région
septentrionale des lacs et les sources du Volga), le long du Volga
jusqu'à l'ancienne Bulgarie qui a été de tout temps le rendez-
vous de tous les peuples commerçants de l'Asie.

Notre histoire, dans une période de mille ans et à mesure que

57) Nestor n'indique les lieux que très vaguement; il avait principalement en
vue les sources du Volga, dans le district d'Ostachkoff.
58) Voyez entre autres le dictionnaire géographico-statistique de P. Séménoff
«Les montagnes de Valdaï ou d'Alaoune; la Dvina Occidentale, le Dnièpre»; ainsi
que le «Volga» de V. Rágozine.

3*

les moyens de communication artificiels se sont créés, nous présente la région de Moscou, comme le point de concentration progressive de tous les chemins et de tous les moyens de communication de la Russie d'Europe et même de la Russie d'Asie, aboutissant à toutes les parties du monde. Le centre de ce domaine c'est Moscou, et Moscou c'est le centre principal de toutes les routes de la Russie; de plus, aujourd'hui, c'est le centre de tous nos chemins de fer, dont le réseau ne trouve sur aucun point de la Russie un noeud semblable [59]). Ce noeud se complique sans cesse à Moscou, et sans aucun doute, il continuera de se compliquer, à mesure que le réseau de nos chemins de fer se développera (la ligne du chemin de fer de Sibérie par exemple, passant par Nijnii, contribuera au développement de ce réseau).

Cette concentration de toutes les voies artificielles dans la région de Moscou et dans la ville elle-même, a été provoquée tout d'abord par l'importance de Moscou, en sa qualité d'ancienne capitale, puis par le commerce et l'industrie de cette ville.

Enfin, et par-dessus tout, *ce croisement de toutes les voies*, si avantageux à l'activité industrielle et commerciale, dépend en général, de la position *centrale au point de vue topographique* de la région de Moscou, dans la Russie d'Europe. Cette position centrale, bien qu'elle ne soit pas précisément mathématique, est par elle-même, la grande puissance naturelle de cette contrée, combinée, en outre, avec d'autres conditions naturelles, — excessivement favorables au développement de l'industrie qui, entre autres exigences, nécessite un flux continuel de matériaux bruts et de forces ouvrières tirés d'autres localités, et amène un reflux perpétuel de ses produits manufacturés vers d'autres marchés. En dehors de ces éléments primitifs, des eaux et de sa position topographique — la vie historique et la vie industrielle de cette région étaient encore liées à d'autres propriétés physiques qu'il est impossible de passer sous silence.

Cette contrée, sous le rapport *orographique*, présente le cas

---

59) Six grandes lignes de chemins de fer, ayant une importance de premier ordre dans tout ce réseau, aboutissent à Moscou.

particulier d'une *plaine*[60]) continue, (presque sans exception),
dont la surface est plus ou moins élevée comparativement aux
autres parties de la Russie. Cette plaine occupe, à peu près dans
le centre, (un peu vers le Nord), presque tout le plateau central
de notre pays; il est limité de trois côtés par les uniques montagnes de la Russie d'Europe: à l'Ouest par les hauteurs
d'Alaoune; au Nord, par ces mêmes hauteurs qui, (à partir des
montagnes de Valdaï) se dirigent vers l'Oural, (à travers les gts. de
Vologda et de Viatka), et séparent les eaux du Volga des bassins
de la Mer Blanche et de l'Océan Glacial par une chaîne de montagnes
(appelées Ouvalli, qui atteignent une hauteur absolue de 800 pieds);
au Sud, par une autre chaîne (s'étendant à travers les gts. d'Orel,
de Tambow et de Penza dans la même direction, jusqu'au Volga,
près de Samara). Notre région, comparée à tout le reste de la
Russie d'Europe, présente un type particulier sous le rapport de
sa nature; celui *d'une contrée mixte* ou moyenne, qui, sous les
rapports orographique et physique, tient le milieu entre tous
les extrêmes, les contrastes et les phénomènes exclusifs, particuliers aux confins de la Russie d'Europe.

Le caractère orographique de la région de Moscou doit être
pris en considération, parmi les conditions qui ont donné une
certaine direction à l'économie nationale. D'une part, une surface parfaitement plane facilitait toute espèce de travail industriel, l'emplacement des grands établissements industriels et par-
dessus tout, le déplacement des hommes et le transport des marchandises, indispensables à l'industrie et encore plus au commerce.
D'une autre part, le climat, soumis à un degré élevé aux propriétés orographiques de la contrée, agissait dans le même sens;
les hivers prolongés, qui interrompaient les travaux de l'agriculture, laissaient par conséquent beaucoup de loisirs aux populations rurales, les forcèrent, de longue date, à demander leurs
moyens d'existence à des travaux industriels et à toutes sortes
de métiers et de professions, loin de leurs domiciles. Le climat
de toute cette contrée comparé au reste de la Russie peut aussi

---

60) Les géologues prétendent que cette plaine était autrefois un lac dont l'empreinte s'est conservée jusqu'à nos jours.

être considéré comme *tempéré et moyen*: il exclut les froids extrêmes de l'hiver et les chaleurs tropicales de l'été, (la sécheresse) qui pèsent d'une façon si nuisible sur nos contrées du Nord extrême, de l'Orient extrême, et sur les steppes du Midi.

Un motif naturel, plus puissant encore, explique la vie industrielle et commerciale, qui s'est établie de temps immémorial dans notre région, et qui se développe puissamment de nos jours, — c'est *le sol*. Nous ne parlerons ici que du résultat final des diverses propriétés géognostiques de ce sol et de ses révolutions géologiques [61]); ces dernières ne tiennent que de fort loin à notre sujet, et n'entrent point dans le cadre de notre ouvrage. Ce résultat général, c'est que les propriétés du sol ou de la surface arable, se prêtent à l'agriculture et surtout à la culture du blé (seigle), dans presque toutes les parties de cet espace, à très peu d'exceptions près.

Mais le sol de notre région, combiné avec ses conditions climatériques, est *peu fertile*, selon l'expression reçue, c'est-à-dire que s'il n'exclut point l'agriculture, il ne récompense que parcimonieusement le travail et le capital, tout en exigeant des efforts considérables et des sacrifices de la part de l'homme. L'alimentation de toute cette région nécessite, en grandes quantités, le blé que produisent les autres contrées de la Russie [62]). Ces propriétés du sol sont plus ou moins inhérentes à toute la contrée.

---

61) Voyez pour la géologie et la géognosie de la région de Moscou la carte géologique de la Russie de l'acad. Helmersen; Schnitzler, l'Empire des Tzars, t. I, ch. III; V. Ragozine (Raevsky) le Volga. Nous observerons seulement par rapport à la constitution géologique de la région de Moscou, qu'elle présente un type moyen du caractère géologique de toute la Russie d'Europe (à l'exception de ses limites), par les couches exclusivement horizontales de sa surface, par l'activité de l'eau comme agent géologique (sans le secours visible d'aucune autre force géologique volcanique), et par conséquent par la lenteur des procès géologiques qui excluent toute participation de brusques révolutions volcaniques, et relativement, par peu d'ancienneté de la période de sa formation (presque tout cet espace appartient à la formation des terrains houillers supérieurs et inférieurs). Il ne faut pas oublier ici que, toute cette région, sous le rapport géologique, est considérée comme *transitoire* (ou mixte) entre le sud et le nord de la Russie. La partie de cette contrée (entre Jaroslav, Moscou et Nijnii-Novgorod), est regardée comme principalement transitoire, mixte, excluant tout contraste, sous le rapport géognostique et végétal (les forêts). C'est la partie la plus industrielle. (Voy. Blasius, cité par Schnitzler «Reise im Europäischen Russland in den Jahren 1840, 1841. T. II, p. 368.)

La partie nord-est se distingue surtout sous ce rapport; elle comprend une partie des gouvernements de Vladimir, de Moscou, ceux de Jaroslav, de Kostroma, de Nijnii-Novgorod et la province historique de Rostow-Sousdal, où une activité industrielle et commerciale remarquable a germé depuis longtemps et continue à grandir jusqu'à nos jours [63]).

L'opinion que l'on se fait sur la stérilité d'un sol (à moins qu'il ne se refuse absolument à toute espèce de culture), est *très rélative*; il en est de même pour celle que l'on peut se faire sur *le choix des meilleures* terres pour domicile et agriculture, dans une période historique donnée; il n'y a que *telles ou telles* propriétés de la terre, relativement à sa composition et à la situation du pays, qui puissent présenter *le plus d'avantages quant aux circonstances données de l'époque et au savoir acquis, de retirer le plus de profit de la terre*[64]). Les terres de la région de Moscou ont été plus d'une fois *considérées* comme les *meilleures* (sous le rapport de leur position topographique centrale, et des voies de

62) Presque toute l'étendue de cette région (principalement les gts. de Moscou, de Vladimir, de Tver, de Smolensk et de Kalouga) produit en moyenne une récolte de deux ou trois tchetverts par un tchetvert de semence; c'est la récolte minima du terrain cultivé de la Russie. Les autres parties de notre région (les gts. de Jaroslav, de Kostroma, de Nijnii-Novgorod et les parties des gts. de Toula et de Riazan qui entrent dans ses limites) appartiennent à la seconde catégorie (des gouvernements), un peu plus élevée sous le rapport des récoltes, de 3 à 4 tchetv. par un tchetvert de semence. Tous les autres gouvernements de cette région (à l'exception de ceux de Toula et de Riazane), produisent dans la Russie d'Europe, une récolte de blé de moins d'un tchetvert par âme. (Voy. l'Appendice de la Revue de la régie des Domaines, de 1833 à 1880 St. Pét. 1860), ainsi que les matériaux de la Statistique de la production des blés, dans la Russie d'Europe, de 1870 à 1874, du département de l'Agriculture 1880.

63) Les résultats de toutes les études sur la composition du sol de la Russie d'Europe, se trouvent résumés dans la carte publiée par le dépt. de l'Agriculture et de l'industrie rurale, 1879. Selon les indications de cette carte, les espèces suivantes de terrain dominent dans notre région centrale: un terrain sablonneux s'étend particulièrement dans le gt. de Vladimir, en partie dans celui de Nijni-Novgorod, dans la partie septentrionale du gt. de Riazane, dans les gts. de Smolensk et de Kalouga); une terre sablonneuse, argileuse, de l'argile, dans tous les gouvernements, à l'exception du gt. de Tver, et des terrains vaseux (principalement dans le gt. de Tver). Nous n'indiquons ici que les traits les plus saillants de la carte du sol.

64) Il faut comprendre ainsi la loi de la rente et du choix des terres, de Ricardo. Voy. Solovieff, Histoire de la Russie, t. XIII, p. 24 et 25. M. Solovieff dit entre autres, que les Russes avaient enfreint la loi de Ricardo en quittant les terres fertiles du gt. de Kieff, pour la terre ingrate de Sousdal (?).

communication indiquées plus haut), et ont toujours été suffisamment susceptibles de culture; mais leur fertilité et leurs produits naturels recompensaient infiniment moins le travail de l'homme et son capital que les terres bénies du voisinage, — les terres noires du Sud et du Sud-Est. Les conditions naturelles de notre région se prêtaient infiniment plus au travail manufacturier, au transport de toutes sortes de marchandises tirées de diverses contrées, à leur commerce, à l'entremise dans l'échange de tous les produits, qu'à l'agriculture.

Le développement de toutes les voies de communication et le rapprochement de la région de Moscou de contrées plus fertiles qu'elle même, et qui l'environnaient de trois côtés (au Sud, ou Sud-Est et à l'Est), chaque nouveau pas vers le développement et le perfectionnement des voies de communication et du commerce dans cette direction, chaque progrès de la civilisation, qui facilitait les échanges, portaient des coups de plus en plus sensibles à l'agriculture de cette région, à cause de la concurrence croissante de contrées plus fertiles.

Voilà les motifs qui rendirent le sol de la région de Moscou, *relativement de moins en moins fertile*, qui ôtèrent de plus en plus à ses habitants le désir de le cultiver, et qui les poussèrent vers un autre genre de travail et d'industrie. L'abolition du servage est encore un des coups historiques portés récemment à l'agriculture de la région de Moscou. Le servage a longtemps et forcément soutenu ici tout autant la culture des propriétaires que celle des paysans, au moyen de la main d'oeuvre gratuite, grâce aux obstacles à un libre choix d'occupations, et à la difficulté que les ouvriers trouvaient à se déplacer. Ce coup a été renforcé par un second. Le développement des chemins de fer a excessivement facilité et accéléré l'exportation du blé de la zone du tchernozème vers le Nord et vers la région de Moscou elle-même.

Cette stérilité relative du sol a encore contribué, dans une autre direction, au développement de l'industrie: plus on fait de sacrifices de capital et de travail à une terre, et plus doit être élevée la valeur vénale de son produit. C'est de cette manière, entre autres, que la culture des légumes et des arbres fruitiers s'est introduite dans la région de Moscou [65]), ainsi que la culture de plantes de plus de valeur [66]) que les céréales, par suite du travail ultérieur qu'elles devaient subir, tels sont par exemple et tout particulièrement le lin et le chanvre. Ces derniers produits ont servi depuis longtemps comme matériaux à filer, — de base à une industrie très vaste, — à la fabrication de toiles de lin et de chanvre (principalement dans les gouvernements de Jaroslav et de Vladimir). Cette industrie a servi dans la suite, à celle du coton, et en général au tissage.

Nous ne pouvons comprendre dans l'esquisse générale de la région de Moscou, les divers matériaux industriels bruts, que l'on retirait de la terre, et dont l'extraction offrait plus d'avantages que l'agriculture, qui contribuaient en outre au développement de diverses branches d'industrie [67]). Les divers éléments qui entrent dans la composition du sol des différentes contrées de la région de Moscou, ont présenté les conditions nécessaires au développement de telle ou de telle autre branche d'industrie. Il est inutile de s'étendre ici sur cette *condition naturelle* de l'industrie, d'autant plus qu'elle ne se présente le plus souvent, dans son histoire, que comme une des nombreuses nécessités favorables à son développement; il arrive même souvent que la présence ou l'absence de matériaux bruts, nécessaires à l'industrie locale, soit parfaitement indifférente à son développement [68]). Cependant une matière brute d'une grande importance — le minerai de fer — qui se rencontre dans différentes contrées de la région de Moscou (dans la partie sud-est du gt. de Vladimir, dans la partie sud-ouest du gt. de Nijnii-Novgorod, dans le coin nord-ouest du gt. de Tambov, dans différentes localités du gt. de Kalouga etc.)

65) Particulièrement, dans les gts. de Jaroslav, de Moscou et de Vladimir.

66) La crise que l'agriculture de la région de Moscou, subit en ce moment, provient, selon notre opinion, de ce que les propriétaires n'ont pas entrepris opportunément, après l'émancipation des paysans et la construction des chemins de fer, la culture de productions agricoles, dont la valeur fût plus élevée et dont le prix eût encore monté.

67) Par ex., une espèce particulière d'argile, de terre glaise, a servi au développement de la poterie en général, ainsi qu'à la fabrication de la faïence et de la porcelaine.

68) Par ex. les fabriques d'articles en fer et en cuivre de Toula, dont le développement est très ancien, reçoivent leurs métaux de contrées fort éloignées.

doit être mentionnée ici; elle est importante, sous le rapport de l'industrie, non seulement comme base des productions minières, mais elle est encore indispensable à tous les genres d'industries manufacturières. Ce métal leur fournit, à tous, la première condition de la vie, — les instruments. Dans le cas où les voies de communication viennent à manquer, la présence du fer à proximité offre un avantage essentiel au développement de l'industrie.[69])

Il ne faut point perdre de vue encore une condition du développement de l'industrie, dépendante du caractère général du sol de la région de Moscou, dont, au reste, il a déjà été question.

Le voisinage de terres fertiles et les communications que leur prêtent le Volga, l'Oka et leurs affluents, garantissent l'alimentation de cette région, au moyen de l'échange de ses productions industrielles contre les céréales de ces contrées fertiles. Le perfectionnement des moyens de communication et le développement du commerce ont rendu cet échange de plus en plus avantageux, comparativement à l'agriculture, et ont influé jusqu'à nos jours sur l'extension de l'activité industrielle.

Les forêts qui confinent à cette région du côté opposé, du côté du Nord, n'exercent pas une influence moins grande sur l'activité industrielle de la région de Moscou. Des forêts immenses commençant aux confins de notre région et s'étendant jusqu'à la Mer Blanche et à l'Océan glacial lui promettent un approvisionnement inépuisable de combustible qui, avec l'application de la vapeur et le perfectionnement incessant de tous les moyens mécaniques, est devenu le premier principe vital de toutes les branches de l'industrie. Le Nord fournit de plus en plus du combustible à la région de Moscou, à mesure que l'industrie et les voies de communication se développent. Mais ce n'est pas seulement d'aujourd'hui, et sous ce rapport unique, que les *forêts* se pré-

---

69) Dans le nombre des différentes conditions naturelles qui favorisent l'industrie et dépendent de la composition géognostique du sol, les marais, remplis de tourbe, qui fournissent le combustible, ont acquis une grande importance dans ces derniers temps, c'est-à-dire depuis la destruction des forêts. Il en est de même de la houille, dans le gt. de Riazan et dans d'autres localités, dont la valeur augmentera considérablement avec le temps.

sentent comme un élément naturel ou géographique du caractère industriel de la région de Moscou. Les forêts ont été cet élément de tout temps, non seulement pour l'industrie, mais encore pour toute l'histoire de cette région, qui possède encore, dans quelques-unes de ses localités, des richesses forestières parfaitement conservées et que l'on voit éparses sur toute son étendue, (principalement, dans la partie occidentale des gouvernements de Tver, de Smolensk et de Kalouga où les fabriques se multiplient particulièrement dans ces derniers temps); en somme, notre région est encore riche en forêts comparativement aux contrées sud et sud-est, dites les contrées de la terre noire et des steppes; mais dans le commencement de notre histoire, avant que l'industrie et les hommes eussent détruit les forêts, elle appartenait positivement au *domaine de la forêt* qui se distinguait de la *plaine*, c'est-à-dire de toute la partie méridionale de la Russie [70]). Aujourd'hui même, malgré la destruction excessive des forêts, elles occupent 32 % de l'espace total. Toute notre histoire et toute notre culture se concentrent principalement dans ces forêts, après la période de Kieff.

Faut-il parler de la grande importance des forêts au point de vue de l'industrie et de toute la vie du peuple. Elles ont d'abord fourni des matériaux de construction, et ont beaucoup contribué à l'établissement et à la multiplication des villes dans la Russie du Nord-Est; elles ont influé ainsi sur le développement de la civilisation et de l'industrie. Les forêts ont en même temps servi de matériaux à la construction de navires pour les voies fluviales, ce moyen primitif de communication qui, jusqu'à présent, n'a point perdu de sa puissance; les forêts ont ensuite présenté comme bois de chauffage, la condition la plus essentielle de l'existence dans notre climat; elles ont offert des matériaux pour la confection des instruments et de tous les procédés mécaniques, qui facilitent l'industrie, particulièrement lorsque le fer est rare et coûteux; elles offrent enfin le combustible, ce principal agent de l'industrie à vapeur. N'oublions pas, à côté de ces avantages de premier ordre, la matière brute, le bois, que les

---

70) Voy. l'histoire de Russie de Solovieff, t. XIII.

forêts fournissent à plusieurs branches d'industrie très vastes et multiples, la menuiserie et différentes confections en bois (par ex. dans les gts. de Moscou, Kostroma et de Nijnii-Novgorod). Toute l'étendue actuelle de la région de Moscou, comparée aux steppes du Sud, dépouillées de leurs bois à une époque préhistorique était la «région de forêts» (où le peuple russe quittant le sud, s'est aggloméré à l'époque de notre moyen-âge), tout comme le sont maintenant les contrées du Nord et du Nord-Est. Et tout ce mouvement historique, cette disparition des forêts, cette tension de la vie industrielle vers le Nord, en suivant l'axe principal du Sud-Ouest au Nord-Est (voy. plus haut), continuent jusqu'à nos jours et continueront dans l'avenir, sans doute avec des interruptions momentanées, des modifications et des transitions qui les porteront dans d'autres directions, quelquefois dans des directions opposées [71]).

Après avoir mentionné les conditions *naturelles* qui favorisent l'industrie et l'activité commerciale de la région de Moscou, nous parlerons de la densité de sa *population*, comme d'un phénomène tant physique que social, formant la transition la plus régulière des propriétés primitives et physiques de la nature aux conditions morales de la vie historique. Toute cette région, à très peu d'exceptions près (la limite nord-est, c'est-à-dire la partie Nord du G-t de Nijni-Novgorod, sur l'autre rive du Volga, est la moins habitée et présente l'exception la plus notable), appartient aux contrées les plus populeuses de l'Empire; le gouvernement de Moscou, relativement aux autres gouvernements de la Russie d'Europe, appartient à la première catégorie (il a plus de 50 habitants par verste carrée); la partie Sud à la seconde catégorie (de 40 à 50 habitants); la partie Nord à la troisième (de 27 à 40 habitants). En général, cette région ne le cède, sous le rapport du nombre de ses habitants, qu'à la zône de terre noire

---

71) Il a été dit plus haut, que la vie industrielle, tout en suivant le même axe (du Sud-Ouest au Nord-Est) s'étend maintenant de préférence, vers l'occident et le Sud-Ouest; il faut évidemment en attribuer la cause à notre réseau de chemins de fer, qui s'est interrompu dans le Nord-Est, et a laissé ces contrées privées de toute espèce de routes perfectionnées. Par cela même, le Sud-Ouest offre à l'industrie plus d'avantages que le Nord-Est.

(la steppe exceptée), et aux contrées du Sud-Ouest et à la Pologne.

Une population nombreuse est, sans contredit, une condition importante de l'industrie et du commerce, et notre région jouit de cet avantage. Mais cette condition ne peut être entièrement attribuée aux avantages primitifs, offerts par la nature; elle n'est elle même qu'une conséquence du mouvement industriel et commercial de la contrée et de la vie historique. La région de Moscou, à l'époque ou le centre de la vie politique s'y transporta définitivement du Sud-Ouest, était peu peuplée, sa surface était couverte de forêts et de solitudes; elle était surtout déserte, comparée à la province de Kief ou à celle de Novgorod [72]). La densité de la population de notre région ne s'est produite qu'à travers un travail historique de plusieurs siècles, elle n'a été acquise qu'au moyen de l'industrie, qui à son tour a subi l'influence de cette population toujours croissante. Cependant on ne peut nier que des conditions moins favorables de la nature de notre région et ses propriétés moins salubres eussent rendu impossible ce développement toujours croissant de l'agglomération de la population.

Après avoir fait l'esquisse des principaux éléments physiques de la région de Moscou, sous le rapport de la vie économique, nous sommes loin de l'expliquer par ces seuls éléments.

Toute forme de l'économie nationale est un phénomène historique qui est le produit de toute l'histoire d'un peuple; cette histoire est fortement influencée par les conditions physiques du pays, mais elle a ses propres *facteurs historiques*, tels que: le type originel de la race, ses hommes historiques et enfin l'histoire proprement dite, — la marche des faits historiques locaux et universels. Ces derniers surgissent souvent aux limites les plus éloignées de l'univers et fondent sur une contrée, y produisent une révolution, indépendamment de toutes les conditions intérieures et locales (par ex. l'invasion des Mongols en Russie) et intervertissent le développement de l'histoire locale en dépit de toutes les «lois *immuables*» de la nature et même en dépit de

---

72) Voy. Solovieff: Histoire de Russie, t. XIII.

toutes les «prétendues lois de l'histoire» connues jusqu'à ce jour. Ce conflit des faits intérieurs et extérieurs produit souvent ce qu'on appelle le *«hasard historique.»* Tous ces facteurs sont soumis sans aucun doute, à l'influence de la nature d'une contrée (par ex. le type de race); mais tous les élements de la vie se trouvent dans une situation d'action réciproque continuelle.

Mais tous ces facteurs historiques agissent de même indépendamment de tous les éléments physiques; ils leur donnent souvent, comme par esprit de contradiction, une direction complètement opposée à leur nature primitive et les transforment par la main créatrice de l'homme. Le Volga, cette artère commerciale la plus naturelle de la région de Moscou, peut servir d'exemple frappant de phénomènes de ce genre. La civilisation et l'histoire de cette région et de tout notre empire ont transformé le cours primitif du Volga de l'Occident à l'Orient, de la Baltique à la Mer Caspienne, de l'Europe à l'Asie en un cours diamétralement contraire, — de l'Orient à l'Occident, de la Caspienne à la Baltique c'est-à-dire tel est actuellement le mouvement dominant de la navigation et du commerce sur le Volga). L'histoire[73]) de la région industrielle de Moscou qui tient, dans notre histoire politique, vieille de mille ans, une position que l'on pourrait qualifier de *centrale*, influe puissamment jusqu'à nos jours sur toute la vie historique de la Russie; cette histoire de la région de Moscou est trop compliquée, pour être esquissée ici, fût-ce même d'une façon sommaire. Mais elle est assez connue dans son sens général et il nous suffit pour notre problème, d'indiquer seulement l'effet que ces éléments historiques les plus essentiels ont produit, particulièrement, sur l'économie de cette région.

Les limites actuelles de cette région *s'accordent presque avec les frontières de l'Etat Moscovite*, au commencement du XVI siècle, de cet Etat qui forme la pierre angulaire de notre histoire politique moderne. Le fait historique de la suppression du système des apanages domine toutes les autres conditions de l'hi-

---

73) Excepté les ouvrages indiqués dans le commencement de ce chapitre, voyez, pour l'intelligence de l'esquisse historique qui suit, l'ouvrage d'Ilovaïsky, Histoire de Russie, t. 2, 1880. (Période de Wladimir.)

stoire de notre région et attire particulièrement l'attention. Cette pierre angulaire du règne des Princes de Moscou est la base de l'unité de l'empire de Russie et de l'unité de la nation russe. C'est dans la première moitié du seizième siècle après les premiers souverains de Moscou que nous qualifierons d'unificateurs, que l'Etat de Moscou s'est définitivement constitué [74]) et qu'il est devenu, à l'époque transitoire de notre histoire, entre son moyen âge et ses temps modernes (depuis la fin du règne de Jean-le-Terrible jusqu'aux réformes de Pierre le Grand) la base de toute l'organisation politique actuelle de la Russie. Cet empire de Moscou s'est établi sur des fondements si solides, il s'est si fortement centralisé dès le XVI-me siècle qu'il a conservé même jusqu'à nos jours, le caractère d'une *unité* territoriale, entière en elle-même, et se distinguant sous tous les rapports, des autres parties de la Russie.

L'organisation politique et sociale qui a pris naissance dans l'Etat de Moscou s'est conservée dans ses principes fondamentaux même jusqu'à nos jours; ni les actes gigantesques de Pierre le Grand, ni les reformes modernes ne l'ont encore ébranlée. C'est à une époque bien antérieure à l'Etat de Moscou, c'est au milieu du XII-me siècle (lorsque le Prince André Bogoloubsky a définitivement quitté Kief pour s'établir à Wladimir en 1155) que le premier et le plus grand évènement dans la consolidation du pouvoir monarchique (son hérédité en ligne directe), suivi d'une série de faits analogues s'est passé dans cette région, — dans la terre ou province de Rostow — Sousdal et a donné une base à l'Etat de Moscou et à tout l'Empire de Russie. C'est le prince André Bogoloubsky, qui le premier, s'étant établi à Vladimir, sur la Kliasma, a sapé la base du système des apanages (des principautés indépendantes), qui a réuni les fractions de la Russie dans une seule main, et qui a posé les assises de l'unité du pouvoir monarchique et de l'Etat. Ce qu'il y a de remarquable, c'est que cette grande révolution de notre histoire politique — s'est accompli dans l'apanage ou la principauté d'André Bogoloubsky,

---

[74]) C'est pendant le règne de Jean IV le Terrible 1533—1584, que l'organisation de l'Etat de Moscou et de son autocratie s'est définitivement assise.

dans le pays de Rostow-Sousdal, qui concorde — avec l'espace (le G-t de Vladimir, la partie Orientale du G-t de Moscou, et la partie sud de celui de Jaroslav) où l'industrie la plus active de toute notre région a établi son siège et où nous trouvons, jusqu'à maintenant l'expression la plus marquée du type de la race grande russienne.

Le trait le plus caractéristique de ce type historique de la population de cette région, c'est qu'il est *le type le plus normal de la Grande Russie*, parlant l'idiome russe le plus pur et se distinguant encore par là des autres contrées de la Russie. Les mélanges de races se rencontrent rarement dans cette région et ne présentent guère d'exceptions que pour quelques colonies finoises ou tatares.

Il faut admettre, que dans l'origine, cette race Grande-Russienne, telle que nous la connaissons aujourd'hui, s'est formée ici (dans la terre de Rostow-Sousdal) de la réunion de races slaves ou russes, arrivée de divers points de la Russie; mais plus tard et particulièrement à dater de l'époque de l'Empire de Moscou, c'est de notre région que le type grand russien et sa langue, se sont répandus dans toutes les autres parties de la Russie et se sont imposés à leurs populations — jusqu'à toutes les frontières d'Europe et d'Asie. Il est impossible de ne pas considérer comme le noyau de la race Grande-Russienne-ce pays de Rostow-Sousdal (plus tard le pays de Moscou).

C'est d'ici que ce type s'est propagé de tous les côtés, vers toutes les parties du monde, jusqu'à la Baltique et l'Océan pacifique, jusqu'à l'Océan Glacial, la mer Noire et la Mediterrannée. Ce type et cette langue se réfléchissent comme les rayons d'une lumière centrale, et, sous l'influence de circonstances locales, passent aux nuances les plus variées de l'idiome, dans les différentes provinces de la Russie; toutes ces nuances, et ces idiomes de la nationalité russe conservent leur mesure moyenne, normale, classique, dans cette région de Moscou. Il paraît que la puissance principale de ce type grand russien et de sa langue, qui lui donnent la prépondérance dans toutes les contrées de l'Empire de Russie, et une position centrale, semblable à celle qu'occupe Moscou dans l'histoire de Russie, tient à ce que ce type et cette langue, plus que tous les autres éléments de la nation russe, *se rapprochent de tous les types*, de tous les idiomes et présentent parmi eux quelque chose de neutre, de type moyen ou normal. Voilà pourquoi le type grand-russien, qui a pour noyau la région de Moscou ou de Sousdal, se répand si facilement de tous les côtés, et soumet si facilement à sa prépondérance les idiomes de toutes les provinces et les diverses nationalités que possède la Russie. Tous les autres rameaux de la nation russe se sont montrés impuissants à une extension semblable (la Russie Blanche, la Petite-Russie, etc.), bien que ce centre de Moscou (depuis que la capitale a été transportée à Pétersbourg) ait perdu sa suprématie politique depuis longtemps, ainsi que toute espèce d'influence officielle sur les autres parties de la Russie. Il faut observer ici, que ce caractère national du grand-russien et sa langue, intelligible plus que toute autre dans toutes les contrées de la Russie et même au delà de sa frontière, ce type moyen, voisin de toutes les ramifications et de toutes les nuances du peuple russe, facilite considérablement l'activité commerciale de la région de Moscou et les relations de ses agents commerciaux avec le public de tous les marchés russes et étrangers. Tout cela ne suffit certainement pas encore pour expliquer complètement l'influence de l'histoire de cette région sur son développement industriel.

L'histoire de toute notre région, ainsi que celle du type dominant de sa population ne peut se déterminer exclusivement par celle de l'Etat de Moscou ou celle de la principauté de Vladimir; elle ne peut même pas y trouver son origine. Si la principale arène historique de notre nation et son centre politique se sont transportés au XII-me siècle du Sud-Ouest au Nord-Est et ont quitté les «plaines» fertiles de Kief pour les «forêts» de Rostow-Sousdal, «pour les mauvaises terres» (comme le dit notre historien M. Solovieff[75]), ce déplacement ne pouvait

---

75) Histoire de Russie, t. XIII, p. 24. Il faut comprendre l'expression de «bonnes ou mauvaises terres» dans le sens historique (comme nous l'avons dit plus haut), non pas seulement dans celui de la qualité du sol sous le rapport de ses propriétés *absolues*, mais dans un sens relatif correspondant aux circonstances données et aux conditions de chaque époque, ainsi que dans celui de la situation d'une contrée. Ni les partisans, ni les contradicteurs de la théorie de la

4

être exclusivement motivé par les conditions géographiques du pays de Sousdal: ni par sa tranquillité relative, ni par la sécurité dont il jouissait quant aux querelles intestines des Princes et aux invasions des barbares nomades de l'Asie, qui faisaient continuellement irruption dans les plaines et les steppes méridionales et les ravageaient. Il faut encore ajouter à l'absence, dans le Nord-Est de la Russie, de ces deux derniers éléments, qui troublaient le pays de la Russie méridionale (avant les Tatares) les *nouvelles relations* que les Princes *pouvaient* nouer avec la population des provinces du Nord-Est, et la possibilité d'étendre sur elle leur pouvoir absolu. Ils n'étaient liés ici ni par les traditions des partages infinis des apanages, ou principautés (Oudély) et les migrations des Princes d'une province à une autre, ni par les exigences des assemblées populaires («Wetsche») et de l'aristocratie guerrière («drougina») dans le Sud-Ouest et le Nord-Est (à Novgorod). Ici, ils pouvaient s'affermir sur leurs trônes, dans leurs domaines (apanages) héréditaires. Il est incontestable que les princes (Andreï Bogolubsky) devaient plus facilement trouver toutes ces conditions historiques dans le Nord-Est et qu'elles étaient indispensables à un centre politique fixe, qui seul pouvait sauver la Russie de la ruine, d'un démembrement en principautés indépendantes, réunir toutes ses terres, lui donner un corps et la préserver du torrent destructeur des peuples qui, bientôt après, devaient surgir du fond de l'Asie et fondre sur notre pays avec une fureur inouïe.

Mais il faut convenir, qu'en dehors de toutes les susdites conditions, la puissance attractive que le Nord-Est exerçait sur la nouvelle activité des Princes, sur le déplacement du centre politique et surtout la force de l'affermissement et du développement ultérieur de ce centre dans cette région, se concentrait dans le caractère national de la population qui l'habitait. Les traits de ce caractère étaient, au plus haut degré, favorables au problème historique que s'étaient posé les princes de Rostovó-Sousdal et à tout le développement ultérieur de l'État de Moscou[76]).

rente de Ricardo, n'ont pris ces circonstances en considération. Dans ce sens le sol de Sousdal était meilleur au XII-me siècle que celui de Kief.
76) Voy. l'Histoire de Russie, t. 2, p. 205.

Le Prince André Bogolubsky avait trouvé, comme le dit M.
Ilovaïsky, «un soutien à ses tendances autocratiques» dans la population du Nord-Est qui était *sage*, *laborieuse*, *industrielle* et
qui avait déjà perdu certaines habitudes turbulentes de la Russie
méridionale» (Hist. de Russie, t. 2. page 205). C'est dans ces
traits de caractère de la population de la terre de Rostovo-Sousdal que nous trouvons la principale condition du développement
politique et industriel de cette région et le côté le plus intéressant de son histoire. D'anciennes institutions d'assemblées populaires, ainsi qu'une puissante noblesse territoriale existaient dans
les anciennes villes de cette contrée (Rostov) et constituaient deux
éléments auxquels les Princes ont dû pendant des siècles disputer
leur pouvoir absolu. Mais le bon sens général de la masse, son
bon sens politique, pratique, (son «opportunisme», selon la
nouvelle expression) soutint l'autorité suprême dans cette lutte
et força les extrêmes de ces deux éléments contraires à céder
aux nécéssités de l'Etat et à notre unité nationale. Bien mieux,
nous supposons que l'esprit de cette population s'est reflété sur
les princes eux-mêmes, et a contribué à leur éducation politique.
Un des héros les plus remarquables de l'histoire de Russie, né
sur la terre de Rostovo-Sousdal est St Alexandre Nevsky, l'image
la plus fidèle de ce génie national. Il alliait un calcul politique et
une persévérance de caractère remarquables à un courage militaire et à une abnégation patriotique inouïs. N'oublions pas le
continuateur le plus proche du premier souverain de Vladimir
d'Andréii Bogolubsky, — Vsévolod III (surnommé «grand
nid»[77]).

Actif, calculateur, économe, capable de poursuivre son but
avec une opiniâtreté inébranlable, capable, selon les circonstances, d'actes cruels ou généreux, il offrait un modèle remarquable
du caractère septentrional ou grand-russien; en un mot, il réunissait tous les traits de caractère qui servirent de base à l'édifice
politique de la grande principauté de Moscou ou de la Grande
Russie[78]).

---

77) A cause de sa nombreuse famille.
78) Ilovaïsky, histoire de Russie, t. 2, p. 227.

4*

L'histoire de cette nationalité slave-grande-russienne et de son type a commencé non-seulement bien avant la période de Moscou, mais encore avant celle de la principauté de Vladimir (ou de Rostovo-Sousdal), probablement même bien antérieurement à l'histoire politique de notre pays, qui à sa naissance (aux temps de Vladimir le Saint et de Jaroslav I aux X-ème et XI-ème siècles), a trouvé ce type grand-russien dans le pays de Rostovo-Sousdal, sinon complètement développé ainsi que nous le connaissons à présent, du moins en son germe parfaitement constitué [79]. Notre histoire politique (depuis le X-me siècle) a trouvé là des populations purement *russes* (bienque des peuplades finnoises eussent déjà existé ici à cette époque dans diverses localités). Cependant, toute l'étendue de ce pays, d'après les témoignages historiques les plus authentiques, était, dans les temps les plus anciens, à une époque préhistorique (préhistorique dans le sens de notre histoire politique qui date du IX siècle), occupée par les Finnois, (les Tchoude ou les Ougres), ou bien par la grande race mongole ou Ougre-Altaïsk, et les différentes branches anciennes, — la Meria, la Vesse, la Mouroma). Il paraît clair que ce type russe ou grand-russien de la terre de Sousdal s'est formé du mélange des nationalités finnoises avec les nationalités slaves, ou, pour mieux dire, par l'assimilation des Finnois par les Slaves. Cette race finnoise, comme la plus faible, a toujours cédé et cède toujours et partout jusqu'à présent à la race slave, comme à la plus puissante. L'élément finnois a été tout à fait absorbé par l'élément slave, ainsi que cela se manifeste par la langue russe et sa grammaire. Le procès de l'assimilation de ces deux races, ou plutôt la russification de la race finnoise, constitue la substance la plus importante de toute l'histoire ethnographique de notre nation. Il paraît certain que ce mélange de races produit les na-

---

[79] La terre de Rostovo-Sousdal en général — se trouvait entre le Volga supérieur et l'Oka, ses principaux centres étaient du côté de l'Est — vers le confluent du Volga et de l'Oka. Les villes les plus anciennes de la terre de Rostovo-Sousdal — Rostov, Sousdal, Péréiaslav — pouvaient avoir été des colonies finnoises (Meryany la branche finnoise la plus répandue ici) dans l'origine; du reste l'histoire de notre pays, les trouve déjà presque russes et portant des noms russes (voy. Ilovaïsky, Hist. de Russie, t. 2, p. 201); nous nous en rapportons de préférence mais non exclusivement, à cet auteur, pour notre esquisse historique.

tions les plus puissantes du monde, surtout parmi les nations les plus politiques, lorsque ce procès ethnographique se fait sous la prépondérance d'un seul élément, tel que l'a été chez nous l'élément slave ou russe. Il nous semble que dans le procès de l'assimilation des peuples, ce contact, ce frottement, cette lutte de leurs propriétés particulières et extrêmes, servent à développer la force de la nation produite par ce mélange ethnographique, à élever son sens politique. Sur toute l'étendue actuelle de la région de Moscou on s'aperçoit d'un sous-sol finnois. Le souvenir de ce sous-sol historique se remarque dans tous les noms géographiques, et il s'est à jamais perpétué dans le nom même de «Moscou» (Moskwa). Des fragments de ce sous-sol, purs de tout alliage, se sont encore conservés dans plusieurs localités jusqu'aujourd'hui (la population Mordva, dans le G-t de Riazane, les Korély dans celui de Tver). Cependant ces peuplades finnoises sont de rares exceptions (rares surtout ici, en comparaison des autres parties de la Russie), au milieu d'une population grande-russienne continue.

Les races finnoises, et particulièrement celles des bords du Volga, pouvaient déjà servir de base primitive à l'esprit commercial et industriel de la vie historique ultérieure, dans ce pays de Sousdal. Conformément aux traditions des races finnoises (ou Tchoudes) les plus anciennement historiques, elles avaient des relations commerciales sur le Volga, avec la Biarmia contrée du Nord-Est de la Russie d'Europe, et la Bulgarie de la Kama.

Beaucoup d'autres mélanges de races (d'origine Ouralo-altaïskienne ou mongole) et d'autres encore (entre autres, les Tatares de l'Orient, et — la Litwa de l'occident) ont mêlé leur sang à la population de notre région. Aucune contrée de la Russie ne contient, peut-être, plus d'éléments de races et de nationalités diverses, aucune contrée ne présente un mélange aussi bigarré, que la région de Moscou [80]). Mais tous ces mélanges étrangers

---

80) (Voy. Ilovaïsky, His. de Russie, t. 2, ch. XII, p. 14—21). Voici ce qu'il dit entre autres choses des conditions historiques, qui ont exercé une influence peu favorable, sur le caractère national de la région de Kieff (dans toutes les contrées Sud-Ouest et Nord-Ouest de la Russie actuelle — dans la Petite-Russie et la Russie Blanche, (une influence qui l'a énervé): «Il est permis d'admettre, entre

s'éclipsèrent devant la prépondérance de la race slave, représentée par son type le plus énergique, — le type grand-russien.

C'est par différentes voies que la colonisation slave ou russe s'est introduite dans la région de Moscou ou dans la terre de Rostovo-Sousdal (plus tard sous les noms de principautés de Sousdal-Vladimir et de Moscou); quelle est parmi ces voies la plus ancienne, c'est là un point sur lequel les historiens ne sont pas d'accord et qu'il est difficile de préciser; mais il est hors de doute que l'élément slave existait déjà dans les différentes localités de cette région et de son principal centre, à l'origine de notre histoire politique, et que cette première colonisation remonte probablement à des temps encore plus reculés.

S'il est impossible d'admettre aujourdhui, ainsi qu'on le faisait jadis, que la terre de Rostovo-Sousdal soit une colonie de Novgorod, nul doute qu'elle ne soit, sinon la plus ancienne, du moins l'une des premières colonies des Slaves, puisque les Slaves de l'Ilmen, qui appartenaient à la souche générale des Slaves, et que l'on désignait sous le nom de Krivitchy, habitaient d'ancienne date toute la Russie occidentale actuelle jusqu'aux bords de la Baltique (et pénétraient de là, par la terre de Smolensk, dans la région de Moscou).

Cette branche occidentale des Slaves de la Russie, qui a fondé notre histoire politique, était sans doute la mieux douée, sous le rapport du sens politique, de toutes les autres populations de la famille slave. La route principale, (et probablement la seule) que les Slaves russes-occidentaux, ou bien les Slaves de l'Ilmen, ou bien encore les Krivitchs, aient prise, pour s'établir dans la terre de Sousdal, devait les avoir conduits par eau de la partie nord de la province de Novgorod ou de sa partie cou-

---

autres hypothèses, que tous les éléments étrangers, asiatiques, — toutes les races qualifiées, dans l'ancienne terminologie russe «d'immondes», ... (les Torkis, les Petchènègues, les Polovtsy et a. d. s.) qui se sont mêlées à la race Slave dans cette contrée, ont eu une influence beaucoup plus fâcheuse sur le caractère slave que les mélanges Tchoudes, Finnois et plus tard l'élément tatare, (bien qu'ils aient une origine asiatique ou mongole dans toute l'acception du mot) qui se sont introduits dans la terre de Sousdal et dans toute la région de Moscou».

81) Moscou et le pays de Moscou entraient dans ce territoire de Rostow-Sousdal.

pée de lacs, le long du Volga à travers les forêts et les lignes de partage des eaux de la Baltique et du bassin de Volga. Cette route leur était connue de temps immémorial; ils l'avaient toujours suivie pour atteindre le but de leurs déprédations, de leurs brigandages et de leur commerce (les terres bulgares, voisines de la Kama), et ils continuèrent, l'histoire en fait foi, à la fréquenter beaucoup plus tard, dans leurs marches, leurs entreprises commerciales et guerrières, en un mot, à toutes les époques.

Une autre route par eau, non moins ancienne, et qui conduisait les mêmes Slaves occidentaux à la même terre de Sousdal et à son centre politique — le bassin de la Kliasma, (affluent de l'Oka, centre particulièrement industriel de toute la région de Moscou, v. plus haut), partait des sources du Dnièpre (de la terre de Smolensk) et suivait l'Oka, jusqu'au Volga et à la Kliasma.

Les populations de toute la partie nord-ouest de la province de Moscou (la partie septentrionale du gouvernement de Tver), qui entrait directement dans le territoire de Novgorod, avaient une parenté de race encore bien plus proche avec les Slaves de l'Ilmen et de Novgorod.

C'est ainsi que l'extrémité occidentale de la région de Moscou (le gt. de Smolensk) était partie intégrante du territoire de Smolensk et des colonies des Krivitchy. Toutes ces liaisons historiques entre les anciennes branches slaves de la région de Moscou et de ses principaux centres industriels et commerciaux sont fort importantes pour nous, parce qu'elles nous donnent quelques indications vraisemblables sur les éléments historiques qui ont aussi, dans l'origine, servi de base à l'esprit commercial et industriel de la population de notre région. Cet esprit distinguait surtout les Slaves de Novgorod et de Smolensk, placés à cheval sur la route commerciale la plus ancienne, de la mer Baltique à la mer Noire et à la Mediterrannée.

Il existait encore une voie fort ancienne de la colonisation slave dans toute la partie sud de la région de Moscou (dans les gouvernements de Kalouga et de Toula), une colonisation de différentes branches slaves des Sévériany, Radimitchy et Viatitchy, venus du Dnièpre moyen et de ses affluents (la Desna), de la terre de Tchernigov-Seversk par l'Oka, vers le Volga. Le mouvement

de ces peuplades, généralement grossières si on les compare aux
Slaves, pouvait pénétrer de la Russie occidentale, (au moyen de
l'Oka et du Volga) jusqu'à la terre de Sousdal. Il est douteux que cette voie ait été plus ancienne que les routes mentionnées plus haut et qui servaient de déversoir du Nord-Ouest dans
la région de Moscou. Dans tous les cas, il se faisait déjà dans la
période historique de Kief, un commerce assez considérable, au
moyen de l'Oka, entre les terres de Kief, Riazan et le Volga.

Une autre colonisation première, slave ou russe, de la région
de Kief au pays de Rostow-Sousdal a été fondée plus tard par
Jourii-Dolgoroukoff qui reçut ce pays en apanage de son père
Vladimir Monomaque, et qui fut le premier Prince de la dyna-
stie de Rurik qui s'établit dans ce pays. Cette province entre
dans le domaine de notre histoire politique, avec l'avènement de
ce prince qui est considéré comme le premier fondateur de ses
villes (la tradition lui attribue la construction de Jourief, de
Dmitrow, de Moscou etc.). Ce fut le premier représentant du
type des princes-économes et constructeurs, qui rendirent célébre la principauté de Vladimir et ensuite celle de Moscou. An-
dreii Bogolubsky, fils et successeur de Jourii Dolgorouki, le premier prince qui s'assit d'une manière permanente et régulière sur
le trône de Sousdal, fut le premier prototype des princes qui ont
cherché à réunir les terres de la Russie en un Etat Russe uni-
taire et de créer l'absolutisme du pouvoir monarchique.

Dans tous les cas, ce qui nous importe le plus — c'est le
fait historique incontestable de la colonisation *très ancienne* des
Slaves-Russes dans la région de Moscou et dans celles de ses localités, qui se distinguent particulièrement par leur développement industriel. Ces colonisations slaves-russes sont des plus anciennes sur tout le territoire de la Russie. Notre histoire politique
trouve ces populations slaves sur le sous-sol finnois, presque
parfaitement russifiées [82].

Citons ici, comme exemple, quelques centres de population
et de commerce, dont l'ancienneté slave-russe est particulièrement authentique.

---

82) Il a certainement fallu de longues périodes de temps pour russifier l'élément finnois.

Tel était Rostov, la plus ancienne des villes de la terre de Sousdal, renommée par ses assemblées populaires à l'instar de celles de Novgorod; son origine se perd dans les temps primitifs de notre histoire et précède de beaucoup la période de Kief dans notre histoire politique. Le noyau primordial de la terre de Rostovo-Sousdal (l'espace entre le Volga et la Kliasma, affluent de l'Oka), où l'état de Moscou a pris naissance et qui maintenant offre le centre d'une vie particulièrement industrielle, était probablement à peu près aussi ancien, sous le rapport de la culture slave, que la terre de Kief, mais la culture finnoise de cette contrée remonte aux temps les plus reculés de même que sur presque toute l'étendue de la Russie. Les terres de Tver et de Torjock, aux sources du Volga, et les routes les plus voisines qui y conduisaient à travers les forêts, ont servi aux plus anciennes migrations des slaves de Novgorod, dans la région de Moscou. L'histoire de Rostov, tout comme celle de plusieurs villes de cette terre, de Tver (par ex. Rjev, Torjock, Vichnii-Volotchok) remonte aux temps antérieurs, sans aucun doute, à la venue des premiers princes Varègues. L'ancienneté des populations slaves dans la terre de Smolensk, limitrophe de celle de Sousdal ou de Moscou, et qui appartient aujourdhui à la région industrielle de Moscou, est tout aussi incontestable. L'importance commerciale de Smolensk, comme ville russe située sur la grande route commerciale «entre les Varègues et les Grecs», et sur le passage entre les contrées de la Baltique et les terres de Sousdal à l'Orient, et de Tchernigof-Kief au Midi, remonte aux temps primitifs de notre histoire.

L'antiquité des colonies slaves ou russes dans ces contrées nous importe beaucoup parce que, mieux que tous les autres éléments historiques, elle explique bien des choses par elle même, dans l'histoire industrielle de notre région: les capitaux matériels d'un côté, et les capitaux intellectuels de l'autre se sont, de longue date, agglomérés dans toute cette partie de la Russie, et l'éducation économique du peuple, dans toute l'acception de ce terme, les habitudes et les connaissances, qui, pendant le cours de plusieurs siècles, se sont transmises, de génération en génération sur le chemin de l'industrie, des métiers et du commerce doivent lui être attribuées. En un mot, toutes les conditions de l'établissement de foyers *sédentaires* et de centres de l'industrie et du commerce se sont, d'ancienne date, réunis ici. La région de Moscou nous fournit une preuve nouvelle à l'appui de l'opinion que l'industrie manufacturière se développe plus tard que l'agriculture. Ce developpement appartient du reste aux périodes les plus reculées de l'histoire de cette région. Ses populations slaves-russes doivent être assimilées aux plus anciennes colonies slaves de la Russie, si non dans toutes ses parties, du moins dans les plus importantes (particulièrement le long du Volga, de la Tvertza, de l'Oka, et du Dnièpre etc.). Il ne faut pas oublier que plus tard un courant continuel d'émigrés de la région de Novgorod, où la vie sociale et politique s'était organisée le plus anciennement, venait se réunir aux premières colonies slaves, et que ces émigrés étaient, relativement, des gens très civilisés. Enfin, la plus ancienne culture du sol finnois (ou Tchoude), peu connue, mais fort authentique, s'est encore distinguée par son esprit commercial (commerce de ces populations finnoises avec l'Orient.).

En dehors de l'antiquité de la culture, il faut encore prendre en considération l'aptitude naturelle des différentes races aux métiers, à l'industrie et au commerce. L'histoire attribue positivement cette aptitude aux populations de plusieurs localités de la région de Moscou (dans les gts. de Tver, de Jaroslav, de Vladimir, de Nijnii-Novgorod, — où les métiers à domicile et les professions industrielles hors du logis se pratiquaient de temps immémorial.). A quel degré cette aptitude se rattachait-elle aux propriétés du sol et aux conditions historiques, ou bien, à quel degré, au contraire, l'histoire industrielle de ces populations dépendait-elle de ces dispositions naturelles ou innées — c'est là une question obscure et controversable que nous ne discuterons pas ici. Il est certain, que l'influence mutuelle de ces trois facteurs, les aptitudes propres à ces populations, les conditions de leur sol et leur histoire, s'est fait sentir ici, comme toujours et partout.

Nul doute que la population slave, primitive, s'est considérablement transformée dans la terre de Rostovo-Sousdal; c'est là qu'elle a donné naissance à ce type grand-russien, dont la racine, l'expression la plus tranchée et le noyau central appartiennent jusqu'à nos jours à cette contrée. A quel point, l'aptitude à l'industrie et au commerce que nous avons mentionnée était-elle inhérente au caractère de race des premiers colons de la terre de Rostovo-Sousdal et puis à toute la population de la région de Moscou, à quel point cette aptitude s'y est-elle développée dans la suite, sous l'influence des conditions historiques et géographiques (physiques) de cette région et de ses destinées historiques? — c'est une question que nous ne pouvons résoudre ici. Nous observerons seulement que cette même race s'est distinguée, d'ancienne date, par un esprit extraordinairement commercial, dans les centres primitifs de ses établissements sur l'Ilmen, et le Dnièpre, à Novgorod, à Smolensk et en partie à Kief (un nombre considérable de colons industriels s'est transporté, beaucoup plus tard, d'ici dans la terre de Sousdal).

L'influence de la vie et de l'esprit des populations septentrionales (ou plutôt des populations du Nord-Est) de la région de Moscou et de ses villes a pris, depuis longtemps, une grande prépondérance sur les habitants de cette contrée. Toutes les principautés, grandes et petites, qui entouraient la terre de Sousdal, furent obligées de se soumettre peu à peu, d'abord aux princes de Vladimir et plus tard aux souverains de Moscou. Le caractère personnel des princes-unificateurs de Vladimir et de Moscou joua certainement un rôle important dans ce grand revirement historique de notre nation; d'un autre côté, des circonstances historiques favorables (leurs relations avec la horde tatare) facilitèrent leur succès. Mais on ne peut nier que le type grand-russien, d'abord clair-semé dans la terre de Rostovo-Sousdal, puis répandu jusqu'aux confins de l'Etat de Moscou et de la région industrielle actuelle et même au-delà, ait été, indépendamment d'autres conditions historiques, le principal moteur de la puissance de l'état de Moscou et de l'unification de la nation russe sous la domination des souverains Moscovites. Ce caractère national a puissamment secondé les princes de Vladimir et de Moscou dans leurs entreprises, et a influé sur leur caractère personnel.

Notre sujet exige que nous citions ici un des traits les

plus caractéristiques de cet esprit national, particulièrement industriel et commercial, qui a, d'ancienne date, distingué et distingue jusqu'à nos jours, la population de la région de Moscou (surtout celle de son centre, la ville de Moscou et toute sa partie orientale) de toutes les autres contrées de la Russie. Nous verrons bientôt une liaison étroite entre ce trait et un autre qui appartient à la même race, — je veux dire son *sens politique*, qui lui a donné une si grande importance, non seulement dans l'histoire du peuple russe, mais encore dans l'histoire de tous les peuples slaves.

L'histoire nous parle de l'esprit de commerce, incontestablement établi dans la terre de Rostovo-Sousdal, — ce noyau de la région de Moscou, — ainsi que dans les principaux centres de cette contrée, sans compter les données moins exactes que nous possédons sur les temps anté-historiques et qui reconnaissent déjà l'existence de cet esprit industriel et commercial. Les habitants de la terre de Rostovo-Sousdal les plus rapprochés du Volga, (entre ce fleuve et la Kliasma sur le territoire de la principauté de Vladimir), furent, à une époque très ancienne, les principaux intermédiaires du commerce de Novgorod avec l'Orient, avec la Bulgarie et la mer Caspienne, ainsi qu'avec les contrées voisines de l'Oka et les terres de Mourome-Riasan. C'est par leur entremise que le bas Volga fournissait du blé aux terres de Novgorod et garantissait l'existence des contrées voisines du Volga supérieur et de la région septentrionale des lacs. Les marchands de Novgorod, avec ce trafic pour objectif, s'établissaient sur la terre de Sousdal et contribuaient ainsi au développement de son esprit commercial. Cette activité commerciale de la Russie de Sousdal joua un rôle important dans la lutte victorieuse des princes de Vladimir contre Novgorod, et fut un des principaux éléments de leur pouvoir autocratique et unificateur, d'abord dans la principauté de Vladimir et plus tard dans l'Etat de Moscou. Une des armes les plus habituelles et les plus puissantes employée par les princes de Vladimir contre les habitants de Novgorod, c'était l'entrave de leur commerce, la confiscation de leurs marchandises et particulièrement du blé qu'ils recevaient par le Volga. L'influence commerciale de la Russie de Sousdal contribua en général considérablement à la prépondérance, toujours croissante, de cette terre sur la Russie, et soutint la politique adroite des princes de Vladimir contre Novgorod[88]).

L'activité industrielle et commerciale de la même région, et dans la suite, de son centre commercial et politique, — Moscou, eut plus tard la même influence sur l'histoire politique de l'Etat de Moscou, sur son activité centralisatrice, et sur sa force attractive par rapport à toutes les contrées de la Russie et à toutes ses populations.

Sans aucun doute, le rôle prépotent, joué d'abord par la principauté de Vladimir et ensuite par celle de Moscou, contribua d'un autre côté au développement de leur commerce, mais cette activité s'est manifestée bien auparavant dans leurs terres et à beaucoup contribué à leur puissance politique.

Quelle qu'ait été la première origine historique du développement industriel et commercial de la terre de Sousdal et des contrées limitrophes (principalement le long du Volga et de l'Oka), ces terres se distinguaient déjà, par ce développement très avancé, au XIIme siècle, c.-à-d. à l'époque où elles prirent part à notre vie politique. C'est alors que nous trouvons partout, et particulièrement dans le voisinage du Volga et de ses affluents (la Tvertza, la Cheksna, la Mologa, etc.), qui réunissaient la province de Novgorod et celle de Rostovo-Sousdal, et dans les contrées les plus proches de ces deux localités, surtout aux embouchures des rivières, c'est alors, dis-je, que nous trouvons de nombreux centres de commerce, déjà connus de puis long-temps des marchés où se faisait l'échange des produits de l'Occident et de l'Orient, du Nord et du Sud, ainsi que des points de réunion d'une population industrielle. Tels étaient: Rostov-Vélikji (grand) sur les bords du lac de Rostov (Nero), Péréiaslavl-Zalessky, au centre même de la terre de Sousdal, Kéniatine (au bord de la r. Nerla), Ouglitch, Jaroslavl; un peu plus loin, du côté de l'Occident et vers la province de Novgorod, Tver, Zoubtzef, Rjev, et sur ses limites extrêmes, — Torjock —; du côté opposé, c.-à-d. dans la direction de l'Orient et le long du

---

88) Voy. Ilovaïsky, His. de Russie, t. 2, p. 249—250.

cours du Volga (sur la route qui conduisait vers les Bulgares et vers la mer Caspienne) — Kostroma, Nijnii-Novgorod; plus loin, au Sud-Est, dans les contrées voisines de l'Oka (Mourome et Riazan) qui servait aux relations commerciales très actives avec la terre de Sousdal et avec les possessions bulgares voisines, — qui étaient des points d'attache à l'Orient et à l'Occident, ainsi qu'un marché intermédiaire avec la Russie du Sud (tout comme Smolensk à l'Occident) ces contrées étaient renommés de longue date, par leur commerce tant avec Novgorod qu'avec la Bulgarie [84]).

L'invasion des Tatares, dont les effets furent particulièrement désastreux pour ces contrées, occasionna une interruption de longue durée dans les progrès de l'industrie et de la culture de ces pays; les conquérants détruisirent en outre les monuments historiques qui auraient pu nous guider dans nos recherches sur l'ancienneté de la civilisation chrétienne et Slavo-russe de ces contrées.

Nous avons dû, comme on vient de le voir, nous écarter de notre sujet et toucher à l'histoire de la région de Moscou et au type historique de sa population d'autant plus que cette histoire et ce type sont liés à la vie industrielle actuelle de cette contrée. Il était particulièrement opportun, sous ce rapport, de mentionner le caractère national distinctif des grands-russiens dont les traits historiques actuels ont surgi de la terre de Róstovo-Sousdal, (en partie de sa région limitrophe — Tver, colonie de Novgorod) et se sont définitivement formés dans l'Etat de Moscou.

Le trait historique le plus saillant de ce caractère national, le trait le plus important pour tout le monde historique, celui qui s'est affermi dans la région de Moscou et qui distingue de la façon la plus précise la race grand-russienne, non seulement de toutes les autres populations russes, mais encore de toutes les races slaves, même de celles qui sont plus civilisées qu'elle — c'est son *sens politique*. C'est avec ce sens politique que la partie la plus avancée de la société Moscovite s'est transportée à la suite

---

84) Voy. Ilovaïsky, His. de Russie t. 2, p. 267—286. L'auteur dit que les marchands du nord de la Russie (ceux de Novgorod et de Sousdal) surpassaient déjà à cette époque, par leur esprit entreprenant, les marchands du Sud (de Kief) (His. de Russie. p. 324).

de Pierre-le-Grand dans le nouveau centre de l'Etat, au Nord, et s'est établie sur les bords de la Néva, bien que les conditions locales de la nouvelle capitale dussent se trouver dans la suite et sous plus d'un rapport, moins favorables à notre vie politique (intérieure) que la terre de Sousdal. C'est ce bon *sens politique* de la branche dominante dans la nationalité russe, qui est la source de sa supériorité réelle sur toutes les autres nations slaves ; dans tout le monde Slave, c'est la nationalité grande-russienne, qui, la première a élevé et cultivé chez elle, ce sens si important dans les destinées historiques des peuples. Il est impossible de décider à quel degré ce sens politique était inné chez cette branche puissante de la race russe, mais en même temps, il est incontestable que ce sens, dans le cours de plusieurs siècles, put se former dans la terre de Sousdal puis dans celle de Moscou, sous l'influence de conditions historiques, souvent fort rudes, mais essentiellement favorables à son éducation politique. Cette terre, circonscrite de tous côtés par les ennemis historiques du peuple russe et de l'Empire de Russie, en proie à des agitations intérieures, en même temps qu'exposée aux attaques de l'ennemi du dehors, soutint, plus que toutes les autres contrées de la Russie, une lutte de plusieurs siècles contre ces ennemis, contre les éléments séparatistes et particularistes des principautés du moyen-âge, les tendances oligarchiques de l'aristocratie, la démagogie des assemblées populaires, contre les conflits de l'Eglise et par-dessus tout, une lutte contre l'étranger, barbares asiatiques et rivaux de l'Occident: Suédois, Allemands, Polonais et Lithuaniens. La personnalité la plus brillante de cette lutte dans toutes ses directions, c'est le plus grand héros de la terre de Sousdal, et un des plus grands héros de toute notre histoire — le Prince Alexandre Nevsky (le Saint) — qui le premier consolida l'empire de Russie, sous la forme de la principauté de Vladimir. Jean IV le Terrible unifia définitivement l'Empire et fut aussi un des représentants de cette lutte, dans la seconde moitié de notre Moyen-âge.

Nous n'analyserons pas ici les divers éléments psychologiques très compliqués dont dépend le *sens politique* qui se manifeste chez tous les peuples historiques, qui ont ayaient dû se créer et conserver leur indépendance politique. Nous parlerons seulement du premier de tous ces éléments, du *sentiment de la mesure* qui pondère l'élan, le mouvement, l'entraînement, et les diverses inclinations autant dans le caractère général d'un peuple que dans celui des hommes d'état remarquables.

Ce sentiment de la mesure est la première condition de cette faculté particulière du *calcul pratique* qui caractérise tout autant les races que les hommes d'état remarquables. Le calcul pratique de tout acte et particulièrement d'un acte d'état, consiste certainement à savoir insister sur le but le plus proche et le plus important et à lui sacrifier à un moment donné les considérations plus éloignées, moins indispensables, et moins accessibles, fussent-elles même plus utiles et d'un ordre supérieur. Voilà où le sentiment de la mesure est indispensable pour mettre en équilibre l'importance relative des différents problèmes politiques à une époque donnée, ainsi que pour apprécier la force des moyens nécessaires pour les atteindre. *L'empire sur soi-même* est indispensable ici, au milieu des exigences si variées et si opposées de la vie et de toutes les tentations de les satisfaire; c'est ici aussi qu'on retrouve la sobriété, pour ainsi dire, du caractère national et personnel, sa prose pratique, qui ne lui permet pas de s'abandonner aux sentiments et aux passions, quelque généreuses qu'elles soient; si par hasard elles l'éloignent du problème une fois posé ou de l'entreprise commencée. Il faut enfin une certaine force de volonté qui soutienne constamment la sérénité d'humeur, ne permettant point de s'abandonner à un excès de confiance en soi-même en cas de succès, ni à un trop grand découragement en cas d'échec; enfin toutes dispositions du caractère donnant à la raison — à la raison d'Etat, — la primauté sur tous les entraînements du sentiment.

Le génie national du peuple grand-russien se caractérise jusqu'à nos jours par toutes les propriétés esquissées rapidement plus haut; elles sont particulièrement accentuées dans la région de Moscou; ces propriétés ont formé sa puissance politique et ne lui ont jamais fait défaut aux grandes époques de son histoire.

Un de nos anciens chroniqueurs donne entre autres aux habitants de Sousdal, le sobriquet de — *gens sans soucis* ou sans

chagrin (c-à-d de gens qui ne se découragent jamais). Tous les
acteurs politiques, tous les princes de Wladimir-Sousdal et dans
la suite ceux de Moscou, se sont distingués, comme on le sait, par
les mêmes qualités morales.

Ce qui nous importe ici, c'est que toutes les propriétés morales, énoncées précédemment et dont dépendait le caractère politique de la population de la région de Moscou, favorisaient de
même au plus haut degré le caractère industriel et commercial
de son genre de vie. Toute explication ultérieure serait oiseuse,
après la peinture de toutes ces dispositions morales. *«le sentiment de la mesure»* et *le calcul pratique*, dominant tout entraînement de sentiment et tout idéalisme abstrait, sont tout
aussi indispensables à l'activité commerciale qu'à l'activité politique.

Nous nous permettrons d'appuyer ici sur un trait de la population grande-russienne de la région de Moscou qui peint dans
son essence le caractère national décrit plus haut; bien qu'insignifiant en apparence, il n'en est pas moint fort typique. On
cite un fait, comme symptôme caractéristique de l'esprit mer-
cantile du type grand-russien, qui se manifeste particulièrement
dans notre région et qui le distingue essentiellement du type
petit-russien issu cependant de la même souche: le paysan
grand-russien ne cultive jamais de plantes (ni arbres, ni fleurs),
pouvant servir à orner sa demeure, mais il est, au contraire,
très apte à soigner des légumes destinés à sa nourriture ou à la
vente. Nous voyons tout le contraire dans la Petite-Russie (dans le
Gt. de Poltava), où les potagers, malgré les conditions favorables
du climat et du sol, ne prospèrent généralement pas, et où le jar-
dinage, qui peut satisfaire au goût du beau, entre dans les exigences, non seulement d'un propriétaire civilisé, mais encore
dans celles du plus pauvre villageois. Un fait surprenant se met
en opposition avec l'opinion erronnée, que la direction de l'é-
conomie nationale s'accorde exclusivement avec les conditions
de la nature physique locale, c-a-d. avec le climat et le sol.
C'est le commerce de Moscou qui, principalement, fournit des
fruits confits à la Petite-Russie, quoique le climat de ce pays
facilite la culture des baies qu'on y néglige, et c'est la Russie

5

méridionale qui approvisionne le nord du sucre nécessaire à la préparation des confitures.

Le caractère national du grand-russien diffère sous beaucoup de rapports, et particulièrement sous celui de l'industrie, du caractère petit-russien[85]) et ressort encore davantage dans ce fait remarquable: tout le commerce de la Petite-Russie, (entre autres les transactions effectuées dans les foires), se pratique principalement par les marchands soi-disant de Moscou, c.-à-d. les marchands grands-russiens (de la région de Moscou).

Nous avons pris pour exemple la comparaison du caractère national de la population dominante, grande-russienne, de notre région, avec celui de la population petite-russienne, comme la comparaison la plus marquée dans le cercle de la même nationalité et comme la représentation la plus saillante des traits typiques de la population de Moscou, ce parallèle étant lié à notre sujet. La race grande-russienne se distingue aussi, mais à un degré moindre, quoique dans la même souche, des populations du midi dans la zone des steppes, et de celles du nord, (dans la sphère des forêts et des lacs) qui confinent à notre région[86]). Il manque au type national petit-russien, ce qui est propre au type grand-russien et «vice versa». N'oublions pas les dispositions poétiques et esthétiques dont le petit-russien est plus richement doué que le Grand-Russien de notre région. C'est un trait, qui se trouve en liaison avec la comparaison précédente et qui dépend de toutes les propriétés de race que nous avons mentionnées.

Cependant, les productions industrielles de la région de Moscou suffisent même aux exigences idéales, intellectuelles et artistiques de la nation russe, sur tout l'espace qu'elle occupe,

---

85) La différence la plus essentielle, sous le rapport économique, qui se remarque entre le caractère des Grands-Russiens et celui des Petits-Russiens, consiste en ce que les premiers sont plus entreprenants, plus disposés aux risques, aux hasards du commerce que les derniers, qui sont plus soigneux et plus économes dans leur intérieur.

86) On rencontre au milieu de notre région même une grande variété de types nationaux que nous citerons plus loin. Nous considérons la population de la partie la plus industrielle (la partie nord-est, voy. plus haut) de notre région, coïncidant presque avec l'ancienne terre de Rostovo-Sousdal et les gouvernements de Vladimir, de Iaroslav et en partie celui de Kostroma, comme représentant le caractère grand-russien de toute la région.

Nous entendons les exigences de l'art, à part l'embellisse
ment et le luxe des produits industriels proprement dits, p.
ex. des vêtements, pour lesquels on fabrique exclusivement
ici toutes les étoffes quelque peu recherchées (et qu'on fournit
aussi à la Petite-Russie). Nous comprenons sous le nom d'œuvres
d'art les images[87]) et les gravures populaires (sur bois), qui se vendent partout en immense quantité. Ces gravures, grossièrement
faites constituent, après le chant, la principale jouissance esthétique de notre peuple. Mais tous ces objets d'art se *fabriquent*
ici comme article d'industrie et de commerce, comme l'on ferait
des idiennes. Telles sont les images à bon marché, les gravures
coloriées, et les éditions illustrées populaires qui se répandent,
à partir de Moscou, du gouvernement de Vladimir et de la foire
de Nijnii-Novgorod jusqu'aux extrémités de la Russie[88]). C'est
ainsi qu'un air russe, même sans être précisément d'origine moscovite, mais plutôt d'origine étrangère (la romance), chanté à la
foire de Nijnii-Novgorod, dans les restaurants de Moscou, ou
bien reproduit aux fabriques de Moscou, par les chœurs composés de leurs ouvriers[89]), entre en vogue et se fait entendre partout, le long du Volga, du Don et du Dnièpre.

Cependant, il n'est pas superflu d'observer que, si un caractère industriel et commercial domine jusqu'à nos jours, même
dans les productions d'art[90]) qui sont répandues dans toute
la région de Moscou et que si ce caractère, avec le cours de l'histoire, a de plus en plus absorbé l'activité de la population, la
terre de Rostovo-Sousdal était renommée, dès les anciens temps,

---

87) En dehors de la peinture d'images populaires et à bon marché, plusieurs
localités de la région de Moscou produisent de véritables objets d'art en fait
de saintes images.

88) Nous devons observer ici, que les gravures populaires, chromolithogra-
phiques, qu'on fabrique maintenant à Moscou, surpassent de beaucoup les mauvaises gravures faites d'après l'ancien procédé et qui sont un produit du gouvernement de Vladimir. Nous en parlerons plus tard.

89) Nous comprenons ici, sous l'expression de «fabriques de Moscou», non pas
Moscou proprement dit, mais toute la région, qui se trouve sous son influence
immédiate, comme l'entend notre peuple.

90) Il s'entend que nous parlons de l'art répandu dans la masse de la population, de l'art vulgaire. Moscou et ses classes élevées et civilisées, où le goût
de l'art, du beau et de la poésie est peut-être plus pur que dans tout le reste de
la Russie, n'entrent point dans notre description.

5*

par ses artistes russes qui s'adonnaient particulièrement à la construction des églises et à la peinture des images. Des artistes russes se rencontraient déjà ici au XII^{mo} siècle, et bien auparavant; les princes — constructeurs de Rostov, de Sousdal, de Vladimir profitaient de leur art. Voilà l'origine du style de l'architecture de Sousdal, des églises et des cathédrales, style tout particulier qui s'est répandu dans toute la Russie et qui est resté étranger à une servile imitation de l'architecture byzantine[91]. Les éléments les plus divers, byzantins, asiatiques (entre autres persans), romans et slaves, se mêlent à ce style et à ses ornements et à la totalité des éléments qui ont afflué de tous les côtés, vers la région centrale russe. Le commerce joua certainement un grand rôle dans cette association des divers éléments nationaux. Tout ce mélange produisit cependant[92] un caractère d'industrie original dont les produits se répandirent ensuite dans toute la Russie. Il en est ici de même que pour toute l'activité industrielle de la région de Moscou. La peinture des images de Sousdal se sera probablement établie à la même époque; elle a pris, dans les temps modernes, un caractère particulièrement industriel ou manufacturier[93].

---

91) Voy. Ilovaïsky, Hist. de Russie, t. 2, p. 259—260. Ce style, entre autres, consistait en une seule coupole sur les cathédrales (au lieu de cinq). Il est permis de voir dans cette particularité une sorte de symbole de l'unité du pouvoir qui commençait à s'établir dans la principauté de Vladimir.

92) Dans ce mélange des éléments européens et orientaux-asiatiques, les derniers se manifestent particulièrement par les couleurs éclatantes et la bigarrure des ornements. Le goût de la bigarrure, des couleurs voyantes, des ornements bariolés est encore, jusqu'à présent, l'attribut du goût grand-russien, prédominant dans les productions industrielles. Par ex. les calicots à dessins bariolés et à couleurs éclatantes sont préférés par la population grande-russienne; cependant ce goût s'inocule aux autres populations, par ex. aux Petits-Russiens, qui autrefois ne se vêtaient que de couleurs sombres, et n'achetaient pas d'étoffes bariolées. La couleur rouge (garance) est un des principaux ingrédients, qui entrent dans la teinture des étoffes de notre région. Elle se nommait autrefois «pourpre» et faisait la renommée de la terre de Sousdal. La fabrication des étoffes ponceau, (le district d'Alexandrof, dans le G-t de Vladimir, s'en occupe particulièrement) — des toiles en coton rouge, de divers calicots rouges, etc. — se développe de plus en plus; ces produits, qui font la principale parure de notre peuple, se répandent en masse dans toute la Russie et pénètrent maintenant jusqu'en Asie.

93) Cependant cela n'exclut point les mérites artistiques de plusieurs ouvrages, par ex. la peinture des images, dans la bourgade de Palcho du district de Viasniky, gouvernement de Vladimir.

Cette direction «industrielle» de toute espèce de production, de toute espèce de travail, provient de ce que le producteur ne se laisse point entraîner exclusivement par son goût ou son inspiration, mais qu'il «calcule» qu'il met dans la balance, avant tout, le goût du public, la quantité des débouchés et les exigences du marché. Les dessins d'une indienne doivent, tout aussi bien «convenir» au goût de chaque marché, — du marché russe en général et à celui de toutes ses nuances (par ex. à celui des marchés de l'Ukraine, de la Sibérie, du Bas-Volga, du centre de l'Asie, du Caucase et a. d. s.) qu'une relique orthodoxe, ou sectaire, de vieille croyance (elles se fabriquent dans le grand village de Mstera, district de Viasniky, dans le gt. de Vladimir), qu'une gravure coloriée, qu'une chanson, doivent s'*adapter* à ce même goût généralement-russe et à ses différentes nuances (comme par exemple la nuance de «vieille croyance» dans la peinture d'images). Les éléments des différentes provinces, de tous les coins de la Russie si infiniment variée, de toutes les manifestations infiniment multiples du russe, s'infiltrent dans la substance de toutes ces productions généralement-russes ou grandes-russiennes. Le cachet Moscovite (de la coutume de Moscou), le cachet du russe normal, s'appose à toutes les productions et leur ouvre le grand chemin sur toute l'étendue du territoire Russe. Il faut, pour avoir l'autorité d'apposer ce cachet normal, russe, il faut une activité industrielle bouillante, une activité vieille de plusieurs siècles, qui connaisse tous les recoins de la Russie, toutes les maniès de son caractère national et les caprices des marchés russes, ainsi qu'une connaissance profonde de cette norme, ou bien ce «sentiment de la mesure» dont nous avons parlé plus haut. Ce sentiment est engendré par les propriétés de race natives de la population grande-russienne de notre région et surtout par les propriétés de son centre historique — la population de Rostov-Sousdal — qui réunit en elle tous les extrêmes intellectuels du peuple russe, de même que son territoire géographique est l'image complète de tous les extrêmes physiques du climat et du sol russe. Le «sentiment de la mesure» a contribué, comme nous le supposons, au développement industriel et commercial de cette population. Son activité industrielle et commerciale, vieille de plusieurs siècles, a élevé, fortifié et poli à son tour ce «sentiment de la mesure».

Ou peut conclure de tout ce qui a été dit plus haut sur le caractère de l'activité nationale de la région industrielle de Moscou, particulièrement sous le rapport économique, que le procès historique «de la réunion des terres de Russie», de «ses conquêtes intérieures» qui ont illustré la période de Moscou, dure en quelque sorte jusqu'à nos jours. Ce procès s'effectue aujourd'hui, principalement, au moyen des forces morales et économiques, — au moyen de forces libres sociales, — libres relativement aux forces politiques, et à la contrainte, au moyen desquelles il s'effectuait autrefois. Semblables aux matériaux bruts de toutes les parties de la Russie, que les fabriques et les usines transforment ici en produits ouvrés, en marchandises, qui se répandent de nouveau de ce centre de toutes nos routes dans toutes les parties de notre territoire pour satisfaire à tous les besoins du peuple russe, ses éléments intellectuels, primitifs, opposés, variés, s'agglomèrent dans ce laboratoire central de la vie russe, et quittent ce creuset, pour se répandre dans tous les coins et recoins de notre patrie. Ce travail de la région de Moscou, qui influe sur toute la Russie, conserve à cette région sa position centrale dominante; il a une grande portée, même sous le rapport politique, en dépit du déplacement du centre gouvernemental de l'Etat, transféré de Moscou à Pétersbourg. L'activité industrielle et commerciale, qui constitue la plus grande puissance moderne de cette région, a déjà été un moteur actif dans son grand rôle historique, dans la «réunion» ou l'unification des principautés et des pays russes sous le sceptre de Moscou. Pauvre de sa nature, en comparaison des principautés méridionales, la terre de Moscou, dès sa première apparition sur la scène de l'histoire, attire vers elle les populations et les capitaux de toutes les extrémités du pays, par sa vie commerciale et son activité industrielle.

Les premiers princes centralisateurs de Moscou et leurs successeurs empruntèrent à sa population un esprit industriel et commercial qui soutint leur pouvoir et leur servit d'auxiliaire dans tous leurs actes politiques. Ce ne furent pas les armes seules, mais aussi les négociations commerciales (les échanges,

les achats de terrains et a. d. s.) qui réunirent les principautés sous le sceptre des princes de Moscou. Il est reconnu
que les talents remarquables que les souverains de Moscou
manifestèrent dans leurs relations avec la horde tatare et qui
affermirent leur prééminence sur tous les princes russes vis-à-
vis de la horde, étaient principalement employés à des négociations financières, par lesquelles les princes de Moscou accep-
tèrent la responsabilité du paiement des contributions perçues
par le Khan sur toutes les populations conquises; celui-ci leur as-
sura en revanche la possession de toutes les terres russes et
leur donna avec le droit de percevoir les contributions, celui de
souveraineté en Russie. Ce droit d'impôt fut l'arme la plus puissante que les princes de Moscou employèrent pour conquérir et
établir leur suprématie sur tous les autres princes et leurs sujets, et pour réunir tout le peuple russe sous le sceptre de Moscou. Enfin, nous n'oublierons pas que cette capitale, à l'époque de sa
puissance politique (aux XVI° et XVII° siècles), était aussi renommée
par ses hommes d'état d'origine aristocratique, par sa noblesse
terrienne et ses fonctionnaires, que par ses marchands qui faisaient en quelque sorte sa force politique, force presqu'égale à
celle des nobles ou boyards.

L'importance *centrale*, sous tous les rapports, de la région de
Moscou relativement à tout l'Empire, ne tient pas exclusivement
à son industrie, quoique, conjointement avec le commerce, cette
industrie soit une des clefs de voûte de son rôle central dans
toute notre économie nationale. Cette position, centrale relativement à tout l'organisme social de l'Empire, dépend, en grande
partie, de la variété extrême de tous les éléments de cet organisme, concentrés à Moscou et dans la région de Moscou. L'activité intellectuelle et scientifique qui trouve son siège dans cette
ville, auprès de l'activité industrielle, a un rayon d'action infiniment plus vaste qu'à Pétersbourg où nos forces scientifiques se
concentrent particulièrement. C'est ainsi, par exemple, que la sphère
influente de l'université de Moscou, comparée à celle de St. Pétersbourg et à toutes nos autres universités, est beaucoup plus vaste
pour la masse de toute la société russe; l'université de Moscou jouit
en *alma mater* de la confiance et de l'amour de toute notre classe

intelligente, à quelque époque que ce soit et quel que soit le contingent de ses professeurs. C'est un fait parfaitement connu. Toutes les parties de la Russie prêtent une oreille beaucoup plus attentive à l'activité des institutions locales et des assemblées représentatives de Moscou [94]), (du zemstvo et de la municipalité), qu'à la même activité de ces différents organes de l'autonomie locale de Pétersbourg. Il est bien connu que, dans l'opinion du peuple russe, dans l'opinion publique de la Russie, telle ou telle voix élevée à Moscou et dans sa région a beaucoup plus d'influence que la voix de Pétersbourg. Toute l'importance de la capitale officielle pour notre pays et la vie de notre peuple se borne à ce seul fait, que [95]) — c'est la résidence impériale et le siège de toutes les institutions centrales de l'Etat.

La vie religieuse, élément parfaitement opposé à celui de l'industrie et du commerce, trouve aussi ses principales sources historiques dans la même région. Moscou, avec ses reliques historiques, avec ses prélats élus jadis comme aujourd'hui dans les rangs des pasteurs les plus illustres de l'église orthodoxe, avec sa haute école ecclésiastique — le couvent de Saint-Serge et d'autres monastères, particulièrement nombreux dans la région de Moscou, qui ont de tout temps attiré des pèlerins (et avec eux des négociants) [96]) de toutes les contrées de la Russie, — Moscou prime, en quelque sorte, le monde orthodoxe russe. Cette prépondérance, dans l'opinion du peuple russe, ne saurait être ébranlée, bien que Kief possède des reliques historiques plus anciennes encore que celles de Moscou. Des métropolites et archevêques renommés, des moines constructeurs de

94) Nous avons depuis 1864 pour différentes branches de l'administration locale des assemblées et conseils électifs de représentants des gouvernements et des districts appelés zemstvos ou délégations provinciales.

95) Le commerce du port et le commerce étranger, combinés avec la direction actuelle de nos voies de communication, soutiennent à un très grand degré l'importance de Pétersbourg comme capitale. Mais cette direction donnée aux voies de communications aboutissant à Petersbourg a encore été causée par la résidence de l'Empereur.

96) Toutes nos foires, qui autrefois étaient nos uniques lieux de transactions se sont organisées dans le *voisinage des couvents* (telles étaient la foire de Makarief, aujourd'hui foire de Nijni-Novgorod, la foire Korennaja aujourd'hui foire de Koursk et a. d. s.).

couvents [97]), des saints et des martyrs de l'Eglise orthodoxe
ont illustré non seulement l'histoire de l'Etat de Moscou, mais
encore bien auparavant la terre de Rostovo-Sousdal. Tout
cela n'empêche pas que le schisme de l'Eglise orthodoxe, (les
«vieux croyants» et les diverses sectes religieuses ne trouvent leurs
principaux foyers à Moscou même et dans d'autres localités de
notre région (par ex. dans le district de Sémënow, du gt. de
Nijnii-Novgorod, sur la rivière Kerjenetz). C'est à Moscou et en
deçà de ses limites, que se règlent toutes les affaires du schisme
des «vieux croyants» pour toute la Russie, c'est ici que se trouve
le centre de la hiérarchie ecclésiastique et de l'administration de
la branche la plus importante des vieux croyants, dits «po-
powtzy» (c'est-à-dire ceux qui admettent les prêtres et tous les
sacrements, et sont les plus rapprochés de l'Eglise grecque-russe
orthodoxe). Il faut observer ici que l'histoire de la région de
Moscou présente des traces de dissensions religieuses et de mouvements sectaires (comme par ex., l'hérésie de Léon, dans la contrée de Rostov, au XIIme siècle) [98]) bien avant la réforme du
Patriarche Nikone au XVII siècle, sous le règne du czar Alexis,
réforme qui a soulevé nos plus grands conflits religieux et le
schisme des vieux croyants.

La variété de toutes ces manifestations et de toutes ces nuances du génie national russe, leur existence simultanée dans la
même région, produisent ce caractère qui la distingue de toutes
les autres contrées de la Russie, et lui donne, sous tous les rapports, une importance majeure dans la vie du peuple russe.
Chacune de ces manifestations et de ces nuances peut être plus
tranchée, plus évidente dans toute autre contrée de la Russie,
mais ici elles sont toutes réunies et se confondent en un tout;
les principales sources de la vie du peuple russe se touchent ici
mutuellement, et d'ici elles se répandent dans toutes les direc-

---

97) Nous devons mentionner ici un fait qui se lie à notre description du caractère commercial de l'ancienne région de Moscou: un des martyrs de la foi,
vénérés dans la terre de Sousdal, — St. Abraham, dont les reliques reposent,
(depuis 1230) dans le couvent de femmes, à Vladimir, était un marchand russe
qui, avec nombre d'autres marchands de Sousdal, faisait le commerce en Bulgarie;
il fut martyrisé par les musulmans pour avoir refusé d'adopter leurs croyances.
98) Ilovaïsky, Hist. de Russie, t. 2, p. 210.

tions, semblables aux rivières principales qui commencent dans la région de Moscou et arrosent notre territoire d'Europe jusqu'à ses limites les plus reculées. Certains éléments de la vie russe, semblables à quelques uns de ces fleuves (le Volga), ont des débordements beaucoup plus puissants dans d'autres contrées, mais ils ne se rapprochent nulle part, pour une coexistence, comme dans la région de Moscou. Nous pouvons dire la même chose de toutes les autres manifestations de l'activité et de l'économie du peuple, dans cette même région: quelques unes des branches isolées de l'activité populaire ont pris plus d'extension dans d'autres localités, mais nulle part elles n'ont un développement aussi uni.

On peut tirer de la caractéristique de la région de Moscou que nous venons de tracer, la conclusion suivante: cette région présente en quelque sorte le *microcosme* de tout l'Empire de Russie sous le rapport politique et social. C'est l'expression suprème de tous les éléments intellectuels et physiques les plus importants de notre vie historique sur un espace comparativement restreint. Tous les courants extrèmes et opposés de cette vie s'y rencontrent, s'y accumulent et y trouvent leur *terme moyen*, — leur solution moyenne-normale. Il en est de même de l'ensemble des conditions physiques de la nature. Le sol, le climat de cette région, présentent quelque chose de mixte entre tous les extrèmes géographiques de notre territoire d'un point cardinal à l'autre. C'est en tout cela que gît l'intérêt particulier que nous attachons à cette région, sous le rapport de l'étude de la Russie, comparativement à toutes ses autres parties qui, sous le rapport de beaucoup d'autres conditions spéciales, présenteraient un intérêt infiniment supérieur. Voilà la raison, qui attire de ce côté, de préférence, les étrangers désirant obtenir, le plus rapidement possible, une appréciation exacte de notre pays.

L'élément social unique qui ait atteint ici son développement extrème, — c'est l'industrie manufacturière, — extrème, comparativement, bien entendu, aux autres contrées de la Russie, mais non par rapport aux pays industriels de l'Europe Occidentale. Dans tout notre pays, c'est seulement ici qu'on peut rencontrer des localités *d'industrialisme* et le prolétariat, des fabriques,

par ex. Ivanovo-Vosnéssensk, du gt. de Vladimir, le bourg de
Pavlovo, dans le gt. de Nijnii-Novgorod, etc., qui, par le caractère de leur culture et le genre de vie de leur population, se
rapprochent des localités industrielles de l'Europe Occidentale.
Mais cet élément économique, le plus caractéristique dans la vie
de cette région, n'est pas le seul à dominer dans son économie
nationale. Comme nous l'avons déjà dit, tous les autres genres
du travail national, par ex. des localités purement agricoles, et
même des cultures rurales modèles, se rencontrent non seulement
dans ses contrées les moins industrielles, mais encore dans ses
principaux centres manufacturiers, (par ex. les gts. de Moscou et
de Vladimir). On peut même supposer que si, dans les derniers
temps, l'agriculture de la région de Moscou est généralement
tombée en décadence, et si elle s'est trouvée exposée à des circonstances locales défavorables, il se produira des conditions particulièrement avantageuses dans l'avenir; (Nous aborderons ce
sujet plus tard et d'une façon plus détaillée).

La variété que présente cette région, — réunion et accommodement des éléments les plus divers et les plus opposés de la
vie sociale, — est encore plus sensible sous tous les autres rapports sociaux, que sous le rapport purement économique. Après
avoir indiqué les principaux traits de ce phénomène, nous parlerons encore des deux conditions les plus essentielles de la vie sociale, — d'abord de la structure en quelque sorte horizontale,
puis de la structure verticale de la société, — des formes de la
propriété foncière et du groupement des classes.

Toutes les formes historiques de notre propriété foncière, les
plus diverses sous les rapports quantitatif et qualitatif, se trouvent dans la région de Moscou: la grande propriété, la moyenne
et la petite, ainsi que toutes les catégories de propriétaires fon-
ciers d'après leur origine et leur classe, — propriétaires nobles, marchands, paysans. En dehors de ces différents genres de
la propriété privée, nous trouvons encore ici divers genres
historiques des nos propriétés de l'Etat: les terres de la couronne
(les domaines), les apanages (les biens de la Famille Régnante),
les immeubles fort considérables appartenant aux églises et aux
couvents. En général, sur tout l'espace de la région de Moscou,

(à l'exception de quelques localités exclusives), il n'est pas une de ces catégories de propriété qui ecrase les autres et les domine exclusivement, comme cela se voit dans plusieurs autres contrées de la Russie où cet équilibre se trouve rompu tantôt au profit de la propriété seigneuriale, tantôt à celui des immeubles du paysan.

On peut dire la même chose de la structure verticale de la société: toutes nos classes les plus typiques, la noblesse dans tous ses rangs, depuis la vieille aristocratie jusqu'aux plus modestes hobereaux, le clergé et les marchands dans toutes leurs divisions de position sociale, les paysans dans toutes leurs séries historiques (les ci-devant serfs, paysans de l'Etat, des apanages, etc.) se confondent ici. Les paysans de toute condition autrefois libres ou non, ont dans cette région de nombreux représentants aux traits les plus caractéristiques. Si telle ou telle localité porte le cachet, d'après le contingent principal de sa population, d'une localité de la noblesse ou des marchands[99]), ou de paysans, etc., — aucun de ces éléments sociaux n'absorbe en lui les autres (à l'exception peut-être de quelques points isolés[100]).

Nous avons fait une esquisse rapide de toute cette variété des éléments sociaux de notre région, autant que cela importait à notre sujet. Ce phénomène trouve des causes historiques suffisamment claires, que nous avons du reste indiquées en partie:

---

[99] Nous consacrons ce chapitre aux conditions primitives et générales de la vie sociale, qui, pendant de longues périodes, ont agi dans la région de Moscou. Les modifications de toutes ces conditions, et les mouvements de notre vie sociale à une époque récente, seront mentionnés plus tard dans la description de notre voyage et des localités isolées que nous avons étudiées. Ainsi, la propriété foncière des marchands, s'est excessivement accrue, à la suite du développement croissant de l'industrie, dans quelques contrées des Gouv-ts de Moscou, de Vladimir et de Jaroslavl.

[100] Les terres des paysans représentent environ la moitié des propriétés des autres classes, qui entrent dans les 10 gouvernements de notre région, ou de 40% à 54%, à l'exception du gouv-t de Kostroma, où les terres des paysans occupent 28% de l'espace de toutes les propriétés. L'élément agricole (particulièrement la grande propriété de la noblesse) s'accroît continuellement, de nos limites orientales à nos limites occidentales. La région de Moscou se trouve sous ce rapport, dans une position transitoire. (A. Vassiltchikof) Propriété territoriale) à 1. page 529—564).

Outre le type grand-russien, qui réunit en lui tous les extrêmes de la nature russe, la destinée historique de cette région, — le territoire de l'Etat de Moscou, — a attiré ici tous les éléments sociaux de la nation russe, des éléments les plus opposés, et les a forcés de polir leurs aspérités par leur contact mutuel. C'est ici que s'est passée la lutte la plus prolongée et la plus acharnée entre ces éléments, et c'est pour cette raison que tout le *travail intérieur* de notre culture s'y est concentré; il dure jusqu'à nos jours et agit avec plus d'énergie que dans toute autre partie de la Russie; c'est ce travail seul qui a pu produire *le sentiment de la mesure* dont nous avons parlé plus haut.

Le résultat historique de cette lutte et de ce travail, dont l'honneur appartient tout d'abord à la terre de Sousdal puis à toute la région de Moscou fut, entre autres, l'organisation sociale et politique de notre nation qui, depuis l'Etat Moscovite, s'est conservée d'une façon presqu' inaltérable dans ses bases principales jusqu'à nos jours.

Les actes politiques les plus considérables de la période de St. Pétersbourg (à l'exception de l'abolition du servage et de la nouvelle époque sociale que cette réforme a ouverte [101]), se sont principalement bornés aux acquisitions extérieures et n'ont touché à notre organisation sociale et politique intérieure que du côté tout à fait formaliste, du côté administratif; dans le fond, tout ce développement ultérieur de notre organisation politique et sociale, à part quelques déviations extrêmes, n'est que le couronnement de l'édifice fondé dans la période de Moscou. Par exemple, l'organisation des classes a surgi à la même époque, c-à-d. dans l'Etat de Moscou, et n'a pris qu'une forme définitive sous le règne de Pierre I, et surtout sous celui de Catherine II [102].

Rappelons encore ici les éléments les plus fondamentaux de notre Etat, éléments qui sont déjà entrés en lutte à l'époque de la

---

101) Il est remarquable, qu'avec le commencement de cette époque, l'influence morale de Moscou et de la région de Moscou reparaît sur le premier plan de notre vie sociale et politique après l'oubli où la plongeaient de plus en plus les réformes de Pierre-le-grand.

102) Voy. l'article de M. Serguéevitch dans Recueil des sciences politiques.

principauté de Vladimir, — lutte désespérée à laquelle l'ancienne terre de Rostovo-Sousdal a servi de théâtre et qui plus tard a rempli toute l'histoire de la principauté de Moscou. Telle fut d'abord la lutte des éléments *politiques*: du pouvoir monarchique autocratique qui s'éleva avec une puissance inouïe dans la principauté de Vladimir, contre le séparatisme (le particularisme) de diverses principautés (oudyely) russes, ainsi que contre les assemblées populaires (vetsché). Vladimir et Moscou entreprirent une lutte acharnée contre la souveraineté de ces assemblées populaires qui avaient atteint les dernières limites de leur opposition au pouvoir monarchique, au delà des frontières de Sousdal, — dans les républiques de Novgorod et de Pskóv. Encore plus profonde fut la lutte des éléments *sociaux*, — des éléments aristocratiques et démocratiques, — de la noblesse héréditaire avec ses tendances oligarchiques, des classes pauvres et ouvrières, du «peuple noir» dont les droits furent défendus par le pouvoir monarchique.

Cette lutte de plusieurs siècles amena les restrictions et les concessions mutuelles de tous les principes politiques et sociaux, de tous les éléments extrêmes et hostiles; elle produisit cet équilibre réciproque des forces dont nous avons parlé plus haut. La région de Moscou a été, d'ancienne date, le siège de la grande noblesse héréditaire (des «boyards»); elle a présenté les propriétés foncières les plus considérables, et cependant, — un monde industriel et commerçant non moins puissant a surgi à côté d'elle, et ces deux classes les plus riches et les plus élevées de la société — l'aristocratie de la naissance et l'aristocratie de la finance — n'ont point écrasé sous leur poids les masses pauvres du peuple qui ont plus d'une fois manifesté leur indépendance et leur volonté dans les troubles dont Moscou a été le théâtre. Deux principes politiques, — le pouvoir monarchique absolu et les assemblées populaires, jadis souveraines, — ont trouvé un compromis dans les «conciles» («sobors») ou les assemblées des représentants de diverses classes (des députés du «Zemstwo», du peuple), qui n'ont disparu que sous le règne de Pierre-le-Grand.

Un développement plus considérable et plus exclusif de tel ou tel élément isolé de notre vie sociale et politique se manifesta dans d'autres contrées de la Russie, ainsi que dans les périodes qui ont suivi l'État de Moscou. C'est ainsi par ex. que dans la période dite de Pétersbourg (depuis Pierre I), les principes de la centralisation bureaucratique et du gouvernement absolu et personnel ont pris un développement excessif comparativement à l'État de Moscou du XVI et XVII siècles, où cependant ces principes avaient une grande puissance, mais non une puissance exclusive. Il est impossible de méconnaître que l'État de Moscou exerçait une action d'assimilation et de russification extraordinaire sur toutes les terres conquises. Ces dernières s'initiaient rapidement au corps de l'État et à la nation russe et perdaient rapidement toute espèce de tendances séparatistes, même lorsque leurs populations comportaient des éléments hétérogènes fort accentués; le royaume Tartare de Kasan peut en offrir l'exemple le plus frappant. Nous ne voyons pas de russification aussi rapide pour les races et les territoires annexés à notre pays, pendant la période de Pétersbourg. Sans entrer dans l'étude de ce curieux phénomène, nous n'indiquerons ici qu'une seule de ses causes probables qui est particulièrement liée à tout ce que nous avons dit plus haut: c'est ce génie d'accommodement et de compromis des éléments hostiles et extrêmes qui distingue jusqu'à nos jours cette Russie de Moscou, malgré la base profondément russe de son caractère national. Ce génie a dû contribuer à la russification si prompte des confins étrangers, sans même qu'aucune violence administrative eût aidé à les assujetir. N'oublions pas ici que ce génie national du grand-russien est excessivement favorable, — à part toutes les autres conditions locales et historiques de cette région, — au large développement de son activité industrielle et commerciale.

Nous n'avons touché au passé de la région industrielle de Moscou qu'autant qu'il nous était nécessaire pour l'explication de son présent. Sa portée essentielle, dans la vie sociale et politique de notre pays conserve, jusqu'à nos jours, la force qu'elle avait dans la période de l'État de Vladimir et de l'État de Moscou, en dépit de ce que le centre administratif de notre Empire ait quitté depuis longtemps cette contrée. Le centre de toutes les sensations de notre organisme social et même politique s'y est néanmoins maintenu. L'activité industrielle et commerciale qui, de temps immémorial, a surgi dans la région de Moscou et qui s'y est constamment développée jusqu'à nos jours, surtout dans notre siècle, contribue puissamment à son rôle que nous avons suffisamment décrit. Cette activité, aidée en général de l'esprit industriel de notre siècle, sert d'appui au procès permanent de la concentration et de l'assimilation des hommes et des choses dans cette région. Elle continue, en réunissant toutes les terres russes autour de Moscou, de remplir les mêmes fonctions historiques qu'elle a eues dans la période Moscovite. Cette force d'action s'accroît et s'étend continuellement avec le développement des voies et des moyens de communications.

Notre région entre en contact sur toutes ses frontières avec les éléments exclusifs et hétérogènes de la vie russe qui, bien que faisant depuis longtemps partie inhérente de sa composition générale, sont encore fort au-dessous de son niveau normal. Tels sont toutes les races étrangères et les idiômes divers de la race slave et de sa branche russe, qui circonscrivent cette région de tous côtés: les Polonais, les Lithuaniens et la Russie Blanche à l'Occident, les Finnois au Nord, les Tatares à l'Orient, les Petits-Russiens au Sud. Tous ces éléments, plus ou moins étrangers, et plus ou moins rapprochés du type grand-russien, acceptent sa prépondérance et se laissent absorber par lui, au moyen de la force si puissamment attractive de notre région. Dans l'action de cette force, l'élément économique que nous étudions — l'industrie et le commerce, — occupe le premier rang.

Le caractère de la région industrielle de Moscou que nous venons de tracer peut enfin servir à la définition suivante de sa portée générale dans la vie politique et sociale de la Russie: elle constitue *l'organe régulateur* de tous les mouvements de cette vie, de toutes les autres fonctions intérieures de notre organisme politique et social; elle leur sert d'intermédiaire, modifie leur marche, ralentit leurs emportements, et, en cas d'une lenteur exagérée dans les fonctions de telle ou telle partie de cet organisme, elle les accélère et les pousse. Le fait s'est produit plus d'une fois dans notre histoire moderne et surtout à des époques critiques. Ce rôle de notre région explique péremptoirement cette position particulièrement *centrale* dans notre pays et dans notre Empire, dont nous avons déjà tant parlé. Il est évident que cette fonction de notre région dépend principalement aujourd'hui, après les propriétés de race du type grand-russien, du caractère de son activité économique, et surtout de son commerce qui attire ici tout le commerce intérieur de la Russie d'Europe et de la Russie d'Asie. On a coutume d'appeler Moscou le «coeur» de la Russie; il est évident, après tout ce qui a été dit, que cette expression métaphorique a un sens profond, bien que différent de celui qu'on y attache généralement. Cela ne signifie pas que les *sentiments* du peuple russe se concentrent principalement à Moscou. Nous voyons plutôt le contraire: l'esprit pratique et le bon sens de sa population a toujours contenu les élans de la sentimentalité et les a toujours passés au laminoir de la froide raison. Mais comme organe régulateur et médiateur de la circulation de tous les sucs de l'organisme, comme organe soutenant l'équilibre de l'échange de tous les procès de la nutrition, Moscou et sa région méritent en toute justice le titre de «Coeur de la Russie», surtout sous le rapport économique.

Notre esquisse de la région industrielle de Moscou présente exclusivement les éléments généraux de cette contrée, ses éléments naturels, immuables, qui pendant de longs siècles sont restés, *en grande partie, invariables;* mais ils se *modifient* tous, sinon dans leur substance, du moins dans leur forme, dans leurs détails, dans leurs évolutions d'espace et de temps. Nous verrons plus tard, dans la description de notre voyage et des localités isolées visitées par nous, l'immense variété des principales conditions économiques de cette contrée. Nous mentionnerons alors les circonstances si variables de temps qui, aux époques récentes, influent sur son mouvement industriel moderne. Cette description complétera le tableau que nous avons esquissé à grands traits et peut-être même trop grossièrement.

II.

Le Volga de Tver à Nijnii-Novgorod [103].

Aperçu général du Volga, sous le rapport de sa culture historique et sur tout son cours moyen. Mouvement du commerce et de la navigation dans ses diverses parties.—Voyages sur le Volga et sur le Rhin; comparaison entre ces deux fleuves.—Développement de la navigation à vapeur sur le Volga. — Défauts hydrotechniques du Volga et de nos eaux. — Remarques diverses sur le cours du Volga, de Tver à Ribinsk. — Déclin de Tver et du système d'eaux de Vichnii-Volotchok; centralisation du commerce moderne. — Ribinsk. Son importance toujours croissante. — Chemin de fer de Ribinsk-Bologoe et les communications par eau. — Usines Nicolsky-Abakounoff de MMrs. Jouravleff. — La Mologa et le système de Tikhvine. L'industrie batelière sur le Volga. — La ville de Vessiegonsk et son district. Fabrication des clous à Ouloma.—La Cheksna et le système de Marie.—Le district de Ribinsk et autres districts voisins. — Remarques diverses dans le trajet de Ribinsk à Nijnii-Novgorod.

Après tout ce qui a été dit précédemment (Chap. I-er), sur l'importance prééminente du Volga, de cette artère des communi-

---

[103] La description complète géographique et statistique du «Volga» jusqu'en 1863, est insérée dans le dictionnaire géographico-statistique de l'Empire de Russie, de *P. P. Semënoff* (t. 1) à la fin de l'article sur le Volga article qui contient une esquisse achevée quoique succinte de ce fleuve, sous le rapport géographique et statistique. Nous n'indiquerons ici que les sources relatives aux questions qui nous intéressent, (particulièrement sur la partie du Volga dont nous parlons ici); et dont nous avons profité indépendamment de nos observations personnelles. *Müller, Strom der Wolga, Berlin 1839.* (C'est l'ouvrage sur le bassin du Volga, principalement sous les rapports géographique et ethnographique, le plus remarquable qui existe jusqu'à nos jours; c'est ici que nous trouvons la bibliographie jusqu'en 1839 qui épuise le sujet) — *Babst,* Domaine riverain du Volga (article composé d'après Muller dans le Magasin géographique de Froloff 1852 t. 1). — *Neudhardt,* Guide sur le Volga, St.-P'g. 1862, accompagné de cartes (livre quel-

cations de toute la région industrielle de Moscou, il est bien naturel d'en faire le premier objet de nos études.

Quoique le développement des chemins de fer ait affaibli, sous quelques rapports (voy. plus bas), l'importance de la navigation commerciale, cependant, malgré l'accroissement de notre réseau ferré particulièrement développé dans la direction de l'Ouest à Est et couvrant de ses vastes mailles les contrées arrosées par

---

que peu arriéré, mais offrant aux voyageurs les renseignements les plus sûrs). — *Schnitzler*, l'Empire des Tzars, t. 1, 1862, pp. 439—476. — Recueil militaire-statistique 1861, t. IV 1871, p. 498—501. — *Babst et Pobédonostzew*, Lettres sur le voyage du défunt Grand-Duc héritier (Nicolas), 1864. — *Haguémeister*, Mouvement commercial du Volga. — *Zvérinsky*, matériaux pour la statistique de la navigation des rivières de la Russie d'Europe, (Annales du Comité Statistique Central, 1872). *Du même*, Transport du blé, dans le bassin du Volga, en 1862, *Victor Ragozine*, Volga, t. I. — Des sources du Volga à son confluent avec l'Oka, 1880; cet ouvrage que nous avons déjà mentionné est le *plus récent*; il traite de toutes les particularités du bassin du Volga, mais surtout de ses particularités géologiques; il est accompagné de la Bibliographie complète du Volga jusqu'à nos jours). — *C. Ritter*, Europa. — Recueil statistique du Ministère des Voies de communication, cinq livraisons. — Le Volga, de Tver à Astrakhan, St. Pg. 1862 (éd. de la compagnie des bateaux à vapeur «Samolèta»; cet ouvrage n'a que le mérite pratique de servir de «Guide»). — *Barkovsky*, routes et moyens de transport, du Volga à St. Pétersbourg, St. Pg. 1868, (éd. de la Société Géographique Impériale). — *D. Mackensie Wallace*, Russia, 1877, 5 édit. V. 1. Ch. 1. — Travaux de la Commission établie par le Gouvernement, pour l'étude des Chemins de fer en Russie. — *A. P. Soubbotine*, Cours d'économie industrielle et de géographie commerciale, St. Pg. 1878. — Publications des Comités Statistiques des Gouvernements de Jaroslavl et de Nijnii-Novgorod. *Blioch*, Influence des chemins de fer sur la situation économique de la Russie, St. Pg. 1878. — *Slavinsky*, des différents moyens de transport des marchandises et leur influence sur l'organisation de notre économie nationale (Annales de la patrie, des années 50) cet ouvrage contient une comparaison fort intéressante des conditions de divers moyens de transport par eau et par terre et des dépenses qu'exigent les uns et les autres. — *A. Ostrovsky*, Voyage sur le Volga, de ses sources à Nijnii-Novgorod (Recueil de la marine, 1859, février). — Le Prince *W. Mestchersky*, Esquisses de la vie sociale moderne en Russie, livr. I, (gouvernements centraux de la Grande Russie) St. Pg. 1868. — *Prokofieff*, Notre navigation, 1876. J. V. *Vernadsky*, articles sur le Volga dans le journal du Ministère de l'Intérieur (des années 60). Indépendamment de tous ces matériaux, nous prenons encore en considération les articles de divers journaux se rapportant à différentes questions et rassemblés par nous dans notre bibliothèque pendant l'espace de 25 ans. Les notions sur les parties séparées du Volga et de son bassin trouveront leur place postérieurement dans la description de chacun des gouvernements voisins du Volga. Les *cartes* (outre celles qui accompagnent plusieurs des ouvrages mentionnés plus haut) les meilleures du cours supérieur du Volga se trouvent dans le livre de M. *Ragozine*: Atlas du Volga, du Ministère des Voies de Communication; *Schoubert*, cartes spéciales de la Russie Occidentale. Nous parlons aussi du Volga dans l'appendice VII. (Esquisse de la foire de Nijnii-Novgorod.)

6*

le bassin du Volga, — en dépit même de ce grand nombre de lignes de fer rayonnant dans toutes les directions à partir du Volga (il y en a neuf: les chemins de fer de Nicolas — de Moscou à Pétersbourg, — de Ribinsk-Bologoe, de Rjev à Torjock, de Nijnii-Novgorod, de Viasma à Riajsk, de Samara, de Saratov et de Tzaritzine), la quantité totale des marchandises transportées par le Volga dépasse de beaucoup (le plus souvent elle est triple ou quadruple) celle que transportent tous nos chemins de fer (en en exceptant deux lignes: le chemin de fer Nicolas et celui de Moscou à Koslov[104]); et encore l'activité de ces deux lignes reste-t-elle au-dessous de celle du Volga). Cette prééminence du Volga sur tous les autres moyens de transport des marchandises consommées en Russie ou destinées à l'exportation se manifeste non seulement dans leur *total général*, mais encore dans chacune des branches (à l'exception du bétail) les plus importantes de notre production nationale et des objets d'exportation (particulièrement le blé et le bois). Ce phénomène, qui devrait valoir à nos voies de communication par eau un soin tout particulier, est d'autant plus remarquable que le transport par eau se pratique seulement dans la moindre partie de l'année (de 5 à 6 mois) et que le mouvement des chemins de fer dure pendant l'année entière. De plus, la circulation sur les rivières et les canaux (nommés chez nous «systèmes d'eaux») qui joignent le Volga à la mer Baltique est entravée, même aujourd'hui, par un grand nombre d'obstacles et de retards. Les chemins de fer qui aboutissent aux rivières, non seulement n'affaiblissent point, mais augmentent au contraire la circulation sur ces dernières.

Le Volga prend, pendant la navigation, l'apparence de la rue la plus vaste et la plus populeuse de toute la Russie. C'est au moyen d'un voyage rapide[105]) sur ce fleuve, dans sa partie principale dans la région de Moscou (de Tver à Nijnii)[106]) et au

104) Ce fait est très clairement démontré sur les tableaux graphiqués, joints à l'ouvrage de Mr. *Bliokh*, Influence des chemins de fer sur la situation économique de la Russie.

105) Plus tard (en 1881) nous sommes revenu plusieurs fois sur le Volga, et nous en avons visité les diverses localités riveraines dans le but d'études particulières. Nous communiquons ici le résumé de toutes ces excursions.

106) La communication au moyen des bateaux à vapeur, (qui autrefois atteig-

moyen d'une visite passagère de quelques points importants, riverains et voisins, que j'ai pu m'orienter pour toutes mes courses et mes études ultérieures. C'est encore au moyen de cette course rapide sur le Volga qu'il m'a été possible de me rendre compte de la *marche générale* des affaires industrielles et commerciales que je devais observer immédiatement après, à la foire de Nijnii-Novgorod. C'est enfin sur cette voie, où les pulsations de la vie russe se font le plus sentir, que j'ai pu observer les symptômes les plus palpables du mouvement général de l'économie nationale, pendant les vingt-cinq dernières années[107]). Je m'étais en outre proposé de me mettre, pendant le cours de ce voyage, au courant des voies de communication et des liaisons commerciales du bassin du Volga et de toute la région industrielle de Moscou avec la région septentrionale, dite des lacs, avec la mer Baltique et avec St. Pétersbourg.

Telles sont les raisons qui m'ont décidé à commencer mon voyage par une course en bateau à vapeur de Tver à Nijnii[108]), (le 26 juillet 1879).

La comparaison du Volga à «la rue la plus considérable et la plus populeuse» de la Russie, est particulièrement juste pour cette partie «centrale» de son cours, non seulement jusqu'à Nijnii-Novgorod, mais presque jusqu'à Kazan (jusqu'à l'embouchure de la Kama); il faut en exclure cependant l'espace compris entre Tver et Ribinsk, où le mouvement de la navigation s'est de beaucoup ralenti dans les derniers temps (voy. plus bas).

Le point le plus animé de la navigation, de la vie commerciale, industrielle et sociale, se trouve sur le Volga, entre Ribinsk (entre les embouchures de la Mologa et de la Cheksna ou plutôt entre les systèmes d'eau qui réunissent le Volga à la

---

naient Rjev) a cessé au-delà de Tver, depuis la construction du chemin de fer de Rjev à Torjock. Cela prouve la décadence de la navigation dans cette partie du Volga, décadence que je n'ai saisie que plus tard, lors de mon voyage par terre, le long du Volga jusqu'à Rjev, presque depuis les sources de ce fleuve. (Nous en parlerons lors de la description de nos excursions dans le Gt. de Tver).

107) Mon premier voyage sur le Volga, date de 1860.

108) Je dois exprimer ici ma gratitude à Mr. *A. Ratkoff-Rojnoff*, directeur principal de la compagnie des bateaux à vapeur «Samolèt», qui, dans cette partie de mon voyage, m'a beaucoup aidé dans mes recherches.

mer Baltique) et l'embouchure de la Kama, ce vaste trait
d'union reliant le Volga à l'Oural et à la Sibérie; cette partie
du bassin du Volga est particulièrement peuplée. D'un autre
côté, surtout sous le rapport physique et peut-être sous celui de
l'avenir économique des gouvernements de Samara et de Sara-
toff, notre «far west», le Bas-Volga (depuis l'embouchure de la
Kama jusqu'à la mer Caspienne), est infiniment plus remarquable
par l'abondance de ses eaux et par l'étendue des terres fé-
condes qu'il arrose.

L'animation particulière de la vie dans cette partie du
cours central du Volga, tient *au plus grand développement de la
navigation de rencontre* qui a lieu dans cette contrée (c'est le
point culminant de réunion des bateaux descendant et remontant le Volga). La densité de la population riveraine se trouve
en relations de réciprocité avec ce fait: elle a été, en partie, at-
tirée par cette navigation de rencontre, que, de son côté, elle
soutient.

C'est surtout dans le sens de l'amont qu'a lieu la navigation
sur le bas Volga, après le confluent du fleuve et de la Kama. Il
y a là un puissant mouvement d'hommes et de marchandises
dans la direction de l'Orient, vers l'Occident, de la mer Caspienne à la Baltique, d'Asie en Europe. C'est l'inverse qui se
produit au-delà de Ribinsk et surtout de Tver; le mouvement
commercial tend de l'Occident vers l'Orient (sur le Volga même,
mais non sur les canaux, qui relient ce fleuve à la Baltique et qui
offrent un phénomène diamétralement opposé).

Le développement excessif de la navigation de rencontre
dans cette partie du cours moyen du Volga (de Ribinsk à Nijny-
Nowgorod) produit le trait le plus saillant, non-seulement de la
vie économique, mais encore de la vie générale historique du peuple russe. Cette contrée se trouve dans le centre du bassin de
tout le fleuve, et plus que toutes ses autres parties et que ses
affluents dans le centre du territoire historique de la Russie d'Europe. Voilà pourquoi cet espace personnifie mieux que tout le
reste, la grande portée historique de tout le bassin du Volga dans
notre économie et dans notre culture nationales: c'est ici que
tous les éléments orientaux et occidentaux, asiatiques et européens,

des physiques et intellectuels de la vie historique russe se rencontrent et se sont rencontrés pendant de longs siècles et de temps immémorial. L'échange le plus fréquent des richesses de l'Asie et de l'Europe s'est, de longue date, passé et se passe jusqu'à nos jours dans cette contrée, de même que tous les éléments asiatiques et européens de notre histoire et de notre culture se sont particulièrement réunis ici, tout comme la plus importante et la plus ancienne des collisions de l'Europe orientale, entre les races de l'Asie et de l'Europe (les races mongoles-finnoises Touraniennes) avec les races Indo-Européennes ou ariennes) a eu lieu dans cette région.

Cette rencontre, cette lutte d'éléments opposés, — d'éléments asiatiques qui, par l'influence de la nationalité slave-russe, se sont transformés en éléments de civilisation européenne, ont produit le trait principal qui distingue l'histoire de la nation russe de l'Europe Occidentale, ainsi que sa mission historique dont dépendent toutes ses destinées et toute sa puissance. Ce procès historique auquel le cours moyen ou central du Volga, (principalement de Tver à Nijnii-Novgorod) a servi de théâtre géographique, présente son incarnation la plus vive, la plus manifeste, dans le caractère distinctif de cette *navigation de rencontre* dont nous avons parlé plus haut et qui se lie au mouvement du commerce. Le point culminant de ce mouvement se trouve à l'embouchure de l'Oka, cet affluent du Volga, le plus important sous le rapport de la culture (par la diversité et l'agglomération de la population des contrées qu'elle arrose, jadis peuplées de finnois, et aujourd'hui grandes-russiennes). C'est au confluent de l'Oka et du Volga que s'établit, tous les ans, la foire la plus considérable du monde entier, que s'effectue la rencontre de l'Asie et de l'Europe, de leurs marchandises et de leurs idées (Voy. plus bas «la foire de Nijnii-Novgorod»).

Cet espace de la navigation de rencontre la plus animée s'est étendu de plus en plus vers l'Orient, mais d'un autre côté, s'est rétréci vers l'Occident (c-à-d en remontant le Volga, depuis la Cheksna et la Mologa), jusqu'à l'embouchure de la Tvertza à Twer, en proportion du développement des voies de communication artificielles et du développement du commerce, de l'industrie, de la population et de la civilisation en général; il s'étend aujourd'hui de Ribinsk et des embouchures de la Cheksna et de la Mologa jusqu'à près de Kazan et du confluent de la Kama. Le développement de la navigation à vapeur sur la Kama et ses affluents (la Viatka, la Bélaya et a. d. s), et en partie la construction du chemin du fer de l'Oural, ont beaucoup contribué à l'augmentation du mouvement en amont du Volga à partir de son confluent avec la Kama. La continuation du chemin de fer de Nijnii-Novgorod vers la Sibérie produira un effet encore plus grand dans la même direction, c-a-d. dans le sens du développement de la sphère de la navigation de rencontre.

Quand nous parlons de la décadence de la navigation sur le Volga, à l'Occident, depuis Ribinsk, décadence causée en partie par les voies d'eau artificielles, et en partie par les chemins de fer, nous n'entendons parler que du mouvement sur le fleuve lui-même. Les moyens de communication artificiels, les canaux et plus récemment les chemins de fer, ont, au contraire, excessivement favorisé le mouvement vers l'Occident et les ports de la Baltique; mais ce mouvement continue au-delà de Ribinsk, non plus sur le Volga, mais sur les chemins de fer (la ligne de Ribinsk-Bologoe, celle de Moscou à Pétersbourg, celle de la Baltique), et sur les canaux qui réunissent le bassin du Volga au bassin de la Baltique, aux eaux des lacs Onéga et Ladoga et à la mer Baltique. Le courant principal du mouvement commercial se produit jusqu'à présent au moyen de ces systèmes d'eaux (voy. plus loin). C'est par eux, le système de Vichnii-Volotchok excepté (voy. plus loin), que se prolonge ce grand mouvement du commerce sur le Volga, de l'Orient vers l'Occident, de la mer Caspienne, à travers la Russie, jusqu'à la Baltique et l'Europe Occidentale[109]. Ce mouvement de commerce et de navigation, de l'Est à l'Ouest, domine, en somme, sur toute l'étendue de la voie du

109) A en juger d'après l'étendue de ce mouvement (comparativement à tous ses autres embranchements de l'Ouest) on pourrait dire que la voie du Volga au-delà de Ribinsk se prolonge jusqu'à la mer Baltique au moyen de ces systèmes, mais non par le Volga. Le mouvement sur le Volga, même au-delà de Ribinsk, est parfaitement insignifiant en comparaison de celui de ces systèmes. On peut le voir très clairement sur les tableaux graphiques de Mr. Blioch que nous avons déjà mentionnés.

Volga et de son bassin, en dépit des déviations de la navigation et des transports dans toutes les directions possibles, sur tous les affluents, toutes les routes de terre, malgré la prépondérence de la navigation tantôt en amont, tantôt en aval, tantôt de rencontre, dans les différentes parties du bassin de ce fleuve.

On pourrait dire, d'après le mouvement prédominant du Volga, que le commerce, la civilisation et l'histoire ont donné à sa vie une direction opposée au cours naturel de ses eaux[110]). Au point de vue de cette direction principale de la vie, du mouvement des hommes et des marchandises, on dirait que le Volga coule en sens inverse, c.-à-d., de la Caspienne à la Baltique. Si grandes sont la puissance de l'homme et de la culture russe ou européenne! elles ont su donner au plus grand fleuve de l'Europe une direction opposée à sa nature. L'histoire du peuple russe manifeste particulièrement, dans ce cas, sa portée civilisatrice universelle.

La voie du Volga et en même temps la culture russe, en s'étendant vers l'Orient et vers les profondeurs de l'Asie (que les lignes de fer de la Sibérie et de l'Asie Centrale vont mettre en contact avec le fleuve) conquerront de plus en plus les richesses de l'Orient et de l'Asie, et, par leur puissant mouvement de retour, en feront la propriété de la civilisation européenne; c'est par ce moyen que l'Asie se rapproche de l'Europe; la civilisation européenne gagne du terrain, en dépit du mouvement primitif physico-géographique du bassin du Volga, d'Occident en Orient, d'Europe en Asie. La grande lutte historique entre les éléments européens et asiatiques de notre histoire, qui tout d'abord a surgi sur le Volga central, le résultat victorieux de cette lutte, la transformation des éléments asiatiques en éléments généralement européens, — dont nous avons parlé plus haut, — sont le résultat le plus évident et le plus grandiose de ce phénomène[111]).

---

110) Ainsi que s'est exprimé à ce sujet notre éminent économiste M. Vernadsky.

111) L'appendice II contient le résumé de tout ce que nous avons écrit à ce sujet en 1867 sur les différentes parties du Volga et servira de supplément à tout ce que nous venons de dire sur ce fleuve et en général sur le mouvement de culture et de commerce de la voie du Volga. Nous émettrons dans la suite, lors de la description de notre voyage, les renseignements sur les différentes localités riveraines.

Ces idées générales sur le Volga une fois émises, revenons à notre voyage de 1879, entre Tver et Nijnii-Novgorod.

Je ne me suis pas trompé, en supposant que cette tournée sur la «principale rue de la Russie» qui, pendant six mois de l'année, présente la vie industrielle la plus active, me donnerait la possibilité de reconnaître la marche de nos affaires industrielles et commerciales pendant cette période.

Il ne faut pas oublier que c'était le moment de «l'animation industrielle», l'époque des demandes les plus pressées de toutes nos marchandises manufacturées, et en même temps celle de l'accroissement extraordinaire de leur fabrication (Voy. plus bas, Ch. III, Foire de Nijnii - Novgorod [112]). Cette effervescence se manifesta d'une façon générale vers la fin de la guerre de Turquie, depuis la fin de l'année 1877, et atteignit son apogée (après la foire de Nijnii-Novgorod, excessivement brillante, en 1878), vers le commencement de mon voyage (cet état des affaires dura jusqu'au commencement, presque jusqu'à la moitié de 1880). Les belles récoltes de quelques années et une exportation extraordinaire de nos blés, exportation sans précédent jusqu'alors, se joignirent à l'animation industrielle des fabriques, à un accroissement de travail de tous les anciens établissements manufacturiers, à l'installation d'une masse de nouvelles fabriques; cette animation produite, par différentes causes (nous en parlerons plus tard), accrût tous les bénéfices industriels et exhaussa tous les salaires.

Le mouvement sur le Volga était le miroir réflecteur de toutes ces circonstances. Nous ne nous souvenons pas d'avoir jamais rencontré en Russie une satisfaction et une joie semblables à celles qui remplissaient, à cette époque, tous les rangs du monde industriel, depuis les plus gros capitalistes jusqu'au moindre ouvrier. Nos impressions étaient d'autant plus agréables qu'elles formaient un contraste frappant avec les dispositions d'esprit particulièrement sombres qui nous obsédaient avant notre départ,

---

112) La question de cette animation et de son cours sera examinée dans ce chapitre.

dans, le centre de notre «intelligence» et de notre vie politique
à Pétersbourg (après les attentats et les crimes politiques qui
avaient commencé leur lugubre série par la tentative du 2 Avril
1879).

Nous avions laissé derrière nous tous les phénomènes sociaux
qui produisaient cette disposition d'esprit inquiète; il nous semblait avoir quitté un monde étranger à la Russie, et dans tout
le cours de notre voyage, à travers les localités les plus animées
de notre pays, au milieu des populations les plus diverses sous
tous les rapports, dans le «coeur» de notre pays, nous ne rencon-
trâmes nulle part presque pas la moindre trace de l'effervescence
malsaine des esprits, arrivée à son point culminant dans la capitale
et les autres centres politiques de la Russie. Dans le milieu industriel et réellement national où se faisaient toutes nos études
pendant ces trois dernières années, il nous était possible d'oublier
presque nos troubles politiques.

C'est ici qu'on aurait pu se convaincre combien toutes ces
plaies morales sont peu profondes; elles n'effleurent que l'épiderme
de notre corps social, eu égard à sa profonde substance intérieure et au sous-sol historique de la vie nationale. Il eut été facile aussi de se convaincre de la distance infinie qui sépare cette
vie réelle nationale, cette vie des dixaines de millions d'hommes,
— qui les sépare des questions et des inquiétudes qui agitent la
sphère de nos grands centres intellectuels et politiques. Cette
grande masse de la population est exclusivement absorbée par ses
intérêts économiques; les seules questions abstraites qui l'intéressent sont les questions religieuses. Est-ce heur ou malheur, nous
l'ignorons, mais ce qui est incontestable (nous avons pu nous en
convaincre plus d'une fois dans le cours de nos recherches), c'est
que, tant que les intérêts économiques de notre peuple n'entrent
pas en contact avec le «mouvement des idées» qui planent au-
dessus de sa tête dans «la sphère de l'intelligence» dont elles sont
entièrement distinctes, ces masses restent tout-à-fait étrangères

---

113) Plus tard, pendant le cours de notre voyage, l'explosion de Moscou, du
19 Novembre 1879, ne nous étourdit que momentanément. Son retentissement
passa rapidement sur la tête du monde industriel et national au milieu duquel
se passaient toutes nos excursions et toutes nos études.

à cette sphère; le bruit des «maux ou questions du jour» qui s'y agitent leur arrive, de temps à autre, par les journaux. Les maux et les plaies ne leur manquent pas dans leur propre existence (comme nous le verrons), mais ils sont d'un tout autre genre que les problèmes sociaux et politiques agités par la presse des grandes villes [114].

Il est fort naturel que, depuis le développement de la navigation à vapeur sur «la grande rue de la Russie», les étrangers qui désirent connaître notre pays, au delà de Pétersbourg et de Moscou [115], entreprennent une excursion sur le Volga.

Nous n'avons pas regardé comme superflu de toucher, en passant, à cette question du tourisme sur le Volga, puisque le goût de ces voyages d'agrément se développe avec une force incessante dans le monde civilisé et étend ses limites dans la recherche de nouvelles contrées; ce goût est devenu pour l'Europe et pour l'Amérique septentrionale, une source plus au moins féconde de bénéfices pour les contrées visitées [116]. Un voyage sur le Volga, présente pour le touriste, une grande analogie avec un voyage sur le Rhin, à travers l'Allemagne. Les bateaux à vapeur qui sillonnent le Rhin et les chemins de fer qui longent ses deux rives sont, dans la belle saison, envahis par des milliers de touristes. Cependant la Russie a beau intéresser les étrangers, depuis ces

114) Nous devons observer ici, en passant, que nous avons remarqué un très grand changement, sous ce rapport, lors de notre dernier voyage, après la catastrophe du 1-er Mars 1881. Depuis cette époque, le peuple (même la masse illéttrée) accorde aux «nihilistes» une attention sérieuse dont il ne les honorait pas autrefois. Les paysans se méfient maintenant, ils soupçonnent tout nouveau venu et craignent de voir leurs campagnes infestées de «scélérats, de «régicides». Mais cependant, cette sombre sphère de l'agitation révolutionnaire et des crimes politiques reste étrangère à notre peuple; c'est pour lui comme un autre monde commettant des actes de violence contre sa vie nationale et des sacrilèges vis-à-vis de son Dieu; le peuple n'y voit que des incitations étrangères. Il ne les comprend pas autrement (Voy. notre article sur nos troubles, dans le Recueil des sciences politiques. St. Pétersbourg, VIII).

115) La route la plus habituelle des touristes étrangers qui désirent voir la Russie, après Pétersbourg, est actuellement le Volga (Ils prennent, le plus souvent, le chemin de fer de Pg. à Moscou, puis le chemin de fer de Moscou jusqu'à Nijnii, le Wolga jusqu'à Tzaritzine, de là, ils vont, ou bien au Caucase, ou bien le long du Don à la mer d'Azoff, en Crimée, à Odessa (M. Wallace, Russia V. 1. Ch. 1. Travelling, in Russia).

116) A ce point de vue, notre digression, sur le «tourisme» ne semblera pas superflue.

derniers temps le nombre des «voyageurs» étrangers, et même russes a beau s'accroître, ils se perdent et ne se remarquent pas, sur le Volga, dans la masse énorme des gens qui circulent sur ce fleuve «pour affaires» et non pour chercher des impressions, du plaisir, ou des distractions. Si le touriste se montre sur notre principale voie fluviale depuis quelque temps, ce n'est qu'à un très faible degré. Ce fait doit, sans aucun doute, être attribué aux obstacles naturels et aux difficultés que le développement du tourisme rencontre dans la nature même de notre pays et dans sa culture. Quelque riches et anciennes que soient l'histoire du Volga et celle de ses rives, ces dernières sont trop pauvres en témoignages et en monuments matériels et palpables, pour que l'œil d'un touriste, surtout un regard superficiel, puisse les saisir.

Cependant, quelque variées et caractéristiques que soient les différentes parties du Volga, depuis sa source jusqu'à son embouchure, sous le rapport de la culture et de ses traits géographiques, quelque grandiose que soit tout son cours et quelque unique dans son genre que soit son cours inférieur, il faut, pour que toutes ces particularités produisent des «impressions de voyage» parcourir de grands espaces; il faut beaucoup de temps, de patience, et des connaissances historiques et géographiques (et il nous faut avouer que même nous autres Russes, nous connaissons moins l'histoire de notre pays que celle de l'Europe Occidentale).

Le Rhin présente un contraste complet sous ce rapport. Toutes les impressions qu'il produit sont excessivement vives et très séduisantes; elles se succèdent rapidement dans toutes leurs variétés typiques. Les bords du Rhin font défiler devant tout voyageur, quelque peu instruit, toute l'histoire du moyen âge, l'histoire moderne de l'Allemagne et celle de toute l'Europe Occidentale; quant au Volga, il faut méditer avec patience sur des vestiges à peine perceptibles de son passé (des églises, des couvents, des résidences seigneuriales) et ce n'est qu'après de longues pérégrinations qu'on y rencontre des signes caractéristiques et saillants de la vie contemporaine (tels que Ribinsk, Nijnii-Novgorod etc. [117]).

---

117) Voy. les détails dans l'appendice II (Remarques sur le Volga); Wallace, Ch. I (Travelling in Russia).

La comparaison de ces deux fleuves, comme voies d'eau les plus remarquables de l'Europe Occidentale et de l'Europe Orientale, sous le rapport de l'histoire et de la culture, nous a toujours semblé fort intéressante, d'autant qu'ils attirent plus particulièrement les voyageurs. Toutes les originalités, tous les contrastes de l'histoire et de la nature des deux parties opposées de l'Europe, s'expriment d'une façon très saillante et très pittoresque par ces deux fleuves, par leurs rives et par le genre de vie de leurs populations. Le caractère général de ces contrastes autant physiques que moraux et historiques, sont identiques: les révolutions de la nature (volcaniques) dans les périodes géologiques de l'Europe Occidentale ont été tout aussi rapides, brusques et orageuses, que les révolutions politiques et sociales de son histoire, comparativement aux plaines de l'Europe Orientale. Le Volga ne, présente à son origine qu'un insignifiant ruisseau de marais; il reçoit lentement, sur l'espace de quelques milliers de verstes de la grande plaine centrale, les eaux d'un nombre infini de rivières plus ou moins considérables, se transforme en fleuve colossal (le plus vaste de toute l'Europe), se jette dans le grand lac de l'Asie Centrale, au milieu de ses déserts sauvages, et offre ainsi un contraste frappant avec le torrent des Alpes, qui se précipite orageusement des glaciers dans l'Océan dont les eaux baignent tous les rivages du monde civilisé. Toutes les couches géogologiques, mises à nu, sur les bords du Volga, présentent le même contraste; elles consistent exclusivement en couches horizontales de provenance neptunienne, comme toute notre plaine de l'Est; le Rhin est bordé de montagnes d'origine cristalline et volcanique sur presque toute l'étendue de son cours. La lutte prolongée et lente des éléments historiques sur les bords du Volga est, de même, tout l'opposé de l'histoire des bords du Rhin. Ici non plus le travail de l'histoire et la lutte n'étaient pas faciles! L'homme a dû employer des efforts inouïs pour transformer, sur un espace immense, une rivière asiatique en une voie commerciale européenne. Mais cette lutte prolongée, le plus souvent désarmée, cette russification des races finnoises et l'introduction du christianisme ne pouvaient laisser de traces aussi profondes que la vie guerrière des Romains et des seigneurs féodaux du moyen-âge sur le Rhin, avec leurs châteaux fortifiés. C'est là la cause de la différence des impressions que produisent la nature et l'histoire du Volga et du Rhin.

Néanmoins, si l'on prend en considération l'intérêt que la Russie inspire aujourd'hui au public étranger et le goût général des voyages dans de nouvelles contrées (comme par exemple, dans l'Amérique septentrionale qui, par ses immenses solitudes et par sa nature offre une certaine analogie avec la Russie); le nombre des voyageurs sur le Volga aurait dû s'accroître considérablement si beaucoup d'obstacles artificiels, et qui auraient pu être écartés, ne s'ajoutaient à tout ce que nous avons dit plus haut.

Bien que la navigation se soit excessivement développée sur le Volga dans ces dernières vingt-cinq années [118], que l'organisation des bâteaux à vapeur et les cabines des passagers se soient considérablement perfectionnées [119] et que les prix de transport aient diminué, cependant, la vie des passagers sur les bateaux à vapeur du Volga (particulièrement sur le cours supérieur jusqu'à Nijnii-Novgorod) offre très peu d'agréments, surtout pour les passagers ayant des habitudes et des exigences européennes et ne voyageant point par nécessité urgente.

La prépondérance numérique des passagers de la 3 me classe

---

118) Une crise a eu lieu dans ce développement (années 1870—1874) à la suite de spéculations vertigineuses sur la navigation à vapeur, de l'augmentation inutile du nombre des bateaux et de leur concurrence à la fin des années 60. Cette crise a fait crouler plus d'une entreprise. Mais, depuis cette époque, la navigation à vapeur s'est ranimée (depuis 1876), à la suite de la construction des chemins de fer aboutissant au Volga et de leur activité. Le fret des chargements sur le Volga est tombé, grace à la concurrence des bateaux, de presque 50%, de 1869 à 1879, et ce fait, favorable au plus haut degré à notre économie nationale, (surtout sous le rapport de l'agriculture et de l'exportation) atteste un de nos progrès économiques les plus essentiels. La navigation, (ainsi que toutes nos affaires commerciales et industrielles) s'est excessivement animée pendant les quelques années qui ont précédé notre voyage. Plusieurs circonstances y ont contribué: le transport des troupes, les belles récoltes, l'exportation croissante de notre blé à l'étranger, l'excitation de l'activité des fabriques.

119) Du reste, les cabines des passagers et toutes les conditions de la vie, ne se sont «considérablement» perfectionnées que sur les nouveaux bateaux à vapeur, de construction américaine, qui descendent le Volga depuis Nijnii-Novgorod. Les bateaux Zévéké et Cie, se distinguent particulièrement par de très belles cabines pour la 13-me classe et pour le peuple. Il faut notre que quelques uns de ces bateaux ont été construits, sur un modèle américain, en Russie, (à l'établesse de M. Mr. Jouravleff, à Ribinsk, voy. plus bas).

(sur le pont) est encore une des raisons qui rend cette vie en
bateau peu attrayante à un public bien élevé. La masse de ces
voyageurs absorbe tout-à-fait le nombre des passagers des premières classes. Elle consiste principalement en ouvriers qui se
livrent très souvent ici à l'ivrognerie. De plus, les marchandises
encombrent tous les bateaux, même ceux particulièrement affectés
au transport des passagers (comme, par exemple, les bateaux de
la compagnie «Samolët»). Tout cela s'explique par le petit nombre comparatif des voyageurs des deux premières classes, n'ap-
portant qu'un déficit à toutes les compagnies de bateaux à vapeur. Ces dernières prélèvent, au contraire, un bénéfice net sur
la 3me classe et sur le transport des colis [120]).

Tous les embarras et les lenteurs des voyages sur le Volga
proviennent de la cause première des obstacles apportés à notre
navigation — du désordre hydrotechnique de ce fleuve, (qui s'ensable
tous les ans et dont le lit se déplace constamment [121]). Une amélioration de ce côté aurait, sans aucun doute, entraîné un perfectionnement dans l'organisation et le mouvement de la navigation
à vapeur [122]). Assurément, plus d'une mesure utile, ayant pour
but de faciliter la navigation sur le Volga a été prise pendant ces
dernières années (entre autres le déblai et l'approfondissement
du chenal au moyen de digues latérales et surtout l'éclairage des
rives au moyen de lanternes ou phares), mais toutes ces mesures
sont insuffisantes; les améliorations hydro techniques premières
par la science contemporaine devraient être plus grandes. Notre
demandées voie commerciale aurait un droit indéniable à ces
améliorations de ses eaux naturelles [123]). La navigation, sur tout le

120) Il faut observer ici, que le goût du confort et de la propreté, en temps de
voyage, est encore très peu développé chez le public de notre pays; beaucoup de
gens aisés, appartenant à la classe moyenne (la classe marchande), préfèrent se
placer en 3-me classe sur les bateaux à vapeur, ou sur le pont, même pendant la
nuit.

121) Des catastrophes, semblables à l'ensablement du Volga auprès de Saratov en 1880, ont même lieu dans le Bas-Volga dont la masse d'eau est si considérable.

122) Nul bateau n'atteint et ne quitte un débarcadère à l'heure indiquée, par
suite de retards continuels causés par les bancs de sable, ou même, sous le simple
prétexte de ces obstacles.

123) Voy. Le manque actuel des améliorations artificielles sur le Volga V. Ragozine (Raevsky) Volga.

cours du Volga, lutte jusqu'à présent, après l'écoulement des premières crues du printemps, contre de très grands obstacles. Nous
touchons à cette question trop connue et qui n'entre pas directement dans le cercle de nos études, parce qu'elle a une portée considérable sous le rapport de notre économie nationale, ce qui jusqu'ici nous semble n'avoir été ni suffisamment constaté ni même
compris.

Le mouvement des bateaux destinés aux voyageurs n'est pas
seul à se ressentir du désordre hydrotechnique du Volga; tout
notre commerce et le transport des chargements en souffrent à
un degré bien plus grand encore. L'extrême importance de ce
fleuve pour le transport des marchandises a été mentionnée plus
haut; elle a été mise en parallèle avec celle des chemins de fer,
qui non seulement n'ont pas affaibli, mais ont encore accru le
mouvement sur le Volga, en dépit de toutes les difficultés de sa
navigation. Du reste, les imperfections hydrotechniques de ce
fleuve sont communes à toutes nos eaux intérieures qui, malgré leur
abondance, réclament plus que celles de tout autre pays, des
améliorations artificielles au profit de la navigation. Et cependant,
tous nos travaux hydrographiques les plus importants, entrepris aux frais de l'Etat, appartiennent à une époque fort ancienne,
(au siècle dernier et aux premières années de celui-ci [124]).

De nos jours, la question des voies d'eau est reléguée au second plan, depuis que l'attention du gouvernement s'est exclusivement concentrée sur les chemins de fer, comme sur les *uniques*
routes d'Etat. Mais le désarroi de la navigation provoque depuis
longtemps les plaintes amères de notre monde commercial; ces
plaintes se basent particulièrement sur ce que toutes les taxes
sur la navigation, en dépit de leur destination primitive, ne sont pas
employées non seulement aux améliorations, mais même à l'entretien
des voies de communication [125]. C'est là le point essentiellement vul-

---

124) Les améliorations récentes du système Marie, continuées actuellement,
font exception.

125) Il a été calculé, à la réunion des affréteurs de navires qui a eu lieu à
Nijnii-Novgorod, que, sur 6,800,000 roub. de revenu, prélevé sur la navigation
du Volga, depuis 1844 à 1872, 1,500,000 roubles seulement ont été employés à
l'amélioration de ce fleuve, pendant toute cette période.

7

nérable de notre navigation. Cette question a été très énergiquement soulevée aux congrès des affréteurs de navires organisés
par le gouvernement en 1875.—77. Il est remarquable, qu'à
toutes ces réunions, les affréteurs aient manifesté un empressement unanime à se soumettre à des sacrifices pécuniaires, dans
le but d'améliorer les voies d'eau, et même à payer l'impôt de la
navigation [126]) à un taux plus élevé, à la condition que ces sommes fussent effectivement employées à cet usage et que les travaux nécessités par le perfectionnement des voies de communication fussent entrepris sans délai.

Dans d'autres pays, et particulièrement en France, en Prusse,
aux Etats-Unis, les voies d'eau sont l'objet de soins administratifs excessivement dispendieux, et pourtant, le réseau des chemins
de fer y est infiniment plus serré que dans notre pays et s'y développe incessamment ainsi que toutes les autres routes artificielles. Beaucoup de personnes trouvent que nos communications
par eau ne sont pas d'une grande utilité parce que nos cours
d'eau sont gelés pendant la moitié de l'année [127]); nous leur oppo-
serons que, d'un autre côté, elles sont particulièrement importantes pour nous, par suite du grand volume et du bon marché
de tous nos produits, surtout de ceux qui s'exportent. Nous
avons déjà parlé de la prédominance du Volga en général sur
les chemins de fer, sous le rapport du transport des chargements;
l'importance de cette prédominance se manifestera davantage, lorsque nous parlerons de Ribinsk et des systèmes d'eau qui relient
cette ville à la mer Baltique. Ce n'est pas sans raison que l'on
parle, depuis quelque temps, des mesures administratives et des
frais qu'exigerait le développement des forces productives de
notre pays, même sous le rapport de nos finances (c-à-d. pour
augmenter les revenus de l'Etat). Les frais que nécessiterait l'amélioration des voies d'eau appartiennent, sans aucun doute, à la
catégorie des mesures d'Etat les plus productives [128]).

---

126) Une réforme dans la perception de cet impôt a aussi été demandée par
ces assemblées.
127) Les eaux intérieures des Etats-Unis et de l'Allemagne gèlent aussi.
128) Nous ne pouvons nous empêcher d'observer ici, que ces frais seraient
d'autant plus justes, que notre navigation paie un impôt destiné à l'amélioration
des eaux intérieures (Voy. plus bas).

Nous remarquerons entre autres choses, que les ensablements des rivières, qui ont du reste lieu dans notre pays tout comme partout ailleurs, exigent impérieusement de nos jours des mesures techniques devant faciliter la navigation [129].

Il faut joindre à tous les obstacles susmentionnés de la navigation sur le Volga, les difficultés administratives suscitées au commerce et au transport des chargements par les règlements surannés de la police des eaux. Ces embarras provoquent des plaintes nombreuses de la part du monde commercial et du personnel de la navigation. — Il faut surtout noter les défauts du système des taxes ($\frac{1}{4}$% sur la valeur des marchandises transportées) dont la perception s'effectue d'une façon tout à fait arbitraire. La réforme de cet impôt aurait pu considérablement faciliter la navigation et le rendre en même temps plus lucratif pour le gouvernement [180].

Et cependant, avec tous ces embarras qui entravent la régularité du commerce, avec toutes ces règlementations gênantes qui paralysent l'activité des commerçants, notre navigation est privée de la sécurité, de la surveillance sévère de la police, et la confusion la plus complète règne dans son mouvement [181]), particulièrement sur les canaux. Indépendamment de la confusion résultant inévitablement de l'agglomération des navires sur les canaux, il faut encore mentionner les accidents fréquents qui arrivent aux bateaux portant des voyageurs, et provenant de la né-

---

129) Voy. entre autres le rapport de la commission de l'Académie des sciences française désignée spécialement pour cet objet, en 1876, relativement (aux études de M. Veks). Ce rapport, (l'Académie des Sciences de Vienne est du même avis) reconnait la destruction des forêts comme la cause principale de l'ensablement des sources et des rivières. (On cite la Russie comme exemple). La destruction rapide et désordonnée des forêts dans la région du bassin supérieur du Volga, (autant comme matériaux de construction de navires que comme combustible) mérite une attention toute particulière dans cette question.

180) Cette taxe se prélève sur la valeur du chargement, valeur qu'il est impossible de déterminer, de sorte qu'en réalité chacun paie ce qu'il veut, ou bien ce qu'on trouve bon de lui faire payer.

181) La régularité de la navigation est si peu surveillée, que des particuliers, intéressés à l'affaire, se sont quelquefois chargés de l'accomplissement de devoirs purement administratifs. C'est ainsi que le comité de la bourse de Ribinsk a dépensé en 1876 jusqu'à 22,000 r., pour l'organisation d'une délégation qui devait surveiller la navigation du système de Marie.

7*

gligence, de l'ignorance et de la témérité ridicule des capitaines [132]),
(et quelquefois par suite de la concurrence des bateaux). La surveillance de la navigation a cependant fait quelques progrès pendant ces dernières années (depuis 1876) grâce à la création d'in-
spections confiées à des officiers de la marine impériale [133]).

L'urgence de redoubler de sollicitude pour les voies d'eau
ne s'annule pas le moins du monde par le désir que témoignent
quelques populations locales de voir des lignes de fer suivre le
cours des rivières elles-mêmes (par ex. de Nijnii à Kazan, depuis
peu, — de Ribinsk à Jaroslavl, de Jaroslavl à Kostroma, etc.)
Des chemins de fer de ce genre, longeant les rivières, existent en
grand nombre dans les autres contrées, bien que les eaux n'y
gèlent pas. L'avenir nous promet, au contraire, le développement inéluctable de ce genre de chemins de fer dont la
construction devra nous pousser à l'amélioration simultanée de nos
voies d'eau; les chemins de fer, comme le prouve l'expérience,

---

132) Les bateaux de passagers du Volga ne quittent et n'atteignent les ports, à
l'heure prescrite par l'Indicateur, que tout-à-fait exceptionnellement. Ils retardent
ordinairement, mais il arrive très souvent qu'ils se mettent en route avant l'heure
réglementaire; c'est affaire de fantaisie. Evidemment, les voyageurs en pâtissent.
La compagnie «Samolët» est la plus exacte, parce que le plus souvent, elle a des
officiers de la marine impériale pour capitaines.

133) Une institution fort utile, — les assemblées des affréteurs, a été établie
depuis 1875, dans le but de délibérer sur toutes les questions techniques et administratives, relatives à la navigation. Ces assemblées d'abord locales, avaient
lieu jusqu'en 1878, annuellement et à tour de rôle, dans différentes villes, mais
cette année-là, une assemblée générale fut convoquée à St. Pétersbourg. Les
besoins de notre navigation et les mesures pratiques qu'exigeait son amélioration
furent, pour la première fois, hautement proclamés par des gens compétents. Une
grande partie des sollicitations et des désirs ne reçurent pas, paraît-il, satisfaction,
mais ce qui est hors de doute, c'est que l'administration a profité de quelques indications de ces assemblées. Il est à regretter que ces réunions ne se soient pas
renouvelées depuis 1878, et que les espérances qu'elles avaient fait naître ne se
soient pas réalisées. Peut-être faut-il en accuser, partiellement du moins, les dimensions exagérées du programme tracé par les premières assemblées (cas fréquent encore dans notre pays) et qui embrassait des questions ne se rattachant
que de loin au problème direct. Dans tous les cas, le travail de ces assemblées a
jeté la lumière sur les côtés obscurs de notre navigation fluviale et il est regrettable qu'il n'ait point été publié. En 1875, le ministre des Voies de communication avait pris une autre mesure qui donna de grandes espérances par rapport
à notre navigation; une commission spéciale, «un inventaire de navigation» qui
devait soumettre toutes nos eaux intérieures navigables à une enquête générale
fut établie. Les résultats de l'activité de cette commission nous sont complètement
inconnus.

renforcent le mouvement de la navigation (par ex. le Rhin, dont les deux rives sont bordées de chemins de fer).

Mais, revenons à notre voyage. La première partie de notre tournée sur la Volga, — de Tver à Ribinsk [134]), est excessivement terne, cette partie du fleuve ne présentant absolument aucun intérêt au voyageur et n'éveillant chez lui aucune impression.

Au delà de Ribinsk, les bords du Volga n'offrent en quelque sorte pas de point habité pouvant attirer l'attention particulière du touriste, et dont la situation pittoresque ou l'animation fasse naître une impression agréable (à l'exception cependant de l'antique ville d'Ouglitch). Ce qui augmente encore la monotonie des paysages riverains, c'est que tous les villages y tournent, pour ainsi dire, le dos au fleuve. Les riches et anciennes propriétés seigneuriales, qui jadis se miraient en grand nombre dans les flots du Volga, surtout entre Tver et Nijnii, ont immensément perdu de leur animation, depuis qu'elles ont commencé à passer aux mains de l'aristocratie financière. Les symptômes de cette dernière évolution, fort saillante dans la vie nouvelle des principales localités industrielles de la région de Moscou, sont particulièrement visibles sur les bords du Volga [135]).

Il existe, selon nous, beaucoup moins d'animation sur le Volga, de Tver à Ribinsk, qu'il y a vingt ans (lors de notre premier voyage dans ces contrées, en 1860). Nous en avons déjà indiqué le motif: l'influence des chemins de fer s'est parti-

---

134) Les points commerciaux et industriels que les rives du Volga présentent dans cette partie de son cours, sont: la ville de Tver, le bourg de Edimonovo (la fromagerie de Mr. Vérestchiaguine très connue, dans le district de Kortchéva, au delà de l'embouchure de la Chocha), la ville de Kortchéva, le bourg de Kimra, la v. de Kaliasine, la v. d'Ouglitch, la ville de Mologa et celle de Ribinsk. Nous reviendrons plus tard sur quelques unes de ces localités, quand nous en décrirons les environs.

135) Nous reviendrons encore sur ce fait social de notre époque dont les conséquences se multiplient chaque jour dans notre région; je veux parler du passage des vieilles propriétés de la noblesse aux mains des négociants et des fabriquants, qui a surtout pris une grande extension depuis 1861. On peut même dire que cette classe de l'aristocratie financière locale (et parmi elle les riches paysans) a organisé une espèce de profession particulière: l'accaparement des propriétés de la noblesse ruinée, criblée de dettes ou déchue; ces spéculateurs acquièrent ces propriétés à des prix infimes (surtout les forêts, dont la vente couvre ordinairement le prix de la propriété qui, de cette façon, revient gratis à l'acheteur).

culièrement fait sentir au-delà de Ribinsk (surtout celle des chemins de Ribinsk-Bologoe, Pétersbourg — Moscou, Rjev — Torjock); ils ont détourné du Volga les marchandises et les voyageurs (conséquence des obstacles et des difficultés de la navigation mentionnés plus haut et particulièrement sensibles dans ces parages). De plus, le transport des marchandises qui suivaient le Volga et arrivaient à Pétersbourg, par le moyen des canaux du système de Vichnii-Volotchok (commençant à Tver et suivant la Tvertza), est aujourd'hui complètement interrompu (Voy. plus bas). La navigation qui existe encore ici sur le Volga emploie presqu'exclusivement la vapeur; aussi le nombre des navires et des matelots est-il fort restreint, comparativement au passé. On n'y rencontre que très rarement des barques, traînées par des chevaux [136]). La navigation à câble ferré domine maintenant entre Tver et Ribinsk, pour le transport des fardeaux; une compagnie s'est fondée dans ce but en 1870.

La décadence de la navigation et du mouvement commercial, dans cette partie du Volga, se fait surtout sentir à Tver [137]).

L'importance de cette ville, comme centre commercial et comme noeud de voies de communication, s'est excessivement affaiblie dans le courant de ces vingt-cinq dernières années, non-seulement relativement (en comparaison du développement d'autres centres des localités environnantes), mais encore au point de vue *absolu* comparativement à son importance passée [138]).

Ce fait est digne d'attention, non par rapport à Tver exclusivement, mais au point de vue général de notre vie économique contemporaine. Tout d'abord, le chemin de fer de Nicolas (de

---

136) Le triste métier de *haleurs* (des hommes qui traînaient les barques) n'existe plus sur le Volga.

137) Nous parlerons postérieurement (à la description du gouvernement de Tver), de l'importance de la ville de Tver, sous le rapport de *l'industrie* qui s'est excessivement développée dans ces dix dernières années; nous ne mentionnons cette ville ici, que sous le rapport des voies de communication et du commerce. Cette note se rapporte à presque toutes les localités des bords du Volga, mentionnées dans ce chapitre.

138) La décadence incessante du commerce de Tver (malgré l'augmentation de sa population) se traduit d'une manière frappante par les chiffres suivants:

315 patentes ont été délivrées à Tver en 1859, (dans ce nombre, 15 de 1-re classe — commerce en gros), 202 en 1869, (18 de 1-re classe) 168 en 1879, (19 de 1-re classe).

Pétersbourg à Moscou), puis toutes les voies ferrées y aboutissant (nous en avons parlé plus haut), et enfin l'annulation presque complète du mouvement des transports sur le système des canaux de Wichnii-Volotchok [189]); — cette série de causes successives n'a cessé de paralyser l'importance de Tver, comme port et comme point de transport et de rechargement. Ce n'est pas seulement le développement des nouvelles routes et des moyens de communication (les chemins de fer, les bateaux à vapeur, les télégraphes et les postes), ces conditions techniques de l'économie nationale, mais c'est le développement de toutes les nouvelles conditions économiques (l'augmentation et l'extension des capitaux, du crédit et surtout des banques) qui contribuent à la décadence de centres commerciaux secondaires semblables à Tver, (si elles n'ont pas pour résultat la décadence absolue, elles aboutissent toujours à la décadence relative, comparativement à l'extension commerciale des localités environnantes). La force commerciale de ces centres secondaires consistait autrefois dans leur commerce intermédiaire entre les centres d'entrepôt de premier ordre (Pétersbourg, Moscou, la foire de Nijnii-Novgorod etc.) et les centres les plus insignifiants des territoires environnants (par ex. les villes de district, les bourgs et les foires de village de l'endroit).

Grâce au développement de toutes les nouvelles conditions de la vie économique, les commerçants locaux les plus modestes trouvent la possibilité d'entrer dans des relations directes avec les centres de premier ordre et de recevoir leurs marchandises des producteurs eux-mêmes, ou tout au moins, suivant l'expression consacrée, de *première main* (c-à-d. des marchands en gros, qui se fournissent directement chez les fabricants et les pro-

---

[189] Les chiffres suivants peuvent donner la mesure de la décadence de Wichnii-Volotchok. Voici le nombre des navires qui ont suivi ce système:

en 1847—6108
» 1857—3100
» 1867—1696
» 1881— 150

(et encore n'est-ce que le mouvement local).

ducteurs en se passant d'intermédiaires [140]). Ces conditions présentent certainement un progrès incontestable et un avantage pour l'économie nationale en général et pour la masse des consommateurs. Mais ce progrès influe de la manière la plus néfaste sur les centres secondaires de commerce. C'est ainsi, que par suite du dépérissement de l'activité commerciale de la ville de Tver et d'autres centres du gouvernement de Tver, cette province (par ex. Torjok) présente généralement un développement commercial très grand dans les villages et une augmentation considérable du nombre des boutiques dans les campagnes et des bazars-marchés de village.

Les paysans-marchands les plus insignifiants peuvent maintenant se fournir directement à Moscou, à Pétersbourg, ou bien aux fabriques et aux usines productrices. De cette façon, les marchands de blé d'ordre secondaire (le commerce de blé a toujours été fort considérable dans le gouvernement de Tver) peuvent actuellement acheter leurs céréales dans les ports méridionaux du Volga, ou dans les contrées fertiles du tchernozème et les vendre directement aux ports de la Baltique ou bien aux agents locaux des comptoirs étrangers.

Il n'est que trop notoire que tous les perfectionnements techniques et économiques de la vie moderne, *toute l'accélération de l'échange* produisent de nos jours un effet puissant sur la *centralisation* du commerce et de l'économie nationale; c'est là qu'est contenue une des propriétés les plus caractéristiques de toute la direction contemporaine de la vie économique, propriété qui s'est manifestée depuis longtemps dans les contrées civilisées de l'Europe Occidentale et de l'Amérique du Nord. Ce procès, sous l'influence de plusieurs conditions identiques, a nécessairement lieu, maintenant, dans notre pays. Cette force centripète de la civilisation contemporaine se manifeste, non-seulement sous le rapport économique (particulièrement commercial), mais encore sous tous les autres rapports, intellectuels, administratifs et politiques de la vie du peuple. Cette force *élève* le niveau général de la vie nationale, elle la

---

140) Nous en parlerons plus loin, à la description de la foire de Nijnii - Novgorod.

nivelle sur de grands espaces, elle efface tous les centres historiques secondaires, affaiblit relativement leur portée locale, leur
activité, leur richesse, mais elle fortifie et enrichit au plus haut
point les grandes villes et quelques centres principaux de premier ordre [141]).

Toute cette marche universelle de l'économie et de la civilisation a influé, dans le cours des vingt-cinq dernières années,
sur notre principale voie d'eau et sur les localités qui l'avoisinent. Des ports et des points d'embarquement innombrables, autrefois florissants sur tout le cours du Volga, ont disparu, victimes
exclusivement du développement de la navigation à vapeur. En
revanche, des ports de premier ordre et des entrepôts considérables, tels que Ribinsk, Nijnii-Novgorod, Kasan, Samara, Saratov
et Astrakhan, ont pris une extension et une animation excessives.

La ville de Ribinsk a toujours surpassé et surpasse de beaucoup jusqu'à présent tous les lieux de rechargement, sur tout le
cours du Volga, à l'exception de la seule ville de Nijnii-Novgorod (à cause de la foire) [142]); cette suprématie de Ribinsk est basée,
non pas sur l'industrie et le commerce, mais spécialement sur la
navigation; elle ressort du nombre des navires et du va-et-vient
de la quantité des marchandises.

L'agrandissement surprenant de la ville de Ribinsk, dans
l'espace de 17 ans, depuis l'époque où je l'avais vue (en 1860),
m'a particulièrement frappé lors de mon dernier voyage [149]) (du
27 juillet au 1-er août 1879).

---

141) Ce phénomène a depuis longtemps attiré l'attention particulière de l'économiste Américain Carey (voy. entre autres. «The past, the present and the future» by H. C. Carey, London, 1848).

142) Les renseignements du Recueil statistique du Ministère des voies de communication peuvent donner une idée de l'importance de Ribinsk. D'après ces indications, 2915 navires sont arrivés à Ribinsk, en 1875; 4117 en 1878. L'industrie
et le commerce sont beaucoup plus considérables sur plusieurs autres places riveraines du Volga, telles que Kineschma, Nijnii-Novgorod, Samara, Saratov, etc.

143) Par rapport à Ribinsk et à tout l'exposé suivant, voy. (outre les sources indiquées dans le commencement de ce chapitre): Dictionnaire statistique géographique (1872) «Ribinsk»; les villes de l'Empire de Russie, T. V, St. Pg. 1865;
Régistre des localités habitées (Gouv. de Jaroslavl); Pobédonostzev et Babst.
lettres sur le voyage du Grand-Duc Héritier, (Défunt) Moscou, 1864, p. 80—84;
Travaux du Comité statistique du gouv. de Jaroslavl. liv. 2 1867. (Ribinsk). Pr.

Son extérieur même a complètement changé. Une masse compacte de constructions en pierres, sur les quais et dans les rues, remplacent aujourd'hui des maisons en bois qui y dominaient en 1860. La saison dans laquelle je visitai Ribinsk n'était pas celle de la navigation la plus active et, bien que les bateaux à vapeur aient fait disparaître une masse de navires des plus variés, qui encombraient autrefois l'embarcadère de Ribinsk, j'y trouvai cependant une animation et une population infiniment plus grandes qu'en 1860. Ribinsk, médiocre ville de district, s'est transformé de fait, dans les 19 dernières années, en une des plus belles villes de gouvernement. Ribinsk, avec son embarcadère, produit, après Nijnii - Novgorod, la plus forte impression que l'on ressente sur tout le cours du Volga; de tous les centres habités des bords de ce fleuve, cette ville et son activité ont fait le plus de progrès dans ce laps de temps relativement court.

La situation géographique de cette ville est excessivement heureuse. (Elle ne le cède, sous ce rapport, qu'à Nijnii-Novgorod). Elle se trouve au centre du bassin du Volga, sur le territoire le plus populeux et le plus ancien sous le rapport de la culture, non loin de l'Oka, cet affluent de Volga, d'une importance historique et économique capitale; — de plus, elle occupe l'extrémité septentrionale du coude nord de ce fleuve, à l'embouchure de la Cheksna, dans le voisinage de l'embouchure de la Mologa et non loin de la Tvertza. Ces trois affluents du Volga, (les deux premiers surtout), ont de tout temps servi de chaînons naturels entre presque toute la Russie et l'Asie, entre le bassin du Volga et les systèmes d'eau de la mer Baltique et de la mer Blanche, entre les limites nord et nord-ouest de notre territoire, ainsi qu'entre toutes les autres voies qui réunissent notre pays aux états de l'Europe Occidentale. C'est ainsi que Ribinsk se trouve, d'ancienne date, sur le croisement de toutes les grandes voies, on pourrait même dire, de toutes les voies historiques et commerciales, non-seulement de la Russie, mais encore de l'Europe, d'Occident en Orient, d'Europe en Asie, (de l'ancienne Novgorod au royaume de Bulgarie), et du Sud au Nord.

Mestchersky. Esquisses de la vie sociale actuelle en Russie. 1868. (Ch. XVII et XVIII); Annuaire du gouv. de Jaroslavl 1862; Tuménev, description de Ribinsk, en 1837.

Grâce à cette situation, l'importance de cette ville (Ribinsk, bourg poissonnier), dont les documents historiques attestent l'existence dès le commencement du XII-me siècle (et qui sans aucun doute existait bien antérieurement) d'abord comme centre industriel et commerçant (renommé pour ses pêcheries), ensuite comme nœud de communications et lieu de rechargement, a grandi pendant le cours de plusieurs siècles, en dépit des différents bouleversements que la direction des voies commerciales intérieures et extérieures et le caractère même du commerce ont éprouvés pendant cette longue période. Il semble que ces révolutions dans les systèmes de communication d'eau et de terre auraient dû ébranler plus d'une fois l'importance de cette ville, pendant le cours de sa longue existence.

L'extension extraordinaire de Ribinsk est d'autant plus remarquable pendant les vingt-cinq dernières années que l'on pouvait s'attendre à voir le développement de la navigation à vapeur et des chemins de fer paralyser ici l'activité de rechargement qui dominait à Ribinsk, dès le commencement du XVIII siècle, sous l'influence des canaux établis entre le Volga et la mer Baltique, par l'initiative de Pierre-le-Grand (le premier système de canaux de Vichnii-Volotchok fut établi en 1711). Malgré tout, l'activité de Ribinsk comme point de transit, (de rechargement [144]), et entrepôt) et comme centre de commerce a grandi dans cette période, ainsi qu'elle grandissait à toutes les époques précédentes.

L'importance de Ribinsk, sous le premier et le principal de ces deux rapports (comme point de transit), s'est accrue, entre autres, par l'effet du chemin de fer de Ribinsk - Bologoe, (qui réunit Ribinsk avec la ligne de Moscou-Pétersbourg) inaugurée en 1870, et qui, à l'époque de notre premier voyage (en 1860), ne semblait devoir être qu'un rêve. Beaucoup de gens supposaient, à cette époque, que cette ligne de fer anéantirait l'activité de Ribinsk (par rapport au rechargement des barques). Loin de là,

---

144) Malgré le développement de la navigation à vapeur, le rechargement des grandes barques sur de plus petits navires, est indispensable, même dans les cas où les marchandises continuent leur route au de là de Ribinsk, (sur la Cheksna et le Volga) remarqués par des bateaux à vapeur. Nous ne verrons pas de si tôt une amélioration de nos voies d'eau, nous dispensant de ce rechargement.

elle l'a renforcée et, en même temps, elle n'a nullement affaibli la valeur des voies d'eau artificielles qui lient Ribinsk à la Baltique.

Le développement de la navigation à vapeur sur le Volga, et en partie sur le système des canaux de Marie (entre le Volga et le lac Onéga) a sensiblement diminué l'industrie batelière qui se concentrait à Ribinsk et qui était liée à une grande variété de bateaux circulant autrefois sur le Volga, mais la navigation à vapeur n'a pas du tout entravé l'activité de rechargement de cette ville; cette activité a, au contraire, grandi en proportion de l'extension générale de la navigation et du commerce. La baisse des eaux, au delà de Ribinsk et même celle de la principale voie de Marie, exige impérieusement le rechargement des marchandises, des grandes barques du Volga inférieur (remorquées par les bateaux à vapeur) sur de petits navires du Volga supérieur. Ce rechargement donne naissance à différentes professions qui attirent de ce côté une masse de monde, à l'époque de la navigation; la principale de ces professions, c'est celle des gens qui transportent les fardeaux d'un bateau à l'autre. Ces portefaix affluent ici; à l'époque de la navigation, il en vient jusqu'à 20,000; leur métier est fort aléatoire, parce que le taux de leur salaire, dépend des hasards de la navigation et du commerce. Le salaire varie entre $2\frac{1}{2}$ et 15 copecks par sac[146]). La foule des portefaix qui vient chercher de l'ouvrage à Ribinsk, n'apprend l'importance de la demande du travail que sur les lieux. Par conséquent, lorsque les chargements n'atteignent pas la quantité attendue (comme par ex., cela est arrivé en 1881), ces gens venus de loin manquent de pain, souffrent de la misère et ne trouvent aucune ressource.

La profession de portefaix s'est organisée ici de très longue

---

145) La navigation à vapeur n'existe pas sur le système de Tikhvine, elle n'est même admise que dans quelques parties du système de Marie. L'industrie batelière sur le Volga même, (la construction des navires, leur louage, leur mise à l'eau et d'autres travaux inhérents à ce métier) a été presque entièrement annulée par la navigation à vapeur.

146) En tout cas, le salaire s'est considérablement élevé dans le cours de ces vingt dernières années, (comme tous les salaires des ouvriers). En 1860, il était descendu à 1 kop., par sac, et en 1881, sa réduction à 2 kop., avait presque produit une «émeute» parmi les ouvriers.

date; ces artisans se louent par associations (artelles) qui, la plupart du temps, se composent de 12 membres, tout au plus. Le chef ou le président (le doyen) de l'association, prend deux parts sur la somme totale des salaires qui se divisent en 13 parts; les autres membres partagent par fractions égales (quelqu'ait été le travail de chacun). Cette organisation du travail peut offrir des matériaux très intéressants pour l'étude de nos associations ouvrières; celles-ci sont très anciennes. Les pilotes qui représentent la catégorie la plus élevée des ouvriers de navires, se réunissent à Ribinsk en très grand nombre; — 7000 environ. Le rechargement et l'expédition ultérieure des fardeaux ont produit différentes professions qui y sont liées, spéciales à Ribinsk; par ex. la profession des «fournisseurs» de navires ou frêteurs, qui se chargent de suivre les colis (sur leurs propres bateaux ou bien sur des bateaux de louage) jusqu'à destination et qui en sont responsables; ils fournissent également les pilotes, les personnes qui procurent du crédit à ces derniers pour l'acquisition des chevaux à atteler aux barques; ils s'occupent enfin du louage des ouvriers, etc. C'est ainsi qu'une masse de transactions diverses ont lieu à Ribinsk.

Nous parlerons plus tard (à la description de notre excursion sur la Cheksna et la Mologa) des voies d'eau artificielles faisant communiquer Ribinsk et Pétersbourg et de leurs avantages relatifs; nous nous contenterons, pour le moment, de mettre en parallèle leur importance et celle de la ligne de fer de Ribinsk-Bologoe (qui sert au même but, à la communication avec la Baltique).

Pour déterminer leur importance respective, il faut avant tout, pouvoir comparer le taux des frais que nécessitent le transport par eau et le transport par les chemins de fer. Ces dépenses varient, mais le fait suivant suffit pour en donner une idée générale assez exacte; le transport par eau, de Ribinsk à Pétersbourg, revenait en 1879, à 12 cop. le poud, par le système des canaux de Marie (dominant aujourd'hui) et à 20 cop. par le système de Tikhvine, qui relie le Volga au Ladoga (aujourd'hui abandonné par suite de ses imperfections, voy. plus bas); on payait à la même époque 12 cop., par le chemin de fer. Si l'on con-

sidère l'égalité du fret par le système de Marie et par le chemin
de fer et si l'on tient compte de la rapidité de transport qu'offre
le dernier comparé au premier, (depuis les perfectionnements
récemment apportés au système de Marie, les chargements n'arrivent de Ribinsk à Pétersbourg, par cette voie, qu'au bout de
30 jours, au minimum), il y a lieu de s'étonner qu'une beaucoup
plus grande quantité de marchandises ne préfère pas le chemin
de fer à la voie d'eau. Cela s'explique par un avantage très grand
que le transport par eau offre au commerce, (sans compter les
dépenses du rechargement des bateaux arrivés à Ribinsk sur le
chemin de fer et vice versa): la cargaison arrivée à Pétersbourg
(ainsi qu'à d'autres destinations), peut *séjourner fort longtemps sur
les bateaux*, ce qui serait impossible sur les voies ferrées. C'est
là un point capital pour les commerçants, surtout si la marchandise, arrivée à Pétersbourg, ne se vend pas immédiatement,
(ce qui est le cas le plus ordinaire), et le rechargement ainsi que
la conservation de la cargaison exigent des dépenses considérables.

Cette circonstance, fort essentielle, vu les dimensions volu-
mineuses de nos marchandises et *l'insignifiance de la rapidité* relative de leur transport, explique aussi la raison pour laquelle
le mouvement du système de Tikhvine, si onéreux et si incommode, n'est pas encore devenu complètement nul.

Tout cela ne diminue en rien l'importance du chemin de fer
de Ribinsk-Bologoe [147]), pour le mouvement des chargements
entre le Volga et les ports de l'Occident. Les habitants de Ribinsk désirent même la continuation de cette ligne jusqu'à Jaroslavl, c-à-d. parallèlement au Volga, ce qui prouve d'un autre
côté l'importance des chemins de fer en égard à notre climat.
Les renseignements que nous avons communiqués plus haut
expliquent suffisamment que le développement de nos transports et de notre mouvement commercial par les voies d'eau,
peut et doit aller de pair avec celui de nos voies ferrées.

---

147) La statistique de notre navigation ne nous inspire pas assez de confiance
pour que nous puissions baser sur des chiffres notre comparaison entre le mouvement des charges par eau et par les chemins de fer.

Les unes et les autres sont également indispensables aux *diverses catégories* de marchandises et aux diverses opérations commerciales qui s'y rattachent. La diminution des frais de transport et par conséquent le perfectionnement de toute espèce de voies de communication, vu l'énormité de nos distances, forment une des premières questions d'Etat dans le domaine de notre économie nationale et du bien-être de notre peuple; la réduction des prix de nos produits d'exportation et l'extension de notre commerce d'exportation, qui serait tant à désirer, sont liées par dessus tout à cette condition.

Cette vérité trop connue est surtout convaincante ici, à Ribinsk et sur le Volga, qui charrie notre principal produit d'exportation, notre blé.

C'est à Ribinsk que les progrès faits par nos voies de communication pendant ces vingt dernières années sont particulièrement sensibles, mais c'est également ici que l'insuffisance de ces progrès se fait particulièrement sentir[148]. Les frais de transport par eau de Ribinsk à Pétersbourg oscillaient dans les années 1850, entre 8 et 25 copecks par poud[149] (il ne faut pas oublier la dépréciation de notre papier-monnaie qui était aupair à cette époque). Lors de notre voyage à Ribinsk en 1860, le fret moyen pour le blé jusqu'à Pétersbourg qui était de 15 à 20 cop. par poud est aujourd'hui, de 12 à 20 cop. La réduction minimum du fret, de 15 à 12 cop. représente le progrès accompli en 19 ans; il est très insuffisant, d'autant plus que le maximum du fret actuel, est le même qu'en 1860.

Du reste, il ne faut pas oublier que la valeur de notre pa-

---

148) Nous ne pouvons espérer, par exemple qu'un transport *direct* des passagers et des marchandises s'établisse de sitôt sur les chemins de fer et sur les bateaux à vapeur (sous la responsabilité des premiers avec transmission de cette responsabilité aux seconds); cependant cette question résolue depuis longtemps dans d'autres contrées, a été soulevée, il y a quelques années, par les compagnies de bateaux à vapeur de notre pays. C'est particulièrement Ribinsk qui exprime le désir de voir ce progrès s'effectuer.

149) Les frets ne s'établissent pas seulement sous l'influence de l'état plus ou moins favorable des voies (par ex. sous l'influence d'une condition fortuite — le volume d'eau) mais ils dépendent encore de l'offre et de la demande des charges; les frets oscillent tellement, qu'ils sont quelquefois tombés, pendant ces dernières années, à 8 cop. par poud de Ribinsk à St. Pétersbourg.

pier monnaie est tombée et que tous les prix se sont élevés; cette circonstance complique la question de la comparaison des frets, à différentes époques. Nous avons vu des années (par ex. 1873), où le transport par le système de Marie revenait à 7 cop., moins c'était une exception.

Les améliorations apportées dernièrement au système de Marie, et qui ont abrégé d'un mois la durée du transport de Ribinsk à Pétersbourg [150]), (ce transport exigeait autre fois 2 mois) laissent encore beaucoup à désirer, sous le rapport des différentes difficultés opposées par nos eaux à la navigation et au commerce et qui devaient être écartées (voy. encore plus bas).

Toutes les éventualités imprévues (gelées précoces, embâcle des rivières, leur débâcle prématurée et a. d. s.) occasionnent continuellement de grands désastres dans la navigation et dans le commerce.

L'accélération du transport offre un progrès beaucoup plus essentiel que la réduction des frais. En effet, il y a vingt ans, il eut été impossible aux ports du midi (sur le Volga), de faire parvenir par Ribinsk, au port de Pétersbourg, le blé récollé dans l'année (c.-à.-d. pendant la période de la navigation de la même année); les chemins de fer de Nijni-Novgorod — Moscou et de Ribinsk-Bologoe ont applani cette difficulté et rendu possible un transport rapide.

Le chemin de fer de Ribinsk-Bologoe reçoit directement les charges des bateaux et les prend sous sa responsabilité, ce qui offre un grand avantage aux expéditeurs, des ports du Midi; mais néanmoins il est assez curieux de voir transporter ces chargements à *force de bras*, de l'embarcadère aux vagons, bien que la gare se trouve à une petite distance de l'embarcadère (moins d'une verste). Avec des procédés techniques semblables, avec ces moyens de transport primitifs, la concurrence des Etats-Unis nous est très redoutable [152]).

---

150) Cette amélioration seule, prouve clairement combien on pourrait faire encore, sous ce rapport avec de la bonne volonté.

151) Voy. pour ce chemin, l'ouvrage de la commission établie par S. M. des chemins de fer, T. II. p. 1 (p. 13, 32, 50, 70).

152) Voy. l'étude du commerce du blé, dans l'Amérique du Nord, de Mr. Orbinesky 1880 (publié par le Ministère des finances).

L'extérieur de Ribinsk a beau avoir changé depuis 1860, l'économie de la municipalité de cette ville[153]) et le bon ordre qui devrait y régner laissent encore beaucoup à désirer, d'autant plus que les perfectionnements techniques de notre époque se prêtent à des améliorations que nos nouvelles institutions communales rendent possibles. Par exemple, l'organisation d'un port (artificiel), — question de première importance pour Ribinsk, reste jusqu'à ce jour sans solution et provoque des débats interminables entre le conseil municipal et les entrepreneurs-constructeurs. Il est vrai, du reste, que toutes nos villes (non-seulement celles de province) péchent par les mêmes imperfections, mais ces désordres sont particulièrement sensibles à Ribinsk, d'abord parce que l'importance de cette ville s'accroît continuellement sous le rapport du commerce, ensuite parce qu'elle est la seule, qui, sur tout le cours du Volga, possède un port artificiel[154]).

Des capitaux énormes circulent à Ribinsk (et dans le nombre, des sommes considérables appartenant aux habitants de la ville), des opérations financières sans nombre et de tout genre se font ici au milieu de la foule d'industriels de toute espèce qui afflue de ce côté, pendant la durée de la navigation; l'administration municipale a donc à sa disposition des sources de revenus supérieures, pour la plupart, à celles de nos autres villes et elle pourrait les employer aux améliorations nécessaires à la ville[155]).

Ribinsk, dont l'importance rayonne sur toute la Russie et sur la presque totalité de l'Europe, mériterait plus de sollicitude de la part de ses citoyens.

Il faut observer ici, que le développement d'une bonne administration municipale ainsi que les soins qu'exigeraient les be-

---

153) Les remarques fort justes faites en 1864, par les auteurs des «Lettres sur le voyage du Grand-Duc Héritier» (p. 80 et suivantes) pourraient être appliquées aujourd'hui à Ribinsk.

154) Le gouvernement établit maintenant un autre port à Nijni-Novgorod.

155) Les revenus annuels de la ville (400,000 fr.) se sont élevés à 129,000 r, (500,000 fr. en 1880), et peuvent s'augmenter encore, si l'on sait tirer un parti régulier de ses ressources financières. Il faut dire, à l'honneur de l'administration municipale de Ribinsk, qu'elle au consacre aux écoles la plus grande partie 26 % (comparativement à ses autres dépenses).

soins locaux, trouvent à Ribinsk un très grand obstacle dans la circonstance suivante, commune à plusieurs de nos centres commerciaux; la plupart des capitalistes intéressés à son commerce, sont des gens «de passage», ou n'habitant pas la ville, n'y venant que momentanément, ou même pas du tout, et faisant leurs opérations de loin, ou par l'intermédiaire d'agents résidant à Ribinsk. — Un assez grand nombre même des riches indigènes de cette ville, ses plus gros capitalistes, ne l'habitent pas constamment, ils s'y rendent» seulement pour leurs affaires. Evidemment, toutes ces personnes particulièrement intéressées aux «affaires» de Ribinsk, ne prennent point à cœur sa vie intérieure et sont peu disposées à lui consacrer leurs soins.

Nous n'avons parlé jusqu'ici de Ribinsk, que comme d'un point de transit et de transbordement, mais son activité commerciale est tout aussi importante. Cette activité se concentre sur *les céréales*, dont le transport, soit pour l'intérieur de la Russie, soit pour l'étranger, ne se pratique nulle part dans d'aussi vastes proportions qu'à Ribinsk. Il est donc tout naturel que cette ville serve, de longue date, de centre pour le commerce du blé, autant pour les commerçants de l'endroit que pour les négociants étrangers.

Sous ce rapport, l'activité de la ville a grandi dans les vingt dernières années particulièrement dans le sens des opérations de bourse; c'est particulièrement ici que s'établissent les cotes de nos blés. A ces prix se conforment les places commerciales du midi, les régions fertiles du Volga inférieur ainsi que les places du Nord sur le bassin supérieur du Volga, les ports de la Baltique et les marchés étrangers.

La situation centrale de cette ville, entre les uns et les autres, entre les producteurs et les acheteurs, entre toutes les catégories de commerçants de blé, contribue à faire de Ribinsk un des principaux centres du commerce des céréales de la Russie. Il y a vingt ans, les opérations sur les grains ne jouaient pas un aussi grand rôle à Ribinsk. Nous avons remarqué, sous ce rapport, un grand progrès; à cette époque, les prix du blé, à Ribinsk, dépendaient presqu' exclusivement d'un seul commerçant qui dominait le marché; il n'est plus question, actuellement, de cette espèce de monopole.

Il y a vingt ans, avec les routes et les moyens de communication d'alors, la rentrée d'un capital, engagé dans le commerce du blé à Ribinsk, (à partir du moment de l'achat aux ports du midi jusqu'à la vente définitive à St. Pétersbourg) demandait un an et demi et même jusqu'à deux ans. Actuellement, cette opéraen quelques mois, (et dans des cas pressants, avec le secours du tion peut s'effectuer télégraphe et des chemins de fer, en quelques semaines). Cette seule accélération des opérations commerciales, les rend accessibles aux moindres capitaux. En outre, le développement du crédit, autant à Ribinsk que par toute la Russie, a largement favorisé la concurrence et facilité la circulation des petits capitaux. Le crédit de banque a considérablement augmenté le nombre des individus pouvant s'adonner au commerce, et même au commerce en gros.

Toutes ces conditions affranchissent les marchés de la pression d'individus isolés. C'est en 1862 seulement qu'une «Banque (municipale) de la ville s'est constituée à Ribinsk; jusque là, il n'y avait qu'un comptoir de l'ancienne banque de commerce de l'Empire, qui s'y établissait temporairement, pendant la navigation. L'escompte des lettres de change dépendait alors virtuellement d'un seul individu, — de l'ordonnateur tout-puissant du commerce de blé de l'endroit.

L'activité financière de Ribinsk s'est considérablement accrue à la suite du développement des banques dans les villes qui, s'adonnant au commerce du blé, l'emploient comme intermédiaire et y envoient leurs agents.

Il est clair, d'après ce que nous venons de dire, que Ribinsk, à l'époque de la navigation, reçoit une masse de monde venu de toutes parts, (d'ouvriers de toutes sortes, et, particulièrement, des ouvriers-bateliers), et dans ce nombre des gens sans aveu et des vagabonds. La majeure partie de ces gens ne trouve aucun abri dans la ville et vit sur les barques. Pour quelques-uns même, ce domicile n'existe pas; ils se tiennent ou errent sur les bords du Volga et de la Cheksna, couchent dans la rue à la belle étoile, et gagnent leur pain au jour le jour. Les conditions précaires de leur existence, conditions que nous avons décrites plus haut, dépendant complètement des éventualités de la navi-

8*

gation qu'il est impossible de prévoir et qui varient tous les ans, donnent quelquefois lieu à des désordres; l'échauffourée des portefaix, en 1881, dont nous avons parlé précédemment; en est un exemple. Cette affluence de monde étranger, oisif, sans ressources, exigerait une surveillance vigilante et sévère, mais, malheureusement, le contingent de la police de Ribinsk est beaucoup trop faible[156].

Pendant mon séjour à Ribinsk, je visitai son «attraction» la plus remarquable sous après la navigation, le rapport économique; les usines *de Nicolski-Abakoumof* (de Messieurs *Jouravlef*) (sur la Cheksna, à 4 verstes en-deçà de son embouchure). Ces établissements, en raison de leur voisinage de cette ville et de la liaison étroite de leurs produits avec son activité, sont regardés comme une dépendance de la ville même, et attirent l'attention de tout voyageur. Il nous paraît inutile d'en donner ici une description détaillée, d'autant plus qu'ils ont été maintes fois décrits dans différentes publications.[157] Nous indiquerons seulement leurs traits généraux et distinctifs[158].

Les établissements de Nicolski-Abakoumof sont effectivement fort remarquables, surtout en ce qu'ils présentent quelque chose *d'unique* dans leur genre (non-seulement dans notre pays, mais probablement même en Europe), par la *variété* excessive de leurs productions, réunies en quelque sorte en une seule unité. De plus, chacune de ces productions a une importance de premier ordre dans notre économie nationale.

Ces établissements doivent leur activité, leur vie, au Volga, à l'immense mouvement commercial de ce fleuve et à la ville de

---

156) Il nous faut observer ici que nous avons généralement remarqué une répartition des forces de la police, parfaitement disproportionnée aux exigences des différentes localités par nous visitées. Cette répartition est probablement basée sur d'anciennes nécessités, ne répondant plus au mouvement de notre vie moderne; l'urgence de la protection de la police s'est accrue dans certaines localités et a diminué dans d'autres.

157) Voy. entre autres: Pobédonotszef et Babst; lettres sur le voyage du Grand-Duc Héritier, p. 59 et suiv.; Travaux du comité statistique du gouv. de Jaroslavl. 1861 II, pag. 270 et suiv.

158) Nous sommes redevables de nos renseignements, autant à l'attention délicate du propriétaire des établissements Nicolski-Abakoumof — Mr. M. N. Jouravlef, qu'à l'obligeance du directeur Mr. N. B. Ponomaref.

Ribinsk. Les différents besoins du mouvement et de la vie de Ribinsk réunissent toutes les industries de ces fabriques en un tout unique.

Ces établissements nous offraient en outre un intérêt purement personnel parce que nous les avions vus en 1860, peu de temps après leur fondation (en 1858), dans la première période de leur développement, et du temps de leur créateur, Mr. N. M. Jouravlef, père des propriétaires actuels. Mr. N. M. Jouravlef était un homme d'une intelligence et d'une énergie hors ligne; c'était un des négociants les plus remarquables de la Russie [159]), et cependant, nous doutions alors de la possibilité d'une concentration, dans la même entreprise et entre les mains d'un seul individu, d'une aussi grande variété de branches industrielles, dont chacune exige des connaissances spéciales et étendues. Notre appréhension s'est justifiée en partie. Cependant, si tous les établissements Nicolski-Abakoumof n'ont pas continué à se développer au même degré, aucun n'a succombé comme on aurait pu le craindre à leurs débuts. Peut-être cela serait-il arrivé, si les propriétaires de ces établissements n'avaient disposé de capitaux immenses.

Près du port de Nicolski-Abakoumof se trouvent les établissements suivants: 1) Une fabrique de câbles; 2) Une scierie mécanique; 3) Un moulin à farine; 4) Une fonderie mécanique et un atelier de construction de machines; Un chantier [160]). Toutes ces usines emploient la vapeur comme force motrice. Les affaires de Mrs. Jouravlef ne se bornent pas à ces cinq grands établissements, parfaitement différents sous le rapport technique, et dont chacun aurait pu suffire à absorber l'esprit et l'activité de leurs propriétaires; il faut y joindre encore, (outre un haras et une exploitation agricole qui n'ont pas d'importance commerciale)

---

159) N. M. Jouravlef, créateur d'une des plus considérables maisons commerciales de la Russie, fut le représentant caractéristique de ce type des gens de commerce russes qui, sans avoir reçu la moindre instruction, souvent illettrés, deviennent, à l'aide exclusivement de leurs capacités et de leur sagacité naturelles, les ordonnateurs des entreprises les plus vastes et les plus compliquées, non-seulement sur le marché russe, mais encore sur les marchés étrangers.

160) L'appendice V donne des renseignements détaillés sur l'activité de chacun de ces établissements.

un moulin à farine à Kazan, de grandes opérations dans le commerce du blé (sur le Volga et à Pétersbourg) et le commerce du
fer ; et enfin des bateaux à vapeur, appartenant à la même
maison de commerce [161]), et faisant le transport des marchandises
sur tout le Volga. Un trait fort curieux dans l'existence de ces
établissements Nicolski-Abakoumof, qui exigent de vastes connaissances, c'est qu'ils sont tous soumis à la surveillance d'un
homme (N. B. Ponamaréf [162]) *privé* de toute espèce d'instruction
élémentaire. Il s'est exclusivement formé, au point de vue pratique, sur les eaux du Volga (au service des Mrs. Jouravlef), et
s'est élevé de la condition la plus humble, ouvrier batelier à sa
position actuelle.

De tous les établissements Nicolski-Abakoumof, le plus remarquable est la fabrique de câbles, autant sous le rapport de
la perfection de ses produits que sous celui de ses procédés techniques et mécaniques. Cette fabrique tient, paraît-il, la place
d'honneur dans la catégorie de nos établissements de ce genre,
du reste peu nombreux. Autrefois, ses produits allaient en Angleterre et même en Amérique. Cette fabrique est construite
dans les plus vastes proportions. Elle est adaptée à un degré d'exigences beaucoup plus étendu que celui atteint jusqu'à ce jour.

Une fabrique de câbles n'eût pu choisir un lieu plus favorable que le voisinage de Ribinsk, où le débit de cet article est
certain et plus grand que partout ailleurs. Cette branche d'industrie, (peu développée chez nous en général), trouve ici une des
conditions les plus favorables à son développement, les matériaux
bruts (le chanvre et la poix) que la Russie produit en abondance.
Néanmoins la fabrique de câbles de Nicolski-Abakoumof a
dû restreindre considérablement son activité pendant les dix
dernières années, la demande de son produit diminuant de plus
en plus par suite du développement de la navigation à vapeur

161) L'un des deux propriétaires de cette maison conduit les affaires à Pétersbourg, à Ribinsk et à Nijnii-Novgorod, l'autre sur le Volga moyen, à Kazan.
162) Le régisseur principal Ponamaréf a eu auprès de lui en 1879, un (техникъ)?
....américain (un mécanicien) qui, depuis, a été remplacé par un russe.
163) Nous citons Mr. Ponamaréf, comme un type remarquable dans le monde
industriel russe, dont les principaux agents sont particulièrement des gens de
cette espèce.

qui supplante chaque jour d'avantage la navigation à voiles, et de l'emploi des chaînes qui généralement remplacent les câbles [164]). Jusqu'en 1870, la fabrique de câbles de Mrs. Jouravlef produisait jusqu'à 200000 pouds de câbles par an ; depuis cette époque, cette quantité est tombée de plus de moitié (83000 pouds), et en 1877, dans la période de la stagnation générale de notre industrie, elle est même descendue à 42000 pouds [105]), en 1878 elle s'est relevée pour atteindre en 1879 le chiffre de 120000 pouds. Cette industrie a suivi le courant général de toutes nos affaires industrielles qui sont arrivées à leur apogée en 1879 [166]). Indépendamment de toutes ces circonstances provisoires, au milieu desquelles toute espèce d'industrie oscille toujours, le mouvement général de la fabrication des câbles, sous l'influence générale des conditions universelles, que toute protection artificielle (les droits de douane) est impuissante à annihiler, ne peut prospérer dans l'avenir, bien qu'il eût été parfaitement conçu à son époque et parfaitement adapté à Ribinsk. Tous ces faits ne font qu'affirmer une vérité incontestable, que tous les entrepreneurs industriels de notre époque ne devraient jamais perdre de vue : la rapidité des découvertes techniques et les perfectionnements de notre époque les oblige à suivre avec vigilance toutes les conditions qui peuvent influer sur leurs produits et à prévoir les révolutions les plus brusques susceptibles de se faire dans la demande de ces produits [167]). Ce n'est guère qu'armé des con-

164) La fabrication des câbles a trouvé un nouvel emploi tout récemment: ils remplacent les courroies de transmission des machines à vapeur.

165) Il faut distinguer l'effet de la marche universelle et constante des causes, sur la fabrication des câbles, (le développement de la navigation à vapeur et l'emploi des chaînes de fer qui les remplacent), et l'effet des causes temporaires et locales (la stagnation de toutes nos affaires industrielles avant la guerre et leur animation excessive après la conclusion de la paix en 1878—79). Nous appelons l'attention du lecteur sur le double effet de ces causes si différentes, par ce qu' elles ont influé sur l'état de toutes nos affaires industrielles, dans telle ou telle localité, à telle ou telle époque, et que nous les rencontrerons souvent dans le cours de notre ouvrage. La combinaison de la seule catégorie de ces causes produirait une manière trop exclusive d'envisager chaque branche d'industrie. aucune industrie, ni aucune branche commerciale qui ne se soit accrue et animée entre les années 1878 et 1879.

166) Comme nous le verrons plus loin, nous n'avons eu aucune fabrication,

167) C'est ainsi que l'introduction des sacs de djout américains et anglais, qui ont remplacé sur le Volga les sacs de lin, à provoqué un mécontentement que j'ai

naissances industrielles et des sciences contemporaines qu'on peut
résister à des révolutions de ce genre, ce n'est qu'en les possédant à fond qu'on peut prévenir des crises semblables; suivre la
voie des nouvelles découvertes, des nouvelles inventions, et aller
au-devant des exigences et des conditions nouvelles du marché.

Toutes ces idées s'appliquent encore plus à la production des
machines qui a été, partout et toujours, liée aux progrès techniques les plus difficiles, qui représente le couronnement de la
force productive industrielle de tout pays et qui occupe la première place dans le rang des établissements de Nicolski-Abakoumof. Les bateaux à vapeur en fer (particulièrement ceux de
système américain) méritent une attention particulière parmi les
travaux mécaniques, effectués ici; construits sur des modèles
étrangers, ils ne leur cédent en rien. Nous avons déjà parlé de ces
bateaux qui circulent maintenant sur le Volga. L'industrie mécanique de Nicolski-Abakoumof s'est développée dans les dernières années et s'est même accrûe, en dépit d'oscillations considérables. Il est à regretter qu'elle n'apporte, ainsi qu'il nous
a été affirmé sur les lieux mêmes, que des pertes, et qu'elle ne
continue son existence en quelque sorte que pour l'honneur de la
maison. On nous a expliqué, en outre, que l'industrie mécanique
ne pouvait se développer sans le secours et la protection d'un tarif
de douane plus élevé, et sans de plus grands subsides du gouvernement, puisque tous les matériaux [168]) et toutes les conditions de son
activité, sont plus chers dans notre pays que dans les pays étrangers. Nous avons entendu exprimer des plaintes et des désirs à
ce sujet, continuellement et partout; les plaintes étaient surtout

observé pour la première fois à Ribinsk. Les plaintes des fabricants de lin ont
augmenté dans la suite, à l'époque de notre voyage, et ont amené en 1881, comme
on le sait, l'imposition protectrice d'un droit de douane sur les produits de
djout..... Malheureusement, un secours de ce genre est inadmissible dans l'affaire des câbles, car nul tarif de douane ne saurait entraver le développement
de la navigation à vapeur au profit de la voile, ni empêcher les chaînes de
remplacer les câbles. J'ai été témoin en 1881, d'un fait qui prouve que la
taxe douanière, imposé sur les (дфутохня изделія).....n'a point été d'un secours
radical pour les fabrications de lin, comme s'y attendaient les industriels en ce
genre; nous avons vu en 1881 une filature de lin ralentir son activité immédiatement après l'application du nouveau tarif!

168) On se sert de fer anglais aux fabriques de Nicolski-Abakoumof il y revient certainement à un prix très élevé.

véhémentes de la part des constructeurs de machines. Depuis
lors, le mécontentement de ce monde a été considérablement diminué par les nouveaux sur les métaux et les produits mécaniques. Le temps n'est pas éloigné où nous verrons le résultat de cette mesure et où nous pourrons juger à quel point la
protection douanière aura contribué au progrès de cette branche
d'industrie, la plus importante sans contredit, sous le rapport de la
direction contemporaine des arts et métiers. Notre gouvernement, parmi tous les subsides qu'il a offerts aux différentes industries, s'est toujours montré particulièrement généreux
envers cette branche de notre travail national. Du reste, nous ne
soulèverons pas ici la question générale du protectionnisme et
des subsides gouvernementaux; nous observerons seulement,
qu'indépendamment de ces secours artificiels, la prospérité de la
partie technique exige encore bien des conditions. Tout d'abord
les contre-maîtres devraient posséder une instruction technique,
(les directeurs également), et le niveau intellectuel des ouvriers
devrait généralement être plus élevé. Ces deux conditions sont
particulièrement importantes dans l'industrie mécanique. Nous
devons communiquer ici un détail intéressant qui appartient à
l'époque la plus récente et relatif à cette question dans notre
pays; les nombreuses fabriques et des usines que nous avons visitées possèdent des ateliers de mécanique pour presque toutes
la réparation des machines et pour la fabrication quelquefois de
nouveaux accessoires. Ces ateliers se développent partout, tandis
que tous nos établissements destinés spécialement à la construction des machines, restent en arrière et végètent à grand peine.
Quelques-uns de nos fabricants compétents et instruits nous ont
dit que les progrès de cette branche dépendaient principalement du développement de ces petits ateliers, faisant partie
intégrante de nos différentes usines [169]). Les mêmes plaintes nous

---

169) Nous ne devons pas oublier ici une de nos usines pour la construction
des machines fort connue, dont le propriétaire s'est jadis fait remarquer par des
plaintes particulièrement véhémentes contre l'insuffisance de la protection douanière. Le gouvernement lui accordait des secours très considérables autant en
espèces que sous la forme de commandes pour l'Etat. Mais rien ne put sauver
cet établissement d'une débâcle, causée particulièrement par des dispositions peu
pratiques (nous tenons de source certaine des faits curieux sous ce rapport; ainsi,

ont frappé à Nicolsko-Abakoumoff relativement à la construction
des navires, construction fort remarquable et très variée (particulièrement la construction de différents bateaux circulant sur
le bassin du Volga). Une très belle goëlette à vapeur, destinée à
la mer Caspienne, venait d'être terminée et faisait le sujet de
ces plaintes. On nous disait qu'elle était construite à grande
perte.

Toutes ces récriminations sur le manque de bénéfices, fort
répandues dans notre monde industriel et dont nos fabricants
semblent avoir contracté l'habitude, nous amènent à une conclusion relative aux établissements de Nicolsko-Abakoumof. La variété excessive de leurs produits doit nécessairement mettre un
obstacle à leur développement; il y a lieu de s'étonner que cette
variété ne paralyse point entièrement l'affaire. On aurait presque
refusé d'y croire en pays étrangers. Souvent, en parlant de la
concurrence étrangère qui excède nos forces, on oublie, que dans
nos conditions habituelles, ne possédant que des connaissances
fort restreintes et privés de chefs instruits et entendus, on n'eût
jamais entrepris semblable affaire dans les contrées industrielles
et avancées de l'Occident. Voilà la circonstance qui constitue,
pour notre industrie, la condition la plus défavorable dans sa
concurrence avec les pays étrangers.

Je quittais donc Ribinsk (du 28 juillet au 1 août), pour faire
une courte excursion le long de la Mologa, jusqu'à la ville de
Vessiegonsk avec l'intention revenir par la Cheksna, dans le but
de pouvoir apprécier, ne fût-ce que sommairement, la portée actuelle de nos deux plus importants systèmes de canaux (celui de
Marie et celui de Tikhwine) qui réunissent le bassin du Volga à
celui de la Baltique, et pour me faire également une idée de l'une
des frontières nord de la région industrielle de Moscou, limitrophe de la région septentrionale des lacs [170]).

---

l'on payait les matériaux trois fois leur valeur, dans l'ignorance où l'on était de
leur véritable prix. Il est à présumer que les subsides du gouvernement contribu-
èrent principalement à ce désordre et à cette nonchalance.

170) Outre les sources indiquées plus haut, les ouvrages suivants donnent des
indications sur les questions liées à cette excursion (particulièrement sur les systèmes d'eaux reliant le Volga à la Baltique), ainsi que sur les localités qui y touchent et visitées par nous: Recueil statistique du Ministère des Voies de com-

La description des voies de communication n'entre pas directement dans le cercle de nos études; nous n'abordons ce sujet qu'autant qu'il touche aux questions générales de l'économie nationale des localités que nous avons visitées.

On a beaucoup écrit, dans notre pays [17], sur les voies d'eaux qui réunissent le Volga à la mer Baltique; malheureusement, une grande partie des plaintes que leurs défectuosités occasionnent n'ont, jusqu'à présent, amené aucun résultat. Nous n'ajouterons ici que quelques observations succintes, basées sur des données recueillies sur les lieux mêmes à tout ce que nous avons déjà dit (Voy. plus haut) sur les systèmes d'eau qui réunissent le Volga à la Baltique.

On peut dire que sur ces trois systèmes, — le système de Marie (par la Cheksna, le lac Bielozéro, la Kovjca, le canal de Marie, le lac Onéga, la Svir et le lac Ladoga), le système de Tikhvine (par la Mologa, le Tchagodostscha, le canal de Tikshvine, la Siasse, le lac Ladoga) et le système de Vichnii-Volotchok (par la Tvertza, le canal de Vichnii-Volotschok, la Msta, le lac Ilmen, le Volkhov, le lac Ladoga), — il n'y a que les deux premiers qui servent aujourd'hui; le troisième est presque complètement abandonné, du moins les chargements du Volga, destinés à la mer Baltique, ne le suivent plus (Voy. plus haut). L'importance du système de Tikhvine, en comparaison de celui de Marie, est insignifiante aujourd'hui, et décroît journellement [172]. D'après les

---

munication, liv. V, 1881; *Barkovsky*, Routes et moyens de transport du Volga à St.-Pét. St.-Pétersbourg 1868. Parmi les Travaux du Comité Statistique de Jaroslavl que nous recommandons comme une des publications statistiques locales les plus remarquables: V. Le domaine riverain de la Cheksna — par *P. A. Arsénieff* 1867; Les pêcheries de la Mologa par *A. A. Fénutine* (1868); par le même — Les réjouissances de la ville de Mologa (1866); enfin la description sous le rapport géologique, du gouvernement de Jaroslavl).

171) Ces voies (principalement le système de Marie) et leurs imperfections, sont surtout bien et amplement décrites, sous le rapport *économique*, dans le livre de Barkovsky, indiqué plus haut (Routes et moyens, et n. d. s.).

172) Les renseignements officiels que l'on publie sur l'importance relative de ces trois systèmes et sur le mouvement des navires et des chargements sur les voies d'eaux (Voy. le recueil statistique du Ministère des voies de communication 1881) n'en donnent aucune idée, puisque nous ne pouvons y distinguer le mouvement local (d'un embarcadère à l'autre) et le mouvement du Volga à la Mer Baltique. Ainsi, conformément à ces renseignements de 1878, il est passé (dép. et arr.):

comptes-rendus de l'exercice 1866, il revenait sur la masse générale des chargements expédiés de Ribinsk, vers le nord 62,4%
(dans le nombre 52,4% de blé), pour la voie de Marie; 7,3%
(dans le nombre 5,2% de blé) pour celle de Tikhvine, et 21,9%
(18⁵/₁₀ de blé) pour tout le cours du Volga en amont (dans le
nombre une partie insignifiante pour la voie de Vichnii-Volotchok qui ne charrie guère de blé [173]). Depuis ce temps, la prépondérance écrasante de la voie de Marie n'a fait que croître et
le mouvement de la voie de Tikhvine a constamment déchu. Les
notions que nous avons recueillies montrent le ralentissement
continuel de la navigation et du mouvement des charges sur le
système de Tikhvine, de 1861 à 1881.

Bien que nous n'ayons vu personnellement que la partie la
plus insignifiante de la voie de Tikhvine (de la ville de Mologa à
Vessiogonsk) [174], son entrée pour ainsi dire, nous avons pu conclure, des diverses assertions de personnes compétentes, que ce
système courait à une décadence complète et qu'il était fort près
de perdre toute importance comme moyen de transport entre
le Volga et la mer Baltique. Il sert principalement aujourd'hui
au flottage du bois fourni par les forêts, que l'on expédie en grande
quantité du Nord (du gouvt. de Novgorod) aux contrées riveraines du Volga et que la région industrielle de Moscou consomme
rapidement. Ce flottage de bois s'est constamment accrû dans le
cours des vingt dernières années (Voy. l'Ap. VI). La Mologa,
à l'époque de notre voyage, était couverte d'une joule compacte
de radeaux. Ce flottage embarrasse et retarde le mouvement des

		Bateaux.	Cargaisons.
Le système de Marie	le long de la Cheksna ..	585	8,918,516 pds.
	sur le lac Onéga......	296	4,297,976 »
Le système de Tikhvine	le long de la Mologa ...	432	556,349 »
	» » la Tikhvinka ...	1176	2,131,817 »
Le système de Vichnii-Volotchok	le long de la Tvertza ...	655	2,175,818 »
	» » de l'Ougea (la ville		
	d.Vichnii-Volotch.	200	1,542,148 »

Ces renseignements ne contiennent pas le moindre détail sur le mouvement
des canaux de Marie, de Tikhvine et de Vichnii-Volotchok.

173) *Barkovsky.* Routes et moyens et a. d. s. p. 15, et de même les chiffres de
la navigation du système de Vichnii-Volotchok indiqués plus haut, p.

174) Les bateaux de passagers de la C-nie Samolët suivent la Mologa, depuis
quelques années; nous étions à bord de l'un d'eux.

navires et des charges sur la voie de Tikhvine, dont le principal
mérite, comparativement aux autres voies, consistait jadis en une
grande rapidité de transport, de sorte, qu'en dépit de sa cherté,
on la préférait pour les marchandises de prix devant atteindre
leur destination dans des délais déterminées.

C'est ainsi que le caractère de cette voie s'est entièrement
transformé, dans l'espace de vingt ans: le transport des marchandises de prix a été remplacé par le transport des objets de
moindre valeur (le bois).

L'Inspecteur du système de Tichwine (Mr. l'Ingénieur Ché-
valier de la Serre) nous a fourni des renseignements détaillés
sur cette matière. Il attribue les causes de la décadence commerciale du système de Tikhvine à son désordre technique
actuel, qui tient à l'insuffisance des moyens financiers assig-
nés par le gouvernement, non seulement pour les réparations capitales, mais même pour les frais d'entretien. Toute la sollicitude
et tous les sacrifices que le gouvernement accorde à l'amélioration des voies d'eau entre le Volga et la mer Baltique, se concentrent exclusivement de nos jours sur le système de Marie.

Nul doute que la désorganisation technique (hydraulique)
actuelle de la voie de Tikhvine, qui fait excessivement hausser
le prix du fret, comparativement aux autres voies sur lesquelles au contraire le fret baisse, anéantisse définitivement toute
la portée commerciale de ce système. Mais l'utilité que ce système pourrait apporter à l'état, serait-elle assez considérable,
pour compenser le sacrifice des grandes sommes que la restauration
de cette voie exigerait du gouvernement? C'est encore une question à résoudre. La décadence de cette voie n'est-elle pas la
suite de l'ordre naturel et inéluctable des choses? Commencée
à l'époque de la construction du chemin de fer de Nicolas (Mos-
cou-St. Pétersbourg), la concurrence de la ligne de Ribinsk-Bologoe l'a accélérée, et l'interruption simultanée de réparations
multiples que réclamait ce système, l'a achevée. Il ne put soutenir la concurrence des chemins de fer, dans les conditions qui
autrefois lui constituaient une importance prédominante entre
les voies d'eau, pour le transport des chargements de prix et de
grande vitesse, les lignes de fer ayant réuni le Volga au Nord

et à l'Occident, et offrant à la même catégorie de marchandises un moyen de transport préférable au transport par eau. Quelques représentants des intérêts locaux (gouv. d. Novgorod) sollicitent du Gouvernement la restauration du système de Tikhvine, et prétendent que des améliorations feraient excessivement baisser son fret, et rendraient cette voie capable de soutenir la concurrence non seulement des chemins de fer, mais encore des autres systèmes d'eau; nous ne nous chargeons pas de décider à quel point cette assertion est exacte.

Autrefois, la voie de Tikhvine, moins longue, plus rapide, la plus apte à la navigation de rencontre, demandant des navires d'un moindre tonnage et en admettant par conséquent un très grand nombre (avant l'inauguration du chemin de fer de Nicolas, il passait ici jusqu'à 11,000 bateaux pour l'aller et le retour) était de toutes les voies, entre le Volga et Pétersbourg, la plus fréquentée. On comprend donc à quel point sa décadence a influé sur les localités riveraines d'un grand espace des gouvernements de Jaroslavl, de Tver et de Novgorod (et particulièrement sur les districts de Mologa, de Vessiogonsk, d'Oustugue et de Tikhvine).

Si, entre les révolutions naturelles et historiques que subit la vie économique, les révolutions des voies de commerce ébranlent le plus les intérêts économiques locaux, ce résultat se manifeste au plus haut degré, sur les communications par eau, et particulièrement sur des systèmes semblables à celui de Tikhvine, qui n'a jamais porté de bateaux à vapeur.

Toutes les conditions de ces voies et celles du mouvement des hommes, des fardeaux et du commerce qui s'y rattaite, sont incalculables. Elles sont plus aptes à entretenir et à animer les localités avoisinantes que les routes de terre, et alimentent davantage l'activité des populations locales. Une quantité innombrable de professions et de métiers avaient pris naissance avec la navigation, et s'étaient soutenus par elle et par la construction des bateaux sur le système de Tikhvine; on peut affirmer que l'activité de la population locale s'était presqu' exclusivement concentrée, dans ces parages, sur la navigation pendant plus de cent cinquante ans, même en ne prenant pas en considération, que le mouvement de navigation et de commerce entre le Nord-Ouest

et le Sud-Est de la Russie a suivi cette direction bien avant
l'organisation du système de Tikhvine (1713), ou pour mieux
dire, il l'a suivie de temps immémorial. Tous les autres travaux,
ceux même de l'agriculture n'avaient, pour les habitants de la
contrée, que le caractère d'une occupation secondaire comparativement à la navigation. C'est sur cette voie d'eau, au milieu
d'une masse de différentes catégories d'industrie et de bateliers
que se sont formées, pendant des siècles, plusieurs générations de
ces pilotes remarquables qui dirigent les navires (actuellement
les pyroscaphes), sur tout le bassin de Volga; ils vont de la Baltique à la Caspienne et sillonnent dans tous les sens les eaux de
cette dernière.

Nous avons eu l'occasion de voir, pendant notre excursion
sur la Mologa, des représentants de ce type russe caractéristique
et puissant qui se sont conservés jusqu'à nos jours, mais qui,
avec le développement de la navigation à vapeur deviennent de
plus en plus rares; ils possèdent à fond la géographie de la
Russie. Ils tiennent probablement leur type, leur caractère entier, entreprenant, et leur témérité sans bornes, des anciens bateliers, navigateurs et pirates de Novgorod, qui parcouraient le
Volga et remplissaient ses bords de leur gloire.[175] Il va sans
dire que la profession de batelier qui nourrit des masses de monde,
dans les localités riveraines de notre pays, mérite une étude particulière, de la part de ceux qui désirent connaître les péripéties
historiques de la vie de notre peuple, autant sous le rapport économique que sous le rapport social en général. Le Volga et ses
principaux affluents présentent le champ le plus digne d'intérêt
pour une étude de ce genre; — c'est ici que s'est organisée et
puissamment consolidée dans le cours de plusieurs siècles, par de
nombreuses associations, cette profession de bateliers (des associations de bateliers); c'est ici que se réunissent les lieus les plus
intéressants du Volga et de la Baltique réclament de la part des
pilotes la plus grande habitude et le plus d'habileté. Tous ces
bateliers se recrutent principalement parmi les paysans des gou-

---

175) Voy. le livre de *Barkovsky*, pour l'organisation de la profession de batelier entre Ribinsk et Pétersbourg.

vernements de Jaroslavl, de Tver et partie de celui de Novgorod
(district de Tchérepovetz); ce sujet n'entrant pas dans le cercle
de nos études, nous nous contentons de l'effleurer. Nous rencon-
trâmes le long de la Mologa, puis de la Cheksna, une foule de
ces gens qui rentraient chez eux.

Les bénéfices qu'ils avaient réalisés constituaient une question
fort intéressante pour; nous ces bénéfices, excessivement variables,
dépendent non seulement de la variété des fonctions, depuis les
plus élevées (les pilotes) jusqu'aux dernières (les matelots de bateaux à vapeur, et le dernier degré, — les conducteurs des
chevaux qui traînent les barques), mais encore du caractère personnel de chaque individu. Nous avons vu des bateliers revenir
chez eux les poches bien garnies (quelques pilotes par ex. avaient
60 roub. de profit net réalisé en trois mois de navigation) [176], et
d'autres rentrer dans un dénûment complet (par suite de l'ivrognerie, très commune à cette profession, ainsi qu'ils en conviennent
eux-mêmes). Ici, comme dans tous les cas semblables, les opinions
sur les bénéfices sont très erronées lorsqu'on applique les faits
personnels et isolés à la généralité.

La décadence du système de Tikhvine provoque naturellement
les plaintes de la population locale qui a perdu la source de son
bien-être. Si, ce qui est presque inévitable, cet état de choses
continue, le gagne-pain des populations locales (particulièrement
de celles du gouvernement de Novgorod), se bornera à l'agriculture que les propriétés du sol favorisent fort peu, à la pêche qui
n'est riche et avantageuse que dans quelques endroits (et qui
s'épuise en partie), et à quelques salaires très maigres sur la coupe
et le flottage du bois (tant que cette ressource n'est pas entièrement détruite). Le temps produira peut-être quelques nouvelles
professions dans ce pays. Les représentants des délégations locales
(par ex. ceux de Tikhvine, en 1877) ont adressé au gouvernement
des plaintes amères à ce sujet, depuis les années 70 (principale-

---

176) Si l'on prend en considération les difficultés de cette profession et la valeur actuelle de notre papier-monnaie, il faut admettre que ce bénéfice (*pris dans
les meilleures conditions*) est très insignifiant. Le développement de la navigation
à vapeur diminue l'urgence des pilotes qui s'offrent, par la force de l'habitude et
d'une profession héréditaire.

ment à l'inauguration de la ligne de fer de Ribinsk-Bologoe,
lorsque la crise en question s'est définitivement manifestée). Mais le
gouvernement, dans la décision des questions d'état, doit se laisser
guider tout d'abord par les intérêts généraux et ne prendre en considération les intérêts locaux que lorsque les premiers sont satisfaits. Après tout ce que nous venons de dire, nous observerons
cependant, que deux circonstances essentielles atténuent considérablement les conséquences nuisibles de l'inaction du sytème de
Tikhvine, au point de vue même des intérêts de l'endroit. Les métier
de haleur et de conducteur de chevaux, qui étaient les procédés exclusifs de la navigation de ce système, produisaient l'effet le plus déplorable sur la population et engendraient, comme on le sait, toutes
sortes de maladies épidémiques. De plus, cette navigation (au
moyen de plus petits navires) contribuait à la plus grande dé-
struction des forêts. On ne peut donc souhaiter ici que des améliorations techniques de nature à admettre la navigation à vapeur, si toutefois ces améliorations sont nécessaires et possibles.

C'est dans l'année 1879, où la Russie a été le plus favorisée sous le rapport économique, que nous avons visité Mologa
et les contrées où commence le rayon du système de Tikhvine
(le district de Mologa, dans le gouvernement de Jaroslavl, celui
de Vessiogonsk, dans le gouvernement de Tver). La vie économique du peuple s'était alors généralement réveillée dans toutes
les directions, sous l'influence des belles récoltes précédentes et
de l'animation industrielle qui régnait partout à cette époque.
La demande de bras et de toute espèce de marchandises s'était
généralement élevée et la satisfaction de notre monde ouvrier
et industriel était si grande, que toutes les plaies économiques
semblaient s'être fermées et toutes les souffrances s'être cal-
mées. Nous n'entendîmes point de plaintes, dans le cours de
ce voyage, malgré l'appauvrissement de la contrée; cependant les
suites de l'inaction de la voie de Tikhvine se faisaient remarquer,
surtout dans la ville de *Vessiogonsk* que nous atteignîmes en
suivant la Mologa, et où nous fîmes la seule et unique halte de
toute cette excursion (29—30 Juillet).

La ville de Vessiogonsk tire, selon toute probabilité, son ori-

9

gine de l'ancienne peuplade finnoise (Vesse) qui habitait la partie
voisine des gouvernements de Tver et de Novgorod. Malgré l'antiquité de cette origine, cette ville n'a jamais été qu'une des villes
de district les plus insignifiantes du gouvernement de Tver; elle
pourrait même être regardée comme la plus pauvre d'entre elles,
son activité industrielle propre ne présentant absolument aucun
objet d'exportation. Elle est, en outre, située dans la localité la
plus déserte du gouvernement de Tver, dans la région la plus
éloignée des principaux centres commerciaux et des principales
voies de la région de Moscou; elle occupe l'angle nord-est du
gouvernement de Tver qui, plus que toutes les autres parties de
notre région, s'avance vers le nord et vers la région septentrionale des lacs. On peut dire que Vessiogonsk occupe la limite la
plus septentrionale de notre région sous le rapport économique,
si ce n'est sous le rapport géographique (c-à-d. hydrographique),
et qu'elle représente un de ses points les plus septentrionaux. L'activité industrielle se ralentit complètement déjà au sud de cette ville,
et la majeure partie de la population du district de Vessiogonsk,
dont la ville tient l'extrémité la plus septentrionale, s'adonne à
l'agriculture; les gens, dont la navigation était autrefois l'unique
moyen d'existence, suivent son exemple depuis quelque temps.
La vie industrielle ne reparaît que dans la partie méridionale du
district, dans les environs de la bourgade de Krassnij-Kholm
localité fort commerçante (sur les confins des districts de Begetsk
et de Kachine), et s'accentue en descendant vers le sud[177]).

Pour donner un tableau économique général du district de
Vessiogonsk, nous citons ici les données statistiques suivantes[178])
se rapportant aux années 1878 et 1879.

Sur 24,347 familles ou ménages de paysans, le district comp-
tait 2421 ouvriers sans domicile ou ménage fixe; 457 établis-

---

177) Nous parlerons encore des différentes localités du gt. de Tver, visitées
par nous, mais nous nous arrêtons ici, au district de Vessiogonsk, ayant l'intention de n'y plus revenir.

178) Ces données sont extraites des Travaux du Comité Statistique du gouvernement de Tver qui, grâce au zèle remarquable de son secrétaire, M. Pokrovsky,
occupé aujourd'hui un des premiers rangs parmi nos comités (ou bureaux) statistiques. Aussi ces données, recueillies sur les lieux, ne ressemblent-elles nullement aux renseignements officiels dont nous nous contentons ordinairement.

sements commerciaux (les cabarets exceptés), et 1859 établissements industriels (y compris les plus insignifiants). Sur le
total général de la population de 130,000 habitants, près de
10,000 sont absents (le plus grand nombre pour chercher leur
existence sur les rivières). Le prix de la terre, dans le district de
Vessiogonsk, est le plus bas du gouvernement de Tver à l'exception du district d'Ostachkof; le prix moyen était, avant 1878
8 roub. 26 cop. la dessiatine, le prix de fermage est de même le
plus bas, à l'exception des districts de Rjev et de Kortcheva, —
1 roub. 80 cop. la dessiatine.

Vessiogonsk occupe parmi les villes de district du gouvernement de Tver, l'avant-dernier rang, sous le rapport du prix des
immeubles (le dernier rang appartient à Kortcheva). L'activité
commerciale de cette ville tenait autrefois à sa position, — qui
l'éloignait de la concurrence commerciale des autres centres, et
qui était avantageuse à l'époque où les voies de communication
manquaient, où le développement du commerce des autres localités était très faible, et particulièrement à l'importance de la
ville de Vessiogonsk, comme port de la Mologa, ou plutôt du
système de Tikhvine. Depuis la décadence de ce système, les
habitants de la ville eux-mêmes s'occupent d'agriculture. Autrefois il s'y tenait une foire, où il se vendait annuellement pour un
million de marchandises; elle est complètement tombée aujourd'hui.

L'activité commerciale de la ville est si insignifiante actuellement, que Vessiogonsk ne possède *qu'une seule* maison de commerce
en gros. Du reste, l'influence générale des chemins de fer qui,
comme nous l'avons dit plus haut, anéantit la force de tous les centres commerciaux secondaires ou locaux, s'est jointe à la décadence
du système de Tikhvine pour écraser le commerce de Vessiogonsk
(la ligne de fer de Ribinsk-Bologoe a été particulièrement active
sous ce rapport). Le développement du commerce des paysans et
l'augmentation des boutiques de village se font sentir depuis quelques années dans le district de Vessiogonsk, comme ailleurs. Les
récriminations contre les chemins de fer, qui ont appauvri (?),
disent les gens du pays, une masse de centres locaux autrefois
florissants, se font entendre ici, comme dans d'autres contrées
de la Russie.

9*

En général, Vessiogonsk produit l'impression générale d'une ville des plus insignifiantes, des plus pauvres et des plus isolées de la Grande-Russie; mais cette impression a ses particularités caractéristiques qui distinguent cette petite ville des autres localités de ce genre.

Une simplicité tout-à-fait patriarcale règne dans les mœurs des habitants de Vessiogonsk et tient, sans aucun doute, à la position géographique si isolée de cette ville. Une vivacité remarquable et un grand développement intellectuel, qui se rencontrent rarement dans des milieux aussi écartés et aussi pauvres[179]), et qui, évidemment sont le résultat d'une vie autrefois commerciale, sur la voie jadis la plus animée de la Russie, se joignent ici à cette simplicité. Les particularités que nous venons de citer, réunies aux traits généraux du caractère grand-russien ont produit une sociabilité remarquable dans la population et une grande cordialité envers les étrangers. L'éloignement des principaux centres de la vie sociale a contribué à son développement local et au rapprochement intérieur de toutes les classes de la société. La séparation des classes, — principal obstacle aux progrès de la vie sociale, ne se remarque nulle part moins qu'ici; les courants de la civilisation intellectuelle qui pénètrent jusqu'à Vessiogonsk de toutes parts et principalement du nord, contribuent à ces progrès. Nous avons été frappés du grand nombre d'enfants et de jeunes gens des deux sexes, qui étudient non seulement dans les écoles moyennes, mais encore dans les établissements supérieurs (particulièrement dans les établissements techniques à Tchérépovetz, à Tver, à Pétersbourg) et qui sont réunis ici pour le temps de leurs vacances (à l'époque de notre voyage). Toutes les classes, sans en excepter les simples bourgeois aspirent à l'instruction scolaire et l'instruction assimile ici toutes les castes. C'est la ville voisine, Tchérépovetz[180]) (gouvt. de Novgorod), qui

179) Vessiogonsk n'est «pauvre» que sous le rapport de son industrie; cette ville, comme commune municipale, est relativement riche en biens immeubles au nombre desquels il faut classer des prés fertilisés par les débordements de la Mologa et qui rapportent annuellement jusqu'à 40,000 fr.

180) Les villes de Tchérépovetz et de Vessiogonsk, l'une sur la Cheksna, l'autre sur la Mologa, se trouvent à peu près dans la localité où les systèmes de Tikhvine et de Marie, se rapprochent si fort l'un de l'autre (par la Mologa et la Cheksna

exerce cette heureuse influence sur Vessiogonsk, sous le rapport
de la culture, du développement moral et en partie sous le rapport économique. On sait combien Tchérépovetz se distingue non
seulement de nos villes de district, mais encore de nos villes de
gouvernement par la richesse extraordinaire de ses moyens d'instruction de tous genres; on sait aussi que c'est Mr. Miloutine,
maire de la ville de Tchérépovetz et négociant remarquable, qui
a donné cette impulsion puissante au développement intellectuel
de sa ville natale. Les rayons d'activité du centre intellectuel le
plus humble s'étendent au loin, et les efforts énergiques d'un seul
homme, créateur de ce centre, sont bien puissants! Nous avons
souvent eu l'occasion de faire cette reflexion pendant le cours de
notre voyage. Malheureusement, la pensée du bien-être général,
le désir d'élever son nom et de laisser un souvenir à toute une
population, entraîne bien rarement les commerçants et les capitalistes de notre pays au delà des limites des calculs personnels et
commerciaux.

La jeune génération des deux sexes, à Vessiogonsk, présente un tableau d'autant plus agréable, que d'après toutes
nos observations et d'après toutes les données qui sont parvenues à nos oreilles, ces jeunes gens ont échappé à la contagion
des idées révolutionnaires qui infestent actuellement quelques
centres de notre éducation scolaire. En général, toute la province de Vessiogonsk se distingue par une grande placidité
d'esprit sous le rapport politique et par un calme tout-à-fait pa-
triarcal[181]). Après tout ce que nous venons de dire, il n'est pas
surprenant que la vie sociale de Vessiogonsk, malgré sa simplicité, ne soit point intellectuellement arriérée comme la vie de
beaucoup d'autres petites villes de la Russie, éloignées des grands

qu'ils influent généralement sur la vie de toutes les populations voisines. Ces deux
voies s'écartent et prennent des directions opposées, — vers le N.-E. et le N.-O.,
entre Vessiogonsk et Tchérépovetz (ou plutôt par l'embouchure de la Tchogodo-
stcha, sur la Mologa) et ne se réunissent qu'au lac de Ladoga. La région septentrionale des lacs commence à Tchérépovetz, sous tous les rapports, si ce n'est
dans le sens géographique.

181) Il est remarquable qu'un lieu relativement animé, situé sur une des
grandes voies d'eau, attirant une masse considérable de peuple, ait pu se passer
du concours de la gendarmerie au moment où la présence de cette dernière s'est
trouvée indispensable dans presque toutes les petites villes.

centres. Point de grossièreté dans les formes extérieures des relations sociales; la convenance des usages rapproche toutes les
classes [182]).

Bien que le district de Vessiogonsk soit le coin le plus éloigné
et le plus écarté du gouvernement de Tver, sa noblesse et ses
institutions locales (le zemstvo) sont fort actives et leurs représentants jouent ordinairement un des principaux rôles aux délégations provinciales du gt. de Tver, qui, à son tour, occupe l'un
des premiers rangs dans la vie publique de notre pays.

Nous devons ajouter à la description de Vessiogonsk un trait
récent de son existence, moins caractéristique pour cette ville
que pour notre époque. Le calme, les dispositions placides de ses
habitants et leurs relations mutuelles furent troublés, pendant
notre séjour, par la découverte d'un déficit dans la caisse d'une
banque de création récente qui porte ici le nom de «banque *fraternelle*» [183]) (?) Par une dérision singulière en flagrante contradiction avec cette raison sociale, elle était devenue la victime d'un
vol (il manquait 30 mille roubles à la caisse), causé par la confiance toute patriacale qu'on avait accordée à l'adroit directeur
de l'institution *fraternelle*. Plusieurs habitants pauvres de Vessiogonsk furent ruinés par cette expérience des nouvelles institutions des banques qui était appelée à rompre la monotonie de
la vie locale. Ce qu'il y avait de curieux pour nous, c'est que
cette catastrophe était, dans tous ses détails personnels, une répé-
tition exacte, en miniature, des catastrophes colossales du même
genre, qui depuis quelque temps s'étaient produites dans nos
capitales [184]).

Nous quittâmes Vessiogonsk le 30 Juillet et nous gagnâmes

---

182) Les spectacles de société sont un des plaisirs favoris de la société de Vessiogonsk; c'est là un indice de ses bonnes mœurs. Toutes les classes indistincte-
ment participent à ces spectacles, dont le répertoire est de très bon choix. On
a joué en notre présence un drame d'Ostrovsky.

183) C'est une banque de prêts et d'épargne à l'instar des associations Schultze-
Delitsche, qui se sont propagées chez nous dans les dernières années.

184) Si l'on nous fait le reproche de nous arrêter trop longtemps à des localités aussi insigniflantes que Vessiogonsk, que l'on nous permette de faire observer,
une fois pour toutes, que nos études ont pour but les lieux *les moins connus*, et
que nous insistons sur eux beaucoup plus que sur les grands centres, maintes fois
décrits, et donnant continuellement lieu à des publications de tout genre.

par terre l'embarcadère de Pekhtyewo (un peu au-delà de l'embarcadère Lubtzy), sur la Cheksna. Cette traversée (50 verstes dans la direction du Nord-Est) nous conduisit à travers le district de Tchérépovetz d'abord en suivant un chemin vicinal, par les villages de Kaménié, de Staro-Nicolskoé, Klopoussof, où nous prîmes la route postale d'Oustougue-Tchérépovetz. L'organisation et l'entretien des chemins vicinaux, sur tout cet espace, sont remarquables; les routes ne le cèdent en rien aux chaussées, bien qu'ayant coûté infiniment moins cher. Ces chemins, qui font honneur à la délégation locale de Novgorod, devraient servir de modèle à nos ouvrages du même genre. Ils sont d'autant plus dignes d'attention, qu'en bien des endroits elles traversent des marais, dont l'arrangement a dû présenter de grands obstacles; on y rencontre des ponts parfaitement constuits, des fascinages, des remblais.

La contrée à travers laquelle ces routes nous conduisirent, située à la limite septentrionale de notre région industrielle, nous intéressait en ce qu'elle offre un espace de transition, où l'activité industrielle faiblit graduellement (sans s'interrompre brusquement), et où commencent d'autres formes de l'économie nationale. (Voy. plus haut, les confins de la région de Moscou ch. 1). C'est là que se trouve (district de Tchérépovetz) la vaste et célèbre industrie domestique de clous [185] d'Oulome; de temps elle y existe immémorial. Elle est répandue parmi des villages purement agricoles qui l'entourent de tous les côtés; elle présente comme une oasis industrielle, ou bien une branche détachée du développement industriel qui domine au Sud. Les paysans consacrent à la fabrication des clous l'hiver pendant lequel ils n'ont rien à faire aux champs. A mesure, qu'en nous éloignant de Vessiogonsk, nous avancions vers la Cheksna, des forges dispersées dans les villages et destinées à cette industrie devenaient de plus en plus nombreuses. Oulome, ou *la paroisse d'Oulome* (la rivière d'Oulome se jette dans la Cheksna) dans le district de Tchérépovetz, sert de centre historique à cette industrie. Cette

---

185) Voy. la description intéressante et détaillée de cette industrie dans l'ouvrage du Comité Statistique de Jaroslavl, livro II, 1867.

localité est situee près de la Cheksna et de l'embarcadère de
Pekhtyewo (que nous atteignîmes après avoir quitté Vessiogonsk).
La fabrication des clous s'étend très loin hors des confins de la
localité qui porte le nom de contrée d'Oulome; elle est répandue
dans près de 200 villages des districts de Tchérépovetz, de
Pochèkhone, de Vessiogonsk, de Mologa, d'Oustioujna et de
Bélosersk. On compte jusqu'à 22,000 personnes occupées à cette
industrie (il faut y joindre différents produits accessoires, comme
par exemple, le charbon), jusqu'à 540,000 pouds de clous fabriqués
annuellement, et un roulement de 3 millions de roubles par an.
Les clous d'Oulome n'ont pas seulement une portée locale, ils
trouvent des débouchés dans toute la Russie et jusque dans ses
parties les plus éloignées. Ils tiennent un rang fort honorable à
la foire de Nijnii-Novgorod. L'intérêt principal de cette fabrication, comme celui de toute petite industrie qui n'exclut point
l'agriculture, consiste en ce qu'elle ajoute un salaire considérable
à la pauvre récolte recueillie par la population locale sur une
terre ingrate, et suffisante à peine à la nourrir. Cette industrie ne
donne point lieu aux plaintes que provoquent d'autres industries
domestiques, entravées par les nouvelles conditions de l'industrie
et du commerce; mais autant que nous avons pu nous en assurer,
les mérites et les défauts économiques (la dépendance de la majorité des producteurs des acheteurs-capitalistes, des fournisseurs
des matériaux bruts et du crédit), l'imperfection des produits sous
le rapport technique et a. d. s.) de la fabrication des clous, équi-
valent aux mérites et aux défauts de toutes les industries de ce
genre. Il pourrait paraître surprenant que les cloutiers d'Oulome
reçussent de loin, principalement de l'Oural, leurs matériaux de
première nécessité — le fer; ils l'acquièrent à la foire de Nijnii-
Novgorod où ils le troquent en grande partie contre des clous
(ils achètent et échangent aussi de vieux débris de fer). On
s'imagine ordinairement [186]) que toute espèce de petite industrie
domestique prend son orgine dans la présence des matériaux bruts
fournis par les lieux mêmes; mais l'histoire de plus d'une industrie de ce genre (nous verrons dans la suite) fourmille de causes,

---

186) On appelle en langue russe cette industrie «buissonnière».

et de circonstances tout-à-fait fortuites. Du reste, ce n'est qu'à la fin du siècle dernier, que le fer de l'Oural a trouvé son emploi dans la contrée d'Oulome; avant cette époque (l'existence de l'industrie d'Oulome est positivement connue depuis le XVI-e siècle, mais nul doute qu'elle existât bien antérieurement), on s'est contenté du minerai local du minerai du gt. de Novgorod (district de Tchérépovetz) et de celui du gt. d'Olonetz, qui ont été reconnus de mauvaise qualité dans la suite.

Une grande usine à vapeur appartenant au prince Galitzine se trouve auprès de l'embarcadère de Pekhtecwo, au confluent de la Konodèche et de la Cheksna. Cette usine est spécialement destinée à l'apprêt du fer pour les cloutiers d'Oulome. C'est dans les propriétés du prince Galitzine que demeuraient autrefois les forgerons — cloutiers — les plus habiles de la contrée.

Nous nous embarquâmes au port de Pekhtef, pour remonter la Cheksna jusqu'à Ribinsk.

Notre voyage sur la Cheksna[187]) ne nous a fait connaître que la moindre partie du système de Marie[188]) celle qui, de plus, est le moins liée aux principales questions qui touchent à ce système, cependant nous eûmes l'occasion d'entendre les plaintes provoquées par les obstacles techniques que la navigation rencontrait sur la Cheksna et qui occasionnaient des malheurs parmi les ouvriers bateliers. Cette voie d'eau artificielle est la plus importante chez nous; elle réunit le bassin de la mer Caspienne, non seulement à celui de la Baltique, mais encore à la mer Blanche et à l'Océan glacial (par le canal du duc de Wurtemberg). Il faut classer les maladies contagieuses des hommes, les épizooties et la peste des chevaux qui infectent ces parages d'une façon presque continue[189]), parmi les plus graves fléaux du

---

187) Les bateaux pour passagers de M. Miliontine (de Tchérépovetz) circulent sur la Cheksna; nous étions à bord de l'un d'eux.

188) Voy. l'ouvrage de *Barkovsky* pour le système de Marie, voies et moyens de transport etc. (c'est le meilleur ouvrage sur ce système, sous le rapport économique) *F. A. Arsénieff*, région riveraine de la Cheksna, IV. Navigation sur la Cheksna (Ouv. du Com. St. de Jaroslavl livre V, 1867). De plus nos journaux, depuis 1870, nous ont fourni toute une littérature sur le système de Marie; nous conservons tous ces articles dans notre bibliothèque.

189) L'ouvrage de *Barkovsky* (p. 29) et un grand nombre d'articles de journaux, depuis 1870 jusqu'à présent, parlent de ces fléaux. Cette grave question n'entre

système de Marie, qui ont excité le mécontentement et les plaintes véhémentes de tout notre monde commercial et qui même ont troublé toute notre société. Depuis cette époque, bien des choses ont changé pour le mieux; le gouvernement a porté son attention sur cette voie de communication, liée aux intérêts les plus graves de notre économie nationale; elle sert de route principale à l'exportation de notre principal produit, de notre blé, et de nos produits agricoles.

Les travaux hydrotechniques effectués et les améliorations produites par le gouvernement, dans quelques parties du système en question, dans les dernières années (particulièrement depuis 1877, après l'année 1876, si déplorable par l'insuffisance des eaux) se sont montrés fort efficaces; ils ont abrégé de plus de moitié le transport des cargaisons de Ribinsk à Pétersbourg (de 70 jours à 30) et ils ont accéléré le développement de la navigation à vapeur. Dans mainte localité, la vapeur a remplacé le hâlage (au moyen de chevaux), si incommode sous tous les rapports. De plus, la nouvelle organisation de l'administration et de la police (l'inspection et la gendarmerie) a amélioré l'ancien ordre de choses, dont la confusion était si grande, qu'en 1870, le monde commercial en était arrivé à exiger obstinément la transmission de tout le système de Marie aux mains d'une compagnie privée, et que l'opinion publique avait soutenu ce projet, dans la conviction que l'administration de l'Etat était impuissante pour mener à bonne fin l'organisation de cette voie. Néanmoins, l'organisation de ce système laisse encore beaucoup à désirer: les bateaux à vapeur ne transportent les marchandises que dans quelques-unes de ses parties (sur la Cheksna jusqu'à Tchaïka, et n'atteignent point le lac Biéloosero sur lequelfonctionne la vapeur). Le hâlage par chevaux, et les épizooties qu'il produit pour le plus grand dommage des contrées environnantes à une grande distance, continuent encore sur la Cheksna. Une communication directe entre Ribinsk et Pétersbourg au moyen de la vapeur n'est pourtant pas un rêve; elle demanderait des perfectionnements tech-

---

point dans les limites de notre travail, mais nous considérons qu'il est de notre devoir de l'effleurer, ne fût-ce qu'en passant, puisque nous n'avons point de notions spéciales et récentes sur elle.

niques et présenterait de grands avantages, non-seulement pour notre commerce d'exportation, mais encore pour le bien-être du peuple. En outre, le mouvement à vapeur rencontre des difficultés, même sur la Cheksna, par suite de l'imperfection de son chenal. Les maux et les épidémies des hommes et des chevaux, bien que moins intenses, durent encore; le hâlage par chevaux doit être absolument supprimé; il devient impossible[190]).

Les défauts techniques ne sont pas les seuls à occasionner la confusion qui règne souvent dans le système de Marie; le désordre de l'administration et de la police y est aussi pour beaucoup. Il est inutile de démontrer à quel point le bon marché, l'accélération et la sécurité complète du système de Marie, forment une question de premier ordre, au moment où la concurrence de l'Amérique septentrionale est sur le point de porter, par le bon marché de son blé un coup presque mortel au revenu principal de la première branche de notre économie nationale. Le perfectionnement du système de Marie et la réduction du frêt, qui influent sur le bon marché de notre blé (au nord) et sur l'exportation de nos céréales à l'étranger, ont une importance immense. Le calcul suivant peut en donner une idée: le transport par le système en question (qui est maintenant notre unique voie d'eau pour le transport du blé) de Ribinsk à Pétersbourg, revient à un prix plus élevé (normalement près de 12 cop. le poud, sur une distance de 1080 verstes) que le transport, depuis les embarcadères du Volga, du Sud à Ribinsk (de l'embouchure de la Kama à Ribinsk, environ 9 cop. sur une longueur à-peu-près égale à la voie de Marie). Il ne faut pas oublier que l'économie sur les frais de transport profite particulièrement aux producteurs, mais non aux chalands et aux consommateurs, car les prix de vente dépendent principalement du marché universel, et non du coût de production (c-à-d. des frais de la production, et des frais du transport). Le marché universel se trouve en ce moment sous

190) La peste, dite sibérienne, qui frappe les chevaux, a éclaté en 1881 dans les contrées voisines des systèmes de Marie et de Tikhvine, depuis notre voyage. Les autorités médicales attribuent au hâlage la cause de cette maladie; le remplacement de ce procédé par la vapeur devient maintenant une question d'Etat.

la domination des blés d'Amérique et de leurs prix inférieurs aux prix de l'Europe.

La réduction des frais de transport du blé est donc une question vitale pour notre industrie. On cherche en ce moment à améliorer le système de Marie (c'est ainsi que l'on projette de nouveaux travaux sur la Siasse); mais, après tout ce que nous venons de dire, il est fort naturel de désirer que les mesures qu'on y applique, prennent un développement beaucoup plus considérable, sans quoi, l'introduction de la vapeur sur tout l'espace du système est impossible: c'est donc l'emploi de la vapeur qui représente le problème d'Etat, pivot de toute cette question.

Tout en énumérant les imperfections des voies d'eau qui réunissent le Volga et par lui les limites orientales les plus reculées de la Russie et de l'Asie à la mer Baltique, — imperfections qui entravent au plus haut point les progrès de notre commerce, de notre agriculture, et qui font naître les plaintes générales de notre monde commercial, — il est triste de se dire, que ces mêmes voies d'eau ont été tracées dans des temps primitifs, à l'époque presqu' antéhistorique de la vie de notre nation et que le grand réformateur de la Russie, il y a plus d'un siècle et demi, était déjà pénétré de la nécessité d'y apporter des améliorations artificielles. Nous n'avons point terminé jusqu'à présent le travail qu'il a commencé, malgré le développement que les sciences et l'art technique ont pris depuis son époque. Ces faits prouvent combien nos progrès réels sont lents en comparaison de ceux des autres nations, quoique notre soif du «progrès» s'étende continuellement au-delà de toutes les limites du possible!

Comme nous l'avons dit, notre course préliminaire sur le Volga, entre Tver et Nijnii-Novgorod, avait pour but exclusif une revue sommaire du mouvement général sur cette grande artère commerciale et de sa portée dans la vie économique de notre région. Nous avons donc sacrifié différents centres commerciaux et industriels, tout particulièrement nombreux en deçà de Ribinsk, et que nous visitâmes plus tard. Nous y reviendrons lors de la description de nos prochaines excursions (dans les gouvernements de Tver, de Jaroslavl, de Kostroma et de Nijnii-Novgorod).

C'est le 1ᵉʳ Août que nous atteignîmes Ribinsk par la Cheksna. Nous eûmes hâte de descendre le Volga, pour nous rendre à la foire de Nijnii-Novgorod qui devait servir de clef de voûte à nos études de la marche générale de nos affaires industrielles. Pour cette fois, nous ne pûmes faire que les quelques observations, communiquées par nous plus haut, particulièrement à l'endroit des localités que nous ne devions plus revoir.

Ces localités, situées dans les bassins de la Mologa et de la Cheksna (sans en excepter même la ville de Ribinsk), — les districts de Vessiogonsk (gouvernement de Tver), de Mologa, de Pochékhonie et de Ribinsk sont (en comparaison des autres parties de leurs gouvernements) les centres industriels les moins animés, au point de vue des fabriques et des usines[191]). En dehors de l'agriculture et de la pêche, l'activité de leurs populations se concentre principalement sur la navigation et sur les métiers qui en dépendent.

Aucun des établissements des districts [192]) susnommés (à l'exception de l'établissement de Nicolsko-Abakoumof, appartenant à M-rs Jouravlef) ne peut être assimilé à la grande industrie;

---

191) D'après les relevés officiels de 1879, sur 454 établissements industriels, le district de Vessiogonsk n'en compte que 17; il faut y comprendre 9 fromageries et 3 moulins à farine, qui entrent dans le domaine de l'agriculture; pour le reste, ce ne sont que des établissements parfaitement insignifiants (une teinturerie, une fabrique d'allumettes, 2 tanneries, une charcuterie et une distillerie). Point d'industrie quelque peu étendue (ни одного русского производства) pas une seule machine à vapeur. Sur les 658 établissements du Gt. de Jaroslavl, le district de Ribinsk en possède 48 et dans ce nombre trois seulement employant la vapeur: l'établissement de Nicolsko-Abakoumof, décrit plus haut, une filature et un moulin à farine (tous les autres sont fort peu remarquables): 1 fabrique de câbles, 2 scieries, une fabrique de produits chimiques, une d'allumettes, 5 tanneries, 2 poteries (гончарни?) 9 briqueteries, 16 huileries). Le plus grand nombre de ces établissements comme par ex. les huileries) ne peuvent même pas être assimilés aux fabriques et aux usines; ils travaillent au moyen d'un très petit nombre d'ouvriers, et plusieurs d'entre eux appartiennent au ménage rural. Le district de Mologa, ne possède que 31 établissements, auxquels la vapeur est tout-à-fait étrangère: 2 scieries, 2 fabriques de chandelles, 1 briqueterie, 1 fabrique d'amidon, 6 moulins à gruau, 1 four à malt, 1 fromagerie, 7 huileries et 1 distillerie. Le district de Pochékhonie n'a que 12 établissements (1 fabrique de bougies, 1 fabrique de chandelles, 1 fabrique de pains d'épice, 2 fours à malt, 1 fromagerie, 5 tanneries, 1 distillerie). Toutes ces données ne sont, du reste, qu'approximatives au point de vue général, mais non dans leurs détails.

192) Voy. la note précédente.

ils agissent au moyen du matériel, des moteurs et des instruments les plus simples et d'une structure primitive[193]).

Les districts mentionnés entrent dans la partie de la région de Moscou, la moins avancée sous le rapport de l'industrie; cependant les deux gouvernements dans les limites administratives desquels ils sont compris présentent, dans leurs autres parties, plusieurs des points culminants de l'activité industrielle de notre région. (Voy. plus haut, chap. 1). L'activité de toute la population de cette contrée est absorbée par les voies d'eau, ce principal facteur économique de leur bien-être qui, de tout temps, a donné des revenus subsidiaires à leur agriculture. C'est ainsi que Ribinsk, comme point principal du transit, dans tout le mouvement de nos céréales entre la mer Caspienne et la mer Baltique, a produit la mouture qui, avec la profession de batelier et de pêcheur, a toujours été développée dans la contrée. (Voy. plus haut). Cependant cette industrie a perdu de son extension, depuis que les lignes de fer aboutissent au Volga, et que les moulins mécaniques perfectionnés se sont multipliés dans les contrées du Bas Volga.

Un grand nombre de ces divers établissements (comme l'indique la note 202), appartiennent à l'économie rurale, et non à l'industrie manufacturière. Telles sont les fromageries et les huileries. L'industrie de M-r Vérestchiaguine, dont l'établissement est devenu une pépinière de fromageries dans le gouvernement de Tver, a trouvé un aide fort actif dans la personne de M-r Blancdof, sous la direction duquel les fromageries se multiplient dans le gouvernement de Iaroslavl, particulièrement dans le district de Pochekhonie et en partie dans celui de Ribinsk. N'oublions point ici la laiterie remarquable de M-rs Moussine-Pouchkine sur la Mologa, (dans le district de Mologa) dont nous avons entendu beaucoup parler, mais, qu'à notre grand regret, nous n'avons pu voir de nos propres yeux.

L'espace qui sépare Ribinsk de Nijnii-Novgorod sur le Volga[194]), présente sans contredit, la contrée la plus animée et la plus populeuse qu'on puisse voir sur tout son cours.

193) Voy. la nomenclature des établissements, dans la note 192.
194) Voy. pour cette partie du Volga, tous les ouvrages indiqués au commen-

C'est ici que la navigation de rencontre atteint son développement extrême. Les bateaux «Samolët» qui tiennent le premier rang [195]) pour le transport des voyageurs, descendent et remontent cet espace deux fois par jour (pendant les mois d'été).

Nous aurons encore beaucoup à dire, dans la suite, sur les contrées riveraines visitées par nous pendant le cours de ce voyage, mais nous ne mentionnerons pour le moment qu'un nouveau phénomène, appartenant exclusivement au Volga. Les clameurs bruyantes des habitants riverains des gouvernements de Jaroslavl et de Kostroma pourraient faire croire, que ce phénomène menace le Volga d'un nouveau fléau, qui viendrait s'ajouter à toutes ses anciennes calamités [196]). Nous parlons du naphte, qui depuis quelque temps se mêle aux eaux du Volga; il couvre leur superficie d'yeux plus ou moins grands, qui se remarquent particulièrement en deçà de Jaroslavl et qui communiquent à l'eau du Volga un goût et une odeur fort désagréables, rappelant le pétrole. C'est un fait positif, que nous avons constaté nous-mêmes. On dit que le bétail refuse de boire cette eau. Le développement immense du transport et de l'exploitation des produits de naphte sur le Volga, a provoqué pendant ces dernières années des murmures très prononcés de la part des populations riveraines (surtout dans le gouvernement de Jaroslavl) et d'amères plaintes de «l'Empoisonnement du Volga», plaintes adressées aux autorités et qui même se sont reproduites dans les journaux [197]). Ce mécontentement se concentrait d'abord, sur les établissements de M-r

---

cement de ce chapitre, surtout *Pobédonostzev* et *Babst*, Lettres et a. d. s. Les localités les plus remarquables, sous les rapports industriel et commercial, entre Ribinsk et Nijnii-Novgorod sont: en deçà de Ribinsk, l'usine *Constantinovsky* de Mr. Ragozine (dans le district de Romanovo-Borissoglebsk); cette usine extrait différentes substances huileuses des restes du naphte; la ville de *Romanovo-Borissoglebsk*, le bourg de *Norskoé* (filature de lin), les villes de *Jaroslavl*, de *Kostroma*, de Plöss, de *Kinéchma*, de *Jourievetz*, de Poutcheje, les bourgs de Katoneky et de *Gorodetz*, la ville de *Balakhna*. Nous parlerons plus tard de toutes ces localités.

195) Les bateaux de la C-nie «Droujina» circulent aussi dans ces parages à partir de Jaroslavl.

196) Nous en avons surtout entendu parler entre Jaroslavl et Nijnii, en 1880, à notre second voyage (au mois d'Août).

197) Les journaux de Moscou et de St.-Pétersbourg étaient remplis, pendant quelque temps, en 1880, de polémiques au sujet de cet empoisonnement.

Ragozine et C-nie, (sur le Volga même: l'un à Balakhna, gt. de Nijnii-Novgorod et l'autre, — celui de Constantinovsky encore plus vaste que le premier, construit en 1880, en deçà de Romanovo-Borissoglebsk, gt. de Jaroslavl), qui retirent différentes substances huileuses des restes de naphte (après l'extraction du pétrole). Nous parlerons en temps opportun de cette exploitation remarquable et nous reviendrons alors à la prétendue corruption de l'eau et des prairies riveraines, viciées par les déchets et les rebuts de ce travail [198]). On nous a communiqué une autre cause de ce mal, une cause plus générale et plus probable: le naphte et les produits de naphte s'infiltrent à travers les bateaux en bois sur lesquels on les transporte, de plus en plus, de la mer Caspienne, le long du Volga, et dont la destination ne se borne pas seulement aux établissements en question. D'autre part, on dit que le fluide de naphte s'étend sur l'eau en couches si minces, qu'il ne peut la vicier qu'à sa superficie, qu'en général ce mélange n'est nuisible ni aux hommes, ni aux animaux, et qu'enfin il faut se soumettre à un léger inconvénient, en vue de la grande portée industrielle de l'exploitation de ce liquide. Quoi qu'il en soit, il est à regretter que cette question soit obscurcie, dans l'opinion publique, par une masse de contradictions et qu'elle ne soit point définitivement résolue par une enquête administrative. Une appréciation de ce genre aurait mis fin aux discours qui exitent le mécontentement des populations locales et, en cas de besoin, aurait indiqué des mesures rationnelles contre le mal en question, sans nuire au développement d'une industrie qui acquiert une grande importance pour la Russie [199]).

Cette question est encore intéressante en ce qu'elle représente un cas particulier dans la question contemporaine générale, qui devient de plus en plus impérieuse à mesure que l'industrie grandit et se développe: j'entends l'altération de l'eau par les

---

198) Voy. entre autres, l'opinion du célèbre chimiste, professeur de l'Université de Moscou, Mr. *Morkovnikoff* (publiée dans le compte-rendu de Moscou, 1880) on lui a confié l'étude de cette question sur les lieux; il nie toute espèce d'effet nuisible de ces établissements sous ce rapport (surtout après l'introduction des nouveaux appareils qui éloignent les restes).

199) Le remplacement des bateaux en bois par des bateaux en fer aurait pu être une de ces mesures.

fabriques et les usines. Cette grave question, que nous avons rencontrée tout le long de notre voyage, provoque des mesures législatives et de police dans l'Europe occidentale. Elle nous fait penser à l'insuffisance générale de la législation qui régit nos fabriques, législation fort arriérée en comparaison des conditions actuelles de l'industrie — et dans le cas présent — à l'abandon où se trouvent nos eaux intérieures, à la faible attention qu'on leur accorde comparativement à l'importance des intérêts de l'économie nationale qui s'y rattachent. Cette question, particulièrement palpable sur le Volga, nous a intéressé dès le commencement de notre voyage sur ce fleuve. Nous y revenons de nouveau en nous approchant de Nijnii-Novgorod, de ce centre principal du Volga sous le rapport de sa géographie, de sa navigation et de son commerce. Notre côté faible — l'absence de soins donnés à nos eaux intérieures — se fait doublement sentir lorsqu'on approche de cette ville: c'est ici, au milieu du mouvement le plus intense de la navigation, que les bateaux s'exposent aux plus grands désastres; c'est encore ici que l'ensablement des navires a lieu le plus souvent, après la baisse des eaux.

10

III.

La foire de Nijnii-Novgorod et la marche générale de nos affaires industrielles [200]).

Etudes statistiques de la foire. — Organisation de la police. — L'administration de la foire. — Sa portée générale dans notre économie nationale. — Son développement à l'époque actuelle. — La marche de la foire en 1879, 1880 et 1881, en relation avec la position générale de nos affaires industrielles et commerciales.

Ce n'est pas en 1879, que nous avons étudié la foire de Nijnii-Novgorod pour la première fois. Nous l'avons visitée bien avant cette époque, — en 1860 et en 1864. Nous l'avons vue ensuite en 1880 et en 1881. C'est ainsi que, pendant ces visites réitérées (en 1864 et 1879, nous avons consacré à ces études un mois), nous avons pu connaître d'assez près, sous plus d'un rapport, notre principal marché forain et que nous avons eu la possibilité de suivre la marche de son développement dans le cours de cette période de vingt ans.

Nous ne pouvons cependant offrir à nos lecteurs une description statistique complète de la foire de Nijnii-Novgorod ou de Makarief [201]); du reste, nous ne nous étions point posé ce problème, d'autant plus que les moyens dont nous disposions pour

200) Nous ne parlons ici exclusivement que de la foire et des questions que nous y avons étudiées. Les renseignements que nous avons recueillis sur la ville et sur le gouvernement de Nijnii-Novgorod seront émis postérieurement.

201) Jusqu'à présent la foire conserve son ancien nom de « Makarief » (ou Makary), — de la ville où elle se trouvait jusqu'à 1817 (V. l'Appendice, III).

arriver à ce but étaient trop insuffisants[202]). Nous avons visité la foire de Nijnii-Novgorod dans le but exclusif d'étudier son importance générale pour notre économie nationale, ainsi que quelques questions économiques spéciales.

Néanmoins nos séjours multipliés à la foire, et les études que nous avons faites en d'autres lieux sur les produits qui trouvent leur débit sur ce marché, nous ont fourni une foule de renseignements de différents genres, qui ont servi de base à une espèce de description générale ou plutôt d'aperçu écrit par nous en 1865[203]).

Depuis cette époque, le public, qui n'avait aucune espèce de description générale de la foire à sa disposition[204]), s'est porté

---

202) Voy. l'étude statistique plus détaillée, de la foire de Nijnii-Novgorod, dans l'*Appendice III*.

203) Cet ouvrage, a été publié sous le titre «d'Esquisses de la foire de Nijnii-Novgorod».

204) La seule description statistique de la foire de Nijnii-Novgorod, que nous possédions, écrite il y a environ quarante ans, par P. J. Melnikof, est surannée et n'est basée que sur des données numéraires officielles peu exactes, bien que l'auteur, en qualité de natif et d'originaire de Nijnii-Novgorod, doive, d'après les observations personnelles qu'il a été à même de faire, être regardé jusqu'à présent comme le premier connaisseur de la foire. Il nous a aidé, surtout dans le commencement de nos études, nous l'en remercions. L'ouvrage de *N. N. Ovsiannikof*, écrit depuis peu, «Le commerce de la foire de Nijnii-Novgorod» (dans le Recueil de Nijnii-Novgorod, éd. du Comité Statistique, du Gt. de Nijnii-Novgorod, tome 1, 1867), nous présente une description de la foire plus ample, principalement sous le rapport économique. Cet ouvrage est beaucoup plus détaillé que le nôtre, dans l'étude de plus d'une face, et dans la description de plusieurs branches du commerce forain. Les observations personnelles de Mr. Ovsiannikof, qui ne s'est point contenté de sources officielles, comme tous les explorateurs statistiques de la foire (voy. ces sources dans l'Appendice III), constituent le mérite de son ouvrage. Mais, encore, ce travail, qui se rapporte à la même époque que le nôtre, est-il resté en arrière du mouvement récent de la foire. Ce qui est dit de la foire dans l'ouvrage de M. *Haxsthausen* (Etudes, etc. V, 1 ch., XII) en 10 pages n'est qu'une esquisse excessivement sommaire; de plus, elle n'est point basée sur les observations personnelles de l'auteur, qui n'a vu que le lieu de la foire et n'y a pas été à l'époque du commerce. L'ouvrage de *Tengoborsky* («Etudes sur les forces productives», ibid., t. III, 1853, p. 288), ne présente qu'une nomenclature de chiffres, tirés de données officielles (il s'arrête à l'année 1852). Toutes les connaissances personnelles de l'auteur, sur la foire, se bornent à *une seule journée*, qu'il y a passée, en 1852. Toutes les notions que le public possédait sur la foire de Nijnii-Novgorod, se bornent à des nomenclatures de ce genre, même dans les descriptions générales, statistiques et économiques de la Russie, les plus nouvelles (par ex. même dans «Les Annales Statistiques de l'Empire de Russie». Comité stat. central II, livr. V, 1872, p. 41, Appendice; et dans l'ouvrage de *Schnitzler* l'Empire des Tzars, t. IV, p. 688 et a. d. s.). Dans le nombre de ces publications, l'esquisse de la foire de Nijnii-Novgorod, la plus ample et relativement la plus satisfaisante, appartient au

10*

vers notre ouvrage, qui lui offrait l'unique moyen d'acquérir une connaissance rapide de la foire.

Ce motif nous a engagé à corriger et à compléter notre ouvrage, avec le secours de toutes nos observations récentes et à l'insérer en entier dans les Appendices à ce livre (Voy. l'Appendice III, «Esquisses de la foire de Nijnii-Novgorod»).

Les renseignements les plus essentiels pour le tableau général de la foire de Nijnii-Novgorod, se trouvent dans cet Appendice; les conditions géographiques particulières de la région où se passe aujourd'hui la foire de Makary, dont l'origine historique se perd dans les temps les plus reculés de notre histoire, l'esquisse historique du développement de ce marché, ainsi que l'explication de sa portée générale, actuelle, dans la vie économique de la Russie, la revue de quelques branches du commerce forain, et les particularités de leur organisation commerciale se trouvent dans cet Appendice. Enfin, nous y dépeignons en quelques traits caractéristiques la vie foraine; cette face morale de la foire de Nijnii-Novgorod, indépendamment de son côté économique, présente quelque intérêt pour l'étude de nos moeurs et de notre culture. La réunion passagère *la plus nombreuse* (non seulement de la Russie, mais de toute notre partie du monde) a lieu à Nijnii-Novgorod tous les ans, pendant la durée de deux mois entiers; c'est ici que se rencontrent les représentants de toutes les classes, de toutes les races, de tous les pays, et c'est de ce foyer que se répandent dans

---

Recueil militaire-statistique, rédigé par le *Général Obroutchef*, livr. IV, 1871; mais en dehors des notions officielles, les études de Mr. Ovsiannikof et les nôtres se retrouvent dans le fond de cette esquisse. Nous trouvons des descriptions beaucoup plus exactes, des différentes branches de la foire de Nijnii-Novgorod, et des études sur les questions spéciales qui s'y rapportent. V. entre autres: *P. Mestchersky*, Esquisses de la vie sociale actuelle en Russie, livre 1, St.-Pét. 1868, le recueil du comité statist. du Gt. de Nijnii-Novgorod; les articles d'*Ovsiannikof* et de *Jouravsky*; *Gatzisky*, recueil et souvenirs du premier congrès statistique, Nijnii-Novgorod, 1875 (entre autres, l'article de M. *Potanine*). Notre appendice III indique toute la bibliographie de la foire qui n'est pas mentionnée ici. L'ouvrage de N. N. Ovsiannikof, nommé plus haut, contient la revue critique des principaux ouvrages sur la foire. L'étude statistique de la foire de Nijnii-Novgorod est encore un problème de l'avenir; sa solution dépend en grande partie de la classe marchande qui fait son commerce ici; elle est à même de fournir tous les matériaux, indispensables à ce travail, si elle se pénètre de l'utilité qu'elle pourrait en retirer, et si elle veut bien prêter son concours à l'accomplissement de cette tâche (Voy. l'Appendice III).

tous les coins de la Russie, avec les marchandises, les idées et les mœurs les plus variées[205]).

De plus, la description de la foire, insérée dans l'Appendice III, contient des renseignements qui se rapportent à la marche générale de notre industrie et à celle de quelques-unes de ses branches jusqu'à l'année 1865. Ces renseignements, que nous avons recueillis dans le but d'analyser la situation de nos affaires industrielles des années 60, ne peuvent jamais perdre leur intérêt, comme matériaux pour l'histoire de notre industrie. Ils nous sont indispensables dans le cas présent, pour relier notre mouvement industriel des années 70, décrit plus bas, au mouvement des années 60, ainsi que pour éclaircir quelques faits du premier, au moyen d'une comparaison avec le second.

Ce travail, malgré ses lacunes, présente une image assez complète de la foire sous le rapport économique, ainsi que sous le rapport de la vie sociale. Nous renvoyons donc nos lecteurs à l'Appendice III, pour tous les renseignements plus détaillés, et nous nous occuperons actuellement des questions qui ont été le but de nos visites à la foire, en 1879, 1880 et 1881, et des faits qui caractérisent particulièrement son développement récent. Nous indiquerons cependant sommairement ici les faces les plus essentielles de la partie du marché de Nijnii-Novgorod, dans notre économie nationale et dans notre vie, afin que les lecteurs puissent se faire une idée générale de ce marché, sans consulter l'Appendice III.

La question principale, qui nous a occupé à la foire, consistait dans l'étude des indications qu'elle pouvait fournir, pour l'étude de la marche générale de nos affaires industrielles et commerciales, dont la foire de Makary [206]) est le thermomètre annuel le plus fidèle.

Une autre question, dont nous nous sommes occupé ici, se rapporte à la foire elle-même. Dans quelle direction son caractère

205) L'appendice en question contient en outre la marche de nos affaires industrielles jusqu'en 1866. Ce tableau nous servira pour la description prochaine de la situation actuelle de ces affaires, qui se trouve en relation économique avec les années 50 et 60.

206) Jusqu'ici cette foire porte le nom de «Makary» du lieu (monastère et ville), où elle se trouvait jusqu'au commencement du XIX siècle (v. l'appendice III).

s'est-il modifié et, en général, s'est-elle consolidée ou affaiblie (comme on s'y attendait d'abord) sous l'influence des nouvelles conditions de l'industrie et du commerce (principalement sous celle du perfectionnement des moyens de communication, du développement du crédit de banque), et de tous les progrès, techniques et économiques, qui remplacent partout le commerce forain, le commerce ambulant, par un commerce régulier et sédentaire.

Evidemment, cette question est intéressante, non seulement sous le rapport de la foire de Makary, qui, par elle-même, présente un sujet historique et économique fort important dans notre vie nationale; mais encore sous le rapport de l'étude de tout le mouvement de cette vie, dont les traits se reflètent en grande partie dans ce marché. Des combinaisons, non dénuées d'intérêt, sur *l'avenir* probable de ce marché, avenir que l'on peut prévoir en se basant sur les changements qui l'ont transformé sous l'influence des conditions nouvelles de l'époque actuelle, sont subordonnées à cette question.

Nous émettrons d'abord toutes nos observations ayant trait à cette dernière question, et nous parlerons des faits les plus remarquables dans le mouvement actuel de la foire; nous passerons ensuite à la première question, c-à-d. aux indications que fournit la foire, comme thermomètre de nos affaires, et à leur marche générale dans cette dernière période.

Pour que les symptômes récents du mouvement et la vie de ce marché fussent compréhensibles et qu'ils eussent un sens général, il faudrait connaître son *influence générale* dans notre économie nationale et ses liens économiques et historiques avec toute la vie de notre nation. Notre Appendice III explique en détail cette importance générale historique et économique de la foire de Makary. Nous ne retracerons ici qu'en substance cette portée de la foire dans notre économie nationale.

La foire de Nijnii-Novgorod, par le rôle qu'elle joue tant dans le commerce que dans toute l'économie nationale de la Russie, surpasse de beaucoup tous les marchés[207] de ce genre existant aujourd'hui dans le *monde entier*.

---

207) Peut-être, et, sans doute, probablement les expositions universelles éga-

Elle est telle sous le rapport *qualitatif*, par sa force économique dans le mouvement de notre économie nationale (par son influence sur le développement de ses diverses branches), ainsi que sous le rapport *quantitatif*, — par les dimensions de ses opérations commerciales et la valeur des marchandises qui s'y achètent et qui s'y vendent[208]), par le nombre de ses visiteurs et enfin par les dimensions de son rayon d'action géographique (l'étendue qui envoie ses commerçans et ses marchandises à la foire et l'étendue que parcourent les marchandises qui la quittent; voy. plus bas).

La foire de Nijnii-Novgorod présente tout un monde de marchés innombrables et de foires diverses, géographiquement, historiquement ou économiquement liées entre elles en un tout, — en un marché infiniment varié et situé dans le même lieu. Il n'est presque pas de marchandise, *et il n'existe pas une seule marchandise*, produite en Russie ou consommée par la majorité de sa population qui ne s'y vende. Il n'y a que quelques marchandises étrangères (principalement les objets de luxe, ainsi que les productions artistiques) qui fassent exception. De même il n'est aucun genre, aucune forme d'opérations commerciales qui ne s'y fasse, depuis les affaires en gros et la commission, jusqu'aux plus minimes ventes au détail.

On peut dire qu'il n'existe et ne se passe rien, dans le monde industriel et commercial russe, qui n'existe et ne se passe à ce marché annuel. Il contient en effet tout ce qui constitue le commerce intérieur de la Russie. Il est de notre devoir de découvrir dans l'activité de ce marché, sa portée caractéristique la plus *distinctive*, au point de vue de notre commerce et de notre économie nationale.

----

lent ou surpassent même la foire de Nijnii-Novgorod, par la *quantité* de leurs marchandises et de leurs visiteurs, mais elles ne peuvent la surpasser pour la quantité des transactions commerciales.

208) Nous sommes convaincus de la précision de ce coup d'œil général, mais malheureusement, nous ne pouvons l'appuyer par des chiffres. Nous ne pourrions nous fier à une précision quelque peu approximative de nos renseignements statistiques officiels sur la foire. — Sur la quantité et la valeur des marchandises vendues et achetées (voy. dans l'Appendice III).

209) La foire commence à la fin de juillet et dure jusqu'au commencement de Septembre (jusqu'au 10—12) mais c'est entre le 10 et le 25 Août, époque des principales transactions, qu'elle atteint son point culminant.

Le principe économique de toutes les opérations commerciales qui s'effectuent à la foire et qui réunit toutes ses branches en une seule, consiste tout entier en ceci : c'est ici que les commerçants locaux (les «marchands de ville» ainsi qu'on les appelle chez nous) achètent toutes leurs marchandises aux producteurs (fabricants) et aux commerçants en gros les plus considérables de la Russie (*premières mains* qui se fournissent directement des producteurs). Parmi ces marchandises qui passent ici des premières mains aux secondes se trouvent presque tous les articles de notre consommation locale, — toutes les marchandises russes sans exception, toutes les marchandises asiatiques et en partie même les produits étrangers de l'Europe occidentale. Les produits manufacturés occupent ici la première place, ainsi qu'en général tous les articles prêts à être livrés à la consommation ; mais un grand nombre de matériaux bruts venant de l'Orient (par ex. le coton d'Asie, le fer, les couleurs et a. d. s.) ont une importance de premier ordre. Il faut comprendre dans le nombre des acheteurs locaux ou des «marchands de ville» des négociants en gros, qui vendent sur place leur marchandise à des marchands en détail. C'est ainsi qu'un procès économique de premier ordre dans tout commerce et toute économie nationale se passe ici, — le passage des marchandises, consommées sur un immense espace de la Russie d'Europe et de la Russie d'Asie (voyez plus bas), des mains des producteurs ou des premières mains en général, aux secondes et aux troisièmes mains commerciales, qui sont en relations directes avec les consommateurs. Telle est, d'après notre opinion, opinion basée sur l'ensemble de nos études, — la fonction *spécifique* économique et principale (en dehors de toutes les autres) que ce marché remplit dans notre économie nationale. Cette fonction, comme chacun le comprend, est excessivement importante dans la vie organique de toute économie nationale ; elle régularise la marche de tous ses autres procès, sans exception, depuis les branches primitives de la production (c'est encore le marché principal de nos métaux bruts ; le commerce du blé lui-même s'accroît continuellement à Makary), jusqu'aux dernières manifestations de la consommation. C'est ici qu'une étendue immense de la Russie, particulièrement de la

Russie d'Europe[210]), se fournit en majeure partie des objets qu'elle consomme dans le cours de toute l'année (jusqu'à la foire suivante) et c'est encore d'ici que ces objets se répartissent entre tous ses centres commerciaux et industriels. Les produits manufacturés, en général, les articles ouvrés dominent dans l'activité du marché de Makary, mais une grande quantité des matériaux bruts, dont les fabriques et les usines se fournissent ici, ne sont pas moins importants. Disons plutôt que le marché de Makary, par l'effet de sa fonction spécifique que nous avons mentionné représente le *régulateur annuel de la demande et de l'offre*, de la consommation et de la production de toutes les marchandises de notre pays.

Il est donc évident, que la foire de Nijnii-Novgorod sert annuellement d'indicateur fidèle de la marche générale de notre commerce intérieur de l'année précédente et, partiellement, de l'année à venir ; c'est l'indicateur de tous les mouvements de la consommation, et par conséquent, du bien-être de la majorité du peuple russe, c'est surtout le thermomètre précis des moindres mouvements de l'industrie manufacturière. En dehors de tout ce que nous venons de dire, il ne faut pas oublier le développement extrême des opérations de crédit, la vente des marchandises à terme, d'une foire à l'autre ; ces achats à terme et le règlement de ces comptes augmentent considérablement la portée des indications de la foire pour une époque écoulée et pour une époque à venir. Aussi telle ou telle liquidation de ces affaires (à la fin de la foire) reflète-t-elle de la manière la plus précise la marche de toutes les opérations pécuniaires de la Russie pour un temps écoulé, et sert-elle de symptôme le plus exact d'un prochain futur. Les termes de tous les changements les plus importants qui s'effectuent dans notre vie industrielle, la stagnation ou l'animation

---

210) Nous avons déjà émis cette opinion sur la portée principale de la foire de Nijnii-Novgorod, en 1865 (v. l'Appendice III.). Ce mode d'appréciation a été depuis adopté par tous les explorateurs de la foire les plus connus (voyez l'ouvr. de N. N. Ovsiannikof).

211) D'autres foires d'hiver, particulièrement celles d'Irbit, de Tumène et a. d. s. fournissent la Russie d'Asie.

temporaires des affaires se comptent d'une foire de Makary à l'autre.
On attend le dénouement de ce marché pour aborder de nouvelles
entreprises manufacturières et pour développer les anciennes. Le
surcroît de l'activité des fabriques en général, ou bien celle de
la production de certaines marchandises, suit inévitablement un
heureux dénouement de la foire, dans tout le commerce ou bien
dans les catégories qui ont bien réussi. Un mauvais résultat produit immanquablement l'effet contraire. Le monde industriel de
la région de Moscou a la coutume de donner telles ou telles proportions, telles ou telles limites à sa production eu égard à deux
termes distincts : d'abord de la foire de Nijnii-Novgorod (c'est-à-
dire depuis son dénouement définitif)[212] à la fête de Pâques,
puis, de la fête de Pâques, selon les prévisions que fait naître
la foire future et lorsque les résultats des foires d'hiver (principalement de celle d'Irbit) sont connus, jusqu'à la foire de Makary. Les ouvriers pour les fabriques s'engagent presque dans
tout le pays à ces deux époques et deux fois par an; du 1er octobre (la fête de l'Intercession de la Sainte-Vierge) à Pâques,
saison d'été, et de Pâques jusqu'au 1er octobre, saison d'hiver.
C'est depuis ces termes que leur nombre s'augmente ou se restreint, que leurs salaires s'élèvent ou diminuent. On pourrait
dire que toute notre vie industrielle (surtout dans la région de
Moscou) se divise pendant le cours de l'année en deux parties et
gravite autour des deux termes que nous avons indiqués : le marché de Makary est le facteur le plus puissant de ce mouvement
annuel et périodique.

Evidemment, toute l'influence que la foire de Nijnii-Novgorod exerce sur nos affaires industrielles et commerciales, dépend
en grande partie de sa fonction que nous avons décrite : c'est là
que s'effectue, comme nous l'avons dit, le passage des marchandises des producteurs et des premières mains commerciales[213])

---

212) Le dénouement définitif de la foire de Nijnii-Novgorod se passe à Moscou,
où le marché de Makary et la réunion des chalands se prolongent pendant tout
le mois de Septembre. Cette époque se nomme «second Makary» (voyez l'Appendice III).

213) Dans quelques catégories de marchandises, les premières mains, qui les
reçoivent des producteurs, des fabricants et des patrons d'usines, s'assimilent à ces
derniers dans le commerce, puisque les secondes mains (les marchands en détail

aux secondes. C'est la première phase ou le premier degré du procès économique du commerce, au moyen duquel les marchandises quittent leurs principaux réservoirs, sortent des premières mains commerciales et des premiers centres de dépôt, pour s'écouler dans les centres secondaires et locaux, et se répandre sur toutes les principales voies commerciales; ce degré des opérations commerciales représente la base première de toute la vie du commerce intérieur et des échanges de toute contrée[214]. Il est fort naturel que la *demande* (la consommation) et *l'offre* (la production) *se régularisent et se proportionnent entre elles* plus exactement sur ce degré des opérations commerciales, que sur tout autre; le total général de l'une et de l'autre, à une époque donnée, s'y exprime avec plus de précision que dans toute autre opération commerciale. Enfin nous avons ici devant nous l'expression de toutes les forces *présentes* de la consommation et de la production du pays, et les prévisions probables par rapport à leur mouvement dans un futur prochain.

Ce n'est plus le commerce forain, qui remplit cette fonction

---

locaux et même les marchands en gros de second ordre, «les marchands de ville») sont entièrement privés de la possibilité d'acheter ces marchandises aux producteurs eux-mêmes. Tels sont, par ex., les articles de quelques raisons sociales manufacturières de premier ordre, avec lesquelles les premières mains commerciales (les grands capitalistes) qui leur assurent pleinement le travail de toute l'année, sont en relations d'argent continuelles; les fabricants leur vendent presque exclusivement leurs produits. Les «marchands de ville» et les marchands au détail, qui font le plus souvent leur commerce à crédit, sont forcés de se fournir chez ces commerçants primordiaux, puisque les fabricants ne leur accorderaient point de crédit; il faut dire de plus que ce fait se développe de plus en plus avec les progrès croissants de l'industrie et du commerce; les fabricants ne *font plus le commerce personnellement*, c'est-à-dire, ils ne vendent plus au détail, ils ne mettent plus en vente leurs marchandises ailleurs que chez eux, et ne travaillent principalement que sur commandes. Une marchandise d'un autre genre, le thé, par ex. subit le même sort pour d'autres raisons, et ne peut être acheté qu'aux négociants en gros, mais jamais aux producteurs. Citons encore un exemple du même fait économique, exemple que nous présente l'industrie en quelque sorte buissonnière; les capitalistes amassent des cargaisons énormes d'objets buissonniers qu'ils accaparent en détail, de gens ne quittant point leurs domiciles, et que les commerçants des autres localités ne peuvent acquérir directement des producteurs qu'ils ne connaissent même pas. L'industrie buissonnière joue généralement un grand rôle à la foire de Nijnii-Novgorod. Tous ces faits dépendent des capitaux et du crédit qui leur est inhérent.

214) Voyez entre autres, la portée économique du commerce en gros ou en bloc: *W. Roscher*, National-Oekonomik des Handels und Gewerbfleisses. Stuttgart, 1881.

économique importante dans le monde civilisé, — cette fonction
primordiale du commerce en gros, mais bien le commerce *stable*
et plus régulier dans ses principaux centres universels et dans
les grandes villes d'entrepôt. Des centres commerciaux permanents se développent aussi dans notre pays, aux dépens des foires;
Kharkof, par exemple, s'accroît dans ce sens au détriment des foires
de l'Ukraine. Le premier rang dans l'accomplissement de cette
fonction économique appartient incontestablement chez nous à
Moscou, qui fournit toute la Russie et qui, on peut le dire, présente un marché de foire permanent pendant toute l'année. La
foire de Nijnii - Novgorod n'est, au fond, qu'une station temporaire de ce marché de Moscou, lui donnant son relief, au moment
le plus animé de la navigation, dans le centre principal de toutes
nos communications d'eau, primant, jusqu'à présent, toutes nos autres communications, — au confluent du Volga et de l'Oka. Ce
moment de la navigation est *culminant* au point de vue commercial, en ce que c'est à cette époque (au mois d'Août), que toutes
les marchandises arrivent définitivement de certaines contrées et
que c'est à cette époque qu'il faut songer à les expédier en
d'autres régions, avant la clôture de la navigation. C'est également aussi le moment le plus important dans le mouvement annuel de notre production industrielle: c'est l'instant de transition
entre les saisons d'été et d'hiver de l'année ouvrière. C'est après
la clôture de la foire, au mois de Septembre, que se terminent
les travaux des champs, et qu'une foule de paysans cherchent de
l'ouvrage dans les fabriques.

Il est clair, que la fonction principale du marché de Makary
que nous venons de signaler, sert de canal pour le passage de toutes
les marchandises de notre consommation intérieure, des premières
mains aux secondes, des premiers centres de commerce et d'industrie de la Russie et du monde entier, à tous nos centres commerciaux locaux, — il est manifeste, que c'est à ce marché que
tout notre commerce intérieur et toute notre production industrielle (particulièrement celle des fabriques, mais en partie aussi,
celle de l'agriculture)[215]) rendent, pour ainsi dire, compte de leur

---

215) La demande des marchandises dépend de telle ou telle récolte.

activité de l'année écoulée et règlent leur budget de l'année à venir. Il est donc évident, que ce marché doit être considéré comme le thermomètre le plus sûr de toute la marche de notre vie économique intérieure.

Nous n'avons jugé nécessaire de nous étendre que sur la portée la plus essentielle de la foire de Nijnii-Novgorod, dans notre économie nationale. Nous seulement toucherons en passant aux autres faces de son activité, que nous avons déjà suffisamment écrites dans l'Appendice III.

Outre la fonction principale que le marché de Makary remplit (dans l'approvisionnement des marchés intérieurs de la Russie qui garantissent la consommation locale), il joue encore un rôle tout aussi important dans le commerce oriental ou asiatique, sous le rapport de l'importation des produits de la Sibérie et de l'Asie (de la Chine, de toute l'Asie-Centrale, des contrées d'au-delà le Caucase, de la Perse) ainsi que sous le rapport de l'échange de ces produits contre des marchandises russes. Ce trafic entre l'Asie et l'Europe, qui se pratiquait il y a plus de mille ans, constitue la première origine historique du marché de Makary, qui, conformément au rapprochement progressif de l'Asie vers l'Europe, ou bien encore à l'extension de la puissance de la Russie en Asie, s'est peu à peu avancé vers l'Occident dans le cours de ces dix derniers siècles, en suivant le cours du Volga: en se transportant de Bolgar (sur la Kama, près de son embouchure) à Kazan, puis à Vassilsoursk, au couvent de Makary et enfin à Nijnii-Novgorod (voyez l'Appendice III., l'esquisse historique de la foire de Nijnii-Novgorod). Ce commerce asiatique est, ou du moins était considéré naguère, au commencement même du siècle actuel, comme la propriété la plus essentielle du marché de Makary (voyez l'Appendice III).

Depuis cette époque, et définitivement dans les années soixantes, — cette manière de considérer la foire de Nijnii-Novgorod a entièrement changé, autant dans le monde commercial que dans la littérature[216]) et selon toute probabilité, parce que toute

216) Nous avons déjà exprimé cette opinion en 1865; elle a été adoptée depuis, par l'explorateur local le plus actif de la foire de Nijnii-Novgorod *N. N. Ovssiannikof* (voyez son ouvrage indiqué plus haut).

l'affaire, le caractère même de ce marché s'est historiquement modifié. Son importance, sous le rapport de l'approvisionnement de nos marchés intérieurs, a constamment grandi, comparativement surtout au commerce qui s'y faisait avec l'Asie.

D'un côté, le grand développement de nos fabriques, ainsi que celui de la consommation, autant des produits manufacturés que des articles d'importation en général (des articles qui ne sont pas produits sur les lieux mêmes), ont élargi au XIX[mo] siècle les limites de l'approvisionnement de tous nos marchés intérieurs, en même temps qu'ils ont renforcé cette fonction de la foire de Nijnii-Novgorod. Plus récemment, surtout depuis l'émancipation des paysans et depuis la réduction des prix de diverses productions manufacturées et des objets de luxe villageois (par exemple des indiennes et des tissus en coton), ces productions ont commencé à se répandre même parmi les paysans, tandis qu'il y a cinquante ans, elles n'étaient accessibles qu'à la noblesse.

D'un autre côté, le rôle que la foire de Makary jouait dans le commerce asiatique, s'est affaibli, si non d'une façon absolue, du moins relativement. Maintenant que nos possessions territoriales en Asie se sont étendues, les foires, les points d'échanges et les centres commerciaux se sont excessivement multipliés de de ce côté; toutes ces contrées, avoisinant nos frontières orientales et situées au-delà, possèdent maintenant leurs propres centres commerciaux et leurs entrepôts (comme par ex. Irbit, Tumène, Sémipalatinsk, Orenbourg, les villes de l'Asie-Centrale nouvellement annexées, comme les villes chinoises de Tchougoutchak, de Kouldja et autres)[217]. Le développement de notre commerce asiatique sur tous ces points a fait perdre à la foire de Makary la position exclusive et prédominante qu'elle occupait autrefois dans ce commerce, — surtout pour ce qui est de la vente de nos marchandises. Les masses énormes de nos produits exportés en Asie, par d'autres voies que celle de cette foire, se multiplient continuellement.

En dépit de tout cela, notre commerce asiatique au marché de Makary — et surtout l'importation des produits de l'Asie

---

217) Voyez les détails dans l'Appendice III.

— ont peut-être augmenté d'une façon absolue après nos conquêtes récentes dans l'Asie-Centrale et dans la Turquie d'Asie. Tout ce que nous venons de dire tend à expliquer ce fait que l'activité du marché de Makary dans notre commerce intérieur, s'est excessivement accrue comparativement à son commerce avec l'Asie qui, il fut un temps, constituait son principal objectif. Nous en trouvons la preuve la plus convaincante dans l'importance que le commerce de thé de Kiakhta (l'échange du thé contre des produits manufacturés) offrait encore à la foire de Nijnii-Novgorod dans la première moitié de ce siècle; le commerce des articles en coton, qui maintenant tiennent le premier rang dans la consommation intérieure des productions de fabrique, a hérité de cette importance. De même qu'autrefois le résultat des transactions faites sur le thé était la question majeure de toute la foire, de même le commerce du coton sert particulièrement de thermomètre, aujourd'hui, à la marche annuelle de toutes les affaires.

Cependant, le commerce asiatique et particulièrement l'importation des marchandises de l'Orient (nous comprenons dans ce nombre celles de l'Oural et de la Sibérie), — sur toute l'étendue de l'Orient, depuis le nord extrême (la Sibérie orientale) jusqu'aux rivages de la mer Caspienne, conservent jusqu'aujourd'hui une importance capitale à la foire de Nijnii-Novgorod; il est même probable qu'ils la conserveront, dans l'avenir, *plus que tout autre commerce*. Deux motifs, dont l'action ne s'affaiblira pas de sitôt, en sont la garantie. Premièrement, le commerce régulier et stable aurait beau se développer sur nos limites asiatiques, toutes les races asiatiques, comme tous les peuples non civilisés, ont une inclination particulière et un goût très-prononcé pour le commerce de foire. Ce mode de trafic répond à toutes les conditions, à toutes les coutumes de leur vie. L'habitude que les Asiatiques ont contractée de longue date, de se rendre tous les ans à Makary, d'y vendre et d'y acheter personnellement des marchandises (en mettant dans la balance leur finesse commerciale personnelle, leur fourberie et la défiance que leur inspire tout parti opposé) ne se perdra pas de sitôt, ou plutôt ne pourra jamais se perdre.

Secondement, la réunion des commerçants, et surtout l'im-

portation des marchandises de l'Orient dépendent de la situation
géographique de la foire de Nijnii-Novgorod, de ses «eaux» —
qui la mettent en communication avec les marchés intérieurs
ainsi qu'avec les fleuves de l'Asie, particulièrement avec ceux de
la Sibérie et des contrées baignées par la mer Caspienne. Les voies
d'eau prédominent dans nos communications pour le transport des
marchandises; selon toute probabilité, elles conserveront ce rôle ma-
jeur dans l'avenir, malgré le développement des lignes de fer de
l'Orient (les chemins de fer de la Sibérie et de l'Asie Centrale). Les
commodités que les eaux offrent aux marchandises, encombrantes
par leur volume, de la Sibérie, et surtout aux métaux de l'Oural, ne
peuvent jamais s'affaiblir, quelqu'extension que prennent les voies
ferrées. De plus, beaucoup de marchandises, particulièrement les
matières brutes que fournit l'Orient (comme par ex. les métaux,
les fourrures, le coton, etc.), ne peuvent se produire dans le cours
de toute l'année, et la période de la navigation suffit à leur transport. Aussi est-ce à l'occasion du chemin de fer de Sibérie,
dont la construction constitue une question pendante depuis si longtemps, que la classe marchande qui participe aux foires, a exprimé
avec une véhémence toute particulière ses désirs par rapport à la
prompte exécution de la partie de cette ligne devant réunir le
bassin du Volga et de la Kama à celui de l'Obi (entre Ecathérin-
bourg, déjà relié à Perm par un chemin de fer, et Tumène).

L'emplacement de Makary favorisé par les «eaux», par la
situation si parfaitement exclusive de Nijnii-Novgorod, au centre
des principales communications d'eau de la Russie d'Europe, à
l'embouchure de l'Oka, le principal affluent du Volga, possède,
comme *entrepôt* de marchandises, des avantages tout particuliers,
indépendamment de la foire elle-même. Assurément, cette localité est en partie redevable de son importance au marché qui attire toutes les marchandises, mais elle n'est pas moins remarquable par les propriétés naturelles et géographiques de sa
position. Les chargements y affluent de tous les coins de la Russie (de toutes les parties du bassin du Volga et d'autres bassins
en suivant les rivières, les canaux et les routes), et y séjournent
longtemps sur l'Oka et sur le Volga, dans les bateaux et dans
les entrepôts qui sont disposés sur les bords de ces fleuves. Ce lieu

continuerait de servir d'entrepôt, même si la foire terminait son existence (c'est-à-dire l'exposition des marchandises dans des boutiques ouvertes et la vente d'articles transportés par terre) et si le caractère commercial de *bourse* inséparable de cet entrepôt, venait à se développer et à y remplacer le caractère forain. L'importance de cet emplacement, comme lieu de dépôt, peut grandir considérablement avec l'organisation du port que l'on projette (sur la rive droite du Volga, plus haut que l'embouchure de l'Oka). Malheureusement, il présente un inconvénient : la place occupée par la foire (l'angle formé par la rive gauche de l'Oka et la rive droite du Volga) est inondée tous les printemps à la crûe des eaux, et l'on est obligé de transporter ailleurs, aussitôt la foire terminée, toutes les marchandises qui y sont arrivées par terre et qui n'ont point trouvé de débit. Un petit nombre de ces articles sont déposés dans les hangars de la ville de Nijnii-Novgorod, qui occupent la rive plus élevée du Volga. Les inconvénients de cette position sont déjà fort sensibles pour la classe marchande aujourd'hui, mais ils le deviendront encore bien davantage, au fur et à mesure que notre commerce deviendra plus régulier et plus sédentaire.

Nous avons déjà mentionné le caractère de *bourse* de la foire de Nijnii-Novgorod (c'est-à-dire, nous en avons parlé comme d'un lieu de rendez-vous pour les marchands, des accords, des commandes, des paiements, des nouvelles commerciales sur lesquelles on s'oriente pour connaître et fixer les prix). Ce côté de la foire, qui s'est constamment développé dans les derniers temps, doit s'accentuer encore avec les progrès que promettent l'industrie et le commerce.

Nous ne pouvons encore passer sous silence une face du commerce de foire, — c'est la vente au détail directement aux consommateurs. Elle dépend tout autant de la nombreuse réunion des commerçants eux-mêmes, qui achètent ici tous les objets indispensables à leur usage journalier, que du public qui arrive des localités voisines, dans le but de s'approvisionner de ces objets pour toute l'année. Ce commerce, jadis assez étendu (surtout pour ce qui concerne les articles de luxe et de modes), tombe de plus en plus par suite du développement du commerce local et de la facilité des communications avec Moscou.

11

Pour bien définir le rôle que la foire de Nijnii-Novgorod joue dans notre vie économique, il nous faudrait déterminer les limites du territoire sur lequel s'étend son activité, ainsi que les principales catégories des marchandises qu'on y apporte.

Le marché de Makary se trouve plus ou moins directement ou indirectement lié aux affaires commerciales et industrielles, sans en excepter aucune, de toute la Russie de l'Europe et de l'Asie, et il n'est pas une seule contrée, sur laquelle l'effet de ce marché annuel ne se reflète. Par conséquent, on peut trouver le lien vivant économique qui le rattache aux marchés et aux branches de commerce paraissant en être le plus éloignés. Par exemple, la foire de Nijnii-Novgorod est surtout étrangère à tout le marché méridional de l'Ukraine, où les foires locales du pays remplissent sa principale fonction. Toutefois, ce sont encore les agents commerciaux et manufacturiers de la région industrielle de Moscou qui y jouent le principal rôle, — ceux qui dominent dans la partie la plus importante du marché de Makary, — c'est-à-dire, dans son commerce des marchandises manufacturées. Outre cette liaison personnelle, qui est fort essentielle dans la marche des affaires commerciales, il serait facile d'en trouver d'autres. Ainsi, par exemple, la foire de Nijnii-Novgorod ne touche nullement au commerce de la laine russe brute, concentrée au marché de l'Ukraine, particulièrement à celui de Kharkof, et pourtant notre vaste commerce d'articles en laine, — à Makary, influe directement sur ce commerce de laine brute. Citons encore un exemple de ces rapports fort actifs, bien qu'indirects, de Makary, avec les opérations commerciales et les marchés qui en sont le plus éloignés. Notre commerce étranger, notre commerce avec l'Europe occidentale, surtout celui d'importation, et les ports qui le servent, entrent, moins que tout le reste, en contact avec la foire de Nijnii-Novgorod. Cependant, l'importation et la vente de tous les articles de fabrication étrangère en général, se trouvent dans une réciprocité étroite avec la vente des objets de fabrication russe; vente qui se concentre particulièrement, après Moscou, à la foire de Nijnii-Novgorod et fait la plus grande concurrence aux produits étrangers (surtout depuis l'élévation des tarifs de douane). Le marché de Makary produit en outre quantité d'effets plus directs sur le commerce européen, et sur l'activité qu'il exerce dans nos ports de l'Ouest et du Sud, sur différentes branches distinctes de marchandises, entre autres sur celles des matériaux, des machines, des accessoires que les pays étrangers fournissent à nos fabriques. Par exemple, les achats de coton, qui nous arrivent par l'Europe occidentale, se trouvent sous l'influence directe du commerce des articles en coton, dominant à Makary. Quantité de marchandises étrangères qui traversent, en masses énormes, l'Europe et nos ports pour atteindre leur destination, se rendent directement à la foire de Nijnii - Novgorod; par exemple différentes denrées coloniales, les drogues, les couleurs, le thé de Canton, etc., etc.

Mais, en mettant de côté toute espèce de rapport économique indirect de la foire de Nijnii - Novgorod, dont aucune région de la Russie n'est exempt, il serait fort désirable de définir exactement le territoire sur lequel l'activité de ce marché *s'étend directement*, ou plutôt les agents commerciaux et industriels de ce territoire y prenant une part directe[218]). Pour préciser ce territoire, il faut tout d'abord ne pas perdre de vue, que toutes les opérations commerciales de la foire se divisent en deux catégories principales et distinctes: la vente et l'achat des marchandises. Presque tous les commerçants peuvent aussi être divisés d'après ces catégories: ceux qui viennent vendre leurs produits (tels que tous les fabricants et les premières mains, voyez plus haut), et ceux qui viennent dans le but d'acheter des marchandises (tels sont particulièrement tous les «marchands de ville», mentionnés plus haut), bien qu'un grand nombre d'individus fassent l'un et l'autre (par exemple les fabricants qui achètent ici leurs matériaux, les Sibériens et les Asiatiques qui vendent et achètent différentes marchandises, et a. d. s.).

L'étendue de la région industrielle de Moscou présente, dans

---

218) La question de ce territoire a été étudiée avec un soin tout particulier par N. N. Ovsiannikof, qui, de plus, s'est basé sur des observations personnelles locales (voyez son article: «Sur les rapports de Kief, Orel, Koursk, Toula et Riazane à la foire de Nijnii-Novgorod. Recueil de Gatzissky, t. III, 1870»). Nous nous sommes adressé, pour le présent cas, aux renseignements de M. Ovsianni-kof indépendamment de nos études personnelles.

les limites indiquées plus haut (voyez le chapitre I[or]), le territoire du marché de Makary *principalement et sous tous les rapports :* c'est ici que se trouve le marché le plus considérable (après
Moscou), où s'écoulent toutes les productions manufacturières et
industrielles de toute la région en question, et où s'approvisionnent
(à très peu d'exceptions près) tous ses centres locaux ; la consommation locale y trouve toutes les marchandises imaginables. Mais
encore, le territoire de la foire, dans ces deux propriétés essentielles, est-il beaucoup plus vaste que la région de Moscou, puisqu'il rayonne dans toutes les directions, et particulièrement vers
l'Orient et le Sud-Est, en suivant le cours du Volga.

On peut dire que sous le rapport de la vente de ses productions et sous celui de l'achat des produits du dehors, *tout le bassin* du Volga et de ses affluents jusqu'à la mer Caspienne, appartient à la sphère commerciale de Makary, bien que toute la
partie inférieure de ce bassin (depuis le gouvernement de Kasan)
n'entre point dans les confins de la région de Moscou. Au contraire, la partie supérieure du bassin du Volga, celle qui se
trouve au Nord-Ouest, c'est-à-dire à l'extrémité opposée et qui
appartient à la région de Moscou (la partie septentrionale du
gouvernement de Tver), ne se rattachent que bien plus faiblement au
marché de Makary, particulièrement sous le rapport de la principale fonction de ce marché (l'approvisionnement des marchandises) et tend plutôt dans ce sens vers St. Pétersbourg et vers le
rayon industriel et commercial de cette capitale[219]). Encore cette
dernière opinion ne peut-elle être acceptée sans restriction. Nos
observations personnelles nous ont appris que, par exemple, les
commerçants de la ville de Vessiogonsk (gouvernement de Tver), située à l'extrémité la plus septentrionale de cette limite Nord-
Ouest, vont chercher leurs marchandises à la foire de Nijnii-Novgorod. Un autre centre commercial de la même contrée, la ville
de Torjock, tend beaucoup plus vers St. Pétersbourg que vers
Moscou et Makary.

L'activité du territoire de la foire de Nijnii-Novgorod est encore beaucoup plus vaste, comme marché de vente des productions

---

219) Voy. l'ouvrage d'Ovsiannikof que nous avons indiqué plus haut.

locales (surtout des produits de fabriques, quoique le commerce du blé y prenne constamment une extension croissante). Le cercle commercial de la foire s'étend, sous ce rapport, de tous les côtés et bien au-delà les limites du bassin du Volga, — surtout vers l'Orient et le Sud, mais moins vers le Nord, et moins encore vers l'Occident.

Tout l'Est, tout le Sud-Est de la Russie d'Europe, toutes nos possessions en Asie, et toutes les contrées limitrophes de l'Asie au-delà de nos limites, entrent dans le territoire de la foire, ainsi que nous l'avons dit plus haut en caractérisant notre commerce avec l'Asie et avec l'Orient; c'est dans ce commerce que la foire sert principalement de marché au débit et à l'importation des marchandises orientales et asiatiques, tout comme d'autres foires et d'autres centres commerciaux de nos limites orientales et de l'Asie servent à l'achat des marchandises russes et européennes destinées à l'approvisionnement des marchés orientaux.

Comme débouché pour les articles manufacturés particulièrement, mais également aussi pour d'autres marchandises, le rayon de la foire de Nijnii-Novgorod s'étend très-loin au Sud; il dépasse de beaucoup les limites de la région industrielle de Moscou et embrasse même les bassins du Don [220] et du Dnièpre (gouvernements de Tchernigov et de Kief). La partie septentrionale du bassin du Don (par exemple le gouvernement de Voronèje lui-même) se fournit à Makary de diverses marchandises pour sa propre consommation.

Le gouvernement de Koursk représente la limite méridionale extrême (c'est-à-dire en suivant directement le Sud, entre le Sud-Est et le Sud-Ouest) du rayon commercial de la foire de Nijnii-Novgorod; ce gouvernement n'a presque pas de relations directes avec la foire et appartient au marché de foire de l'Ukraine. La foire de Karennoï, transférée à Koursk, entre déjà directement dans le cercle des foires de l'Ukraine. Ce gouvernement entretient ses relations commerciales avec la région industrielle de Moscou, soit par l'intermédiaire des foires de l'Ukraine, soit directement, par Mos-

---

220) C'est le Don qui fournit à la foire le vin et le poisson (les dos d'esturgeon essorés).

cou[221]). Cependant, il y a encore ici des exceptions: quelques marchandises (le fer, le poisson, le sel) s'achètent encore à la foire de Makary par les marchands de Koursk, et quelques productions (le tabac), s'y vendent encore par eux. La construction du chemin de fer de Moscou à Koursk a considérablement multiplié les relations directes du gouvernement de Koursk avec Moscou et a affaibli celles, autrefois fort actives, qu'il entretenait avec la foire de Nijnii-Novgorod. Les relations du gouvernement d'Orel avec Makary sont beaucoup plus étroites; on pourrait même le comprendre dans son rayon commercial, sous le rapport de la vente et sous celui de l'achat, mais le développement du réseau des lignes de fer accroît les rapports directs de ce gouvernement avec Moscou, de même qu'avec la mer Baltique (avec Riga).

Les gouvernements de Kief et de Tchernigov représentent la limite sud-ouest extrême du rayon commercial de la foire; non-seulement ces gouvernements envoient à Makary leurs produits de fabriques, mais il s'y fournissent encore de certains articles (principalement du fer de l'Oural)[222]). L'effet de la foire devient complètement nul au Sud-Ouest qui tend vers les centres commerciaux de la mer Noire et de nos confins occidentaux (les bassins de la Vistule, de la Dwina occidentale et en général de la mer Baltique).

Les limites du rayon commercial du marché de Makary à l'Ouest et au Nord-Ouest (surtout sous le rapport de l'achat des marchandises) correspondent assez exactement aux bornes occidentales de la région industrielle de Moscou (aux confins occidentaux des gouvernements de Kalouga, de Smolensk et de Tver). Mais encore nos confins à l'Ouest et au Nord-Ouest, les plus étrangers au cercle commerciale de Makar, ne peuvent-ils en être entièrement exclus. Ainsi, les nombreuses fabriques du gouvernement de Grodno et la ville de Riga envoient à la foire de Nijnii-Novgorod une grande quantité de drap. Des articles en coton, fabriqués

---

221) Voy. *Ovsiannikof*, sur les relations de Kief et a. d. s.

222) Les limites méridionales du territoire de la foire et toutes ses liaisons économiques avec les localités limitrophes (les gts. de Kief, de Koursk, d'Orel, de Toula, et de Riazane) sont particulièrement bien définies par M. Ovsiannikof, dans son ouvr. indiqué plus haut.

dans le royaume de Pologne (Lodsi) s'y vendent depuis quelque temps sur échantillons, et ce commerce se développe.

Quelques rapports commerciaux avec Makary, rapports basés sur l'achat de quelques-unes de nos productions brutes d'exportation, s'étendent très-loin à l'ouest et dépassent même les frontières de notre pays: les énormes achats de fourrures, qui se pratiquent ici de longue date, par les juifs allemands (de Leipzig), et par les agents étrangers qui demeurent à St. Pétersbourg, sont bien connus. Le nombre des étrangers fréquentant la foire (surtout celui des Allemands et des juifs), s'est évidemment accru dans ces derniers temps. *Ce n'est qu'à titre d'exemples*, que nous citons ces faits. Nous ne désirons et nous ne pouvons que dessiner à grands traits l'esquisse générale du territoire qui se trouve en rapports commerciaux avec la foire de Nijnii-Novgorod: les détails de ces rapports n'entrent point dans le problème que nous nous sommes posé.

En dernier lieu[223]) le territoire nord du marché de Makary s'étend, — autant pour le débit des productions locales (des productions manufacturières, de la petite-industrie, forestières), que pour l'achat des marchandises que réclame la consommation locale (dans les gouvernements de Vologda et de Viatka), bien au-delà des limites septentrionales de la région industrielle de Moscou, et ne se termine entièrement dans cette direction qu'au gouvernement d'Archangel, qui tend déjà vers le rayon commercial du port d'Archangel et vers la mer Blanche. Une partie du gouvernement d'Archangel lui-même, (en général le pays qui s'étand de la Dwina septentrionale à l'Oural) et la région lointaine de la Petchora, ont des liaisons directes avec la foire de Nijnii-Novgorod, et y envoient des produits bruts (des fourrures, du poisson, différents objets que fournissent les rennes). Ce n'est pas seulement pour le gouvernement de Vologda, mais encore pour celui d'Archangel, qu'on achète différentes marchandises à Makary (le thé, le drap, l'indienne, les objets en métal).

---

223) Voy. *Jouravlef*, les relations du nord avec le gt. de Nijnii-Novgorod (Recueil de Nijnii-Novgorod de Gatzissky, t. III, 1870); *Potanine*, la foire de Nijnii-Novgorod (bassin du Sud). (Recueil et souvenir de la première réunion statistique, de Gatzissky, Nijnii-Novgorod 1875.

Toute l'esquisse du territoire commercial de la foire de Nijnii-Novgorod que nous venons de tracer, exige, dans ses détails, des rectifications et des suppléments, qui (sous le rapport des marchandises qui y circulent) ne pouvaient être constatés qu'au moyen d'une étude statistique complète de la foire elle-même. Quant à son caractère général, cette esquisse nous semble suffisamment fidèle. On peut en tirer la conclusion finale suivante: la partie sud - ouest[224]) de la Russie d'Europe (la Petite-Russie[225]), la Nouvelle-Russie, la Bessarabie, la Podolie et la Wolhynie), la limite nord-ouest (le rayon manufacturier de St. Pétersbourg, ainsi que ses ports de commerce, et la Finlande) et le nord extrême (les bords de la mer Blanche) peuvent être absolument exclus du territoire commercial de la foire de Makar (du moins de son territoire direct). Mais il existe encore des exceptions par rapport à ces régions septentrionales; le bassin de la Pétchora envoie à la foire les produits des pêcheries de la mer Blanche et le gouvernement de Vologda des harengs fumés que lui fournit la même mer. A part cela, toute la Russie d'Asie appartient au territoire de la foire, à l'exception peut-être de sa limite la plus orientale.

Nous devons dire ici, que le territoire du marché de Makary s'est particulièrement étendu vers le Sud et vers l'Ouest, avec le développement des chemins de fer et à une époque récente, bien que, sous quelques rapports, il ait éprouvé quelques restrictions (voyez plus haut les gouvernements d'Orel et de Koursk); mais ce fait se rapporte à la question du mouvement actuel de la foire que nous traiterons plus loin.

Pour clore la définition de la portée générale du marché de Makarief, dans notre économie nationale, nous n'avons plus qu'à désigner les principales catégories de marchandises qui y jouent le premier rôle. Comme nous l'avons déjà dit, il n'y a point de marchandise qui ne se vende à cette foire; mais nous voudrions

---

224) Il y a encore ici des exceptions: le thé de Canton par ex., qui se vend à la foire, arrive par Odessa. Il est probable que d'autres marchandises encore y arrivent aussi par cette route.

225) La Petite-Russie ne peut être exclue sans restriction puisqu'elle envoie son tabac à la foire.

indiquer seulement les catégories de marchandises, pour lesquelles elle constitue le principal ou du moins un des principaux marchés intérieurs, — un des principaux entrepôts, sous le rapport
de la quantité, — et la principale ou l'une des principales bourses où leur prix s'établit. Evidemment, ces catégories doivent dépendre de toutes les fonctions économiques les plus importantes
du marché de Makary que nous avons mentionnées plus haut:
sous le rapport de l'approvisionnement des centres commerciaux
intérieurs de marchandises destinées à la consommation locale
(particulièrement dans la Russie centrale), sous le rapport de la
vente de nos articles de fabriques et sous celui du transport des
marchandises qui suivent les communications par eau du bassin
du Volga.

Les marchandises suivantes entrent dans ces catégories[226]):
au premier rang, les articles en coton de tous les genres et de
toutes les espèces, sans exception aucune[227]), comme la branche la
plus grande de notre production industrielle et comme le principal article manufacturé employé par toutes les classes de notre
population; les métaux de l'Oural (particulièrement le fer); le sel,
les thés de Kiakhta et de Canton, le poisson et les préparations
de poissons de tous genres; les vins, surtout les vins russes (dans
ce nombre, surtout les vins falsifiés en Russie); les cuirs et les
articles en peau de tous les genres (depuis les cuirs bruts); les
articles en laine, de toute espèce; les fourrures et la pelleterie
de tout genre; toutes sortes de productions et de marchandises
asiatiques; les articles en lin; les articles en soie et en or de cau-

---

226) Nous communiquerons plus loin nos observations sur les particularités récentes de quelques branches isolées du commerce et des marchandises. Nous nous
bornerons, en attendant, à leur nomenclature.

227) A l'exception du coton filé; mais s'il ne parait point à la foire, les commandes en sont faites d'ici, suivant la marche des affaires. Il faut joindre aux articles en coton l'étoupe d'Asie. L'étoupe américaine et d'autres encore, qu'on apporte par l'Europe occidentale ne se vendent point ici, mais leur achat et leur
commande dépenden en grande partie, du résultat final de la foire. On peut dire
que le marché de Makary est de la plus grande importance pour tout le commerce
en coton de la Russie et pour toutes les opérations commerciales qui s'y rattachent.

netille[228]); le verre, la porcelaine et la faïence ; les coffres les plus
variés, les articles en fer et en métal de toute espèce; les drogues, les épices, les denrées dises coloniales, les articles en suif
travaillé, particulièrement le savon[229]); le blé; les images saintes,
les livres d'église de sectes diverses et les gravures destinées au
peuple; l'orfèvrerie, particulièrement l'orfèvrerie à bon marché,
accessible au peuple; le pétrole et les produits de naphte qui se
développent considérablement dans ces dernier temps; les navires destinés à la navigation fluviale[230]).

Presque chacune des branches de commerce que nous venons
d'indiquer a une si grande portée à Makary, qu'elle constitue
en quelque sorte par elle-même une foire à part; elle a son monde
commercial particulier dans le marché général.

Passons maintenant à la question du développement que la
foire a pris dans ces derniers temps, et des faces nouvelles de son
caractère; quoique nous ayons déjà touché précédemment à
quelques-unes de ces faces, nous devons encore faire connaître
notre coup d'oeil d'ensemble sur le développement du marché de
Makary à une époque récente.

Voici la question générale qui se présente la première: la
foire *s'est-elle élevée* en général (c-à-d sous le rapport de
la quantité des marchandises qui y sont apportées et des
transactions qui s'y font), dans ce dernier laps de temps
(approximativement dans ces vingt-cinq dernières années),
pendant que les conditions économiques et techniques de notre
économie nationale[231]) (principalement les voies et les moyens

228) Il s'entend que les étoffes innombrables, tissées de diverses substances
textiles jouent un grand rôle à la foire. La fabrications de ces étoffes s'aurait prodigieusement depuis quelque temps.
229) Le commerce de suif brut, n'existe point à Makary.
230) Nous avons cherché à énoncer notre nomenclature suivant l'ordre d'importance des catégories de marchandises à la foire. Cet ordre n'est qu'approximativement exact. Le *degré d'importance* de chaque catégorie, dépend, à nos yeux, de
deux circonstances: 1) la portée du marché de Makary, comme marché *plus ou
moins* important pour chaque branche de commerce; 2) la quantité et la valeur de
la marchandise vendue ici.
231) Cette question est analysée en détail dans l'appendice VII. Nous n'en
parlons ici que brièvement, au point de vue de nos observations de ces trois dernières années.

de communication, dont le développement paralyse le commerce forain), se sont si profondément modifiées? Il ne faut point s'étonner de ce que cette question, si simple en apparence, soit la plus contestée même entre personnes les plus compétentes, entre les doyens de Makary. Pendant que la majorité des commerçants, est convaincue que l'ancien marché de Makary s'est excessivemens accru à une époque récente, les autres (ea minorité, il est vrai, mais des gens fort entendus), sont tout aussi intimement convaincus du contraire. Cette divergence d'opinions s'explique par le manque de renseignements statistiques sur la foire, renseignements qui, eussent pu en déterminer quelque peu les opérations—la quantité et la valeur de ses marchandises, le nombre des commerçants et a. d. s. (voy. l'Appendice III). Aucune des opinions mentionnées plus haut ne s'appuie sur des faits irrécusables et chacune d'elles reste à l'état d'hypothèse purement gratuite.

Nous ne pouvons donner une confiance *aveugle* aux renseignements que le bureau administratif de la foire recueille annuellement [232]) sur la quantité de marchandises apportées et vendues à la foire; ils ne peuvent même pas servir à formuler un jugement approximatif sur le développement du marché.

D'autres documents officiels — sur les contributions payées par les boutiques et sur *leur nombre* — doivent être considérés comme exacts; cependant, la quantité des boutiques annuellement occupées, ne peut encore servir de base à l'évaluation des proportions, — ni des opérations commerciales qui se produisent dans ces boutiques et à toute la foire, ni à la quantité des marchandises apportées et vendues. Les marchandises arrivent continuellement dans les boutiques et dans les hangars et s'enlèvent de même pendant toute la durée de la foire. L'arrivage réitéré des marchandises s'accroît avec le perfectionnement des voies et des moyens de communication. La vente et les commandes sur échantillons s'accroît de même. C'est ainsi, que la même boutique peut effectuer en une seule année, plus ou moins de ventes qu'en

---

232) Les motifs de notre opinion sur ces renseignements sont expliqués en détail dans notre Appendice III (ch. 11).

d'autres années, et une seule boutique peut avoir beaucoup plus d'opérations que des dizaines d'autres boutiques semblables. Cependant, nul doute que l'augmentation constante du nombre des boutiques de la foire (il y en avait près de 3000 en 1817, — et environ 5900 en 1879) et l'extension topographique que prennent la place de la foire, les logements et les constructions de toute espèce, depuis 1817 jusqu'à notre époque, prouvent le développement du commerce, de la quantité des marchandises et de toutes les opérations qui se sont produites à la foire, pendant cette période. Du reste, *ce fait général ne peut être nié* (voy. plus bas) fût-on même privé de données exactes. Si, cependant, ces données peuvent être considérées comme suffisamment précises pour exprimer le *mouvement général* de la foire pendant toute cette période, il faut y recourir avec beaucoup de circonspection pour l'appréciation *du degré* de développement du commerce de la foire *en différentes* périodes de temps de courte durée et, à plus forte raison, d'année en année. Ces chiffres peuvent être fort erronés quant aux détails de ce développement.

Le nombre des individus qui viennent à la foire tous les ans, pourrait servir d'indice assez sûr du mouvement du commerce, puisque les visiteurs n'ayant point de but commercial ne présentent qu'un chiffre parfaitement insignifiant. Mais encore, n'avons-nous point de renseignements positifs sur le chiffre de la population qui se réunit à la foire; les données que nous fournit la police à ce sujet[233], ne peuvent que nous renseigner sur le chiffre maximum de la population pendant la durée de chaque foire, mais elles sont incapables de nous donner aucune idée sur le nombre général des individus qui l'ont visitée. Ces données[234] témoignent du fait suivant: le nombre maximum des

[233] La police est journellement informée de la quantité de pain cuit qui se consomme en vingt-quatre heures, ce qui peut donner une idée assez exacte du chiffre de la population, qui se réunissant quotidiennement à la foire.

[234] Selon la police, *le maximum du nombre* d'individus qui se sont trouvés à la foire en *une seule journée*, a atteint:

En 1869	251,242 âmes.
» 1870	249,674 »
» 1871	256,516 »
» 1872	245,774 »

visiteurs d'un seul jour, mentionné plus haut, a oscillé dans l'espace des dix années, de 1869 à 1880, mais cependant *il a diminué dans son mouvement général* et considérablement même aujourd'hui, comparativement au commencement de ces dix années (il est tombé de 255,000 en 1859, à 180,500 âmes en 1880). Ces oscillations, comme les oscillations de tous les chiffres statistiques, s'expliquent par la marche particulière de chaque foire séparément, et par une foule de circonstances diverses[235]). La diminution du chiffre *de la plus grande agglomération* du public de la foire ne prouve nullement la diminution du nombre de ses visiteurs mais s'explique fort simplement: les commerçants ne viennent plus à la foire que pour des laps de temps fort courts, en raison de la facilité et de l'accélération des moyens de communication (des chemins de fer et des télégraphes surtout), ils viennent passer quelques jours, quelques heures même à la foire et renouvellent ces voyages plusieurs fois pendant sa durée. Cette coutume s'est si bien enracinée parmi les commerçants, dans ces dix dernières années, qu'il est rare de voir quelqu'un séjourner aujourd'hui à la foire, depuis son ouverture jusqu'à sa clôture, comme presque tout le monde le faisait autrefois. Evidemment, si le nombre général actuel des visiteurs de la foire surpasse de beaucoup celui de jadis, la presse y est moins grande à de certains moments et à de certains jours. La coutume que nous venons de citer s'est développée à une époque récente, lorsque les bateaux à vapeur, les chemins de fer, les télégraphes et les banques[236]) ont en produit leur effet sur les habitudes quotidiennes de la classe commerçante.

En 1873	229,356 âmes.
» 1874	232,485 »
» 1875	224,166 »
» 1876	195,387 »
» 1877	127,512 »
» 1878	127,512 »
» 1879	180,796 »
» 1880	180,519 »

235) Il est curieux que, malgré la marche assez lente de la foire de 1878, et la bonne allure des foires suivantes, les chiffres aient cependant baissé dans ces années; cela confirme le fait général que nous avons indiqué.

236) Les banques accélèrent et facilitent les *paiements* qui exigent la présence personnelle des commerçants de la foire; les acquittements et les paiements sont même possibles par procuration avec le secours des banques et de leurs comptoirs.

Il faut ajouter que la coutume de ne séjourner à la foire que
le temps le plus court et d'y revenir à plusieurs reprises qui
s'est tellement développée dans ces dix dernières années, est
étroitement liée à son caractère, comme bourse (voy. plus haut)
et comme lieu de liquidation des paiements. Ce caractère qui a
sa portée particulière, indépendamment des autres fonctions de la
foire, a pris, dernièrement, un développement remarquable, sous
l'influence des voies et des moyens de communications perfectionnés. Pendant toute sa durée la foire est une espèce de
bourse temporaire, où Moscou concentre toutes les affaires les
plus importantes de son commerce; cette ville est l'agent le plus
actif du marché de Makary. Cant que dure la foire, tout Moscou se transporte pour ainsi dire, ici.

En revenant à la question du développement général de la
foire de Nijnii-Novgorod, nous devons enfin indiquer le moyen
unique, d'après nous, de recueillir des notions statistiques suffisamment exactes sur la quantité des marchandises qui se vendent
à la foire, et conséquemment en partie sur l'extension de ses
opérations [237]) commerciales, s'il est tout à fait impossible, (comme
nous en sommes convaincu) d'arriver à des résultats statistiques de quelque valeur par le moyen des renseignements directs
que les commerçants pourraient fournir sur la quantité des marchandises apportées et vendues, et sur leur valeur. Le moyen que
nous entendons, eût consisté à recueillir, sur toules *les voies de
communication* de la foire, des renseignements sur la quantité des
marchandises qui sont dirigées vers le marché (et cela, en con-
statant leur poids). Ce procédé eût été facile à appliquer sur le
chemin de fer de Moscou à Nijnii-Novgorod. Mais la plus grande
partie des chargements suit les voies d'eau, et la perception des
taxes de navigation est si imparfaite aujourd'hui (voy. plus haut,

---

237) Il faut distinguer les proportions des virements et des marchés financiers
dans la vente et l'achat des marchandises, de la quantité de ces marchandises qui
se trouvent à la foire. Leur valeur peut certainement donner une idée de la valeur
des virements et des marchés, mais nous renonçons à tout espoir de recueillir des
renseignements quelque peu fidèles sur cette valeur. Puis, il y a encore d'autres
virements financiers et de crédit, qui n'ont aucun rapport à la marchandise présente. (Les acquittements des anciens marchés, les commandes pour un temps à
venir, l'escompte et a. d. s.)

le ch. II), les renseignements sur les chargements si peu précis,
que nous ne nous sommes point adressé à cette source. Ce n'est
qu'avec le perfectionnement du contrôle de ces taxes, ce n'est
qu'avec l'amélioration de notre administration de la navigation,
que nous pourrions obtenir les renseignements que nous venons
de mentionner. Ensuite, une grande quantité de marchandises
arrivent à la foire par charroi; il serait plus difficile encore de
recueillir des notions sur cette voie, néanmoins il n'y aurait pas
impossibilité absolue (même sur les nombreuses routes vicinales)
si toutefois le bureau de statistique locale y prêtait son concours. Il va de soi que l'application de ce moyen d'étude statistique de la foire était inaccessible à nos moyens personnels; du
reste, cette étude elle-même n'entrait point dans nos plans.

Quelque insuffisants que soient les chiffres statistiques sur la
foire de Nijnii-Novgorod, nos nombreuses observations personnelles et nos etudes (voy. les détails dans l'Appendice III),
nous ont prouvé d'une façon péremptoire qu'en se développant
constamment dans le cours de tout le siècle actuel, la foire a
continué de *s'accroître quantitativement* (sous le rapport de la quantité des marchandises et du public commercial) dans l'espace des
vingt-cinq années qui viennent de s'écouler. Cette extension s'est
produite en dépit des nouvelles voies, des nouveaux moyens de
communication, des nouveaux procédés techniques et des perfectionnements du commerce,—en dépit de tous les progrès techniques et économiques de l'économie nationale, qui tendent à diminuer le commerce de foire, et qui se sont manifestés chez nous
avec une force particulière précisément dans ce dernier quart de
siècle.

Ce fait se manifeste d'une manière irréfutable dans l'augmentation des boutiques, des logements de foire, des entrepôts
des marchandises et dans celle de leurs dimensions ainsi que dans
l'extension topographique de l'emplacement général de la foire.
Des masses de quartiers dont il n'était pas question antérieurement
à ces dernières vingt-cinq années sont sortis de terre; ces quartiers ne comptent presque exclusivement que des constructions
en pierres élevées par des particuliers, sans le moindre secours du
gouvernement; ils contiennent des édifices à plusieurs étages,

comme on n'en pourrait voir que dans les capitales et dans les plus grandes villes. Quelques millions de roubles y ont été dépensés dans un espace de temps fort restreint (principalement de 1860 à 1870 et postérieurement). De plus, l'apparence générale de la foire (à l'exception du bon ordre et de la propreté) s'est complètement transformée dans ces vingt-cinq ans; on n'avait autrefois aucune idée du luxe, qui règne aujourd'hui à la foire. Les restaurants et les hôtels qui se sont multipliés à l'infini et qui de tout temps ont été un attribut caractéristique du marché de Makary sont, entre autres indices, un des plus certains de son développement; bien que ces établissements tout en n'offrant, aucun progrès sous le rapport moral, aient acquis un grand développement matériel. On peut affirmer sans exagération que les dernières catégories des restaurants, recevant les classes inférieures du public, surpassent de beaucoup, aujourd'hui, les plus beaux établissements de ce genre d'autrefois. — Les restaurants de premier ordre, qui jadis occupaient de petites maisons en bois à un étage et qui ressemblaient aux auberges que l'on voit actuellement dans les petites villes de province, ne le cèdent nullement aujourd'hui aux plus beaux hôtels (du type russe, nommé «trac tir») de nos capitales.

Du reste, nous ne parlons ici du mouvement progressif du luxe et du brillant de la vie à la foire, que pour caractériser d'une façon générale le développement historique du marché de Makary; ce luxe et ce brillant en dehors des autres indices positifs de l'extension de son activité, ne seraient point par eux-mêmes encore un témoignage suffisant de son accroissement commercial; ils tiennent à l'élévation générale du niveau de la vie sociale et de ses exigences (du «standart of life»). Observons ici, qu'en étudiant personnellement la foire de Nijnii-Novgorod à différentes époques, de 1860 à 1882, nous avons trouvé la transformation la plus radicale et la plus rapide de son aspect, sous tous les rapports, entre 1860 et 1864, méconnaissable comparativement à 1860, et depuis cette époque le développement ultérieur croissait continuellement à chacune de nos visites à la foire.

Tout en mettant hors de doute l'élévation quantitive *absolue* du marché de Makarief dans le cours de notre siècle, en général pendant ces vingt-cinq dernières années et même dans les dix dernières en particulier, nous ne pouvons encore admettre ce fait comme la solution de la question suivante: cette élévation a-t-elle *correspondu* à l'élévation générale de notre production industrielle, de notre commerce et de toute notre richesse nationale pendant ces périodes de temps?

Le développement *relatif* de ce marché, proportionné à l'élévation générale de notre vie économique dans ces périodes, eût pu seul décider si son influence a grandi ou diminué dans notre commerce et dans notre économie nationale. Il est permis de douter si ce développement relatif de la foire de Nijnii-Novgorod, s'est affirmé. Dans tous les cas, cette question, à la solution de laquelle fait défaut quantité de données précises, reste ouverte.

En tirant des résumés probables de différentes données indirectes et de nos observations personnelles, nous en sommes arrivé à la conclusion, qu'on ne pouvait presque pas mettre en doute la réponse négative à cette question. Quelque extension qu'ait prise le marché de Makary dans les périodes indiquées, les dimensions de notre production industrielle (surtout celles de la productions des fabriques et des usines) se sont indubitablement accrues, dans les mêmes périodes, à un degré bien supérieur[288]).

De plus, il ne faut point perdre de vue le développement de notre commerce intérieur, l'agrandissement du nombre et de l'intensité de ses centres locaux et de ses entrepôts. Ces centres commerciaux qui remplissent aujourd'hui, sur le même territoire et dans l'économie nationale, la même fonction principale que remplit la foire de Nijnii-Novgorod, n'existaient point dans le commancement de ce siècle, ou bien existaient à un degré beaucoup plus faible. La croissance remarquable de notre commerce

---

288) Ainsi, d'après les données que nous pourrions regarder comme les plus sûres, le nombre des boutiques de foire *a seulement doublé* de 1817 à 1880 (Voy. l'Appendice III); mais tous les renseignements statistiques nous disent que la production industrielle de la Russie, depuis 1817 jusqu'à nos jours, s'est accrue bien au-delà du double (les renseignements que nous possédons sur le nombre des établissements industriels, sur l'importation des matériaux étrangers des machines, etc. en sont une preuve irrécusable).

intérieur, sous ce rapport, s'est produite, non pas seulement dans le cours de tout ce siècle, mais dans le courant de ces vingt-cinq dernières années; si quelques centres locaux secondaires sont tombés par suite de la construction de voies nouvelles et des nouveaux moyens de communication, comme nous l'avons dit plus haut, les centres de premier ordre, se sont prodigieusement élevés. Le renforcement excessif de l'activité commerciale de Moscou est surtout remarquable : un commerce de foire durant sans interruption pendant toute l'année, des relations directes que toutes les localités et les commerçants locaux entretiennent avec cette ville et qui s'accroissent constamment, tandis qu'ils ne s'approvisionnaient autrefois, que par l'intermédiaire du marché de Makary, affaiblissent particulièrement la portée *relative* ou qualificative de ce dernier dans notre commerce intérieur. Enfin, pour corroborer tout ce que nous venons de dire, nous devons citer les indications dignes de foi, des représentants de quelques branches commerciales et manufacturières de premier ordre et celles des doyens du marché de Makary ; ils nous ont communiqué que, si leurs opérations à la foire de Makary ont pris de l'extension dans ces vingt-cinq dernières années, leurs affaires ailleurs, à leurs domiciles et aux manufactures elles-mêmes, ont pris un développement infiniment plus étendu. Quelques-uns d'entre eux nous ont même affirmé qu'en dépit de l'augmentation générale de leur activité commerciale, leurs affaires à la foire de Makary s'étaient positivement restreintes.

Nous ne pouvons passer sous silence une opinion fort singulière, très-répandue jusqu'à présent dans notre pays, et moins même dans le monde commercial que dans le monde bureaucratique et littéraire, au sujet du développement de la foire de Nijrii-Novgorod à une époque récente. Quelques personnes veulent absolument voir dans ce développement un indice des progrès (?) de l'industrie et du commerce russe et accusent de pessimisme au sujet de la marche contemporaine de notre économie nationale, tous ceux qui voient la diminution de la portée du marché de Makary dans le présent ou qui l'annoncent pour l'avenir. Un singulier aveuglement économique les porte à s'opposer à ce point de vue (dit pessimiste) et ils s'efforcent de prouver par tous les moyens l'élévation de la portée du marché en question à cette dernière époque.

Il est inutile d'expliquer ici que, tout au contraire, le développement du commerce stable et sédentaire au détriment du commerce forain est un progrès incontestable et positif dans l'histoire de toute économie nationale ; l'augmentation et l'extension des marchés de foire ne peuvent être un indice de progrès que dans les périodes primitives de la vie économique, périodes auxquelles les perfectionnements techniques et économiques de la vie contemporaine sont parfaitement étrangers. On ne pourrait accuser cette vérité d'être le produit de quelque doctrinarisme économique que ce soit[239]).

Elle se confirme autant par l'expérience historique que par les considérations théoriques. Toutes les foires autrefois florissantes et qui ont représenté des centres de commerce considérables, sont tombées dans l'Europe occidentale (depuis le XVIII[mo] siècle) et ont été remplacées par des centres de commerce permanents et par des entrepôts. Et cette décadence des marchés forains doit être acceptée comme un fait non-seulement historiquement indispensable, mais encore comme une circonstance favorable aux progrès économiques; entre autres conditions du commerce de foire, défavorables à ces progrès, et la stérilité de la dépense des forces et des capitaux, comparativement au commerce sédentaire, nous indiquerons ici l'élément du hasard, inhérent au commerce de foire; cet élément se mêle ici à toutes les relations de la demande et de l'offre et à tous les mouvements des prix[240]). Cet élément se réflète d'une manière funeste, sur toute la marche de notre commerce intérieur qui est déjà exposé, sous l'influence de beaucoup d'autres circonstances, à des mouvements irréguliers.

---

239) W. Roscher se prononce dans ce sens; il base tous ses résumés généraux sur des faits historiques en même temps il pourrait, dans le nombre des économistes contemporains, être accusé moins que personne, de doctrine abstraite voy. W. Roscher, National-Oekonomik des Handels und Gewerbefleisses. Stuttgard 1861, III Kap. Sinken der Messen, p. 125). De même Coquelin et Guillaumin, Dictionnaire de l'Économie Politique («Foires» par E. Duval).

240) Voy. les détails dans l'Appendice III. ch. IV.

Nous remarquons déjà le déclin du commerce de foire en Russie, depuis le perfectionnement des voies et moyens de communi-
tion, de l'augmentation de la population, de la modification des
coutumes commerciales. Ce fait est surtout saillant dans l'Ukraine
(la petite Russie): ses petites foires deviennent désertes depuis
quelque temps et tout le trafic de foire, qui, récemment encore,
circulait d'un endroit à l'autre, dans le cours de toute l'année,
se concentre et s'assiet à Kharkof. Cette ville a englouti toutes
les foires de l'Ukraine et devient de plus en plus l'entrepôt permanent de toute la contrée.

Malgré tout ce que nous venons de dire, il est impossible de
nier que les conditions physiques et économiques de notre pays
favorisent encore à un certain degré le commerce forain et entravent le commerce régulier; ces conditions ne peuvent se changer
rapidement, dans un avenir prochain, et elles soutiendront
longtemps encore nos foires, et particulièrement, celle de Nijnii-Novgorod. Toutes ces conditions peuvent se modifier, plus
lentement que partout ailleurs, dans l'Orient, qui constitue
un élément si essentiel du marché de Makary. Les éléments
asiatiques, qui se mêlent jusqu'aujourd'hui chez nous aux coutumes commerciales européennes, même dans l'intérieur de la Russie[241]), sont particulièrement puissantes dans sa partie orientale
et à la foire de Makarief. Il se passera bien du temps avant que
la population devienne compacte, non-seulement en Sibérie, dans
la Russie d'Asie, mais encore sur nos limites orientales, aux confins de l'Europe; il se passera bien de temps encore avant que
les centres de commerce locaux s'y affirmissent et que les chemins de fer, qui réunissent tous les liens de notre production intérieure aux marchés orientaux et asiatiques, se multiplient, conditions indispensables pour qu'un commerce permanent et régulier
puisse complètement remplacer le commerce de foire. L'extension de nos domaines en Asie a déjà produit son effet sur le développement du commerce avec l'Asie (l'importation des produits

---

241) Il faut observer qu'en général, le commerce forain n'existe plus dans la
Russie occidentale, dont toutes les conditions favorables à ce genre de commerce
sont beaucoup plus faibles qu'en Orient.

asiatiques) à la foire de Nijnii-Novgorod, et cet effet peut considérablement s'accentuer, dans un avenir prochain. La construction de la principale ligne de fer, qui doit réunir l'Occident à l'Orient, — la ligne de Sibérie (de Nijnii-Novgorod au système de l'Obi, Tiumène), cette nouvelle voie elle-même n'affaiblira pas de sitôt le marché de Makary.[242]). Tout d'abord, cette ligne ne réunira Moscou et la Russie-Centrale qu'à quelques parties occidentales de la Sibérie (il ne faut pas encore songer à la prolongation de cette ligne vers l'Orient, jusqu'à Irkoutsk); ensuite, les communications d'eau conserveront encore longtemps, si ce n'est toujours, leur prépondérance dans le transport des marchandises de l'Orient, de l'Oural et de l'Asie[243]).

C'est ainsi que, bien qu'on puisse supposer l'affaiblissement à venir de la *portée relative* de la foire de Nijnii-Novgorod, comme organe de l'approvisionnement des marchés intérieurs locaux (voy. plus haut), et quoiqu'on doive prévoir le développement ultérieur de Moscou et d'autres centres commerciaux permanents, cependant, le développement *absolu quantitatif* de cet immense marché peut encore se prolonger fort longtemps. En dehors du commerce asiatique et oriental (particulièrement sous le rapport de l'importation des marchandises asiatiques) Nijnii-Novgorod peut encore très longtemps conserver son rôle comme entrepôt et comme marché temporaire à l'embouchure de l'Oka, au centre principal de toutes nos communications par eau et dans le voisinage de Moscou, du nœud de toutes nos lignes ferrées. Sa situation lui assure son importance pour toujours (si le port, dont la construction est projetée, réunit les conditions nécessaires à un entrepôt solide, et garantit la conservation des marchandises, voyez plus haut). Après cela, le marché de Makary gardera pour longtemps, si ce n'est pour toujours son caractère de *bourse temporaire* (voyez plus

242) Voy. l'importance de cette ligne pour la foire de Nijnii-Novgorod, *N. N. Ovsiannikof*, le rapport du transit de Sibérie à la foire de Nijnii-Novgorod, et A. C. Gatzissky, esquisse de l'activité industrielle du Gouv. de Nijnii-Novgorod, liée à la question de l'érection du chemin de fer de l'Oural et de Sibérie (Recueil du comité statistique du G-t de Nijnii-Novgorod, T. IV, 1871).

243) Ainsi, le chemin de fer d'Orenbourg n'a nullement amoindri le commerc de l'Asie Centrale à la foire de Makary.

haut) pour notre commerce intérieur et oriental, pour Moscou et les vastes espaces commercialement sub ordonnés à la région industrielle de Moscou; ce caractère de bourse comme nous l'avons déjà dit, s'est remarquablement affirmé ici à une époque récente et promet de se développer encore dans l'avenir.

Si des lieux de foire dans les pays commerciaux les plus avancés de l'Europe occidentale (par exemple Leipzig et Francfort) ont longtemps conservé leur importance commerciale, même après l'annulation du commerce forain proprement dit, s'ils ont conservé même jusqu'à présent cette importance, surtout pour les réunions périodiques des commerçants[244]) (dans le but de l'établissement des prix, des liquidations pour une époque écoulée, des commandes à venir, de la vente sur échantillons, etc.), il y a tout lieu de croire, que la partie ayant trait à la bourse, indiquée plus haut, de notre principal marché forain peut non-seulement se prolonger, mais encore s'étendre, à un degré beaucoup plus élevé, favorisée par les conditions de la nature et de la culture de la Russie.

La question de l'avenir de la foire de Nijnii-Novgorod n'est, pas, comme on pourrait le croire, une question tout-à-fait oiseuse puisque l'intérêt, fort pratique du moment, se concentre sur les constructions, qui emportent constamment des capitaux considérables. L'organisation de la foire exige chaque jour de nouvelles dépenses. Les gens, qui prévoient sa décadence, doutent de la productivité de ces dépenses. Mais, après tout ce que nous venons de dire, et selon toute probalité, les capitaux placés dans les constructions ne courent aucun risque, dans un avenir prochain.

Nous devons joindre à l'esquise que nous venons de tracer du mouvement général de la foire de Nijnii-Novgorod, quelques remarques sur différents faits, caractérisant le commerce et la vie de foire à nos jours. Presque tous les faits nouveaux ont pris leur origine dans les années soixante, à l'époque, à laquelle nous rapportons le changement le plus radical dans le caractère et dans toute l'organisation extérieure de la foire. Pres-

---

244) Voy. W. *Roscher*, National-Ockonomik des Handels etc. pp. 126—180.

que tous ces faits sont décrits dans l'Appendice III, et sont basés sur nos observations de l'année 1864; quelques-uns d'entre eux sont déjà mentionnés plus haut, de sorte qu'il nous reste peu de chose à y ajouter.

Le fait le plus essentiel du développement récent de la foire, par rapport à toute notre économie nationale, fait que nous avons observé depuis longtemps (voyez l'Appendice III) — c'est l'augmentation constante du nombre des petits commerçants locaux en détail qui viennent s'approvisionner ici de marchandises pour la consommation locale et qui les reçoivent des *premières mains*, en évitant leurs commerçants locaux en gros et leurs propres centres commerciaux par l'intermédiaire desquels tous les petits commerçants se fournissaient autrefois, dans les régions environnantes. Ce fait, qu'on pourrait qualifier de «démocratisation de la foire et du commerce», tient à tous les perfectionnements des communications et du crédit; il est lié à tous les progrès de l'économie nationale, à la décadence des centres commerciaux locaux et secondaires que nous avons mentionnée, à l'élévation économique générale des masses et au développement du commerce dans les centres commerciaux les plus insignifiants, même dans les bourgs et les villages (voyez plus haut, chap. II). Ce fait s'accuse constamment et continuera de s'accentuer; il restreint le nombre des intermédiaires commerciaux et réduit partout les prix des marchandises destinées à la population locale des contrées éloignées.

Passons de la principale fonction de la foire (sous le rapport de l'approvisionnement de l'intérieur) à une autre de ses fonctions d'un plus grand intérêt encore,— à son commerce asiatique. En somme, le développement de ce commerce à été fort sensible, dans l'espace de ces dix dernières années et depuis que nos possessions se sont étendues en Asie, notre commerce avec l'Asie-Centrale[245] s'est considérablement accru; mais c'est l'augmentation du nombre des commerçants venus du Caucase, des contrées limitrophes de ce pays, de la Turquie d'Asie, de la

---

245) Voy. *Petrovsky*, Matériaux de la statistique commerciale du Turkestan, jusqu'en 1873. Notre commerce s'est accru depuis cette époque.

Perse, qui se fait surtout remarquer dans ces dernières années (depuis la dernière guerre). Les Arméniens de Batoum et de Kars sont particulièrement nombreux.

Des gens fort au courant des affaires commerciales nous ont assuré que généralement le trafic avec les peuples de l'Asie-Centrale (les Boukhares, les Khiviens) nous était plus avantageux que le commerce avec la Turquie d'Asie et avec la Perse; les négociants de ces dernières contrées achètent beaucoup moins de marchandises que les premiers et emportent particulièrement notre monnaie sonnante en échange de leurs produits, bien que l'achat des marchandises pour Batoum et Kars ait considérablement augmenté. Si nous devons désirer en général, que le débit de nos marchandises prenne la plus grande extension possible sur les marchés asiatiques, qui présentent les conditions les plus naturelles et les plus puissantes au développement futur de notre production manufacturière, ce désir doit surtout s'étendre actuellement sur les contrées limitrophes du Caucase et de la mer Caspienne. C'est ici que nos productions ont à soutenir la concurrence des produits de l'Europe occidentale (de l'Angleterre), qui ne nous présente plus aucun danger sur les marchés de l'Asie Centrale. Les efforts nombreux tentés par nos fabricants dans ces derniers temps pour rivaliser avec les marchandises de l'Europe occidentale, sur les marchés de l'Asie, ont parfaitement réussi; c'est ainsi que nos fabriques d'articles en coton se sont emparées d'échantillons anglais; leurs produits ne le cèdent en rien aux produits anglais, ils les surpassent même et ne sont pas plus chers. Cependant, nous avons encore beaucoup à faire sous ce rapport [246]. Nous avons tous les moyens d'étudier les propriétés et les exigences des marchés asiatiques les plus voisins de notre pays et d'y conformer la production de nos fabriques. Nous savons par expérience, combien les efforts raisonnables et énergiques, dirigés vers ce but, peuvent réussir. Citons, par exemple,

---

246) Tout ce que nous disons ici, par rapport à différentes branches de commerce et d'industrie, s'adresse particulièrement à leurs rapports avec la foire de Nijnii-Novgorod. Notre revue des fabriques, nous fournira, plus tard, l'occasion de communiquer des notions plus détaillées sur les diverses productions industrielles.

le commerce de A. A. Titoff, à la foire de Nijnii-Novgorod. Les marchandises de cette maison — des étoffes en soie et particulièremens en demi-soie (des tissus mélangés) destinés à des costumes d'hommes et de femmes — se commandent expressément aux petits fabricants (des gouvernements de Moscou et de Vladimir) d'après des dessins soigneusement étudiés et composés, conformément aux coutumes et au goût de chaque contrée (la Boukharie, la Perse, le Caucase et a. d. s.). Tous ces tissus sont fort curieux; on est frappé de leur bon marché surprenant, comparativement à leur éclat, à l'effet auquel ils visent et qu'ils doivent produire sur les Asiatiques. Le bon marché extraordinaire des produits de nôtre petite industrie est assez connu, mais il attire encore l'attention dans le cas présent. Nous pouvons particulièrement tirer parti de ce bon marché, inaccessible aux fabricants de l'Europe occidentale; les marchés asiatiques ne sont pas exigeants sous le rapport de la qualité du tissu et de la véritable élégance (européenne) des marchandises. Cependant, il ne faut point perdre de vue cette connaissance particulière de l'affaire aidée, non-seulement de notions pratiques, mais aussi *scientifiques* (sous le rapport de notre industrie, tout comme sous celui des marchés asiatiques), qui préside au commerce de la maison en question. Malheureusement, cette *force* de la science et de la civilisation se perd ordinairement de vue dans tous les jugements que l'on porte sur les difficultés que rencontrent nos commerçants et nos producteurs dans leur concurrence avec les manufacturiers et les commerçants de l'Europe occidentale.

Il était fort désagréable d'apprendre de la bouche de nos négociants, qui se plaignaient de l'insuffisance du débit de nos productions sur les marchés du Caucase et d'au-delà de la Caspienne, que les marchandises de l'Europe occidentale pénétrassent en contrebande (particulièrement par le Caucase) même chez nous; il est de notre devoir, en général, de relever les plaintes amères du monde commercial contre le développement récent de la contrebande, plaintes que nous avons eu l'occasion d'entendre pendant nos dernières visites à la foire et à d'autres centres commerciaux. Les abus de la douane, découverts dans la suite, ont confirmé, à un certain degré, le bien fondé de ces plaintes. Il n'est pas de protection légale de tarif qui soit en état d'indemniser l'industrie et le commerce régulier de ce mal qui leur occasionne plus de pertes, que ne pourrait lui en causer le tarif le plus bas.

Bien qu'ayant l'intention de nous étendre, plus loin, sur les branches isolées du commerce, nous devons mentionner ici celle d'entre elles qui, liée au commerce asiatique et se concentrant au marché de Makary, a, de longue date, constitué son attribut spécial et y a joué naguère le premier rôle, — nous voulons dire, le commerce de thé de Kiakhta. L'organisation de ce commerce historiquement établi de longue main, fort originale dans ces détails, a été traitée en détail dans notre Appendice III. Nous avons pris pour base les études faites par nous en 1864, avec le secours des participants de cette affaire. Nous y avons indiqué tous les intérêts économiques, variés et compliqués de notre industrie et de notre commerce qui en dépendent. Ces études étaient particulièrement intéressantes à cette époque, puisque c'était le moment où se déclarait la crise de ce commerce, crise occasionnée par l'admission de l'importation du thé de Canton (depuis 1862), c'est-à-dire du thé qui suit la voie de mer et qui nous arrive des ports orientaux de la Chine (aujourd'hui des régions méridionales de ce pays, par Chankhoï) après avoir traversé l'Europe. Toutes les diverses conditions économiques (surtout nos conditions *intérieures*), dont devait dépendre le développement ultérieur de cette crise, c'est-à-dire la concurrence de l'importation de Kiakhta ou de l'importation par caravane et de l'importation par mer, s'étaient déjà montrées à l'époque où nous les avions indiquées (voyez l'Appendice III). Quelques questions économiques, générales et fort essentielles à notre économie nationale, sont liées à l'analyse de cette crise, en dehors de la question du thé de Kiakhta (par exemple la question de notre papier monnaie celle de son influence sur le commerce du thé, la question de l'échange de nos produits manufacturés contre le thé, et la question de la concurrence de ces marchandises avec celles de l'Europe occidentale sur les marchés de la Chine); toutes ces questions ont conservé jusqu'à présent leur importance théorique. Voilà pourquoi, après avoir rectifié nos études de 1864, par de nouvelles observations, nous les plaçons en entier dans notre Appendice III. L'organisation du commerce de thé de Kiakhta que nous y décrivons, ne s'est point altérée jusqu'à ce jour dans ses traits principaux. Nous n'enregistrerons ici que quelques faits nouveaux, caractérisant sa situation actuelle.

La crise du commerce de thé de Kiakhta, qui s'est déclarée dans le commencement des années soixante, continue jusqu'à présent dans la même direction, en dépit de déviations et d'oscillations temporaires, c'est-à-dire, que l'importation du thé de Kiakhta a cédé de plus en plus à l'importation par mer; elle a de plus en plus manifesté son infériorité dans la lutte avec cette dernière, quoique la consommation et la vente du thé, en Russie (comme dans le monde entier), se soient excessivement accrues dans ce laps de temps. Avec toutes les oscillations éventuelles, d'une année à l'autre, de la quantité de thé de Kiakhta importé à la foire de Nijnii-Novgorod — son principal marché de la Russie d'Europe, — avec toutes les oscillations des prix du thé, cette quantité n'a cessé de tomber dans le cours de ces vingt dernières années. Elle a atteint son minimum en 1881, — quinze mille pouds, bien que trente mille pouds aient été importés en 1880. Les négociants en thé augurent de ce mouvement persistant la fin prochaine du commerce de thé de Kiakhta. Quelques gros commerçants de Sibérie ont même entièrement renoncé à l'importation de ce thé.

Le commerce de thé de Kiakhta tombe en décadence, sous l'influence de deux causes: d'abord, le bon marché relatif du thé de Canton, c'est-à-dire, le prix peu élevé du transport par mer, en comparaison du transport par terre [247]), et ensuite, — la baisse continuelle de la demande de nos marchandises, en Chine, marchandises qu'on échangeait autrefois contre du thé. L'effet de la première de ces causes s'est accentué à un degré excessif, après l'ouverture du canal de Suez; le thé, expédié des ports orientaux de la Chine par quantités énormes, prend maintenant cette route,

---

247) Et peut-être aussi le prix comparativement moins élevé de l'achat de ce thé qui provient des régions méridionales de la Chine? Cette circonstance ne nous a point été expliquée.

arrive directement à Odessa, et évite le voyage de circumnaviga-
tion qu'il faisait autrefois. L'effet de la seconde de ces causes,
qui s'est manifesté depuis longtemps (voyez l'Appendice III) est
devenu constamment plus sensible en raison du renchérissement
de toutes nos marchandises (particulièrement sous l'influence de
la baisse du prix de notre argent, c'est-à-dire de notre papier-
monnaie, de la hausse générale de prix de tout ce que nous ache-
tions par son moyen), et de la concurrence que les marchandises
de l'Europe occidentale et de l'Amérique nous opposaient sur les
marchés chinois. L'accès que les étrangers se sont acquis vers
les voies et les points commerciaux de la Chine, que nos marchandises n'atteignent qu'au prix de grandes difficultés, a considérablement augmenté cette concurrence. L'ancienne importance
de Kiakhta, où les Chinois se fournissaient principalement de
marchandises européennes (russes), n'existe plus depuis longtemps
La baisse constante de notre trafic d'échange à Kiakhta, le développement de l'achat du thé avec des espèces sonnantes,
le renchérissement de ces dernières en Russie (c'est-à-dire
l'élévation de leur prix en monnaie de papier) ont rendu le
commerce de Kiakhta de moins en moins avantageux à nos marchands. Ils peuvent même compter, dans cette période de vingt
ans, des années où il ne leur a apporté réellement que des
pertes. Dans tous les cas, la modification des prix de nos marchandises, achetées pour être échangées contre du thé (voy. plus
bas), l'influence des ébranlements des prix, produits par les émissions du papier-monnaie, les élévations brusques et imprévues que
la même cause produit dans les prix de la monnaie sonnante (ou
l'agio) qu'on achète à la foire de Nijnii-Novgorod pour Kiakhta,
ont exposé ce commerce, de plus en plus, au hasard et à des
éventualités (voyez plus bas) qui excluent les calculs des opérations commerciales régulières et éloignent les commerçants sérieux.
Les hausses momentanées de nos cours de change étrangers elles-
mêmes ont causé des déficits imprévus aux marchands de thé;
par exemple ceux qui ont acheté du thé à Kiakhta, dans la période du cours inférieur, en 1881 (c'est-à-dire au moment de la
baisse de nos billets de crédit et du renchérissement relatif du
thé), ont essuyé des pertes semblables à l'apparition dans le com-

merce d'un thé acheté postérieurement, à un prix moins élevé et pendant l'élévation du cours.

Néanmoins, l'importation du thé de Kiakhta à la foire de Nijnii-Novgorod et par son intermédiaire dans toute la Russie d'Europe, se soutient encore comme se soutient le goût de ce thé ; il est même douteux que la demande de ce thé s'interrompe bientôt, se vendît-il même plus cher que celui de Canton. Avouons, que cette question : en quoi les qualités du thé de Kiakhta surpassent-elles celles du thé de Canton? — est jusqu'à ce jour une question obscure que nos nombreuses recherches et nos questions adressées aux individus les plus compétents sous ce rapport, n'ont pu éclaircir pour nous. Nous n'avons jamais obtenu d'eux que des réponses ambiguës. Nous supposons même que cette question est obscure pour ces individus eux-mêmes, tout comme pour les participants directs du commerce de Kiakhta, pour les Sibériens[248]). La supériorité du thé de Kiakhta ou du thé de caravane (du thé amené par terre) en comparaison du thé de Canton, s'explique-t-elle par la différence des conditions physiques (du sol et du climat?) des contrées qui fournissent tel ou tel thé, ou bien seulement par la différence des procédés de leur préparation (de leur séchage?)[249])? Les gens les plus compétents s'en tiennent généralement à cette dernière opinion.

Au reste, la question du thé de Kiakhta, naguère la plus brûlante dans notre monde commercial, et surtout à la foire de

248) Nous voyons dans ce cas, l'exemple d'un triste fait assez général dans notre pays: la majorité de la classe marchande ne suit dans ses affaires, que la routine, un empirisme grossier, et se passe de toute espèce de notions précises dont elle aurait conscience, et qui sont possibles seulement au moyen de quelques études.

Quelques-uns de nos plus gros négociants en thé n'ont que les idées les plus confuses sur les conditions de la production et du commerce de thé en Chine, sur la position géographique de ce pays, etc. Outre la supériorité du thé de Kiakhta, une quantité d'autres questions relatives au commerce de thé, restent obscures, en dépit d'une littérature russe assez complexe sur ce sujet.

249) Des personnes fort entendues en la matière nous ont dit que le thé, préparé pour être envoyé par terre, se sèche beaucoup moins et conserve par conséquent beaucoup plus d'essence et d'arôme que le thé soumis à un séchage beaucoup plus fort, pour l'expédier par mer. Cela explique, soi-disant, la raison par laquelle le thé qu'on importe maintenant, en grande quantité (voy. plus bas) par Kiakhta des provinces du Sud et du Sud-Est de la Chine (de Khankaou et de Changhaï) ne possède point les qualités du véritable thé de Kiakhta (c-à-d., de

Nijnii-Novgorod, a perdu aujourd'hui tout son intérêt. Nos négociants, les participants directs du commerce de Kiakhta eux-mêmes, se sont entièrement résignés à sa décadence inévitable et à la prépondérance inéluctable du thé de Canton. Ce fait nous sert d'exemple instructif, — le temps, c'est-à-dire ce qu'on appelle la force des choses, — l'effet des lois naturelles et historiques de l'économie universelle, — guérissent insensiblement des plaies qui semblaient incurables. Un des principaux dangers dont les adversaires de l'importation du thé par mer menaçaient nos intérêts nationaux économiques, — la transmission du commerce de thé des mains russes en mains étrangères, — s'est montré entièrement illusoire (comme nous l'avons, du reste, prévu en 1865, voy. l'Appendice III). Non seulement, les marchands russes sont maintenant les principaux agents du commerce du thé de Canton, en Russie, mais les principaux ci-devant acheteurs du thé de Kiakhta, les marchands de Moscou et de Makary font maintenant beaucoup plus le commerce du thé de Canton que de celui de Kiakhta; de plus, les maisons de commerce russes et les producteurs de thé russes, à Changhaï et à Khankaou[250]) se sont introduits en Chine et y font, le commerce du thé; ils l'expédient par mer dans leur pays et se servent même, dans ces derniers temps, de navires russes. Un fait assez curieux se produit ici : le thé de Khankaou, aussi nommé thé de Canton (préparé pour le transport par mer), prend depuis quelque temps, en quantités énormes, la route de terre, par Kiakhta, et trouve ses chalands parmi les commerçants russes de Kiakhta et les Sibériens[251]). Ce fait, assez étrange à première vue, si l'on prend en considération la cherté du transport par terre et la durée du voyage à

---

celui qu'on prépare exprès pour l'expédier par Kiakhta). On se demande pourquoi les procédés de préparation du thé ne pourraient être changés? On explique cette question par les habitudes des producteurs locaux chinois, habitudes prises de longue date, et par leur routine. Mais il nous reste encore une question à poser: pourquoi les procédés de préparation ne peuvent-ils être changés, par nos commerçants, depuis qu'ils ont établi leurs propres plantations de thé en Chine?

250) Toute une colonie russe s'est établie à Khankaou, après l'admission du thé de Canton. Quatre grandes maisons de commerce s'y sont établies.

251) C'est ainsi qu'un de nos plus gros commerçants en thé de Kiakhta (peut-être même le plus considérable) qui importait autrefois annuellement pour plus de 8 millions de roubles de thé, n'importe plus de Kiakhta, *que du thé de Canton.*

travers la Chine jusqu'à Kiakhta, en comparaison du transport par mer, s'explique par la notable différence qui existe, entre le droit de douane que le thé paie sur notre voie par terre (15 cop. sur la livre) et le droit qu'il paie lorsqu'il arrive par mer, c'est-à-dire, à toute notre frontière européenne (48 cop. en or); cette différence de droit, qui est, du reste, essentiellement variable, vu les oscillations du cours de change ou de l'agio sur la monnaie sonnante, peut quelquefois couvrir les frais du transport par terre, qui, de leur côté, sont aussi fort changeants.

Un autre grand danger, dont on menaçait notre industrie manufacturière et la balance de notre commerce international en raison de l'importation du thé de Canton, — le paiement en argent et non en marchandises qu'on acceptait en échange du thé de Kiakhta — a aussi perdu toute sa valeur, puisque le débit de nos productions à Kiakhta a considérablement périclité, indépendamment de l'importation du thé de Canton, ainsi que nous l'avons dit plus haut. Il suffit de dire, qu'il y a de cela vingt ans, nous vendions annuellement pour vingt-deux millions de roubles de mardises à Kiakhta et que nous n'en vendons aujourd'hui que pour un million et demi à peine, pour donner une idée du degré excessif de la décadence de ce trafic. En 1879, le total de la somme employée à l'achat de marchandises à Kiakhta atteignait environ 18 millions, les nôtres avaient été vendues pour 1 million 800,000 roubles. Nos marchands de Kiakhta gardent quantité de nos marchandises non vendues, qui se sont accumulées dans l'espace de ces quelques dernières années. Ces marchandises eussent pu être échangées contre du thé de Canton, c-à-d. du thé importé par mer ou plutôt, acheté dans les régions méridionales et orientales de la Chine, à Khankaou et à Changhaou, d'autant plus que des maisons russes y mènent directement leur commerce de thé et que les navires russes entrent dans les ports chinois; dans les premières années de ce commerce, nos marchandises (par ex. le drap[252]) s'y vendaient, mais plus

---

[252] Par exemple, le compte rendu commercial, imprimé par M. Ponamaref (le commerçant russe le plus considérable à Khankaou), nous apprend que le débit de notre drap y est constamment tombé de 1867 à 1875. Le même fait, à un plus grand degré, s'est répété depuis 1877.

tard, elles durent céder à la concurrence écrasante des marchandises européennes (anglaises, allemandes, françaises et américains) qui (comme on l'a dit), bien qu'inférieures à nos produits, convenaient mieux au goût des Chinois (?). Les causes de cette concurrence sont tout-à-fait étrangères au commerce du thé et trouvent leur source dans notre production manufacturière elle-même et dans toutes les conditions de notre économie nationale[253]).

Malgré la décadence du commerce de Kiakhta, le commerce et la consommation de thé se sont excessivement développés en Russie, dans ces vingt dernières années; ce commerce s'est même élevé à la foire de Nijnii-Novgorod, où il se vend maintenant beaucoup plus de thé de Canton que de Kiakhta. L'extension de la somme des avantages et des bénéfices que nos commerçants retirent de cet article, a accompagné l'augmentation de la quantité de thé vendu; en même temps, les acheteurs et les consommateurs, qui l'acquièrent à des prix moins élevés, ont considérablement gagné de leur côté. Ces prix, surtout ceux des qualités inférieures, n'ont jamais existé autrefois, et sont maintenant nominalement inférieurs à ce qu'ils étaient il y a vingt ans; ils sont même plus bas encore en réalité, si l'on prend en considération la dépréciation de notre papier-monnaie et le renchérissement de toutes les marchandises. Du reste, ce commerce en général, s'élève constamment par les qualités inférieures, comparativement aux qualités supérieures (de fleur). Le nombre des personnes qui s'occupent du commerce de thé, surpasse de beaucoup celui d'autrefois. Les plus petits commerçants locaux (de ville), les marchands au détail, achètent aujourd'hui leur thé des premières mains, à la foire, et le nombre des premières mains s'est élevé, relativement à leur nombre limité (celui des commerçants qui apportent leur thé directement de Kiakhta[254]) d'autrefois. (Voy. l'Appendice III).

---

253) Nous devons dire encore que la contrebande qui, soi-disant, nuit particulièrement, au commerce de thé, est liée au thé de Canton, selon l'opinion du monde commercial. Ce thé s'est souvent vendu à un prix si modique, qu'il n'était pas possible d'admettre que les droits de douane eussent été payés.

254) L'organisation du commerce de thé à la foire, décrite dans l'Appendice III, s'est quelque peu modifiée, en ce sens que maintenant, l'évaluation définitive du thé, à son passage des premières mains aux secondes et à sa vente en une seule

Mais ce commerce s'est développé partout, indépendamment de la foire de Nijnii-Novgorod. La décadence du trafic de Kiakhta est amplement compensée par le développement de notre commerce de thé dans les vingt dernières années, et par l'extension de ses centres à tous les confins de la Chine et à l'intérieur de ce pays, bien que nous pussions désirer de plus grands progrès encore, surtout sous le rapport de l'exportation de nos marchandises. Le développement de notre commerce sur les limites orientales et septentrionales de la Chine est désirable au plus haut point; mais il demanderait, outre la réduction du prix de nos articles de manufacture, le développement de nos propres moyens de transport (notre flotte volontaire est, en quelque sorte, le premier jalon de ces moyens de transport)[255] En définitive, peut-on douter des grands progrès que notre commerce en Chine a faits dans l'espace de ces vingt années? Concentré jadis dans la seule ville de Kiakhta, il s'est étendu aujourd'hui à toutes les limites du Céleste l'Empire et a même pénétré dans ses provinces intérieures. Rien de semblable ne s'est vu autrefois. Dans ce cas, comme dans beaucoup d'autres, — et selon les habitudes de notre société, — on ne veut point voir là les progrès positifs, parce que on désire de plus grands encore. D'après l'opinion d'étrangers fort compétents[256], le commerce de thé russe tient un rang fort honorable dans le commerce du thé universel, — un rang sans contredit beaucoup plus notable que celui qu'il y occupait, lors-

opération à ces dernières, ne s'effectue plus comme autrefois. Il se vend pendant le cours de toute la foire, en différentes quantités et à différents prix. Le fait qui se produit dans toutes les autres branches se manifeste ici (et c'est un progrès): plus de capitaux, plus de concurrence, moins de pression de la part des grands capitaux.

255) En dehors de la littérature générale sur la foire et les sources des renseignements sur le commerce de thé que nous avont indiquées dans l'Appendice III, voy. encore: L'Article de la gazette «Moscou» 1867, № 68; *Nosskof*. Commerce de Kiakhta (cet ouvrage exprime des espérances qui ne se sont point réalisées); des notes sur le commerce de Kiakhta, imprimées à Troïtzkossawsk; «Renseignements commerciaux sur le marché de Khanekaou», publiées à Khanekaou; *Skatchkof*, sur notre commerce avec la Chine; de plus une quantité de petits articles que contennent nos journaux de ces vingt années.

256) Voy. entre autres l'article sur le commerce du thé dans la «Zeitschrift für gesammte Staatswissenschaft, 1880, 2 H.».

que toute cette affaire se bornait à Kiakhta. Observons en passant, que les vingt années qui viennent de s'écouler, ont produit
une révolution complète, non seulement dans notre commerce
de thé, mais encore dans le commerce universel, ce qui doit
nous faire apprécier nos progrès encore davantage. Le commerce
et la consommation du thé se sont prodigieusement accrus dans
le monde entier. Le changement que nous avons mentionné, provient de plusieurs causes (entre autres l'ouverture du canal de
Suez), qui ont excessivement augmenté l'importance de Londres,
comme principal centre universel et comme entrepôt du commerce en question; nous entendons ici les thés des Indes Orientales et du Japon[257]) qui n'existaient point autrefois, qui font
aujourd'hui une concurrence sérieuse au thé de la Chine, et qui
peut-être pénétrent dans la Russie, par l'intermédiaire de mains
étrangères.

Communiquons encore quelques faits qui, d'après nos observations de ces dernières années, ont une certaine importance
sous le rapport du caractère de la foire et de notre commerce à
une époque récente.

La réduction graduelle de l'importation des objets de luxe,
exclusivement conformes au goût et aux moyens des classes élevées, est fort remarquable, comme fait général. Cette circonstance cependant ne contredit nullement l'amélioration générale
des productions de fabriques, ni le débit des qualités supérieures
(bien qu'ordinaires) de ces produits, comparativement aux qualités inférieures, débit qui s'est particulièrement fait sentir dans
ces dernières années. Outre la démocratisation générale du commerce et de l'industrie qui, de plus en plus, produit des marchandises à bon marché, destinées à la majorité, aux masses, il
faut chercher la cause du fait mentionné, dans la décadence du
commerce en détail à Makary (c-à-d. de l'achat direct des consommateurs), et surtout dans la décadence du commerce qui se
faisait pour les classes élevées (la noblesse provinciale). Ce fait
(indépendamment de la ruine de la noblesse, qu'on cite ordi-

---

257) Voy. l'article de la «Zeitschrift für Gesammte» etc. indiqué plus haut.

nairement dans ce cas) provient du développement des centres
commerciaux locaux, qui affranchissent le public de la nécessité
d'aller personnellement faire ses achats aux foires et de s'y pourvoir des objets qui lui sont nécessaires dans le cours de toute
l'année; il s'explique aussi par la facilité des nouvelles communications qui rapprochent nos régions les plus reculées, de Pétersbourg, de Moscou, des grandes villes, des pays étrangers, et
des centres qui offrent un grand choix d'objets de luxe, de meilleure qualité et à meilleur marché que ne peuvent le faire les
foires. Nous connaissons cependant une exception notable à tout
ce que nous venons de dire sur les objets de luxe: c'est une augmentation considérable dans le débit des articles en or et en argent. Le principal commerçant de foire, dans cette branche,
nous a fourni des renseignements précis sur ce sujet. Et encore
ce fait peut-il ne pas être une exception, puisqu'il se rapporte
comparativement aux qualités inférieures de cette branche (particulièrement aux ustensiles et aux ornements d'église), dont le
débit satisfait de même aux exigences du plus grand nombre, et
non aux articles de travail fin (comme par exemple, les ouvrages de Sazikof, d'Ovtchinnikof, de Khlebnikof), qui ne se vendent pas du tout à la foire de Makary[258]). La décadence du
commerce en détail ou de la vente aux consommateurs se manifeste surtout clairement dans le fait suivant: les marchands de
la ville de Nijnii - Novgorod, autrefois principaux agents du
commerce en détail à la foire, n'y transportent plus leur commerce; ils trouvent que les frais de transport et de l'installation des boutiques même à une si petite distance du lieu
de leur commerce permanent, ne sont plus compensés aujourd'hui. Le plus grand nombre des magasins de la ville se fer-
maient autrefois pendant la durée de la foire, tout le commerce
se transportait à la foire; ces magasins restent presque tous
ouverts aujourd'hui. Outre le commerce des comestibles, le petit
commerce de l'industrie domestique conserve sa force plus que tout
le reste. Ces petits industriels se réunissent ici (fort patriarcalement

---

258) Tous les articles en ce genre, qui se vendent ici, sont grossiers et entiè-
ement dépourvus de goût (en grande partie les produits de la petite industrie).

13*

avec leurs familles), ils arrivent de loin, particulièrement de la
région industrielle de Moscou, et même d'autres contrées plus
éloignées encore. Notre industrie domestique occupe un rang fort
important à la foire de Makary, et peut être observée ici dans
toute son étendue. Les principaux commerçants de cette branche
ne sont pas les producteurs, mais leurs principaux accapareurs
locaux; le trafic des petits industriels eux-mêmes est insignifiant,
proportionnellement à celui de ces accapareurs. Le principe
d'association ou de coopération aurait pu être appliqué à ce
commerce, mais malheureusement, il a eu aussi peu de succès dans
le commerce (l'expérience appliquée aux produits de Pavlowo [259]),
que dans son application à la production elle-même.

Nous ne pouvons passer sous silence, une activité de la foire,
tout-à-fait particulière, qui se rapporte à ses opérations et à
toutes ses branches, — c'est *l'entreprise du transport.* Cette
affaire a une liaison étroite avec la fonction de la foire, comme
entrepôt, fonction qui lui est garantie dans l'avenir. La centralisation des opérations que demande le transport des marchandises,
contribue au développement de cette fonction à l'embouchure de
l'Oka. Ces opérations se sont de longue date établies à Makary, mais leur organisation a fait dernièrement des progrès re
marquables, sous l'influence de la navigation à vapeur, et des
chemins de fer. Cette organisation a différentes formes, — depuis les capitalistes-propriétaires de bateaux jusqu'aux voituriers et commissionaires villageoises. Ces derniers sont
particulièrement intéressants. La responsabilité des marchandises ou leur assurance (même dans les cas d'incendie) entre
dans les attributions du transporteur. Les marchandises s'expédient à des distances énormes; une grande quantité de produits
circule d'une foire à l'autre et circule entre elles, souvent dans
le cours de toute l'année sur toute la surface de la Russie
d'Europe et d'Asie. De simples paysans arrivés de contrées
lointaines, ne sachant souvent ni lire ni écrire, ne possédant pas le moindre capital, mais ayant des liaisons de mé-

---

259) Nous parlerons de cette expérience intéressante, à la description de Pavlowo.

tier, des connaissances et du crédit par toute la Russie, prennent cette opération compliquée sur leur pleine et entière responsabilité, et se chargent de marchandises pour la valeur de plusieurs millions, sans que les commerçants et les fabricants aient le moindre souci ultérieur de l'affaire. On ne fait aucun contrat, on ne se prémunit d'aucune garantie, et tout arrive à bon port, toute chose atteint sa destination en parfait état et dans le délai convenu; de gros commerçants nous ont dit que les relations avec ces commissionnaires-paysans étaient plus sûres que celles entretenues avec des compagnies d'assurance et de transport. Des cas fâcheux s'y rencontrent très rarement. Un grand nombre de paysans, qui amènent des milliers de chevaux du Gt. de Viatka viennent offrir leurs services à la foire. Ce fait est un des exemples intéressants de ces organisations primitives économiques dans la vie du peuple, qui se soutiennent fermement sans aucune garantie formelle offerte par la loi, et rien que par le mouvement des intérêts économiques naturels et la confiance morale.

Enfin, le caractère de hasard, qui est jusqu'à présent inhérent au marché de Makary, comme à tout marché forain, malgré les progrès récents et considérables de notre commerce régulier, mérite aussi quelque attention. Outre les éventualités de la demande et de l'offre (de la quantité de marchandises apportées et du nombre des vendeurs et des acheteurs), dont dépendent les éventualités et les soubresauts dans le mouvement des prix, qui produisent les bénéfices et les déficits imprévus, — le mystère des marchés, que l'on garde religieusement par tradition, et la coutume tout aussi sacrée de marchander avec tout acheteur et avec tout commerçant, contribuent beaucoup à ce mouvement irrégulier des prix. Cette coutume, contraire à l'ordre d'un commerce régulier et civilisé, produit des prix qui ne se déterminent point par l'influence des relations effectives et générales de l'offre et de la demande, ni par les conditions réelles de la production et des débouchés, mais par les circonstances personnelles, aléatoires, des commerçants, par leur caractère, leur adresse et même leur humeur. Voilà pourquoi la même marchandise se vend dans la même matinée, pendant la

même heure, dans la même boutique ou bien encore par le même
individu, à différents prix, non pas en raison de quelques nouvelles subites sur quelques changements aux marchés, mais
uniquement en conséquence *d'une réussite ou d'un échec quelconque tout* personnels, survenus au milieu des interminables
discussions que vendeurs et acheteurs ont coutume d'entamer
entre eux. A notre grande surprise, nous avons été témoins de
ces manières commerciales primitives, dans des opérations considérables et dans des marchés (en gros) conclus entre des
maisons de commerce de premier ordre [260]. Il est vrai,
que ces manières se soutiennent à la foire, principalement par
les habitudes sauvages des Asiatiques, qui ne peuvent rien
acheter, rien vendre, sans «marchander» quelque connaissance
qu'ils aient des prix; les négociants russes les plus civilisés, sont
forcés de se soumettre à ces habitudes. Ces manières commerciales contribuent au développement de l'élément de l'éventualité et
par conséquent du hasard qui accompagne tout commerce. Pour
donner une idée de ce hasard, qui règne dans tout l'immense
marché de Makary, nous dirons que quelques uns de ses principaux agents, dont il détermine les affaires pour toute l'année,
n'apprennent qu'à la clôture de la foire (selon leurs propres
aveux) si elle leur a apporté un demi-million de bénéfice ou de
déficit; ils n'en ont aucune idée jusqu'au dernier jour (une seule
journée peut renverser toute la marche des affaires après un
laps de temps de six semaines). Beaucoup de choses imprévues se
passent en conséquence de telle ou de telle liquidations d'anciens
marchés de crédit. Les commerçants de la foire ont toujours en perspective des bénéfices *extraordinaires* (et non un profit raisonnable
et sûr), ils y comptent toujours, et, le coeur léger ils se jettent
tête baissée dans des risques extrêmes qui, à leur avis, peuvent
toujours produire des bénéfices éventuels. Ils annulent avec la
plus grande indifférence des centaines de milliers de roubles en

---

260) Dans ces conditions, l'inscription que l'on voit sur les enseignes de quelques boutiques ou de quelques hangars «On fait le commerce ici à bon marché
ou à prix fixe» ne doit point surprendre malgré sa naïveté qui doit frapper à
côté du sérieux des opérations effectuées dans ces endroits. Cependant, on y «marchande» en dépit de l'inscription.

lettres de change douteuses pour ne point s'empêtrer, pour éviter des poursuites judiciaires, lorsqu'ils en ont recouvré le montant par des profits tout aussi exorbitants. Ce caractère est inhérent, à un degré très élevé, à toute notre industrie et à tout notre commerce, et non pas exclusivement à celui de foire. Aussi, les gens de commerce n'exigent-t-ils dans aucun pays de l'Europe occidentale, une norme aussi élevée qu'en Russie du profit industriel (indépendamment des intérêts du capital) qui doit compenser les risques.

La forme des transactions de bourse et la publicité des prix qui y est liée ont une portée très puissante dans le nombre des conditions qui réagissent contre cette direction nuisible du commerce et de l'industrie. Quelque développement qu'ait pris, à une époque récente, le caractère de bourse de la foire de Nijnii-Novgorod, il n'est encore que très peu de ses branches qui se soumettent à l'ordre de bourse (dans le commerce du blé et des produits bruts, en général); la majorité des opérations s'effectue encore d'une façon intime et secrète, et on ne connaît souvent les prix qui s'y sont établis, que longtemps après la foire. Les gens les plus compétents disputent fréquemment et longuement sur les prix auxquels une marchandise, même la plus fondamentale a été vendue, ou bien «s'est écoulée»[261]) même par les maisons les plus considérables.

Passons maintenant à nos observations les plus récentes sur quelques branches *isolées* de l'industrie et du commerce. Nous ne mentionnerons que les faits ayant quelque rapport à la foire; quelques notions plus complètes sur le mouvement de chaque branche de la production industrielle seront émises plus tard, à la description de nos excursions dans différentes localités manufacturières[262]).

Le coton, sous le rapport de la quantité et de la variété, occupe le premier rang à notre foire, comme en général dans

---

261) Nous mettons entre guillemets les expressions techniques (courantes) de notre monde commercial.

262) Nous ne touchons ici qu'aux branches du commerce sur lesquelles nous pourrions communiquer de nouvelles observations. Nous renvoyons le lecteur à l'Appendice III, pour des notions plus détaillées.

toute notre production industrielle. Cette industrie a pris un si grand développement, que la Russie tient aujourd'hui le troisième rang parmi toutes les contrées de l'Europe, sous le rapport de la quantité d'étoupe qu'elle emploie (75 millions de kilogrammes annuellement); elle ne le cède qu'à l'Angleterre (593 millions) et à l'Allemagne (105 millions). Aucune autre branche industrielle n'a atteint une aussi grande force dans notre pays comparativement à l'Europe Occidentale. L'Appendice III communique des renseignements très détaillés sur notre industrie cotonnière et met en relief particulier sa liaison avec la crise, qu'elle a essuyée dans les années 60, sous l'influence de la guerre américaine. Cette crise n'a point perdu de son intérêt; elle a trop contribué aux progrès de notre industrie cotonnière pour que nous puissions jamais l'oublier. Depuis cette époque, l'étoupe asiatique s'est solidement introduite dans notre industrie et sert à des articles de la meilleure qualité (avec des mélanges de l'étoupe américaine) à la confection desquels elle était considérée autrefois comme parfaitement impropre; notre industrie du coton a acquis, en raison des ces circonstances, une assiette et une indépendance du commerce de l'Europe Occidentale, dont elle ne jouissait pas autrefois. En même temps, l'application des étoupes asiatiques a provoqué des perfectionnements techniques, qui ont servi au développement général de cette industrie. L'opinion générale nous met aujourd'hui au niveau des contrées les plus civilisées, sous le rapport même des qualités des nos articles en coton. Aucune de nos autres branches industrielles ne nous offre des progrès aussi continus que celle-ci. De nouvelles machines, de nouveaux perfectionnements, de nouveaux genres de produits, se voient presqu' annuellement dans toutes nos fabriques, de premier ordre. Les découvertes et les inventions de la science ne s'appliquent nulle part aussi rapidement que dans le domaine de cette industrie et nulle autre branche ne présente une concurrence intérieure aussi puissante que celle-là. Le fait notoire suivant, peut donner la mesure des progrès de notre industrie cotonnière: le fil, dont le poud valait $7\frac{1}{2}$ roubles, dans les années 40, vaut maintenant $2\frac{1}{2}$ roubles (et même moins cher si l'on prend en considération la valeur actuelle du rouble). Toutes ces circonstances se dessinent clairement à la foire de Nijnii-Novgorod; c'est là que l'on peut voir, sans exception, tous les genres et toutes les espèces de nos articles en coton, depuis ceux de la plus infime qualité jusqu'aux plus beaux, destinés aux exigences et aux goûts infiniment variés de toutes les classes de la population, et aux différents marchés de l'intérieur de la Russie et de l'Asie. Des tissus perfectionnés sous un rapport ou sous un autre, faisant concurrence aux anciens paraissent ici tous les ans. Les progrès de notre industrie cotonnière s'affirment surtout par le fait remarquable suivant: tous les fabricants (par ex. dans les rayons d'Ivanowo et de Vitchouga) qui ne perfectionnent point leurs produits, n'ont fait que de très modestes affaires dans ces dernières années[263]), puisque même les acheteurs de ces produits destinés aux classes les plus pauvres et à l'Asie, préfèrent une marchandise supérieure non seulement à un prix égal, mais encore à un prix plus élevé.

Un concurrent très dangereux pour nos fabricants, et qu'on n'avait jamais remarqué jusque là, dans la région de Moscou, a fait son apparition à la foire de Makary, dans ces deux dernières années. Des étoffes en coton, arrivées du royaume de Pologne (du district de Lodsi) où cette industrie a pris un développement rapide et colossal à cette dernière époque ont paru à la foire. Ces articles appartiennent en général aux catégories plus élevées; mais les fabriquants polonais imitent maintenant avec succès toutes nos qualités inférieures (d'Ivanowo) dont le débit était autrefois le plus grand. Leur commerce est confié à des agents étrangers (juifs) qui procèdent d'une manière inusitée à la foire et fort désavantageuse pour nos fabricants: ils vendent sur échantillons (sans frais de transport et d'établissement à la foire), font de très grandes concessions sur les prix, pour recouvrer les bénéfices sur la masse du débit, et les ventes ne se font jamais qu'argent comptant.

Le perfectionnement constant et la baisse du prix de nos produits en coton (tant ceux destinés aux vêtements qu'aux

263) Leurs plaintes ont donné lieu à des renseignements très peu certains sur a marche générale du commerce.

meubles) écrasent de plus en plus la production des tissus de lin,
de laine, des tissus mélangés[264]) dont les prix sont plus élévées et
qu'ils supplantent. Cette circonstance est un si grand bienfait pour
la masse des populations, dont elle satisfait les besoins qui autrefois n'avaient même pas le moyen de se manifester. Les vêtements des classes les plus pauvres et l'intérieur de leurs de-
meures, se sont entièrement transformés pour le mieux, dans ces
vingt dernières années. Les articles en coton auraient été encore
plus accessibles aux masses, si leurs prix en gros et en détail ne
présentaient une si immense différence. Ce fait, général dans notre pays, et qui dépend de l'insuffisance du développement de la
concurrence dans le commerce local, a attiré notre attention
particulière sur cette branche. La différence, qui existe entre le
prix de foire, en gros, qui lui-même dépasse un peu le prix primitif de la fabrique, et le prix de détail (dans les petites villes)
atteint quelquefois 10 cop. par archine (comme dans les indiennes). Voilà aussi entre autres, la source des grands bénéfices de
notre commerce, bénéfices qui sont impossibles dans l'Europe
Occidentale. Les achats directs que les marchands en détail font
aux premières mains (voy. plus haut) diminuent la différence entre ces prix.

Nous ne devons pas oublier à côté de l'industrie cotonière celle
du lin qui ne fait pas les progrès aussi rapides que nous pourrions
les souhaiter, mais qui cependant s'est prodigieusement développée à une époque récente[265]). Ce développement se manifeste d'une
façon remarquable à la foire. Les toiles fines, qui ne le cèdent presque pas aujourd'hui aux toiles étrangères, sont fort intéressantes,
sans compter le nappage, qui s'est considérablement perfectionné
(dans le Gt. de Kostroma). On nous a cependant dit que les plus
belles qualités (par ex. le № 120, à 80 cop. l'archine, tissé en
fil anglais, chez Konovalof, sur la Vitchouga, district de Kinechma, Gt. de Kostroma) ne soutiennent pas la concurrence

---

264) Par ex. les indiennes unies, épaisses et mœlleuses ont tout-à-fait l'apparence d'étoffes en laine et en soie pour vêtements de femmes.

265) Nous parlerons dans la suite de nos tissesseries mécaniques et de nos
filatures en lin.

étrangère et ne se fabriquent, en quelque sorte, que pour l'honneur (?). Les fabricants se bornent généralement aux N^{os} moyens dans les toiles fines (par ex. les toiles fines du remarquable fabricant, Mr. Lokalof, du Gouvt. de Jaroslavl) ne dépassant pas 50 cop. l'archine. Les fabricants d'articles en lin étaient particulièrement préoccupés de la question de l'imposition d'un droit sur le djoute, à la foire de 1880; cette agitation s'est prolongée plus tard et ne s'est calmée qu'en 1881, après l'établissement du droit de douane sur cet article. Les fabricants d'articles en lin attribuèrent la mauvaise marche de leurs affaires, dans ces dernières années à l'importation du djoute et des tissus de djoute (ainsi qu'à l'introduction dans l'armée de chemises en coton, au lieu de chemises en toile). Nous ne toucherons point à cette question, déjà résolue, nous nous contenterons de dire seulement, qu'après l'introduction des droits sur le joute (ou djute) et pendant nos excursions de 1881, nous ne remarquâmes non seulement aucune animation dans les affaires sur le lin, mais plutôt le contraire. Une manufacture très vaste (celle de Norsk, près de Jaroslavl) substitua le tissage du coton à celui du lin[266]).

Après l'ensemble des produits en substances textiles (le coton, le lin, le chanvre, la laine et la soie), qui, sans contredit, présentent la branche la plus vaste du commerce forain, c'est incontestablement aux métaux de l'Oural, particulièrement au fer, qu'appartient le premier rang à Makary; il trouve ici son principal centre commercial en Russie ainsi qu'un entrepôt et il constitue un des attributs spéciaux de la foire de Nijni-Novgorod. C'est ici que se concentre le commerce du fer (dans outes ses formes primitives) sorti des premières mains (de celles des maîtres de forges); d'ici il va se répandre dans outes les régions de la Russie d'Europe. L'organisation assez originale de ce commerce est décrite dans l'Appendice III. Depuis les années 60, qui nous ont fourni les matériaux de cette description, le fond de cette organisction ne s'est point modifié. Aujourd'hui, comme autrefois ce commerce est concentré entre les mains de trois ou

---

266) Nous parlerons avec détails du lin, à la description des fabriques.

quatre capitalistes (presque du même nom qu'il y a vingt ans),
qui achètent tous les ans des quantités énormes aux maîtres de
forges, leur donnent des arrhes jusqu'à la foire suivante, acquièrent en échange de ces arrhes le privilège de disposer du fer
qui arrive, le vendent dans le courant de l'année à de petits
commerçants locaux et règnent tout-puissamment sur le marché
de fer et sur la cote annuelle des prix de la foire de Nijnii. Bien
que cette domination dure encore jusqu'à un certain point, soutenue par la necessité dans laquelle les maîtres de forges ou
les propriétaires des mines de l'Oural se trouvent continuellement d'avoir de l'argent comptant à leur disposition[267]), et que
malheureusement le petit nombre de ces premières mains qui peuvent si facilement se mettre de connivence, n'admet point de
concurrence, cependant leur domination au marché de fer s'est
quelque peu affaiblie dans ces derniers temps. La vente directe
du fer, des maîtres de forges aux commerçants locaux (de ville),
qui viennent ici de toutes les parties de la Russie, — vente (à
l'insu des premières mains) qui autrefois ne se produisait presque jamais, se développe aujourd'hui incessamment. Les progrès
du crédit de banque, ainsi que ceux des voies de communication, contribuent à cette nouvelle direction du commerce de
fer. L'extension du crédit de banque donne aux maîtres de
forges la possibilité[268]) de vendre à crédit aux commerçants
en détail, auxquels le crédit est toujours nécessaire (ce qui
les oblige à s'adresser aux premières mains qui fournissent
leurs marchandises à échéance); d'un autre coté les petits
commerçants, en raison du développement des banques locales (du prêt et de l'escompte de leurs lettres de change),
éprouvent moins le besoin du crédit aujourd'hui qu'autrefois,

---

267) Voy. les renseignements détaillés sur les mines de l'Oural, dans notre ouvrage, basé sur nos études locales de l'Oural «Economie des mines de l'Oural,
St.-Pétersbourg, 1869».

268) Et surtout le secours que la Banque d'Etat accorde aux maîtres de forges.
Ces derniers ont demandé une augmentation de ces secours aux foires de Nijnii-
Novgorod de ces dernières années, mais ces avances sont déjà fort considérables.
(Elles sont de 15 mois sur hypothèque de méteux).

et peuvent acheter argent comptant. De plus, le caractère lui même du commerce du fer à Nijnii, s'est modifié avec le développement des chemins de fer. Le métal qui n'a pas été vendu à la foire reste ici en dépôt et se vend au détail pendant toute l'année, puisqu'il peut être transporté, en tout temps, par les voies ferrées, de sorte que la précipitation que l'on mettait autrefois à vendre toute la marchandise apportée n'a plus sa raison d'être; le mouvement du commerce et des prix en est plus régulier. Le rayon de la Russie qui s'approvisionne de fer à la foire, s'est agrandi avec le développement des lignes de fer (particulièrement du côté de l'Ouest, qui autrefois profitait moins que toute autre région des métaux de l'Oural). Nous devons observer, que le commerce des métaux appartenant au gouvernement est devenu encore plus embarrassant qu'autrefois, par les conditions que nous venons de décrire: les entrepôts du gouvernement se ferment pendant tout l'hiver. Du reste, ce commerce n'a jamais été florissant, et nos anciennes opinions sur l'insolvabilité de cette affaire ont été sérieusement confirmées par nos observations récentes[269]).

Une nouvelle branche de commerce s'est développée et se développe à la foire et y acquiert une grande importance — c'est *le naphte* sous toutes ses différentes formes: particulièrement le pétrole et différentes productions en naphte, surtout l'oléonaphte[270]) pour graisser les machines, et que l'on prépare aux fabriques de Ragozine et Cⁱᵉ. dans les gouvernements de Nijnii-Novgorod et de Jaroslavl. Cette production remarquable peut être mise au rang des conquêtes nouvelles les plus brillantes et les plus généralement utiles de l'industrie russe. Nous en parlerons longuement dans la suite, à la description des fabriques. Un nouveau produit de Mr. Ragozine «d'ostra-

269) Voy. notre ouvrage, cité plus haut, sur l'économie des mines de l'Oural. Le gouvernement lui-même a adhéré à ce point de vue, en commençant a passer ses usines à des mains privées, bien que la préparation des métaux destinés à être vendus, ait été renforcée plus d'une fois aux usines du gouvernement, à une époque récente.

270) L'oléonaphte qui, en beaucoup de cas, remplace l'huile d'olives, s'exporte en grande quantité à l'étranger (particulièrement en France).

line», s'est introduit dans le commerce depuis peu (en 1879); il remplace avec avantage le pétrole comme moyen d'éclairage et n'a point les propriétés inflammables, si dangereuses, de ce dernier; lorsque les lampes seront adaptées à l'usage de ce produit, son emploi deviendra probablement général dans notre pays. Quant au pétrole dont la production ne cesse de grandir, des négociants compétents de la foire nous ont communiqué que la réduction du tarif du chemin de fer aurait pu en augmenter considérablement le débit, même à l'intérieur de la Russie; l'élévation de la demande de ce produit, est, en attendant, illimitée.

Nous devons mentioner, en passant, les courses des chevaux, que la société des courses locale, organise depuis 1879, à l'époque de la foire. Ces courses, en présence d'une réunion si nombreuse, à laquelle participent nos plus riches négociants, dont quelques uns ont un goût tout particulier pour les chevaux, pourraient acquérir une grande importance pour nos haras, si les chevaux étaient amenés par les propriétaires des haras eux-mêmes; mais il n'en vient maintenant qu'un seul, — c'est Mr. L. T. Molostvof, dont le haras destiné à l'élève des trotteurs (district de Spask, gouvt. de Kazan) a acquis une grande réputation dans ces dernières années. Des chevaux de haras, mis en vente, auraient été d'une plus grande utilité encore; mais le premier essai de ce genre (en 1879) n'a pas réussi et ce commerce ne se développe pas le moins du monde à Nijnii, peut-être parce que les acheteurs de chevaux y sont trop fièvreusement absorbés par leurs propres affaires commerciales, et peut-être encore parce que les principaux agents de ce commerce, les propriétaires de haras (mais non des maquignons) sont entièrement dépourvus de l'esprit de commerce. Le trait caractéristique général de cette classe (des propriétaires nobles) se reflète d'une manière éclatante sur ce commerce. Ce manque d'aptitude de notre noblesse aux affaires commerciales[271] se fait continuellement remarquer dans l'activité foraine des propriétaires terriens fa-

---

271) Tout comme nos marchands se montrent jusqu'à présent incapables de s'occuper d'agriculture, bien que leurs propriétés foncières s'accroissent prodigieusement.

bricants. Et pourtant le développement du commerce des chevaux (du commerce direct, sans l'intermédiaire des maquignons)
est indispensable aux progrès de nos haras qui, à cette condition,
auraient pris un caractère économique beaucoup plus accusé que
celui qu'ils ont aujourd'hui, où ils ne présentent le plus souvent,
que le fait d'une fantaisie de dilettantisme et de plaisir.

Ajoutons à ces renseignements sur les branches séparées du
commerce, le trafic *le plus insignifiant* de la foire — celui des
livres (Voy. l'Appendice III). Ce commerce n'a jamais occupé ici
que le dernier rang, comme généralement, du reste, dans notre
pays. Le monde commercial de Makary n'en parle qu'avec mépris, avec dérision, et n'admet point la possibilité que le commerce de librairie puisse être une affaire commerciale «sérieuse».
Dans les moments les plus bénévoles, on n'en parle qu'avec pitié,
comme d'un commerce *«impotent»*. Ce qu'il y a surtout de surprenant, c'est qu'il est devenu encore beaucoup plus *«impotent»*,
qu'il ne l'était au commencement des années 60, malgré le grand
développement que la presse a pris en Russie dans ces vingt
dernières années. Il n'y a même plus un seul magasin, ni un seul
entrepôt de livres à la foire, capable de satisfaire à un certain
degré, aux exigences contemporaines d'une société civilisée et
qu'on puisse comparer même à ceux existant dans les années 60.
Ce fait, expliqué par la faiblesse de nos exigences intellectuelles,
surtout dans le public qui se réunit à Makary, dépend aussi en
partie du désarroi extrême de notre commerce de librairie.

Notre peuple continue de manifester à un très grand degré,
un besoin intellectuel d'un genre exclusif, et cherche à le satisfaire à la foire (voy. l'Appendice III). La demande des livres
sectaires, des livres «d'impression ancienne[272]» et de la musique
d'église ne se ralentit pas. Nous avons eu, dans ces dernières
années, comme autrefois, l'occasion de nous émerveiller des prix

---

272) Des contrefaçons de nouvelle impression, de fabrication russe et étrangère,
se vendent aussi sous ce nom. Les sectaires compétents distinguent, sans doute,
ces nouvelles éditions des anciennes (de celles qui ont existé avant le patriarche
Nicon, dont les réformes ont produit nôtre principal schisme) et donnent un tout
autre prix pour dernières que des premières. Mais la masse ignorante se laisse
facilement tromper.

exorbitants, que de pauvres gens, des paysans payent pour ces livres. Nous avons par ex. vu payer 50 roubles, un ancien volume de psaumes. Mais en dehors de ces cas, les prix des livres sectaires ordinaires (même de nouvelle impression) son en général fort élevés; ils surpassent de beaucoup les prix des livres, destinés aux classes comparativement riches.

Les sectaires et les schismatiques continuent de se réunir en grand nombre à la foire de Nijnii-Novgorod (voy. l'Appendice III). Ce lieu est particulièrement apte à l'étude de toutes nos différentes croyances; les représentants de toutes les sectes possibles de la Russie ne se réunissent nulle part en aussi grand nombre qu'ici et il n'est nulle part aussi facile d'entrer en communication avec eux. Chaque nouvelle phase du mouvement perpétuel de la vie religieuse de notre peuple, fort peu saillante pour les classes civilisées, se remarque et se reconnait à la foire.

Il faut encore ajouter un fait à la branche intellectuelle du commerce de foire, fait qui peut-être est ignoré de beaucoup de gens. D'anciens manuscrits russes[273]) se vendent parmi les autres marchandises de la foire (et autant par les commerçants sectaires qu'en d'autres lieux). Quelques connaisseurs des antiquités russes nous ont dit avoir trouvé et acheté ici des choses fort intéressantes. Il serait à désirer que l'attention de nos historiens et de nos archéologues se dirigeât de ce côté. Ce fait qui caractérise la foire de Nijnii-Novgorod, prouve à quel point son commerce est varié et combien tout ce que la vie russe produit de nature à satisfaire à quelque exigence que ce soit, se réunit et se concentre à ce marché.

Il nous reste à mentionner encore une branche de commerce qui entre en contact avec toutes les autres et qui leur est également nécéssaire — c'est le commerce de monnaie, qui continue à se produire dans les boutiques des «changeurs». Cette branche a eu de tout temps un grand développement à la foire, surtout parce que les espèces sonnantes s'y vendent pour l'Asie.

---

273) Voy. sous ce rapport l'article de la gazette de Moscou «Nouvelles contemporaines» 1881, № 232.

C'est ici qu'on peut voir, indépendamment des monnaies russes, tous les métaux précieux et toutes les monnaies possibles pouvant avoir cours en Asie et particulièrement en Chine, puisque c'est pour ce pays (pour l'achat du thé) qu'on les achète à la foire (par ex. l'argent chinois). Les commerçants de cette branche disent, qu'en raison de l'insuffisance de la monnaie sonnante en Russie, ils font depuis quelque temps le commerce de coupons (c-à-d. des coupons de billets à intérêts payables en or) et remplaçant la monnaie. Les oscillations de l'agio dans ces dernières années, devraient faire croire que «le commerce des changeurs» ou bien le commerce de monnaie est particulièrement avantageux, mais c'est un fait caractéristique et presque curieux, que les commerçants de cette catégorie se plaignent de ce que «les bénéfices sont plus que médiocres, depuis que chacun lit les journaux et y prend connaissance des cours de bourse, avant d'acheter ou de vendre les espèces»[274]).

La principale activité de la foire fournit naturellement matière aux notions commerciales et industrielles les plus certaines, aussi avons nous visité Nijnii-Novgorod, principalement dans le but d'étudier les différentes questions de notre économie nationale. Mais le marché de Makary a de plus, une portée de culture générale, qui importe à notre vie nationale et que nous avons abordée plus d'une fois. Nous l'avons esquissée dans notre Appendice III (chap. V). Pour compléter la caractéristique de la foire faite par nous plus haut, nous n'indiquerons ici ce côté qu'en passant. Le marché de Makary est non seulement le marché le plus considérable de notre pays, mais c'est encore la réunion temporaire d'hommes, *la plus variée*. C'est peut-être, sous ce rapport, la réunion la plus remarquable du monde entier: c'est ici que les affaires paisibles du commerce réunissent annuellement, d'abord — les représentants de deux parties du monde, de l'Asie et de l'Europe,

---

274) Il était autrefois loisible aux changeurs de vendre et d'acheter à des prix arbitraires lorsque lex prix des monnaies et des cours de change étaient ignorés. Voilà la portée des prix de bourse.

14

les réprésentants de toutes leurs races, et enfin, — ceux de toutes les cultures du monde historique contemporain. Les idées affluent ici, en même temps que les marchandises, non seulement de tous les coins de la Russie d'Europe et de la Russie d'Asie, mais de toutes les contrées du globe; ces idées se rencontrent ici, elles s'élaborent dans un contact et un échange mutuels, vont en suite se répandre dans toutes les parties de la Russie, et pénètrent jusqu'à ses confins les plus reculés, sous une forme nouvelle et avec de nouvelles combinaisons. Les campagnards et les bourgeois des lieux les plus écartés entrent en contact avec la vie générale nationale, avec la vie générale européenne et ne franchissent l'horizon étroit de leurs villes et de leurs villages pour voir «le monde», qu'une seule fois par an, à Makary. Ces visiteurs de la foire transportent les idées qu'ils y ont acquises, les impressions qu'ils y ont perçues, les répandent dans toutes les localités qui les entourent, et les communiquent à des masses de populations dont la majorité ne connait rien au delà de sa proche ville. On comprend, combien tout ce qui se voit et s'entend à la foire de Makary, doit exercer une vaste influence sur la vie du peuple et particulièrement sur les classes inférieures de la nation.

La masse du public recueille ses impressions morales et intellectuelles les plus vives aux spectacles et aux amusements qui accompagnent largement les affaires commerciales de la foire, tout comme d'une autre part, ces spectacles et ces plaisirs reflètent tous les mouvements de notre culture nationale et présentent à l'observateur les matériaux les plus riches. Nous avons déjà mentionné les progrès extraordinaires que le luxe a faits dans ces vingt dernières années, sous le rapport du l'organisation matérielle de la foire. Malheureusement, nous n'avons pu saisir aucun progrès dans le contenu moral de toutes ces «distractions», remplissant les loisirs de l'activité commerciale de toutes les classes de la société[275]). La satisfaction des instincts les plus grossiers, des instincts sensuels, ani-

---

275) Voy. les détails dans l'Appendice III, ch. V.

maux, y domine comme par le passé, bien que les manifestations
extrêmes et par trop barbares de leur forme se soient restreintes à un certain degré. Au reste, des manifestations de ce genre
ont encore lieu aujourd'hui. Empressons nous d'observer, que la
partie sérieuse de la classe marchande et les représentants de la
jeune génération civilisée, dont le nombre s'accroît constamment, s'éloignent de ces spectacles et de ces plaisirs grossiers et
recherchent des distractions plus élevées sous le rapport intellectuel et esthétique, que la foire, à l'exception du théâtre (et en
partie de la musique) n'offre point[276]). Mais ce sont là les goûts
d'un petit nombre seulement, d'une minorité estimable, qui
trouve, hors de Makary, la possibilité de satisfaire à ses exigences intellectuelles et artistiques.

En tout cas le côté capital de la question que nous traitons
ne se rapporte pas à cette minorité, dont l'existence se concentre
dans les capitales et dans les grandes villes de la Russie et de
l'Europe Occidentale, mais bien à cette masse énorme de public,
qui trouve la source unique de ses aliments intellectuels et esthétiques à la foire, et qui répand ses impressions dans tous les
coins de notre pays. En observant l'écoeurante tournure des
«spectacles et des amusementes» de Makary, il faut avouer,
que bien des éléments qui d'ici, vont se répandre partout ailleurs, sont infectés des miasmes les plus nuisibles, propageant une
contagion morale (et en partie physique) dans le sein des populations de la Russie. Les spectacles et les amusements du peuple,
qui occupent un emplacement à part[277]) et qui attirent annuellement des centaines de milliers d'individus méritent une attention
toute particulière sous ce rapport. Non seulement, nous n'avons
pu remarquer de ce côté la moindre amélioration, sous le rap-

---

276) Notons ici un fait, qui se rencontre généralement dans notre peuple: les
vieux croyants (les sectaires) qui forment dans la classe marchande de la foire un
élément très étendu ont de la répugnance pour les amusements grossiers de la foire
et s'éloignent même de la vie d'auberge. Cet élément historique de notre peuple
se distingue ici comme dans tout le reste de la Russie par un niveau moral
plus élevé et dans tous les cas par une bienséance extérieure qu'on ne rencontre
pas toujours ailleurs.
277) Sous l'ancien nom de «Samokat» (balançoires mécaniques qui n'existent
plus).

14*

port moral, intellectuel ou esthétique, mais nous y avons, au contraire, trouvé différentès innovations «progressives» et «scientifiques» (?) organisées dans «l'intérêt du peuple» et beaucoup plus funestes que ne l'était l'ancienne ribote patriarcale «aux balançoires», aux sons du chalumeau primitif[278]).

Et pourtant, combien d'impressions édifiantes et ennoblissantes, combien de notions effectivement utiles, applicables à leur genre de vie, ces masses de notre peuple n'eussent-elles pu retirer de tous ces spectacles, si des connaissances consciencieuses de la chose, des besoins du peuple, et de bonnes intentions y avaient présidé[279]). Un théâtre populaire, présentant une question importante de la vie de notre peuple, sur tout l'espace de la Russie serait, dans ce cas, une des questions sérieuses de la foire. Bien que nous ne touchions, qu'en passant, à ces côtés de la foire, nous ne pouvons toutefois nous abstenir d'indiquer un fait, qui nous présente un progrès positif et consolant et observé par nous depuis notre connaissance, vieille de vingt ans, du marché de Makary. L'élément russe a affirmé une complète prépotence sur tous les éléments étrangers, de pays et de races[280]), dans tous les amusements, dans toutes les récréations des classes élevées (c-à-d. relativement élevées) du public de la foire. Nous

---

278) Tels sont, par ex. les cabinets anatomiques et physiologiques, que le bas peuple fréquente avec avidité. Ce ne sont certainement pas des connaissances médicales ou scientifiques qu'il en retirera, mais bien des tentations et une habitude des impressions les plus cyniques qui puissent être inspirées (par ex. les images plastiques de différentes maladies secrètes) à des paysans et surtout à des femmes du peuple. Telles sont encore, de nouvelles formes raffinées de jeux des quilles destinées aux jeux de hasard, qui prêtent à la triste exploitation du peuple, au moyen de fourberies. Telles sont, les chanteuses qui reproduisent des chansonnettes françaises à la mode russe et a. d. s. Nous nous sommes encore une fois convaincus que tous les nouveaux amusemens raffinés, progressifs, étaient infiniment plus immoraux que les anciens plaisirs du peuple, quelque grossiers qu'ils fussent (Voy. l'Appendice III, Ch. V.).

279) Tels sont, par exemple, tous ces cabinets de «curiosités», tous ces panoramas historiques, qui, dans le meilleur cas, donnent aux serviteurs ignares l'occasion d'inspirer au peuple les notions et les idées les plus absurdes. Ces cabinets et ces panoramas, si des gens civilisés et bien intentionnés voulaient en profiter, pour la civilisation du peuple, eussent présenté les moyens les plus naturels et les plus commodes pour des «lectures populaires».

280) Ce qui est curieux, c'est qu'au contraire, l'élément étranger se manifeste beaucoup plus aujourd'hui, dans différentes «nouveautés d'outremer», qu'on fait voir au bas peuple.

en voyons, par exemple, la preuve dans les chœurs russes de Moscou[281]), qui ont entièrement supplanté les chanteurs et les musiciens étrangers et à peu près, même, les bohémiens (cet ancien attribut spécifique de la foire, qui est rejeté aujourd'hui au dernier plan), ainsi que dans les opéras et les drames russes, qui ont remplacé le ballet[282]). Il faut considérer ce fait comme un progrès, d'abord, parce que l'élément de culture russe est beaucoup plus élevé et plus noble, à la foire, que celui de tous les éléments étrangers, même européens, fût-ce même sous ses formes les plus grossières (voy. l'Appendice III, ch. V). Les courants moraux les plus ignobles, la lie de la société, affluent de l'Occident vers la foire de Makary, pour y chercher fortune. Ensuite, — plus l'élément russe est puissant dans les mœurs, les coutumes, même les plaisirs de la foire, et plus est actif *procès de la russification* de tous ces éléments de races et de culture variés à l'infini, qui envahissent notre vie nationale de tous les côtés, qui s'y introduisent et qui se réunissent, en si grand nombre, dans cette réunion des peuples de l'Orient et de l'Occident, sur les bords du Volga. Cette rencontre sert de temps immémorial à ce procès historique. C'est ici que le problème le plus difficile de ce procès, — l'assimilation des éléments sauvages asiatiques[283]), leur conquête et leur subordination à la civilisation russe et en même temps à la civilisation européenne, ressort d'une manière particulièrement saillante. C'est là que gît la grande portée historique du marché de Makary, portée qui sollicite l'attention, indépendamment du rôle qu'il remplit dans notre économie nationale.

Passons maintenant à la question capitale qui nous occupait à la foire de Nijnii-Novgorod, — *aux indications qu'elle nous donne, pour ces derniers temps, par rapport à la situation générale*

---

281) Quelques uns de ces chœurs ont atteint une perfection musicale remarquable. Leur développement ultérieur aurait pu contribuer à la sérieuse éducation musicale du public, qui est particulièrement apte à cet art, dans notre pays.

282) On peut y ajouter la décadence des soirées dansantes, qui s'est produite dans ces dernières années. On avait cherché à les établir à la foire, tout comme les bals «Mabile» de Paris.

283) Les mœurs asiatiques importent les faits les plus sauvages et les crimes les plus monstrueux dans la vie foraine.

de nos affaires industrielles et commerciales. Nous émettrons aussi les notions sur cette situation, que nous avons retirées de nos observations personnelles sur les différentes contrées de la région industrielle de Moscou de 1879 à 1882, et qui sont liées à la marche annuelle de la foire. Nous nous en tiendrons, dans toutes nos réflexions, au côté principalement effectif de la foire (l'approvisionnement des marchés intérieurs) et nous nous abstiendrons de toute espèce de raisonnements généraux et surtout de discussions purement théoriques. Nous nous réservons de faire ultérieurement quelques résumés des différentes questions théoriques découlant des faits que nous exposons; nous le ferons aux dernières pages de l'ouvrage que nous avons entrepris. Les considérations suivantes seront, par conséquent, aussi abrégées que possible.

La première foire de Nijnii-Novgorod, qui a suivi la guerre de Turquie et la conclusion de la paix (en 1878) a été brillante sous tous les rapports. Les annales de Makary ne présentent point le souvenir d'une foire semblable. Le débit de toutes les marchandises avait un mouvement particulièrement accéléré; la demande excédait l'offre dans presque toutes les branches; les prix étaient avantageux aux vendeurs. Les liquidations, surtout, s'effectuèrent de la façon la plus satisfaisante; toutes les ventes se faisaient argent comptant, tous les paiements des anciens engagements se réglaient avec la plus grande exactitude, l'abondance de l'argent comptant était inouïe. L'ensemble de ces circonstances produisit alors une impression profonde sur tout notre monde commercial et sur le public; elles semblaient surtout extraordinaires après une guerre épuisante, après tous les mouvements prolongés en Turquie qui avaient précédé la guerre et qui avaient tenu en haleine toutes les forces de nôtre pays, après les négociations diplomatiques si fatigantes, enfin après la stagnation de notre industrie et de notre commerce antérieure à la guerre. La foire brillante de 1878 et l'animation industrielle qui s'était déjà manifestée plus tôt (à la fin de la guerre, particulièrement après la prise de Plevna, à la fin de 1877) accrurent à l'impossible l'effervescence de notre monde industriel. Des accents véhéments qui excitaient encore davantage cette animation, se faisaient même entendre dans quelques parties de notre presse; on disait que la guerre avait enrichi la Russie, qu'elle avait donné une secousse à toutes nos forces productives et qu'elle avait créé une ère nouvelle pour notre industrie et notre commerce. Cette animation de notre industrie qu'on n'avait pas vue depuis long-temps (voy. plus bas), — l'accroissement extraordinaire de la production de toutes nos fabriques, de toutes nos usines et l'aug-mentation de leur nombre, — avaient atteint leur apogée au milieu de 1879 (comme nous l'avons dit, au commencement de notre voyage) et se soutinrent jusqu'en 1880.

Cette disposition sanguine de l'esprit commercial trouva un soutien dans la marche de la foire de Nijnii-Novgorod, en 1879. Bien qu'elle n'eût pas été aussi brillante que celle de 1878, elle avait cependant réussi, surtout en ce sens qu'elle avait été en-courageante pour le monde commercial: elle avait suivi la foire particulièrement exceptionnelle de 1878, et n'avait point déçu les espérances. Nous avons vu à la foire de 1879 pleine et entière satisfaction[284]) chez tous les commerçants; quelques symptômes défavorables se faisaient bien sentir, comparativement à l'année 1878, mais on n'y prêtait aucune attention. L'importation des marchandises, en 1879, fut, en conséquence de la foire précé-dente, et de l'animation qui dominait dans la production, exces-sivement renforcée, — selon un trait de notre caractère, — et l'on pouvait se féliciter de leur débit suffisant. En dépit de l'abondance des approvisionnements, la demande était encore très soutenue dans toutes les branches. Il ne faut pas oublier, que les principaux acheteurs de la foire de Nijnii-Novgorod, ne sont pas le public (non les consommateurs), mais les négociants en gros et en détail, qui achètent (surtout les négociants en gros) dans *l'espoir* d'une demande *future*, mais non en vue de la de-mande présente. Aussi, lorsqu'une animation, semblable à celle qui en 1879, dominait dans le monde commercial, se manifeste, les espérances des commerçants-acheteurs se basent sur l'avenir;

---

284) Cette satisfaction générale tenait aussi aux mesures de police, intro-duites par le C-te Ignatief, mesures qui avait une grande importance pour le com-merce lui-même, vu les inquiétudes de nature politique, qui ne se sont point jus-tifiées.

leurs marchandises en réserve dépassent les exigences présentes du public et ses forces d'acquisition. La circonstance que nous venons d'indiquer produit toujours une spéculation effrénée et contagieuse dans le commerce. Le manque d'argent s'était déjà fait sentir en 1879, d'où la nécessité d'écouler sa marchandise à terme, chose dont il n'avait pas été question en 1878. C'est là le motif qui réduisit les prix à un certain point dans plusieurs branches, particulièrement dans la plus importante, dans celle du coton; la vente à crédit a masqué cette réduction (le prix des articles achetés à crédit est plus élevé que le prix de ceux payés argent-comptant). Quelques paiements d'anciens comptes durent être remis. Les petits fabricants furent plus mécontents que les autres, — ils avaient particulièrement augmenté leur production en 1879; ils sont plus disposés encore que les gros capitalistes, à se baser sur un heureux état du marché, pour exagérer leurs espérances de l'avenir et encore moins capables que ces derniers, de combinaisons lointaines; de plus, le commerce à crédit leur est tout-à-fait inaccessible. Le commerce de quelques branches particulières a même été nul en 1879 (par ex. celui des cuirs bruts, conséquence d'une grande importation de peaux de buffles que l'Amérique nous a envoyées); mais des faits semblables, qui dépendent des circonstances particulières de chaque affaire isolée, doivent être distingués de la marche générale du commerce, marche qu'ils sont impuissants à traduire[285]). Au milieu de la sérénité générale du monde commercial[286]), les petits nuages passent inaperçus et toutes les affaires, même les affaires douteuses, s'arrangent facilement; cela est surtout vrai en ce qui concerne le crédit, qui a manifesté son effet en 1879. Les banques, principalement la banque d'Etat, aidées par les

---

285) On se fait souvent des idées très erronées, que l'on base sur des faits exclusifs, se produisant à toute foire. Les négociants dont les affaires vont particulièrement bien ou particulièrement mal (quelquefois même des gens exclusifs) sont toujours disposés à interpréter la marche générale du commerce dans le sens de celle de leurs propres affaires.

286) La direction générale des affaires, bonne ou mauvaise, agit toujours contagieusement dans le monde commercial, et se développe rapidement et progressivement dans un sens ou dans un autre.

indications favorables du thermomètre commercial et d'une humeur pareille de la part des commerçants ont (comme toujours)
soutenu les marchés à crédit, elles ont obvié à la pénurie d'argent qui commençait à se faire sentir, et ont écarté, au moyen
de délais, les cas embarrassants des liquidations, peu nombreuses, du reste, à cette époque.

En somme, la foire de 1879 n'a nullement refroidi l'animation industrielle du moment, elle l'a, au contraire, plutôt échauf-
fée, d'autant plus que toutes nos autres foires avaient parfaitement réussi avant elle, dans la même année.

La foire si heureuse de 1878 semblait d'autant moins acci-
dentelle et exclusive, qu'une autre bonne foire la suivit, ce qui
était une preuve (comme on le disait alors) que notre réveil industriel n'était point un hasard éphémère, mais bien quelque
chose de sérieux! Le renforcement excessif de notre production,
qui s'était encore manifesté en 1878, continua dans la période
manufacturière d'hiver de 1879 à 1880. Ce renforcement était
si grand, que l'industrie cotonnière qui s'était particulièrement
ressentie de l'animation industrielle de cette époque, s'éleva à
900,000, et peut-être même à 1 million, comme le prétendaient
des gens parfaitement au courant, de broches nouvellement
établies en 1879. Cette extension, lorsque la quantité totale des
broches de notre pays s'évalue à $3^1/_2$ millions, donne une idée de
l'essor extraordinaire que notre industrie avait pris à cette époque, quoique l'industrie du coton eût surpassé toutes les autres
sous ce rapport.

Une réaction contre l'animation industrielle de 1878 et de
1879 s'est fait sentir en 1880. De ces quatre dernières années,
la foire de 1880 s'est montrée la moins bonne. Toutefois, il ne
faut pas en conclure qu'elle n'ait pas du tout réussi, surtout si
l'on prend en considération les circonstances économiques qui
l'avaient précédée et qui l'entouraient. L'animation industrielle
extrême accompagnée de l'accroissement de la production et de
la spéculation, au-delà des besoins réels du marché, devaient inévitablement augmenter l'approvisionnement des marchandises,
au-delà de la demande présente. Les gens les plus compétents en
fait d'industrie eux-mêmes, prévoyaient cette réaction inéluctable

contre la fièvre spéculative précédente, ils la prévoyaient déjà
avant cette foire, dans le cours de l'année 1880; des récoltes
mauvaises au possible, dans une partie considérable de la Russie
et dans sa partie la plus fertile, et la hausse de prix excessive
des céréales, qui se fit sentir partout et qui s'accentua surtout à
l'époque de la foire, vinrent s'ajouter à d'autres circonstances. Il
s'ensuivit un pénible ralentissement dans la demande de la plus
grande partie des marchandises, demande qui, par elle-même,
ne correspondait point à leur accumulation excessive. On attendait comme toujours le résultat final de la foire de Makary,
pour éclaircir définitivement la situation, que beaucoup de gens
compétents du monde industriel considéraient déjà sous un
point de vue fort sombre. Ce résultat s'est montré moins funeste
que celui auquel on s'était attendu, mais néanmoins, il a ouvert
«la crise des affaires», a éveillé une certaine lucidité bienfaisante
dans les esprits, et a ralenti l'extension fébrile de la production
des fabriques et des usines, qui avait pris en 1879, une marche
impétueuse et même déraisonnable.

Tel a été le résultat général de la foire de 1880; il est inutile d'y ajouter de grands détails. Les marchandises manufacturées et parmi elles, la production en coton, qui a
surtout donné lieu à des entraînements spéculatifs, ont surtout souffert. On se plaignait d'une trop grande quantité de
marchandises à la foire — toutes les branches en avaient apporté plus qu'en 1879; il fallait se débarrasser du superflu et
on en vint à vendre les produits au rabais (particulièrement dans
la branche du coton) et à des termes (par ex. à 18 et même à
24 mois) [287], qui ne peuvent s'expliquer que par un besoin extrême de débit. Cette marche des affaires fut terriblement désavantageuse pour les fabricants de produits en coton apprêtés
(d'indiennes); après avoir acheté leurs matériaux bruts (le fil et
le calicot), à des prix excessivement exagérés par la spéculation
de 1879, ils furent obligés de vendre leurs produits apprêtés au-

---

287) Des termes de cette longueur, dans les marchés à terme sont inconnus
au monde commercial de l'Europe Occidentale.

dessous du prix d'achat[288]). L'activité de la production, dans quelques catégories de marchandises (par ex. les articles de mode fabriqués à Moscou, les étoffes en soie mélangée destinées aux vêtements de femmes), s'était ralentie d'avance, en raison des mauvaises prévisions qui s'étaient déjà manifestées antérieurement dans le monde commercial; ces articles avaient été apportés en moins grande quantité qu'en 1879, et cependant le commerce en fut mauvais, tant la demande était peu considérable. Elle était faible, comparativement aux autres foires, faible pour l'Asie Centrale, en partie pour le Caucase (où le blé avait atteint un prix exorbitant). Toutefois, le commerce dans quelques branches isolées n'alla pas mal, au contraire (par ex. le fer, la pelleterie, les fourrures, quelques produits ouvrés en fer). La demande de toutes sortes de marchandises pour la Sibérie, par suite des belles récoltes de ce pays, fut surtout satisfaisante, et la Sibérie, qui joue un si grand rôle dans le commerce de notre foire, la préserva d'un résultat final encore plus malencontreux. Quelques branches (probablement celle du coton) vendirent peut-être, au moyen de concessions forcées dans les prix et de longs délais, plus de leurs produits que les années précédentes, mais ce fut avec perte, ou sans profit[289]), du moins nos industriels ne recueillirent-ils point les bénéfices qui les avaient si fort gâtés depuis 1878.

D'après tout ce que nous venons de dire sur la foire de 1880, on eût pu la qualifier de «foire bigarrée» comme on l'appelait alors, selon l'expression adoptée par nos commerçants de foire, c-à-d. bonne dans quelques-unes de ses parties et sous quelques rapports, et mauvaise sous d'autres, mais en somme, ni absolument bonne, ni parfaitement mauvaise dans sa marche générale. Mais l'impression qu'elle produisit sur le monde industriel et commercial fut *décisive*, dans le mauvais sens. Quoique les circonstances précédentes et les approvisionnements immen-

---

288) Par ex. les fabricants d'indiennes devaient vendre le calicot de leurs indiennes (d'après le calcul) 8 cop. l'archine, après l'avoir payé 8½ cop. et davantage.

289) «Profit» veut dire dans notre langue commerciale, pratique,—bénéfice ou avantage industriel pur.

ses de marchandises qui s'étaient accumulés, eussent pu produire un dénouement incomparablement inférieur à celui que la
foire avait eu, cependant son résultat général effectif (surtout
après quelques foires d'hiver et d'été assez heureuses qui avaient
inspiré aux esprits du doute contre les sombres indices opposés
de la situation), tout le monde le considéra comme un *avertissement* positif contre les entraînemens spéculatifs, par rapport à
la possibilité d'un accroissement ultérieur de la production et
contre l'animation ultérieure du marché. Sous l'influence de cet
avertissement, tous les commerçants quittèrent Makary, dans
l'attente de circonstances encore plus néfastes pour un avenir
prochain; on voyait déjà le commencement d'une crise. Toutes
ces impressions étaient salutaires au plus haut point. Elles produisirent leur effet sur toute la période de travail d'hiver en
1880—1881 et ralentirent la disposition fiévreuse du commerce
ainsi que l'effervescence de l'activité de production, dénuée de
toute espèce de calcul raisonnable. C'est sous cette impression,
à laquelle beaucoup d'autres de la même nature vinrent s'ajouter (principalement le renchérissement démisuré du blé, qui in-
spira quelque temps au public la panique d'une famine générale,
ainsi que les tristes évènements politiques) que se passa l'hiver
à jamais mémorable de 1880—1881[290]).

C'est principalement sous le poids de toutes ces tristes prévisions qu'on se préparait à la foire de 1881, quoique les espérances dussent être ranimées par la perspective brillante d'une
belle récolte en 1881, dans la plus grande partie de la Russie,
et surtout dans la plus fertile et par une certaine animation des
affaires, qui s'était manifestée au printemps de 1881 (après une
belle foire à Irbit).

Le beau dénouement de la foire de 1881, dans plusieurs
branches, surpassa de beaucoup les espérances les plus optimis-
tes. Elle réussit si bien, autant sous le rapport de la vente des
marchandises que sous celui des liquidations définitives, qu'on

---

290) Nous complèterons plus tard par d'autres faits de notre économie nationale de la même époque cette esquisse de la marche de notre commerce.

peut la classer au rang des meilleures foires enrégistrées par les annales de Makary (bien qu'elle ne pût être comparée à la foire tout-à-fait exceptionnelle de 1878).

Une double cause produisit cet heureux dénouement de la foire de 1881: d'un côté, une belle récolte, ce facteur principal et tout-puissant dans notre pays de la demande de tous les objets de consommation qui dépassent le pain quotidien, et le principal arbitre de la marche annuelle du commerce intérieur; de l'autre côté, la réduction de la production en 1880—1881 et de la quantité des marchandises importées à Nijnii-Novgorod. Les articles de plusieurs catégories, et particulièrement les tissus en coton restèrent au-dessous de la demande et les prix s'en élevèrent vers la fin de la foire. Nous avons observé, que le commerce de celles des branches qui avaient langui en 1880 était le plus favorisé en 1881. Les produits de ces branches avaient été importés à la foire avec une grande circonspection. Si les renseignements officiels nous indiquent une somme d'importation beaucoup plus considérable en 1881 qu'en 1880, cela s'explique (s'il y a quelque vérité dans les chiffres de foire officiels) par les prix élevés de la plus grande partie des marchandises en 1881. Il faut observer qu'au milieu de différentes oscillations et de diverses irrégularités (avec des prix qui ne correspondaient point les uns aux autres et même avec la baisse momentanée des prix de quelques marchandises) le mouvement général de tous nos prix tendait vers une hausse prononcée, dans le cours de ces dernières années.

L'industrie cotonnière qui, plus que toutes les autres, avait subi l'effet de la crise depuis 1880, se rejouissait à la foire de 1881 de la marche la plus satisfaisante des ses affaires. Nous en trouvons la preuve dans le grand renchérissement de l'étoupe asiatique[291]) dont la demande a grandi sous l'influence du débit remarquable des articles en coton. Le plus convaincant de ces indices satisfaisants ce sont les commandes considérables de fil et

---

291) L'étoupe de Boukhara est montée de 7 roub. 50 cop. (en 1880), à 8 roub. 25 cop. en 1881, l'étoupe de Khiva — de 8 roub. 75 cop. à 9 roub. 50 cop.

de calicot qui ont été faites d'avance à la foire de 1881, et qui se sont entièrement annulées en 1880.

Si des plaintes se sont fait entendre à la foire de 1881 et même particulièrement dans le commerce du coton, elles peuvent s'expliquer seulement par l'ancienne habitude de nos commerçants de se plaindre, même dans les meilleures conditions, et de toujours désirer quelque chose de mieux, les plaintes ont encore un autre côté fort intéressant. Ce sont les producteurs des marchandises des pires qualités qui se sont plaints, ceux qui sont restés en arrière du côté technique de leur spécialité et auxquels les producteurs des marchandises de meilleure qualité dans la même catégorie, ont opposé une concurrence écrasante. Ce fait remarquable a surtout été saillant à la foire de 1881: toutes les marchandises de belle qualité se sont infiniment mieux vendues que celles des qualités inférieures (dans la même catégorie) bien que les prix des premières fussent plus élevés. Nous pouvons citer, comme exemple, les transactions extraordinairement faciles quoique faites à des prix relativement fort élevés, par une nouvelle raison sociale (celle d'A. J. Baranof, district d'Alexandrof, gouvt. de Vladimir) qui se distingue par les efforts remarquables même scientifiques, qu'elle met à perfectionner son industrie (des indiennes ponceau). Des exemples semblables produisent un effet salutaire sur les progrès de l'industrie, bien qu'ils excitent une grande irritation dans le monde manufacturier, c-à-d. dans les sphères ignorantes de ce monde. Nous avons entendu la même chose, par rapport à d'autres branches: on cite l'augmentation de la demande des meilleures marchandises, en dépit de leur prix élevé, tandis que les mauvaises ne trouvent plus qu'un maigre débit. La concurrence de la *qualité* de la marchandise s'est excessivement accentuée dans notre monde manufacturier, elle a remplacé la concurrence du bon marché, qui mettait autrefois les meilleures fabriques dans une position désavantageuse comparativement aux moins bonnes (par ex. les fabriques de Moscou relativement à celles d'Ivanowo). L'augmentation excessive, presque fébrile, de notre production manufacturière, dans les années 1879 et 1880, a beaucoup contribué à la direction féconde de cette concurrence intérieure; l'amélioration de la qualité de la marchandise est devenue une condition indispensable pour éviter des pertes, pour atteindre la primauté du débit, qui, comme nous l'avons dit, ne se développait pas, en proportion de la production. Les fabricants arriérés pâtirent, grâce à leur routine technique et malgré l'affaiblissement considérable de la concurrence étrangère (Voy. plus bas). Ce fait renferme une espèce de bien dans le mal, que notre animation industrielle de 1878—79, pouvait faire redouter.

Observons en passant, que ce fait (du meilleur débit comparatif des marchandises de bonne qualité et d'un prix plus élevé) expliqué en grande partie à la foire de 1881 par une belle récolte, se remarque comme un fait général dans ces dernières années et contredit la décadence du bien-être de notre population dont on parle tant, de tout côté, depuis quelque temps.

Nous devons encore faire une observation, relativement aux plaintes, qui nous sont parvenues à la foire de 1881, malgré sa marche irréprochable. Ces plaintes, qui dans ce cas, avaient une base raisonnable, provenaient de ce que quelques fabricants n'avaient pu élever les prix de leurs marchandises en proportion du renchérissement des matériaux employés et, en général, des frais de la production; nous parlerons plus tard, de cette circonstance qui se rapporte à la question importante et générale de l'irrégularité (de l'incohérence) des mouvements de tous nos prix, ou bien encore de leur ébranlement (perturbation).

Il va sans dire que la marche heureuse de la foire de 1881 présentait des exceptions, se produisant toujours dans les branches isolées et dépendant de causes spéciales, mais non de la situation générale des affaires. Mais encore ces exceptions ont-elles été peu nombreuses. La marche particulièrement heureuse de la foire de 1881, se caractérise surtout par un grand débit de marchandises, dont les prix se sont généralement élevés (à l'exception, toutefois, de quelques marchandises dont la valeur avait baissé) [292].

Ce dénouement de la foire de Makary de l'année dernière, presque complètement inattendu, est un fait important dans notre

---

292) Par exemple, quelques espèces de fourrures, la porcelaine, la faïence, etc.

vie économique contemporaine; il a soutenu d'une manière
énergique l'industrie des fabriques et des usines, chancelante et
hésitante depuis 1880, après son réveil fébrile de 1878 et 1879
et il a soutenu le gagne-pain de quelques millions d'habitants
de la région de Moscou. La production antérieurement considérablement augmentée a pu continuer son activité dans les mêmes limites. Ce qui surtout est consolant, c'est que ce dénouement n'a point produit une nouvelle effervescence dans le monde
industriel et ne l'a point poussé à une extension déraisonnable
d'entreprises, comme on aurait pu le craindre. La sagesse des
négociants a réagi contre un nouvel entraînement insensé, mais
d'autres conditions de notre époque, — conditions trop défavorables
à une grande animation de nos affaires industrielles, ont été assurément plus puissantes encore dans ce cas. Avant d'aborder cette dernière période, qui est la période actuelle de notre vie industrielle
nous avons à en compléter la description, basée jusqu'ici sur
la marche de la foire de Nijnii-Novgorod, par quelques études
de la région industrielle de Moscou que nous avons faites pendant notre voyage, à la même époque. Plusieurs conditions économiques et politiques de cette période la rendent fort intéressante dans l'histoire de notre économie nationale, sous les
rapports pratiques et théoriques (entre autres sous le rapport du
papier monnaie). Cette période ressemble fort, sous plusieurs
points de vue, à une autre époque, à celle de la fin des années 50,
qui a suivi la première guerre d'Orient, au commencement du
dernier règne; mais la nouvelle période industrielle (de 1878—
1882) a ses particularités essentielles. Les questions théoriques
s'observent le plus facilement, au moyen de la comparaison des
époques historiques, identiques entre elles, sous le rapport de
certains faits, qui font le sujet des études, et différentes sous le
rapport d'autres circonstances.

Quoique l'esquisse du cours de notre vie industrielle
et commerciale[293]), pendant ces cinq dernières années, que

---

293) La marche de la foire de Nijnii-Novgorod reflète certainement, plus ou
moins, la situation de l'industrie et du commerce intérieur de toute la Russie,
mais elle sert surtout d'indicateur de l'activité industrielle de la région de Moscou,

nous venons de faire, soit principalement basée sur la marche
de la foire de Nijnii-Novgorod, cependant la substance de
cette esquisse concorde, nous semble-t-il, avec tous les autres renseignements que nous possédons sur cette époque.
Des exceptions, des déviations, des phases locales et temporaires peuvent s'y rencontrer, surtout dans les différentes
branches isolées de l'industrie, mais toutes ces nuances peuvent
à peine faire ombre dans le tableau général des affaires de cette
dernière époque, que nous avons tracé plus haut. En voici la
substance aussi condensée et résumée que possible: calme plat et
stagnation presque complète dans les entreprises industrielles
avant la guerre; animation industrielle exagérée surgissant dès
la fin de la guerre en 1877 et atteignant son apogée à la fin de
1879; réaction contre cette animation se manifestant au commencement de 1880 et durant environ jusqu'à la seconde moitié
de l'année 1881; nouvelle animation dans les affaires depuis le
milieu de 1881. Nous n'ajouterons à ce tableau du cours général
de nos affaires que quelques traits, résultant de nos observations
personnelles, ou provenant d'autres sources; ces traits éclaireront
d'une lumière plus vive autant le caractère de chacune des parties de cette période de cinq années, indiquées plus haut, que
la direction générale de sa vie économique jusqu'à l'époque actuelle.

Une animation industrielle décisive s'est manifestée, comme
nous l'avons dit, à la fin de la guerre, dans la seconde moitié de
l'année 1877, mais elle s'était déjà fait sentir au commencement
de la même année, en comparaison de la stagnation qui l'avait
précédée (voy. plus bas). Toutes les données de notre vie économique témoignent de cette transition décisive depuis 1877;
par exemple, les opérations des foires de l'Ukraine se sont
déjà accrues en 1877. Cette animation a grandi rapidement et
sans cesse en 1878 et en 1879[294]), en passant de l'organisation

qui joue le plus grand rôle sur ce remarquable marché. Certaines déviations des
indications de ce thermomètre, sous le rapport d'autres régions de la Russie,
peuvent se produire, mait c'est à peine si elles sont essentielles et prolongées.

294) Voy. l'article de M. *Mattaei*, die Industrie Russlands im Jahre 1879 (Russische Revue 1881—82).

de nouvelles manufactures, dans presque toutes les branches de l'industrie manufacturière, à une effervescence spéculative, fébrile, poussant à une augmentation excessive de la production dans tous les anciens établissements. En même temps, le mouvement des transports sur nos chemins de fer s'élève, dans la première moitié de cette époque d'animation, en 1878 (jusqu'au 1ᵉʳ décembre) de 1,825,444,000 de pouds relativement à 1877 (1,574,159,000 de pouds) c-à-d. de plus de 251 millions de pouds. L'importation de tous les matériaux bruts et à demi-travaillés, étrangers, destinés à nos fabriques s'accroît également d'une manière prodigieuse en 1878 (l'étoupe, le coton filé, la soie, la laine teinte, les métaux bruts, les couleurs, différentes substances chimiques et a. d. s.), en dépit de l'élévation des tarifs de douane, du paiement en or de ces droits (depuis le 1ᵉʳ Janvier 1877), et de la baisse du cours de change, qui devaient élever les prix des marchandises étrangères[295]).

Nous avons commencé notre voyage en 1879, au moment culminant de cette période d'animation. Nos excursions aux fabriques et aux centres industriels et commerciaux ne nous ont pas laissé voir une seule branche qui ne se vantât de l'écoulement renforcé de ses produits, ni une seule catégorie de travail pour lequel la demande ne se fût accrue. L'activité des fabriques et des usines était en pleine effervescence; ni la grande, ni la petite industrie, ne suffisait à satisfaire aux exigences du marché. Les bras manquaient. Tous les prix, ceux des marchandises et des salaires des ouvriers, avaient monté. Les fabricants engageaient leurs ouvriers sans distinction aucune, uniquement pour augmenter le nombre des bras. Les salaires, dans l'hiver de 1879—80 (à dater du 1ᵉʳ Octobre), ne se modifièrent point dans plusieurs localités industrielles, et restèrent les mêmes que ceux d'été, qui sont toujours plus élevés. Dans ces conditions, la ten-

---

295) Outre les renseignements officiels («la Revue du commerce extérieur de la Russie»), que le Département des Douanes publie tous les ans, voy. les articles du journal «Russische Revue 1880—82: «Russlands aswärtiger Handel im Decennium 1870 — 80». Ces articles contiennent une revue systématique des mouvements de notre commerce à l'intérieur et à l'étranger dans l'espace de ces dix années 1870 — 1880.

dance à augmenter la production devint en quelque sorte contagieuse, et les plus sages mêmes ne purent y résister. Il était
difficile à chacun de ne pas se laisser tenter par les bénéfices de
son concurrent, qui augmentait sa production, et de ne pas suivre
son exemple, d'autant plus que le redoublement de la concurrence
menaçait de faire baisser les prix; il fallait se ratrapper sur la
quantité de la marchandise vendue, dans le cas où les prix vien-
draient à tomber. Beaucoup d'établissements, dans différentes
branches, *doublèrent* leur production. De nouvelles fabriques
s'élevaient partout.

Cette effervescence atteignit ses limites les plus extrêmes
dans la vaste branche de l'industrie cotonnière qui caractérise
particulièrement ce mouvement. L'élévation incessante de la production des articles fabriqués, excitait naturellement l'augmentation démesurée de la demande des matériaux bruts et demi
bruts (le fil et le calicot) dont le renchérissement continu était
conséquemment inévitable; le temps manquait pour les apprêter,
de sorte, qu'en dépit du tarif de douane si élevé, on fut contraint
de faire venir le fil de l'étranger, ce qui ne s'était pas vu depuis
longtemps. Toutes les meilleures filatures et les meilleurs tissa-
ges, avaient vendu leurs productions un an d'avance. Les choses
allèrent si loin, que quelques spéculateurs, parmi les fabricants
d'indiennes, achetèrent leur calicot en 1879, d'avance jusqu'aux
terme de 1882; ils ne l'achetaient même pas pour l'imprimer,
mais dans l'unique but spéculatif de le revendre à des prix plus
élevés. Evidemment, plus d'un commerçant expia son ardeur,
en 1880, lorsque les prix et la demande tombèrent[296]).

Les profits industriels ou les bénéfices de 1878 et de 1879,
et en partie ceux de 1877 (dans quelques branches), atteignirent
des dimensions colossales, inouïes. Les entreprises des sociétés
commerciales qui non-seulement ne cachent pas, mais qui, même,
publient leurs bénéfices, en sont la meilleure preuve. Les comptes-rendus de quelques sociétés, accusaient des dividendes de 40%,

---

296) L'élévation excéssive de l'importation de l'étoupe prouve l'extension rapide de notre industrie de coton à cette époque: de 39 millions de roubles en 1876
et de 35 millions en 1877, cette importation avait sauté à 68 millions en 1878, et
s'était maintenue à 60 millions en 1879.

15*

50% et même jusqu'à 70% sur leur capital de fondation. On dit, qu'en 1878 et en 1879, plus d'un fabricant, regagna sur les bénéfices nets tous les capitaux dépensés. Et tous ces bénéfices, ou la plus grande partie furent employés à l'augmentation de la production et à l'organisation de nouveaux établissements.

L'ardeur de cette animation industrielle était si grande, que l'épidémie (de Wetlanka) qui répandit la consternation dans les contrées du Bas-Volga, en 1879, passa pour ainsi dire inaperçue. Cette épidémie, accompagnée des sombres prédictions de notre presse, causa presque une terreur panique dans le public et provoqua de la part des gouvernements étrangers des mesures fort gênantes pour notre commerce.

Cependant, une espèce de pressentiment de quelque chose d'anormal et de malsain se fit jour, au milieu de cette ardeur, dans le monde commercial lui-même. L'enthousiasme des gens qui s'étaient particulièrement laissé entraîner par l'idée d'une nouvelle ère de bien-être, que, selon leur opinion, la guerre, l'émission excessive de papier-monnaie et l'élévation du tarif de douane avaient créée pour la Russie, faisait place à des inquiétudes et des frayeurs. C'était dans la seconde moitié de 1879. Nous entendîmes souvent, dans les localités industrielles que nous visitions alors, les questions suivantes, qui trahissaient une humeur inquiète: «Cela durera-t-il? Si cela pouvait encore durer six mois! ce serait déjà beaucoup etc.»

La réaction contre cette animation commença en 1880, mais ne se manifesta pas d'un coup. Le commerce de diverses localités n'allait pas mal encore dans le commencement de cette année: parmi les principales foires d'hiver, celle de la fête des Rois, à Kharkof, fut satisfaisante, celle d'Irbit passable. Mais le ralentissement dans la marche des affaires se fit sentir au milieu de l'hiver de 1879—1880, à Moscou, dans le centre des affaires commerciales de toute la Russie et à l'époque habituelle de sa plus grande activité commerciale. La crise des affaires industrielles se manifesta d'une façon décisive dans la seconde moitié de 1880, après une récolte manquée dans la plus grande partie de la Russie, après différentes calamités dans l'agriculture (des insectes nuisibles et des épizooties) et avec le renchérissement

rapide de tous les objets de consommation (le pain, la viande).
Le dénouement de la foire de Nijnii-Novgorod, en 1880, a été
comme toujours l'indicateur le plus sûr du revirement des affaires. Le mouvement des prix est le fait le plus intéressant de
cette période de réaction contre l'animation industrielle de 1878
et 1879. Tous les prix montaient plus ou moins depuis 1877,
mais leur perturbation, qui accompagne toutes les époques de
crise industrielle, et qui constitue leur principal fléau autant
sous le rapport de l'économie nationale que sous celui de la production isolée se manifesta surtout dans la période de la réaction. Nous entendons par perturbation ou ébranlement des prix
le manque de régularité dans leur mouvement, qui enfreint toute
loi d'équilibre entre les dépenses et les revenus de chaque production (entre les prix de revient et de vente): quelques articles
haussent davantage, d'autres moins, d'autres enfin diminuent de
prix. Dans le cas présent, cet ébranlement des prix consistait généralement en ce que celui des marchandises fabriquées était
tombé, et celui des matériaux bruts et du travail avait au contraire prodigieusement monté, en conséquence de la surabondance de la production en 1878—1880 et de l'affaiblissement
du débit. Ce fait se produisit à un degré plus ou moins grand
dans toutes les branches de l'industrie. Nous indiquerons plus
tard les chiffres qui affirment ce fait général, lors de la revue
que nous ferons de quelques unes de ces branches. Nous devons
mentionner une circonstance particulière. Les fabricants et les
patrons d'usines ont vu, en général, les pertes que la crise de
1880 leur a fait subir, compensées par les bénéfices énormes,
que l'époque précédente de l'animation industrielle leur avait
procurés. La classe ouvrière de la région industrielle de Moscou,
c-à-d. les paysans, ont particulièrement souffert, puisque le travail des fabriques dans le cours de l'hiver constitue la principale
condition de leur existence. Le blé, que la majorité des paysans
de la région de Moscou est obligée d'acheter en hiver, était excessivement renchéri, et le travail aux fabriques, ainsi que les
salaires s'étaient réduits dans l'hiver de 1880—81. Il faut dire,
à l'honneur de la plupart de nos fabricants, qu'ils ont agi avec
circonspection et humanité à cette époque critique: ils n'ont di-

minué le travail de leurs fabriques et les salaires que graduellement. Les ouvriers habituels n'ont pas été renvoyés, et, dans
les meilleurs établissements, leurs salaires n'ont même pas été
diminués. On n'engageait point de nouveaux ouvriers pour l'hiver, c-à-d. on n'acceptait pas cette foule qui assiège les fabriques à partir du 1er Octobre et qui retourne à ses villages au
printemps (après Pâques). Cependant, quelques fabricants (en petit nombre heureusement), ont agi fort déraisonnablement; la réduction brusque et en partie arbitraire des salaires occasionna
des troubles parmi les ouvriers (par ex. à la fabrique de Jartzewo,
dans le Gt. de Smolensk). Du reste, ces troubles ne prirent pas
de développement, grâce à la douceur du caractère de notre
masse ouvrière.

Cette situation qui cependant n'atteignit point les proportions
d'une véritable crise, ne dura que jusqu'à l'hiver de 1881, (la foire
de Nijnii-Novgorod, où les affaires industrielles se ranimèrent).

Pour expliquer toute cette marche de nos affaires industrielles et commerciales des cinq dernières années il suffit de la
mettre en liaison avec les évènements politiques et économiques
de cette période. Ces évènements ne sont que trop connus. Nous
nous contenterons de mentionner les plus importants, au point
de vue de notre économie nationale. Il suffit de faire le résumé
de ces évènements dans leur ordre chronologique pour en déduire toutes les causes du cours de notre vie industrielle et de
ses fluctuations si variées que nous venons de décrire.

L'évènement principal qui, de concert avec ses suites directes et indirectes, rapprochées et éloignées, domine dans notre
histoire économique, dans ces cinq dernières années, — c'est
incontestablement la guerre de Turquie de 1877; elle a interrompu la stagnation prolongée (voy. plus bas) de notre industrie
et de notre commerce intérieur, qui l'avait précédée. Toute
guerre, quelque épuisante qu'elle soit pour un peuple, et quels
qu'en soient les résultats économiques ultérieurs, ranime, au
premier moment, la vie économique d'un pays [297]). Ce fait s'af-

---

297) Voy. l'article de *J.J.Kaufmann* sur l'influence de la guerre de 1877 et de

firme par l'expérience historique de tous les pays et s'explique suffisamment par la théorie (il en a toujours *été* ainsi partout, et il *doit* toujours en être ainsi). Toute guerre, surtout à notre époque, est non seulement une opération militaire, mais c'est encore une opération financière et industrielle colossale, mettant en mouvement extrême toutes les forces productives de la contrée belligérante, — les capitaux et les bras, — cette guerre les employât-elle même sans résultat et diminuât-elle ses ressources pour un temps à venir. Dans le cas présent, la guerre, après la stagnation des affaires industrielles qui l'avait précédée, eut un effet encore plus stimulant dans notre monde commercial.

La conclusion de la paix produit à son tour un effet tout aussi énergique sur l'économie nationale; elle éveille toujours, quelles qu'en soient les conditions toutes les espérances de la société, après une tension morale et économique, énervante pour tout le pays. La paix, qui suivit notre guerre victorieuse avec la Turquie, encouragea d'autant plus nos sphères industrielles et commerciales, que l'espoir d'une extension des marchés et du débit de nos articles manufacturiers, autant dans la Péninsule des Balkans qu'en Asie, y était attaché. Ces espérances se justifièrent en partie (par rapport à la Turquie d'Asie et à la Perse). Observons à ce propos, que tout procès vital anormal ou maladif, autant dans l'organisme de l'économie nationale que dans tout organisme vivant, physique ou moral, produit un effet d'autant plus excitant sur l'organisme, que le passage est plus rapide et brusque d'un caractère de ce procès pathologique à un autre (de la paix à la guerre et de la guerre à la paix), quelles qu'en soient les conséquences épuisantes pour les forces organiques.

Mais les émissions extraordinaires des «billets de crédit» ou du papier monnaie provoquées par la guerre ont produit un effet incomparablement plus grand encore sur la fièvre industrielle, que la guerre et la paix elles-mêmes[298]). La quantité de notre pa-

---

la conclusion de la paix en 1878 sur notre économie nationale «Le papier monnaie et les finances de guerre». (T. VII du Recueil des sciences politiques, 1879, rédigé par V. P. Bésobrasof).

298) Voy. l'article de *N. C. Bunge* sur l'effet que l'émission du papier monnaie

pier-monnaie, en circulation, dans le cours de deux ans, depuis la fin de 1876 à la fin de 1878 (1ᵉʳ Octobre) a atteint de 700 millions de roubles, 1200 millions (en chiffres ronds [299]), c-à-d. la masse du papier-monnaie avec cours forcé, a augmenté de plus de 70%, donc plus que de deux tiers. Quelle force prodigieuse pour surexciter l'industrie et la spéculation, pour enfler la demande des marchandises sur tous nos marchés intérieurs devait être contenue dans cette augmentation excessive de la circulation monétaire, cela se comprend de soi-même; l'action de cette force était d'autant plus anormale que la masse des billets en circulation avant la guerre surpassait déjà considérablement les besoins du pays, puisque les billets étaient même alors au dessous du pair et l'agio était de 15%. Il est inutile d'expliquer ici pourquoi les émissions du papier à cours forcé, en envahissant d'une manière violente les marchés, doivent, par leur nature, produire une fièvre industrielle (le renforcement de la production au de là des exigences effectives, saines et constantes des marchés) et exciter la spéculation jusqu'au moment, où leur dépréciation affaiblit de soi-même leur force stimulante. [300] Outre l'a-

---

de 1877.—1878, a produit sur notre économie nationale: «Remarques sur la situation actuelle de notre système monétaire et sur le moyen de son amélioration» (dans le Recueil des Sciences politiques, t. VIII, 1880). Ce travail, résume toutes les suites économiques de nos émissions de papier monnaie, ainsi que la situation nouvelle de la circulation fiduciaire. Voy. de même: *I. I. Kauffmann*, l'article cité plus haut. Les deux ouvrages, qui répondent parfaitement à toutes les exigences de la science suffisent amplement à l'étude de la situation présente de la circulation de notre papier monnaie.

299) Le chiffre le plus élevé des émissions extraordinaires des billets de crédit était, au 1ᵉʳ Octobre 1878, de 491 millions 800 milles; il a oscillé depuis en diminuant continuellement et aujourd'hui (à la fin d'Avril 1882) il représente 417 millions de roubles. L'augmentation la plus rapide et la plus grande de la circulation fiduciaire, a eu lieu depuis le mois de Mai 1877 au mois d'Octobre 1878. Avant le mois de Mai (1877) tout le chiffre de l'émission extraordinaire, ne représentait que près de 77½ millions de roubles.

300) Nous évitons exprès des raisonnements théoriques et nous nous bornons à la description de faits de notre vie économique qui dépendent plus ou moins du désarroi de la circulation monétaire. Voy. pour la théorie du papier monnaie appliquée à nos billets de crédit, l'ouvrage d'*A. Wagner* «Le papier monnaie russe» (publié en russe avec des suppléments de *M. Bunge*); l'ouvrage de *V. P. Bésobrasof* «sur quelques phénomènes de la circulation monétaire en Russie». Moscou 1864. De tous les ouvrages récents qui contiennent le résumé de toute la littérature du papier monnaie nous devons citer: W. Roscher, National-Oekonomie des

bondance fictive. des capitaux en argent comptant et l'extension subite de la demande de différentes marchandises [301]), — un fait tout particulier agissait dans le même sens, de la surexitation industrielle, — c'était là baisse des cours de change étrangers (c-à-d. la dépréciation du papier-monnaie sur les marchés internationaux [302]). Quoique ce fait se lie inévitablement à des émissions à cours forcé semblables, il est indispensable de distinguer l'effet spécifique qu'il produit sur l'industrie *indépendamment de la surexcitation*, qui découle de l'augmentation de la masse d'argent. Cet effet spécifique de la baisse des cours de change consiste en ce qu'il réduit l'importation des marchandises étrangères, en élevant leur prix. Après diverses oscillations, notre cours de change étranger a constamment fléchi en 1877, 1878 et en 1879, après les émissions extraordinaires des billets de crédit [303]); il a par conséquent, continuellement haussé le prix

---

Handels u. Gewerbfleisses, 1881 (cap. VII, Papiergeld) et Bela Földes (Weisz), Beiträge sur Frage über Ursachen und Wirkungen des Agios (Jahrbücher für Nationalökonomie u. Statistik. 1882).

301) Quoique les émissions extraordinaires de nos billets se soient produites en 1877 et en 1878, par l'intermédiaire de la Banque d'Etat, mais presqu'exclusivement non par la voie commerciale et du crédit (par les prêts au commerce et à l'industrie), mais sous la forme de prêts de la Banque au trésor de l'Etat, qui les mettait en circulation, en payant ses dépenses. Le chiffre le plus élevé de ces émissions, 491 millions 800 mille roubles (au 1er Octobre 1878) représentait une dette du trésor à la banque, de 482 1/2 millions de roubles (c-à-d. 20 millions avaient été émis par la banque directement pour le service de l'industrie et du commerce).

302) Quoique l'agio et la baisse du cours de change étranger soient bien la même chose, leurs oscillations soient loin de coïncider entre elles; cependant l'élément principal de la baisse du cours de change a été l'agio dans le cas présent, ainsi qu'il en est toujours dans des occasions semblables.

303) C'est ainsi, que le cours moyen, calculé pour des périodes annuelles, était en 1877 — 272 centimes (au lieu de la valeur nominale de 400 centimes pour un rouble), en 1878 — 257 c., en 1879 — 253 c.; tandis qu'avant la guerre le cours moyen, était de 311 c.; il a subi de nombreuses oscillations de 1865 à 1876, mais son niveau le plus bas (et encore cela n'est-*il arrivé qu'une fois*, au mois de Juin, en 1866, à l'époque de la guerre Austro-Prussienne) de 266 c. s'est élevé jusqu'au maximum de 360 c. en 1871. Il faut observer, que quoique le surplus du papier-monnaie, avec cours-forcé soit le facteur le plus puissant dans le mouvement des cours de change étrangers (c-à-d. de la valeur du papier-monnaie en espèces sonnantes ou de l'agio), ce mouvement dépend aussi d'une quantité d'autres circonstances excessivement compliquées; il n'est jamais en parallèle mathématique avec la masse du papier-monnaie en circulation. (Voy. les articles mentionnés plus haut par M. Bela de Földes). Ceux qui cherchent à nier par ce fait l'influence de la quantité du papier-monnaie sur les cours de change, se trompent grossièrement.

des marchandises étrangères en encourageant forcément la production des mêmes marchandises dans le pays.

Cet effet des cours de change étrangers a été encore renforcé, au plus haut point, par la fixation du paiement des droits
de douane en or (à la valeur nominale du rouble assignat), depuis
le 1er Janvier 1877; cette mesure était identique à l'élévation
de nos droits de douane de 30%—35%, or ces droits surpassaient, tous les tarifs européens, même avant cette mesure[304]).
La baisse continue du cours de change, en 1877, 1878 et en
1879, augmentait continuellement l'influence de cette mesure sur
la réduction plus au moins grande de l'importation et sur le renchérissement des articles étrangers. Outre l'élévation générale
du tarif de douane, l'accroissement de son caractère protecteur
par rapport à différents articles spéciaux (aux objets en métal,
aux machines, plus tard au djute etc.) appartient aussi à cette
période.

Enfin, il faut ajouter encore une circonstance à tous les faits
que nous venons de citer et qui ont influé sur l'animation industrielle de 1877—1879, — circonstance qui joue un fort grand
rôle dans le caractère de cette époque — ce sont les belles récoltes dans la plus grande partie de la Russie pendant ces années
et un développement excessif, qu'on n'a jamais vu, de l'exportation aux pays étrangers, de nos produits agricoles. Les récoltes
procurent le principal superflu, le superflu presqu'unique et les
seuls moyens de se procurer de l'argent à une masse immense de
notre population; elles exercent également l'influence la plus
puissante sur le débit annuel de nos articles manufacturés dans
le milieu de ces populations. Cet effet des récoltes a été accentué par l'exportation excessive de nos produits agricoles[305]),

---

304) Voy. les articles cités plus haut «Russlands auswärtiger Handel» dans
la Revue Russe.

305) Les chiffres suivants peuvent donner la mesure de cette exportation
excessive. L'exportation annuelle moyenne de notre principal produit— le blé—
(après la première guerre d'Orient) et dans la période de cinq ans, s'évalue:

de 1857 — 1861 à	9.080,000	tchetverts.
» 1862 — 1866 »	9.188,000	»
» 1867 — 1871 »	16.885,000	»
» 1872 — 1876 »	22.061,000	»

principalement des blés dans ces mêmes années et par leur renchérissement continual. Ce développement extraordinaire de notre
exportation (non pas exclusivement du blé, mais d'autres produits encore) n'était pas un pur accident dans la marche générale
de notre vie économique, pour cette période; les mauvaises
récoltes de l'Europe Occidentale et les belles récoltes de la
Russie pourraient bien l'expliquer, mais la baisse de nos cours
de change ou la hausse de l'agio produite par les émissions
du papier-monnaie, n'y ont pas moins contribué; il en résulte
que l'exportation de nos marchandises, en dépit de la hausse de
leurs prix (pendant que leur *renchérissement était au-dessous de
la baisse des cours de change*, c-à-d. au-dessous de la dépréciation du papier ou de l'agio) est particulièrement avantageux
aux étrangers: ils paient la marchandise exportée, en lettres de
change ou en papier-monnaie qui ont, dans les dites conditions
moins de valeur que la marchandise.

La réunion de toutes les causes exposées plus haut, explique
suffisamment, paraît-il, la période de l'animation extrême de
notre industrie et de notre commerce en 1877—79. La crise
qui s'est manifestée en 1880, était, avant tout, la réaction naturelle et inévitable, qui suit toujours l'extension spéculative,
fébrile, de *quelques branches* de la production [306]), lorsqu'elle dépasse les besoins normaux du marché. Les circonstances qui ont
accompagné cette crise, ont été indiquées plus haut; les marchandises accumulées ne pouvaient trouver de débouchés qu'à la condition d'être livrées à bas prix; alors, et en conséquence de l'é-
lévation des autres prix (du renchérissement des matériaux et
des salaires) et de toutes les dépenses des fabricants, la production de ces marchandises ne pouvait être que désavantageuse. Ce

---

Cette exportation du blé s'élève subitement en 1877, jusqu'à 30,879,000. tchetverts. Elle dépasse 40.000,000 en 1878. L'exportation du blé, à l'époque d'une moins
belle récolte, en 1879, n'était inférieure à celle de 1878 (au moment où elle avait
atteint des dimensions prodigieuses qui ne s'étaient jamais vues) que de 0,64%.

306) Il ne faut pas oublier, que toute animation temporaire de la production,
qui amène des crises industrielles, *n'est pas un effet du développement de toute la
production nationale*, mais seulement de quelques branches; voilà pourquoi elle
produit ces crises, c-à-d. l'accumulation *superflue* des marchandises au delà des
forces d'acquisition (ou d'échange) de la contrée.

bouleversement des prix est, comme nous l'avons dit, le symptôme maladif le plus saillant des crises industrielles et surtout de celles dont le principal moteur est l'émission du papier-monnaie, avec cours forcé.

Toute cette marche des affaires était inévitable et s'accordait avec les lois immuables de la nature économique des choses. Mais pour que ces lois, ainsi que toutes les lois historiques et sociales se manifestent, il faut qu'un accident fortuit, qu'un prétexte donne l'impulsion aux évènements; les observateurs superficiels prennent souvent ces accidents pour la cause des évènements. La mauvaise récolte de 1880, qui a obligé nos régions les plus fertiles à acheter du blé et non des produits manufacturés a déterminé la crise de nos affaires industrielles. Diverses calamités agricoles (des insectes nuisibles, des épizooties et a. d, s.) s'y sont jointes. Notre exportation à l'étranger a diminué en 1880, comparativement à 1879, de $21\frac{1}{2}\%$, conformément à la mauvaise récolte (et en partie pour d'autres raisons). Un autre fait important, qui a influé sur la réaction de industrie en 1880, sur la réduction du débit et de la production des marchandises de fabriques, c'est la diminution de la circulation fiduciaire; la quantité des billets est descendue de son chiffre le plus élevé (vers le 1er Octobre 1878), de 491 millions 800 mille roubles à 390 millions de roub. vers le 1er Mai 1880 (principalement à la fin de 1879 et au commencement de 1880), c-à-d. elle s'est restreinte de près de 100 millions, qui ont été retirés *de la circulation* par le gouvernement[307]). Une diminution aussi considérable de la circulation monétaire ne pouvait manquer de produire son effet sur la diminution de la spéculation industrielle et quoique toute cette diminution de la masse du papier-monnaie ne se soit pas produite tout d'un coup en 1880, et a commencé plus tôt, elle a manifesté son effet (comme cela à toujours lieu dans l'extension et dans la réduction de la circulation monétaire) quelque temps après seulement, vers le milieu de l'année 1880, en coïncidant avec l'effet d'autres motifs de la réaction. Cette mesure n'avait rien d'arbitraire ni d'artificiel; elle coïncidait

---

307) Au moyen du paiement de la dette du Trésor à la Banque d'Etat.

avec la réaction naturelle du mouvement industriel et avec l'accumulation du papier-monnaie dans les banques. Si cette réduction de la circulation monétaire n'avait point eu lieu, la crise n'aurait pas été évitée[308]), mais au contraire, elle eût été plus longue et plus aiguë: l'abondance artificielle de l'argent violemment retiré des caisses des banques et introduit dans la circulation du pays, aurait soutenu l'excitation fébrile de la production manufacturière, au delà des exigences du marché, et en même temps le renchérissement des différents objets qui entrent dans les frais de cette production n'aurait fait que grandir ainsi que la baisse des prix des articles manufacturés.

On ne saurait douter de l'effet qu'un élément particulier a produit de son côté et à un certain degré sur la réaction industrielle; il s'est définitivement manifesté au milieu de 1880. L'effet de cet élément est moins palpable que les autres. Les crimes politiques qui ont commencé en 1878 et qui sont devenus de plus en plus fréquents en 1879 et en 1880, trahissaient le malaise de la société. Bien que tous ces faits se soient produits dans des sphères étrangères au monde commercial et à la vie nationale elle-même, ils ont insensiblement amoncelé, dans toutes les classes de la société, des impressions sombres, qui devaient contribuer à diminuer l'ardeur industrielle de 1878 et de 1879.

Une récolte magnifique, presque partout dans notre pays, a particulièrement influé sur le ravivement industriel qui s'est produit dans la troisième et la dernière période, depuis le milieu de 1881, et qui s'est définitivement déclaré après la foire de Nijnii-Novgorod de la même année. De plus, la nouvelle élévation de tout notre tarif de douane, de 10%, depuis le 1er Janvier 1881, a probablement agi dans le même sens. Le commencement d'un nouveau règne a aussi encouragé les esprits, jusque dans le monde commercial, comme c'est toujours le cas et comme ce devait être surtout après les lugubres évènements de 1878—1880, qui ont eu pour dénouement la catastrophe du 1er Mars. L'impression ahurissante de cette terrible journée est, sans aucun doute, la cause de ce que les espérances et les dispositions plus sereines

---

308) Comme le prétendaient les partisans du papier-monnaie avec cours forcé

liées à un nouveau règne n'ont manifesté leur effet pratique que plus tard (c-à-d. vers le milieu de 1881), lorsque l'inquiétude, que ce jour, le plus sombre de l'histoire de Russie, a produite dans la société, s'est quelque peu calmée.

Depuis cette époque, et après une animation remarquable dans le commencement de la période de travail (de l'hiver de 1881 — 1882), la marche de notre industrie et de notre commerce intérieur, qui se concentrent particulièrement à Moscou, s'est tant soit peu ralentie, sans cependant incliner positivement vers une direction, ou vers une autre. Toutes les données qui sont à notre disposition, relativement à la situation actuelle de nos affaires industrielles, peuvent nous conduire à une seule conclusion positive: après toutes les oscillations que notre industrie a subies dans le cours de ces cinq dernières années, l'extension qu'elle a prise au commencement de cette période (en 1878 et en 1879) *reste généralement aujourd'hui dans ses dimensions d'alors* (à part quelques exceptions personnelles et locales, dépendant, non de la marche générale des affaires, mais de circonstances particulières, propres à chaque entreprise isolée ou bien même à une branche entière de la production). Mais la dernière phase du mouvement de notre industrie dans ces cinq ans, n'est pas encore terminée; nous y vivons encore et par conséquent, nous ne pouvons juger de ce qui ne s'est encore ni défini, ni éclairci dans ses résultats. La situation actuelle de l'industrie, son développement futur dépendant des conditions innombrables et diverses, favorables et défavorables de notre vie historique, intérieures et extérieures; il est impossible de prévoir les diverses combinaisons historiques de ces conditions. La science ne peut connaître et prévoir que l'effet normal de chacun des éléments de la vie historique au moyen de l'étude de cet effet dans le passé, mais tels ou tels *effets* de ces éléments *réunis* sont indéfinissables, puisqu'ils dépendent de la coïncidence et de l'entrelacement variés à l'infini de ces éléments, exposés à toutes les éventualités de l'histoire, surtout dans ses courtes périodes.

L'étude de ces cinq dernières années (1877—1882) de notre vie industrielle est intéressante au plus haut point non seu-

lement sous le rapport pratique, mais aussi sous le rapport théorique. Ces cinq années se distinguent dans notre histoire économique par des traits caractéristiques, qui leur donnent l'importance d'une «époque» à part. La surexcitation industrielle, qui a
suivi la guerre, puis, une réaction tout aussi rapide, — ces phénomènes les plus saillants de cette période ont le caractère
d'une crise industrielle. Tel a été le cours général de notre
vie économique pendant cette période, quoique nous ayons vu
ses oscillations, ses déviations et ses détours temporaires. Ce
cours général de la vie industrielle et ses déviations se sont
formés, comme nous l'avons vu, sous l'influence plus ou
moins puissante de circonstances diverses. Mais l'effet de la
force la plus puissante, au milieu de toutes ces circonstances, appartient sans aucun doute — *aux émissions extraordinaires des billets de crédit* que les frais de la guerre ont provoquées. Toutes les autres circonstances, comparativement à cette
force, n'ont été que des facteurs secondaires et subordonnés; elles
ont seulement modifié et compliqué l'effet de l'agent principal,
tantôt en le renforçant, tantôt en réagissant contre lui, mais
tous ces facteurs, dans leur résultat général, ne pouvaient en-
rayer l'effet de cette force principale. Si le moindre doute pouvait surgir, ou bien si l'on pouvait admettre une défiance complète de la science qui connait suffisamment la théorie de cette
force (du papier-monnaie avec cours *forcé*), on pourrait s'en convaincre tout-à-fait en comparant la période de cinq ans, que
nous venons de décrire, à une autre période semblable de notre
vie économique, à celle qui a suivi la première guerre d'Orient
et ses émissions de billets de crédit [309]).

    La comparaison de ces deux époques, si semblables sous

---

309) Voy. *V. P. Bésobrasoff*, sur quelques phénomenes de la circulation monétaire en Russie, Moscou, 1864. Cet ouvrage, basé sur nos études personnelles et locales en Russie, décrit l'influence des émissions excessives du papier-monnaie des
années 1854 — 1857, sur notre économie nationale et la marche de nos affaires
industrielles depuis 1857 à 1864. L'Appendice III (Esquisse de la foire de Nijnii-
Novgorod, Ch. III) explique l'effet de la circulation du papier-monnaie (troublée
par les émissions de 1854 — 1857) sur diverses branches de notre industrie et de
notre commerce. Les renseignements que nous communiquons dans cet Appendice
affirment et expliquent la comparaison émise plus bas, de ces deux époques; c'est la
raison pour laquelle nous avons jugé nécessaire d'insérer ici cet Appendice.

certains rapports, si différentes sous d'autres, est fort utile pour l'étude de quelques questions de notre vie publique et de notre système monétaire. Cette dernière question n'est pas l'objet de notre ouvrage présent; nous n'y touchons qu'autant que cela est indispensable à l'explication de la marche des nos affaires industrielles. C'est particulièrement sous ce point de vue que nous ferons la comparaison de ces deux époques [310]).

Elles sont identiques dans leur apparence générale et dans la substance du procès économique pathologique qui s'est produit pendant leur cours. Comme la période des cinq ans compris entre 1877 et 1881, la période de 1857 à 1860 (et jusqu'à 1865) à présenté d'abord, immédiatement après la première guerre d'Orient, une animation excessive des entreprises industrielles et puis une réaction, une stagnation qui s'est prolongée à un certain degré, bien avant dans les années 60, et même avec diverses intermittences (voy. plus bas), jusqu'à la dernière époque de l'animation industrielle. L'élévation (l'ébranlement) de tous les prix et le renchérissement de la vie ont également accompagné ces deux époques [311]), qui se ressemblent encore par les principaux évènements qu'elles contiennent (la guerre, la paix, un règne nouveau) et qui ont influé sur la marche de notre vie politique. Enfin, les causes économiques fondamentales, qui ont déterminée le cours des affaires industrielles, sont identiques avec une précision mathématique dans la forme extérieure de leur manifestation: les opérations financières tant de la première que de la seconde guerre d'Orient, ont également ajouté à la circulation fiduciaire chacune 400 millions de roubles [312]) en papier-monnaie à cours forcé.

---

310) L'ouvrage de *N. C. Bunge* («Remarques» etc. T. VIII du Recueil des Sciences Politiques), que nous avons cité plus d'une fois, contient une fort belle comparaison entre ces deux époques, sous le rapport des émissions du papier-monnaie et sous celui des opérations financières de l'Etat, en général. Nous tirons parti de cet ouvrage dans le cas présent.

311) La conviction que toute guerre doit absolument produire le renchérissement, s'est enracinée dans notre peuple. Cette conviction s'est naturellement établie, en conséquence de ce que des émissions de papier monnaie ont toujours accompagné quelque guerre que nous ayons faite.

312) Quoique les émissions de la seconde guerre d'Orient aient atteint une fois (le 1-er Octobre 1878) presque 500 millions, mais 108 millions ont été plus tard retirés de la circulation.

Cependant ces deux époques malgré cette identité de la cause première et des symptômes maladifs qu'elle a produits, présentent quelques différences notables, même sous le rapport économique: la différence la plus essentielle et la plus tranchée qui existe entre elles, consiste en ce que la crise industrielle de la première époque a été *beaucoup plus prolongée* et aussi plus aiguë que la seconde (autant dans la période de la surexcitation industrielle, que dans celle de la réaction).

On peut admettre dans le sens le plus large, que la durée de l'état anormal ou maladif de notre économie nationale, sous l'influence des émissions du papier-monnaie de la première guerre d'Orient, s'est prolongée jusqu'à la seconde guerre d'Orient. Mais dans ce cas, cet espace de temps doit être divisé en deux périodes de crise: la première durant jusqu'au milieu où même jusqu'à la fin des années 60, et la seconde de la fin des années 60 à la seconde guerre d'Orient (1877). La surexcitation spéculative de cette seconde période s'est principalement concentrée sur la construction des chemins de fer, sur l'institution des banques et sur différentes opérations de bourse; elle a atteint son apogée à peu près de 1871 à 1874. La seconde guerre d'Orient [318]) nous a surpris, au milieu de la réaction et d'une stagnation complète de l'industrie et du commerce, qui avaient commencé vers 1875 (à peu près depuis la banqueroute scandaleuse de la banque de prêts, à Moscou, qui constitue la catastrophe la plus flagrante de cette époque). Il va de soi, que l'influence du désarroi de la circulation monétaire se complique par l'effet d'une foule d'autres éléments économiques sains et malsains et par toutes sortes d'éléments historiques. Enfin, au point de vue du papier-monnaie, tout le temps qui s'est écoulé depuis 1857 jusqu'à nos jours, forme une seule période de l'état maladif de la circulation monétaire (du cours forcé, de la dépréciation du papier-monnaie et de l'agio), comparativement à la période de la circulation fiduciaire parfaitement normale, depuis 1846 jusqu'à la première guerre d'Orient.

318) Voy. les détails de cette période dans l'ouvrage de *M. Kaufmann* «projets de la réforme de la circulation monétaire» (dans le Recueil des Sciences politiques T. VII).

16

Nous ne parlerons ici que de la période primitive de l'action *immédiate* des premières émissions extraordinaires de papier-monnaie et nous lui comparerons les cinq dernières années. Cette première période de crise elle-même a été beaucoup plus prolongée que notre crise récente, puisqu'elle a embrassé près de dix années (de 1857 à 1867 environ). Du reste, nous devons ajouter que la période actuelle de l'état maladif de notre circulation monétaire est encore loin d'être expirée; on peut espérer cependant, que ses symptômes les plus fâcheux appartiennent au passé, à moins cependant que ne surviennent de nouvelles complications.

Le tout premier accès de notre mal a été non seulement plus prolongé, mais encore plus rude que le tout dernier, c-à-d. qu'il a été accompagné de conséquences beaucoup plus funestes aux individus, aux capitaux et à toute l'économie nationale [314]). Il suffit, pour s'en convaincre, de se rappeler la «pénurie» d'argent excessive et générale à l'époque de la réaction de la première période, au commencement des années 60; et l'affreux désastre qui a sans résultat aucun absorbé tant de capitaux et ruiné tant de monde (dans les entreprises par actions).

Les causes de la différence des paroxismes de notre mal, dans la première et dans la dernière périodes, découlent évidemment de la différence des circonstances accessoires, qui ont accompagné, dans les deux cas, l'effet d'une seule et même cause fondamentale (c-à-d. les 400 millions ajoutés à la masse du papier-monnaie). Toutes ces circonstances étaient différentes, autant dans la sphère du système du papier-monnaie lui-même et des opérations financières de l'Etat, liées aux émissions, que de la part de diverses autres conditions économiques et politiques (du milieu ambiant) de l'une ou de l'autre époque. Citons seulement les principales circonstances, qui ont influé sur l'effet différent de la seule et même cause, et laissons de côté tous les incidents secondaires et éphémères du temps.

314) Nous ne parlons ici que de l'industrie et du commerce. L'époque actuelle présente infiniment plus de difficultés que l'époque qui a suivi la première guerre d'Orient, sous le rapport de l'amélioration de notre système financier et monétaire.

Les faits suivants [315]) se rapportent à la première catégorie de ces différentes circonstances (dans le cercle des opérations de l'émission du papier-monnaie elle-même, et d'autres opérations financières). La principale différence qui explique particulièrement la moins grande rapidité et la plus grande intensité du cours de la maladie dans la première période, provient de ce que nous passions alors au désarroi de la circulation monétaire de son équilibre complet; nous passions d'un état tout à fait sain de la circulation monétaire à la surabondance des signes fiduciaires; de l'échangibilité absolue des billets et de leur cours au pair avec la monnaie sonnante, à leur dépréciation, au cours forcé et à l'agio. Quant à la dernière période, les émissions extraordinaires n'ont fait qu'accentuer et qu'accuser plus nettement tous les symptômes maladifs de la circulation monétaire qui existaient déjà. C'est la raison principale pour laquelle les émissions du papier-monnaie ont agi beaucoup plus lentement, mais avec plus de force dans la première période: la dépréciation du papier, l'agio, la hausse de tous les prix sont venus longtemps après les émissions (après 3 ans), beaucoup plus tard que dans la dernière période. De plus, le retrait de la monnaie sonnante de la circulation et son écoulement à l'étranger se sont joints au procès maladif de la première période. Rien de tout cela, ne s'est produit dans la dernière période qui n'a plus trouvé d'espèces sonnantes en circulation. Toutes ces circonstances de la première époque exigeaient du temps. L'écoulement de notre monnaie sonnante à l'étranger provoquait, entre autres, une augmentation dans l'importation des marchandises étrangères ce qui opposait un redoublement de concurrence à notre production manufacturière; cette circonstance explique en partie, pourquoi la spéculation industrielle s'est si peu laissé entraîner à cette époque, par la production manufacturière et qu'elle s'est lancé dans des entreprises nouvelles, infiniment plus risquées et plus dangereuses. Tout au contraire, la baisse du cours de change étranger, plus rapide et plus forte, dans la dernière période que dans la première, a contribué, en dehors de beaucoup d'autres circonstances

315) Voy. N. C. Bunge, Remarque etc.

(voy. plus bas), à l'augmentation de la demande de nos articles manufacturés et au développement de leur production.

De plus, l'émission du papier-monnaie pour la dernière guerre a été accompagnée d'un emprunt à intérêts d'un milliard de roubles et sur ce nombre 900 millions d'emprunt à l'intérieur et 100 millions d'emprunt à l'étranger. Pour la première guerre d'Orient, le gouvernement n'a contracté d'emprunt à intérêts que pour 100 millions, et encore toute cette somme a-t-elle été empruntée à l'étranger. Les capitaux placés en dépôts aux Banques de l'Etat ont été violemment poussés dans la circulation par la diminution de l'intérêt attaché a ces dépôts. Au contraire, les placements dans les emprunts à intérêts ont détourné après la dernière guerre beaucoup d'argent sans emploi de la spéculation industrielle. Le gouvernement dépensait les capitaux acquis sur les emprunts, pour couvrir les dépenses du budget, qui, comparativement à l'époque de 1856—1860, a doublé et par conséquent a deux fois plus de force qu'alors, pour absorber dans ses opérations le surplus du papier-monnaie.

En laissant de côté beaucoup d'autres différences des opérations financières des deux périodes, il faut encore ajouter à tout ce que nous venons de dire, la différence de la marche elle-même des émissions des billets, qui a beaucoup contribué à la prolongation et à l'intensité de notre première crise industrielle et qui a produit un effet contraire dans la dernière période. Après les émissions de 1854—1857, un retrait subit de 90 millions de la circulation est survenu en 1858, et de nouvelles émissions considérables ont immédiatement suivi cette mesure, en 1859 et en 1860. La dernière opération d'émission a été beaucoup plus régulière et plus systématique en opposition à l'époque 1854 — 60, où la circulation tantôt s'augmentait, tantôt diminuait. Après l'augmentation primitive de la masse des billets (près de 500 millions de roubles en 1876 — 1878) leur réduction graduelle s'est produite pour 108 millions, du 1er Octobre 1878 au 1er Mai 1880; plus tard l'oukase du 1er Janvier 1881 a ordonné le retrait progressif de la circulation des billets de crédit jusqu'à concurrence de 50 millions de roubles par an.

Il ne faut point perdre de vue tout le mécanisme de banque au moyen du quel la Banque d'Etat effectue les émissions et les retraits des billets (l'extension et la réduction de la circulation), liés aujourd'hui aux opérations commerciales de la Banque par le canal des entreprises industrielles et commerciales existant dans le pays. Le gouvernement n'avait point à sa disposition, dans la première période, ce mécanisme de banque, qui régularise la circulation monétaire à un certain degré conformément aux besoins de l'industrie et du commerce.

Une autre catégorie des conditions économiques et politiques, qui accompagnaient les émissions du papier-monnaie, présente beaucoup de circonstances, complètement différentes dans l'une et dans l'autre période. Le fait essentiel, qui détermina la direction de la surexcitation industrielle de 1877—1879 et qui la distingue de celle de 1857—1859, c'est un contraste frappant dans la politique douanière. Les émissions de la première période ont suivi la réforme décisive (commencée en 1851) de cette politique dans le sens du libre échange; plus tard ces émissions ont été accompagnées d'une nouvelle révision libérale du tarif de douane (en 1857). D'autres réductions des droits de douane sur différentes branches spéciales, appartiennent à la même période. Tout au contraire, les dernières émissions se produisirent en même temps que les élévations du tarif, et que la politique de la plus sévère protection reprit le dessus.

De plus, tous les nouveaux genres d'activité industrielle et de spéculation (surtout les sociétés anonymes), qui jusque là avaient été complètement interdites, trouvèrent tous les encouragements possibles au commencement du règne précédent. Toutes les circonstances de cette période, produisirent comme résultat général, une surexcitation industrielle fiévreuse, qui se dirigea vers la création de nouvelles entreprises, de nouvelles branches de production, et de plus, — principalement dans le cercle de gens (fondateurs des sociétés anonymes) parfaitement étrangers aux affaires commerciales. Tout au contraire, les nouvelles émissions de papier-monnaie n'ont engendré un redoublement fiévreux de la production, que dans les branches de la production *existant* depuis longtemps et principalement dans celles des fabriques, — qui étaient particulièrement opprimées, dans les années 50—60. Cette circonstance a beaucoup contribué à restreindre la nouvelle animation spéculative à un cercle commercial qui, malgré tous ses entraînements, est néanmoins plus expérimenté, plus raisonnable, plus capable de parer aux vecistitudes du commerce, que ne l'était notre milieu social (la noblesse, les fonctionnaires, les dignitaires de l'Etat, les militaires, etc.), qui s'est lancé à corps perdu, dans la spéculation industrielle après la première guerre d'Orient.

Mais par dessus tout, les progrès économiques de l'époque récente, ont contribué à l'accélération, ainsi qu'à l'affaiblissement de la crise industrielle. L'ensemble des perfectionnements techniques et économiques de notre vie nationale, qui se sont produits dans les vingt années précédentes et qui étaient inconnus au commencement du règne passé (20 mille verstes de nouvelles lignes de fer, les télégraphes, les banques privées, les bourses, le développement du commerce international, la presse, la publicité, etc.), ont rendu notre organisme économique infiniment plus délicat et plus sensible qu'il ne l'était à l'époque de la première guerre d'Orient et par conséquent tous les symptômes maladifs devaient s'y manifester plus rapidement, et produire une réaction plus rapide. Et plus un procès économique maladif est accéléré, plus il est superficiel, il trouve d'autant moins la possibilité de pénétrer dans le sein de l'économie nationale et n'atteint que sa surface. L'effet principal de toutes les conditions du cas actuel que nous venons d'émettre, consistait dans l'instabilité de tous les prix (prix des marchandises, des cours de change étrangers, de l'agio) qui était infiniment plus grande à la dernière époque, qu'elle n'avait été en 1857—1860; et c'est dans l'ébranlement des prix que réside le procès spécifique et pathologique le plus cruel des crises du papier-monnaie. Plus ce procès se produit rapidement et moins sont profondes les plaies qu'il occasionne à l'économie nationale. En outre, une série de crises semblables ont précédé la dernière époque de notre mal et elles ont inspiré la défiance des entraînements spéculatifs; le souvenir de ces crises s'est gravé dans l'esprit du monde commercial et a atténué ses tendances à la spéculation.

Tout le milieu politique et moral de la dernière crise — les sombres impressions de nos troubles intérieurs, au milieu desquels la paix a été conclue et un nouveau règne a commencé — ont agé dans la même direction *atténuante*, c'est à dire qu'elles ont refroidi les élans trop téméraires de la spéculation. Les circonstances politiques de l'excitation industrielle des années 1856 — 60 ont été parfaitement opposés: les espérances sans bornes que la période des réformes du règne dernier avaient fait naître, prenaient des dimensions presque fantastiques, dans un milieu qui venait de s'éveiller d'une longue torpeur politique; elles enflammaient toutes les attentes radieuses, tous les entraînements et dans ce nombre les entraînements industriels. En même temps, la *reconstruction,* inévitable, ou bien le désarroi de toute l'économie nationale et rurale, résultat immédiat de l'émancipation des paysans et d'autres réformes, amenèrent bientôt une quantité de déceptions, et, dans ce nombre, des déceptions économiques qui ont augmenté le mal à l'époque de sa réaction (dans les années 60). Contrairement à tous ces effets, la dernière guerre et la dernière crise du papier-monnaie sont survenues, lorsque la Russie avait déjà joui de tous les résultats bienfaisants et ultérieurs des grandes réformes du dernier règne. Il n'y a pas à en douter, la richesse nationale de notre pays s'est considérablement accrue dans ces vingt-cinq dernières années et en même temps, l'activité nationale s'est de beaucoup developpée dans toutes les directions et sous toutes les formes. Voilà pourquoi, l'organisme de notre économie nationale a maintenant infiniment plus de force, qu'il y a un quart de siècle, voilà pourquoi il est en état de mieux supporter aujourd'hui le même mal économique. L'ensemble des faits, que nous avons cités sur la faiblesse relative de notre récente crise industrielle, *crise qui jusqu'à présent n'a presque pas encore eu le caractère d'une crise véritable,*— soutiennent notre point de vue général.

La description ultérieure de nos excursions, nous donnera encore l'occasion de parler d'un grand nombre de faits qui affirmeront ou modifieront l'esquisse générale du mouvement industriel que nous venons de tracer. Nous résumerons tout ce qui a été exposé jusqu'ici de la manière suivante. L'animation

industrielle de 1877—1879 s'est concentrée dans la production
manufacturière, dans tous ses genres et dans toutes ses formes
qui existaient antérieurement; ce développement de la production est restée jusqu'à ce moment le même ou à peu près, en dépit de la réaction de 1880. Les motifs que nous avons indiqués
plus haut, expliquent suffisamment, pourquoi l'animation industrielle, à laquelle les émissions excessives de papier-monnaie ont
servie d'agent principal, s'est particulièrement bornée à la sphère
des fabriques et des usines et de plus, à des industries établies
de longue date. Cette limitation de notre dernière crise monétaire est relativement très heureuse.

Pour éviter toute espèce de malentendu, nous répondrons
d'avance à une remarque que les partisans des émissions de papier-monnaie, pourraient nous opposer en se basant sur tout ce
que nous venons de dire. Ils pourraient nous observer que ces
émissions, aujourd'hui comme autrefois, ont produit comme résultat définitif l'extension de notre production industrielle et de
toutes les opérations de notre commerce intérieur et que par
conséquent ces émissions ont été bienfaisantes.

Mais notre production industrielle ne pouvait pas ne pas
s'accroître par la force des choses et par sa marche naturelle,
dans le courant d'un quart de siècle et surtout après les grandes
réformes du dernier règne. Les émissions extraordinaires du papier-monnaie de la dernière époque, comme de toutes les époques précédentes n'ont qu'excessivement contribué, à la marche
saccadée et irrégulière de cette croissance naturelle, qui eût encore été beaucoup plus grande, sans le désarroi de notre système
monétaire. Les mouvements *convulsifs* de notre vie économique[316]) qui ont accompagné les oscillations de l'unité monétaire
légale (en papier) et en même temps celles de tous les prix, sont
extrêmement nuisibles à l'économie nationale, quand même la
vie aurait conservé sa marche progressive, au milieu des ces

---

316) Voy. les articles cités plus haut du professeur Bëla, qui prouve d'une
manière particulièrement claire toutes les conséquences économiques nuisibles de
l'agio et du désarroi du papier-monnaie.

secousses convulsives ou plutôt *malgré elles*. Tous les calculs réguliers de l'industrie et du commerce sont entremêlés de pertes et de gains éventuels et imprévus, causés par les oscillations de la valeur de la monnaie (les cours de change étrangers et l'agio). Les dimensions de ces gains et pertes surpassent de beaucoup tous les gains et pertes ordinaires et probables, basés sur le calcul commercial et sur les combinaisons habituelles de la demande et de l'offre. Cette direction précaire de la vie économique prête un caractère de jeu de bourse à toute entreprise industrielle et commerciale. C'est ainsi que le commerce et l'industrie sont perverties par ce caractère aléatoire de toutes leurs affaires.

Un autre fait, particulièrement triste, et qui accompagne cette marche saccadée de notre industrie surtout dans la région de Moscou, — c'est la vaccillation et l'irrégularité du travail et des salaires de la classe ouvrière. Tantôt on l'attire aux fabriques, tantôt on la renvoie; ce genre de vie du paysan, déjà ébranlée par un vagabondage continuel entre le village et la fabrique, fait qu'il souffre terriblement de toute la marche irrégulière de notre production industrielle souvent exposée à des phases d'excitation et de réaction, — c-à-d. à la demande et au renvoi d'ouvriers, dans des proportions exagérées. Il faut observer ici, que quoique les salaires se soient élevées dans ces cinq dernières années, ils sont loin d'atteindre les proportions du renchérissement général de la vie.

La description ultérieure de tous nos voyages, contiendra beaucoup de données, expliquant toutes ces idées générales, et exposera différents faits particuliers, s'y rapportant.

APPENDICE I.

PROGRAMME

DES QUESTIONS SUR LESQUELLES

ONT ÉTÉ RECUEILLIES LES RENSEIGNEMENTS PENDANT LE VOYAGE

DE

Mr. W. BESOBRASOF.

EN 1879 — 1881.

1) Quelles sont les branches principales[1] de la production et de l'activité économique (agricole, manufacturière, commerciale et a. d. s.) qu'offre telle ou telle localité? Dans ce nombre:

a) Les diverses productions en général, et particulièrement *b)* celles, dont les produits s'exportent en d'autres localités, ainsi que, *c)* les productions, qui servent de source principale à la subsistance de la population ouvrière locale[2].

2) A quel point la quantité de la production s'est-elle accrue ou réduite dans les branches mentionnées (autant que pos-

---

1) Les centres industriels et commerciaux les plus importants doivent être notés, ainsi que les fabriques et les usines les plus remarquables.
2) Une attention particulière est dirigée sur l'industrie domestique des villageois, sur eur métiers et professions diverses (non agricoles).

sible, en chiffres) dans le cours de ces vingt-cinq dernières années (principalement après 1861) et pour quelle raison?

3) La même question par rapport à ces derniers cinq ans avant la guerre de Turquie et actuellement?[3])

4) D'où les fabriques et les usines reçoivent-elles leurs matériaux bruts et où vendent-elles leurs produits?

5) D'où retire-t-on les principaux objets de la consommation locale (s'ils ne sont pas produits sur les lieux mêmes)?

6) Quelles sont les principales voies commerciales et les marchés (bazars, foires et a. d. s.)?

7) Quel a été le mouvement ou la différence des prix dans les périodes mentionnées, de 1861 à 1879 et de 1875 à 1879: a) Des prix de vente des principaux produits et des marchandises locales (particulièrement des articles destinés à l'exportation); b) des prix d'achat des principaux objets de la consommation de la population ouvrière; c) des salaires?

8) A quel degré s'est élevé ouabaissé, dans le courant de ces vingt dernières années le niveau général du bien-être[4]) des classes ouvrières des villes (des fabriques) et des campagnes (occupations agricoles), à quel point ce bien-être ressort-il et se remarque-t-il par ses indices extérieurs (le logement, la nourriture, les vêtements)?

9) Quelles sont les conditions favorables et défavorables au développement du bien-être des ouvriers de fabrique[5]) et des paysans?

10) Quelles sont les formes principales des conditions entre les patrons et les ouvriers, en quoi se sont-elles modifiées et quels en sont les défauts[6])?

---

3) Une animation particulière dans le commerce se remarque-t-elle depuis 1878 et quelles en sont les causes? Y a-t-il accroissement dans le nombre des entreprises; accumulation et abondance d'argent et a-d. s?

4) Ainsi, quelle a été l'influence des écoles primaires sur le niveau intellectuel et moral. Se trouve-t-il un grand nombre d'individus des classes inférieures qui entrent dans les écoles?

5) L'influence de diverses productions de fabrique sur la santé, et surtout sur le travail des femmes et des enfants.

6) Quelles sont en général les relations des patrons envers les ouvriers, et quelles nouvelles mesures legislatives sont urgentes dans ce cas?

APPENDICE II.

REMARQUES DIVERSES
SUR LA PORTÉE ÉCONOMIQUE
ET
AUTRE DU VOLGA [1]).

Il faut se trouver dans la région, où nous sommes en ce moment (sur le Volga entre Nijnii-Novgorod et Kazan), pour être pénétré de la direction si manifeste de tout le mouvement historique né depuis mille ans, de la nation russe. Ce mouvement s'est dirigé avec une impétuosité égale vers l'Orient et vers l'Occident. C'est ici, sur le Volga *central*, qui porte avec honneur le nom d'artère de la Russie, que la navigation en aval et la navigation en amont se sont, de temps immémorial, si fraternellement rencontrées, qu'on ne peut préciser à laquelle d'entre elles appartient véritablement la force vivifiante de cette artère; on ne peut définir si ce sont les ports du Volga supérieur ou ceux du bas-Volga, les navires qui remontent le fleuve ou ceux qui le descendent qui le font vivre,

---

1) Tout ce qui suit, est extrait d'une correspondance que nous avons publiée pendant notre excursion sur le Volga en 1867.

et qui, par son intermédiaire, font vivre la Russie entière. Plus
on s'initie à ce mouvement de rencontre *entre* l'Orient et l'Occident et plus on se persuade, que la puissance de cette grande voie
de la Russie consiste précisément dans cette rencontre, dans la
pression de ce mouvement commercial des deux extrémités opposées de l'ancien continent. Semblable à toute la croissance historique du peuple russe, qui s'est produite de l'Occident à l'Orient
et de l'Orient à l'Occident, le Volga, surnommé sa nourrice,
porte ses ondes de l'Occident vers l'Orient, mais on dirait que
c'est exclusivement pour transporter à l'Occident les richesses
qu'il a recueillies, autant que possible, en Orient. Ce double mouvement du Volga continue jusqu'au dernier moment. Le développement excessif de la navigation sur le Volga et la construction des chemins de fer entre le bassin de ce fleuve, les capitales
et les ports occidentaux, ont considérablement facilité et même
renforcé notre mouvement vers l'Orient: il n'y a pas longtemps
encore, un pétersbourgeois eut certainement trouvé impossible
d'aller se reposer de son travail administratif ou scientifique,
pendant quelques semaines de la belle saison, dans le fond de
l'Asie-Centrale, sur les bords du Sir-Daria, et maintenant c'est
chose presque ordinaire. Certainement, notre extension à l'Orient
se facilite prodigieusement de cette manière: les cîmes du mysté-
rieux Tiane-Chane, une des chaînes les plus avancées dans l'intérieur
de l'Asie, nous deviennent plus accessibles, que ne l'était le Caucase, cet avant-poste de l'Asie, en Europe, qui, depuis sa pacification,
a perdu tous ses mystères! N'oublions pas, qu'en même temps
l'Orient, et même notre Orient russe—Kazan, Samara, Saratof, Astrakhan —, cet Orient, qui, en attendant, pourrait cependant nous
intéresser plus que Samarcande, s'est tout autant rapproché de
l'Occident, si ce n'est plus encore: c'est ainsi, par exemple, qu'il
y a dix ans, les ports du Bas-Volga ne songeaient pas à envoyer
leurs blés à la bourse de St. Pétersbourg; Ribinsk, qui faisait le
commerce avec cette capitale pour son propre compte, était la limite occidentale extrême de leurs opérations commerciales. Aujourd'hui, le froment du midi évite les accapareurs de Ribinsk
commercialement, si ce n'est toujours géographiquement: les
chemins de fer et les télégraphes lui donnent la possibilité de

quitter Nijnii-Novgorod et de se passer d'un hivernage onéreux à Ribinsk, pour atteindre directement St. Pétersbourg. C'est ainsi que nous interprétons notre mouvement vers l'Orient conformément à l'esprit de toute notre histoire : s'enrichir intellectuellement, politiquement, se fortifier à l'Occident, recueillir les richesses de l'Orient et les transporter en Occident, et sans se détacher un seul instant de ce dernier dans ce mouvement perpétuel, s'emparer peu à peu de l'Orient et le transformer en Occident....

Le Volga est maintenant, pour ainsi dire, la principale rue de la Russie, il personnifie tout le mouvement actuel de notre pays et tant que les chemins de fer n'auront point pris le dessus sur nos eaux, comme voies de communication, le Volga — sera l'essieu de toute l'activité de la Russie. Il n'existe positivement pas de fleuve en Europe, qui soit plus animé, sous tous les rapports, que le Volga. En outre, ce fleuve est particulièrement apte, au moyen des impressions extérieures qu'il produit, à donner une idée des éléments les plus importants de notre richesse nationale et des beautés de sa nature,—certainement en tant que l'un et l'autre se rapportent aux traits les plus généraux mais non exclusifs (comme par exemple le Caucase et l'Oural) de notre vie nationale et de nos conditions géographiques. Enfin, c'est sur les bords du Volga, que se sont accomplies toutes les destinées historiques du peuple russe, chacune des limites naturelles de ses rivages est liée à quelque page remarquable de son histoire. La poésie de la nature physique de notre pays, qu'il faut comprendre pour l'apprécier à l'égal de l'immense étendue de l'Océan ou des cimes neigeuses des Alpes, se joint ici à la poésie des légendes, des croyances et des airs populaires, qui remplissent la vie des populations riveraines et qui certainement ne sont pas moins étroitement liés au développement de notre esprit national, que les légendes du Rhin ne le sont à la nationalité germanique. Un de nos compagnons de voyage, un lord anglais, un touriste qui avait parcouru toutes les parties de l'Ancien et du Nouveau Monde, s'extasiait devant nous sur le Volga, sur ses rives, sur l'animation de sa navigation. Quelque paroles que nous lui dîmes sur le fleuve, et qui plus est, à un des endroits les moins grandioses de son cours (entre Nijnii-Novgorod et Kazan) excitèrent vivement la curiosité de cet étranger. Nous ne pûmes obtenir des matelots du bateau les noms de quelques localités des rives, qui avaient particulièrement attiré notre attention. «Nous ne le savons pas, à quoi nous servirait-il de le savoir, celui qui s'apprête à devenir pilote doit le savoir, il se le rappelle....» telles furent leurs réponses. C'est là un fait assez caractéristique. Les classes élevées et civilisées de notre société ne se soucient guère de prendre des informations sur les sites que déroule devant eux la course rapide du bateau; ceux exclusivement ayant l'intention de faire le commerce, de trouver un emploi ou bien d'acheter une propriété dans ces parages, témoignent de la curiosité à ce sujet. C'est dans ce but pratique qu'une masse de gens de toutes les conditions montent sur les bateaux du Volga; le nombre des touristes étrangers, en grande partie Anglais, surpasse peut-être aujourd'hui celui des touristes russes. L'Anglais en question, qui ne se désaisissait pas de son guide, surpassait en connaissances tous les autres passagers. Il n'y a là rien que de très-naturel: quelque familier que le Volga soit à tout russe, il n'est pas pourtant possible de se rappeler toute chose quant à lire quelque ouvrage sur son pays, sur des banalités comme Nijnii-Novgorod, Lisskovo, Tchiboksari etc., cela paraît à notre société ciivlisée comme le comble du ridicule (?). Le guide du Volga, de M. Neidgardt, fort consciencieusement rédigé et plus satisfaisant que quantité d'autres guides étrangers, est chose rare sur le Volga, bien qu'on puisse se le procurer partout au prix de quelques copecks. Mais nous n'aimons pas à dépenser notre argent pour les livres, quoique nous le prodiguions à chaque pas! La Suisse, la Forêt Noire, le Rhin, c'est autre chose, — nous y envoyons une masse de touristes, munis de guides rédigés dans toutes les langues européennes, quand même aucun d'eux ne pénétrerait au-delà Interlacken, de Vevey, de Baden-Baden, de Wiesbaden et a. d. s. même dans ces contrées.

Cette dernière circonstance affaiblit considérablement à nos yeux l'argument que nos compatriotes opposent ordinairement contre le tourisme en Russie, et qu'ils basent sur l'uniformité et sur le manque de charmes de la nature de notre pays. Malheu-

reusement, nous avons été témoins de la manière dont ils jouissent des beautés de la nature étrangère. Dans tous les cas, il n'y
a guère que ceux n'ayant jamais vu le Volga ou bien, ayant passé
tout le temps de leur voyage à jouer aux cartes, dans leurs cabines, qui puissent accuser d'uniformité les rivages de ce fleuve.
Nous affirmons sans la moindre exagération qu'il nous est complètement impossible de comprendre, en quoi une excursion sur le Volga
est moins attraaynte qu'une promenade sur le Rhin, à moins
que ce ne soit parce qu'un homme bien élevé ne peut se passer
de faire la dernière, et peut parfaitement s'avouer incapable d'entreprendre la première. Il est hors de doute que les beautés du
Rhin consistent moins dans les propriétés naturelles de ses eaux
et de ses rivages, que dans son histoire et dans sa culture; toute
la poésie de l'Allemagne et même celle de l'Europe occidentale
se reflète sur les bords de ce fleuve; dénués de ces souvenirs, ils
perdraient leur charme. Mais les traits les plus caractéristiques
de notre passé se dessinent tout aussi bien sur les rives du Volga,
pour quiconque voudrait bien se pénétrer de leur sens géogra-
phico-historique. Tout comme les montagnes, qui se suivent et
qui bordent le Rhin, coupées d'une infinités de vallons et de ra-
vins, ont permis, malgré leur modeste élévation absolue, à
des hommes armés, de dominer sur les habitants de la plaine, du
haut de leur cîmes, et d'y établir solidement leur domination,
— de même, les plaines immenses du Volga ont nivelé entre eux
tous les groupes de la population; le bord montagneux du Volga
n'a favorisé que les violences, la rapine et les brigandages éphémères qu'a balayés la force des armés. Nous ne faisons cette
comparaison rapide qu'en forme d'exemple, mais nous sommes
persuadé qu'une main habile, une main de talent aurait su tirer
parti du parallèle entre le Volga et le Rhin, et que ce parallèle
lui aurait servi de thème d'une étude intéressante et fort attrayante
au point de vue même poétique. Ce parallèle aurait déjà été intéressant en ce que toutes les beautés du Rhin, qui appartiennent à
l'art et à la culture y sont fort supérieures à celles de la nature,
qui domine le travail humain sur les bords du Volga. Mais,
dit-on, cet écrasement de l'homme par la nature ne peut donner au tableau cette variété de la culture humaine, qui at-

tire les regards du voyageur et pre tant d'intérêt aux bords
du Rhin ; mais le Volga se distingue précisément par la variété des impressions qu'il inspire et qui correspondent à la
variété de ses conditions géographiques, ethnographiques et
historiques. Il suffit d'examiner et d'analyser ces impressions
pour se convaincre de l'uniformité du Rhin (surtout dans la
par-tie de ce fleuve que les touristes ont l'habitude de fréquenter) comparativement à la variété infinie du Volga et des contrées qu'il arrose. Certainement, la variété du Volga, du moins
celle qui pourrait dessiller les yeux du voyageur, se détermine
par des espaces considérables, mais il suffit de deux ou trois
jours en bateau à vapeur pour la saisir. Le Rhin, il est vrai,
s'apprécie en quelques heures, mais quelle différence avec le
Volga ! Ici, on se transporte effectivement d'un degré de la culture humaine à un autre, d'un monde géographique et historique
dans un autre : toute la variété du Rhin consiste en un jeu de perspective. Des sources du Volga à l'Oka, de l'Oka à la Kama, et
enfin la partie de son cours après son confluent, après la Kama,
— ce sont trois fleuves complètement différents ; vous vous trans-
portez rapidement des localités douées d'un développement industriel extrême, telles que les gts. de Jaroslav et de Kostroma,
aux peuples nomades et à demi-nomades des gts. de Samara et
d'Astrakhan et a. d. s. Les rapports de la nature à l'homme, dont
nous avons parlé plus haut, présentent une quantité innombrable de nuances, qui communiquent de l'intérêt au Volga, et de
la variété à ses rivages ; pendant que la pression de la nature ne
se manifeste dans les parties supérieures et centrales de son cours,
que par des ensablements, que la civilisation russe n'a encore pu
vaincre, le joug de la nature n'a pas de frein dans ses parties inférieures. De même que l'on ne pourrait trouver suffisamment
de couleurs et de nuances fines, pour peindre la variété des rivages, de la nature, des habitations humaines du Volga-Central,
de même il suffirait de deux crayons (vert et couleur sable),
pour rendre tout ce que ce fleuve offre aux regards dans les gts.
de Saratof et de Samara.

La vie marche à grands pas sur le Volga ; une durée de quelque trois ans y apporte de grands changements : telles ont été

nos impressions à Nijnii-Novgorod, dont la foire prend chaque
année un nouvel aspect, et à Kazan, dont l'importance commerciale grandit chaque jour, quoique notre commerce ne cesse de
s'étendre vers l'Orient. Les progrès intellectuels et sociaux se
font surtout remarquer chez la classe marchande, qui se développe très rapidement. Nous sommes parfaitement à même
d'en juger, puisque nos occupations nous mettent en contact permanent avec les commerçants, et que ces relations sont devenues
beaucoup plus faciles qu'elles ne l'étaient naguère. Les marchands
des bords du Volga mettent une obligeance tout-à-fait européenne
à seconder les études des voyageurs et s'y intéressent vivement.

Les progrès du Volga auraient été infiniment plus rapides,
si ce fleuve pouvait atteindre les mers occidentales, les mers européennes; quelque étrange que puisse sembler cette assertion, il
est pourtant vrai, que nos commucications avec l'Europe occidentale, dont le commerce se fait exclusivement aujourd'hui par les
chemins de fer et les télégraphes, ne peuvent plus se contenter
exclusivement des eaux du Volga[2]. Citons un fait remarquable
au plus haut point. Le Volga s'était engagé une fois à fournir une
quantité de blé énorme au port de St. Pétersbourg dans le courant
de l'hiver; les bénéfices des négociants, d'après les prix convenus
(six roubles le seigle, et jusqu'à onze roubles le froment) devaient
être considérables, les récoltes ayant été très-belles. Mais une
grande partie de ce blé n'atteignit point son but dans les délais
prescrits, et les comptoirs de St. Pétersbourg furent obligés
d'acheter leur blé aux frais de leurs vendeurs à neuf roubles (le
seigle) et à quinze roubles (le froment). Le débordement excessif
des rivières, avait, cette année-là, ralenti le transport du blé depuis Ribinsk, et les chemins de fer n'avaient pu transporter toute
la quantité nécessaire. La ligne de fer de Nijnii-Novgorod et celle
de Nicolas étaient donc surchargées de travail, et quel profit
n'auraient-elles pas pu tirer des trois et quatre roubles(par tchet-

---

2) Dequis que nous avons émis ces réflexions, le réseau de nos chemins de fer
s'est considérablement développé et a rapproché le Volga de l'Europe Occidentale,
beaucoup plus qu'il ne l'était en 1867.

vert) de la perte que nos négociants en blé ont essuyée. Voilà l'importance des chemins de fer dans notre pays. On trouve plus avantageux d'envoyer le fer, de Nijnii-Novgorod à Moscou, par la voie ferrée (8 cop. par poud) que par eau (12 cop.). Ajoutons, à ce propos, que les communications des télégraphes éprouvent continuellement des interruptions et que les télégraphes ne peuvent venir à bout de la masse des dépêches commerciales qui s'accumulent dans leurs bureaux.... On ne saurait donc trouver déraisonnable le désir du Volga de faire le commerce à l'européenne, et de tirer parti des fruits de la civilisation occidentale dans l'intérêt de l'économie nationale de la Russie.

APPENDICE III.

ESQUISSES

DE LA FOIRE DE NIJNII-NOVGOROD.

I.

Esquisse historique de la foire de Nijnii-Novgorod.

La totalité du territoire russe ne saurait offrir, au point de vue géographique, un lieu plus important que l'endroit où se passe aujourd'hui la foire de Makarief, cette principale ordonna-

---

1) Ces «esquisses» ont été insérées dans le «Courrier Russe», en 1865, et ont été publiées plus tard en une édition séparée, ne se vendant plus aujourd'hui, bien qu'elle ait été recherchée jusqu'au dernier moment. Nous nous sommes basé sur de nouvelles données et sur nos observations personnelles de la foire de Nijnii-Novgorod, pendant ces dernières années, pour corriger et complèter cet ouvrage (surtout dans les notes interlinéaires) et nous l'insérons ici en dépit de ses défauts et de ses lacunes, parce que, jusqu'aujourd'hui, il n'a pas encore paru de description générale de la foire en question, plus complète (à l'exception de l'article de Mr. *Ovsiannikof* inséré dans le recueil de Nijnii-Novgorod, de 1867, et qui appartient à la même époque que notre travail. De plus, l'ouvrage que je présente maintenant au public, contient la marche générale de nos affaires industrielles, jusqu'en 1865; c'est là un point qui doit être pris en considération au point de vue des études de la situation de ces affaires, pendant les dernières années et à l'époque actuelle. Quoique les descriptions des différentes branches du commerce forain soient basées sur des renseignements datant de 1864, l'organisation de chacune de ces branches, en activité jusqu'à présent, y est traitée.

trice du commerce forain de toute la Russie et de toutes nos
transactions intérieures. L'angle formé vis-à-vis de Nijnii-Novgorod par le confluent de l'Oka et du Volga, se trouve sur la rive
gauche de l'Oka et sur la rive droite du Volga. C'est ici, que le
Volga — qui par ses sources, touche au bassin de la Baltique et
se réunit artificiellement à cette mer, et conséquemment à toutes
les voies commerciales de l'Europe et de tout le monde civilisé
pour aller se perdre dans le bassin de l'Asie centrale, dans un
autre monde politique et historique, — c'est ici, dis-je, qu'il
reçoit l'un de ses deux affluents les plus considérables, celui qui,
peut-être, joue le plus grand rôle dans l'histoire contemporaine
de la Russie. Cette dernière conclusion se présente naturellement,
lorsqu'on prend en considération la variété des contrées baignées
par l'Oka (les gouvernements de Nijnii-Novgorod, de Vladimir,
de Tambov, de Riazane, de Moscou, de Toula, de Kalouga et
d'Orel), leur portée historique et leur importance économique actuelle, leur population primitivement russe, les sinosités innombrables de cette rivière qui, sur un espace relativement peu
étendu, a un parcours de 2400 verstes, à travers les contrées
les plus manufacturières, limitrophes des zônes du tchernozème
des localités agricoles où l'Oka prend naissance. L'embouchure
de la Kama, ce second affluent du Volga, au point de vue de son
importance, se trouve à peu de distance de celle de l'Oka. La
Kama réunit le confluent de l'Oka et du Volga aux limites nord
et nord-est de la Russie, à l'Oural et à la Sibérie. C'est ainsi,
que le théâtre de la foire de Makarief ou de Nijnii-Novgorod, se
relie plus ou moins, par les voies d'eau, aux contrées les plus diverses et les plus éloignées de la Russie; et que les voies d'eau,
en dépit des chemins de fer, dominent toutes nos autres voies de
communication intérieures et déterminent particulièrement la direction de toutes nos routes commerciales. Ce lieu, qui appartient
directement au bassin du Volga, c-à-d. au système d'eau le plus
important de la Russie, présente en même temps le point le plus
central, sous le rapport de nos autres bassins fluviaux, et se trouve
ainsi en liaison immédiate avec notre centre commercial et industriel intérieur, le plus actif — avec Moscou — qui, de son côté,
appartenant au système de l'Oka, se trouve en relation directe

avec notre centre politique et les ports de la mer Baltique, les plus importants pour notre commerce extérieur. Ce n'est pas sans raison que les marchands russes, dans leur appréciation de la foire de Nijnii-Novgorod, attribuent principalement la richesse à *ses eaux*. Effectivement, notre pays ne saurait présenter des *eaux* plus généreuses dans leur présent, plus riches dans leur passé.

Du reste, les eaux, comme moyen de déplacement et de transport, ne sont pas les seules conditions favorables dont soit doté l'emplacement de la foire de Nijnii-Novgorod; la ville est située dans le centre le plus populeux et le plus animé du bassin du Volga, tant sous le rapport industriel, que sous le rapport historique. C'est ici, entre Ribinsk et Kazan (surtout entre les limites des gouvernements de Kostroma et de Kazan, de Jouvievetz à Kazan) qu'a lieu le mouvement de rencontre de la navigation, le va et vient des bateaux; c'est ici que le Volga coule au milieu des contrées les plus actives, les plus industrielles et les plus commerçantes de son bassin et qu'il traverse la région la plus industrielle de la Russie. C'est encore cette partie du cours du Volga qui a servi de théâtre aux péripéties historiques les plus remarquables qui aient précédé la formation de l'Empire de Russie. C'est ici qu'ont eu lieu les engagements les plus acharnés de la lutte des divers éléments de race, sur l'union desquels repose la puissance de l'élément politico-éthnographique dominant de la race grande-russienne. C'est ici que s'est passé, entre autres, le grand procès de l'absorption de la race finnoise par la race slave, procès qui présente un des faits les plus notables de notre histoire et qui dure jusqu'à nos jours. C'est encore dans ces contrées que le peuple russe a opposé la plus grande résistance aux hordes nomades de l'Asie et aux nombreuses races semi-européennes, semi-asiatiques, semi-historiques, qui entravaient considérablement l'extension naturelle de notre territoire politique vers l'Orient. C'est enfin ici, que le christianisme, personnifié par le peuple russe, l'a emporté sur le paganisme et sur le mahométisme; ce mouvement, sans changer de scène, dure jusqu'à nos jours.

L'origine de la foire de Makarief, peut, sans hypothèse exagérée, être rapportée aux temps les plus reculés; c'est dans la grande Bulgarie, sur les bords du Volga et de la Kama, qu'il faut chercher son berceau. Les chroniqueurs russes parlent déjà du royaume de Bulgarie, qui apparaît clairement dans l'histoire, dès le Xme siècle. Les Bulgares se sont particulièrement distingués, de tout temps par leur esprit commercial; leur principal canton- nement, *Bolgar*, situé sur le Volga, au-dessous de l'embouchure de la Kama (dans le district de Spassk), était, de temps immé- morial (pour le moins dans le milieu du IX siècle), renommé comme entrepôt de marchandises. La situation géographique générale du royaume Bulgare était particulièrement favorable au développe- ment de son activité commerciale [2]; d'un côté, le Volga le réunis- sait aux Khozares (qui trafiquaient tout aussi bien qu'eux), à la mer Caspienne, à l'Asie centrale, à la Perse et même à l'Inde; de l'autre côté, vers le nord, la Bulgarie entrait, au moyen du système de la Kama et de la Viatka, en contact immédiat avec la *Biarmie* (dont la ville principale, Tcherdine était, de vieille date, renommée par son commerce) et avec la voie commerciale de la Dvina septentrionale (Kholmogorie); les incursions belli- queuses et en même temps commerciales des Normands péné- traient dans cette contrée par le nord; dans la suite, l'activité commerciale et colonisatrice de Novgorod-la-Grande, que le cours supérieur du Volga reliait à la Bulgarie, s'étendit dans la même direction. C'est ainsi qu'une des voies commerciales universelles, qui suivait toutes les limites et pénétrait dans les contrées limi- trophes de l'Asie et de l'Europe, réunissait ces deux parties du monde, le nord au sud, l'Orient au monde civilisé de l'Occident, et traversait la Grande Bulgarie, située sur les bords du Volga. Les traditions et les monuments historiques nous apprennent qu'un marché fort animé, existait à Bolgar (alias Brakhimov) de très ancienne date (d'après quelques sources, dès la moitié du IXme siècle,

---

2) Voy. F. H. Müller. *Historisch-Geographische Darstellung des Stromsystems der Wolga*. Berlin, 1839, p. 410 et a. d. s.; p. 309 et a. d. s. Des fragments de l'histoire de Karamzine, qui ont trait à la foire de Makarief, sont cités dans cet ouvrage. Voy. Béliaeff, «*Récits sur l'histoire de Russie*» 1861, p. 11, 16, 222 et d'autres. H. Storch. *Historisch-Statistisches Gemälde des Russischen Reichs* 1800, p. 107, 121, 152, 158 et 456, dans le dictionnaire encyclopédique 1836, l'art. «Les IgaresBu».

mais probablement bien auparavant, et qu'il attirait différents peuples du fond de l'Asie (particulièrement les Arabes, les Perses, les Arméniens et même les Indous), sans préjudice de différents peuples de l'Europe. L'activité commerciale des races qui habitaient les contrées du Nord, du Nord-Ouest et du Nord-Est de la Russie actuelle, s'exerçait et s'excitait dans les relations qu'elles avaient par ce marché.

Le royaume bulgare tombe peu à peu sous les vives attaques de l'Empire naissant de Russie (les campagnes des princes russes contre les Bulgares, ont eu lieu dans le XIme et le XIIme siècles) ainsi que sous les coups des Mongols; l'état de Kazan se forme sur ses ruines et absorbe la race bulgare, ainsi que les races turco-tatares, qui disparaissent de l'histoire; c'est dans l'état de Kazan que la puissance mongole se manifesta pour la dernière fois sur le territoire russe. A la fin du XIVme siècle, l'influence commerciale des Bulgares envahit Kazan, où les peuples finnois, ougres et mongols de la Russie nord-est, se concentrent. C'est ici que se trouve la plaine d'Arsk, qui a conservé son nom jusqu'à nos jours, et où, d'après des témoignages historiques positifs, s'établissait, tous les étés, une foire très considérable, qui attirait les marchands de l'Asie, de la Russie et même de l'Europe occidentale. C'est déjà à cette époque, que les Tatares de Kazan ou les Mongols commencent à se distinguer par leur esprit de commerce, qui absorbe insensiblement leurs instincts guerriers. Cette foire, qui avait lieu dans les mois d'été, s'est transportée de Bolgar à Kazan; il faut le supposer, bien que ce fait ne repose sur aucun témoignage historique positif; elle se faisait particulièrement remarquer dans le cours du XVme siècle et au commencement du XVI^{mo}. Les expéditions militaires de la Russie contre Kazan et la soumission graduelle de cet état à la domination russe, commencent à la fin du XIVme siècle. C'est en 1487, que les armes russes se sont signalées par la prise de Kazan, sous le tzar Jean III, et c'est en 1552, que l'Etat de Kazan a été définitivement soumis par Jean le Terrible.

Avant l'annexion définitive du cours inférieur et central du Volga à l'état de Moscou, époque fort importante dans notre histoire, les relations politiques et en même temps commerciales de Moscou avec Kazan, n'étaient pas encore parfaitement établies, et se parsemaient, de la part de Kazan, d'actes vexatoires et outrageants pour Moscou. Le khan de Kazan, Méhémet Amine, fit massacrer les marchands russes, à la fin du règne de Jean III, à une des foires qui, comme nous l'avons dit, avaient lieu tous les étés dans la plaine d'Arsk; Vassilii-Joannovitch, à la suite de cet outrage, défendit à ses sujets de faire le commerce à Kazan et établit, en 1524, une foire, sur la limite orientale extrême de l'Etat de Moscou, sur les bords du Volga, à Vassil-Soursk, espérant déplacer la foire d'Arsk et la soustraire à la domination des Tatares. Cette période de l'histoire de notre foire est la plus obscure; autant que les notions historiques qui existent peuvent nous renseigner, la foire ne prit que faiblement à Vassil-Soursk et continua son activité à Kazan, jusqu'au moment de la soumission de l'Etat de Kazan, époque à laquelle le commerce forain de l'Orient se transporta insensiblement, de la plaine d'Arsk, aux environs du couvent de Makarief.

Une nouvelle ère s'ouvre pour cette foire[3]) à partir du moment où elle s'établit sur la rive gauche, dans les plaines bordant le Volga, aux environs du couvent de Makarief-Jeltovodsk, à 80 verstes en aval de Nijnii vis-à-vis le célèbre bourg de *Lisskovo*.

Le couvent de Jeltovodsk (à la limite naturelle formée par les eaux jaunes) a été construit dans la première moitié du XVme siècle, par Saint Makarii, natif de Nijnii-Novgorod et moine du couvent Pétchersky dans cette dernière ville. Ce moine s'est rendu célèbre par sa vie austère et par son activité de missionnaire, au milieu d'une population étrangère, qu'il a cherché à couvertir au christianisme. Ce couvent, situé sur la voie commerciale du Volga et sur le théâtre des tentatives de conquête des Russes sur les races étrangères, a attiré de nombreux pélerins et de même que toutes les localités de notre pays, foyers de croyances, de traditions et de cérémonies religieuses, a présenté des conditions fort avantageuses au commerce.

---

3) Les articles de P. J. Melnikof, que nous avons consultés en partie, donnent des notions sur cette période de la foire de Makarief: «Histoire de la foire de Nijnii-Novgorod» (Voy. l'appendice du *Relevé du Gouvernement de Nijnii-Novgorod* 1845).

Cependant, le couvent de Jeltovodsk fut saccagé, bientôt après sa fondation (1439), par le Khan de Kazan, Oulou-Méhémet. St. Makary lui-même, suivi de ses disciples, quitta le lieu du désastre, et alla s'établir sur les bords de l'Ounja, dans le gouvernement de Kostroma, où il mourut (en 1504). Mais le souvenir de St. Makary se conserva chez les populations voisines, même après la destruction du couvent. En 1624, un moine de Mourome, — Abraham — réinstalla le couvent de Makarief ou de Jeltovodsk et y transporta, de l'Ounja, une image représentant St. Makary qui devint pour le peuple, l'objet d'une vénération particulière. Depuis lors, une masse énorme de fidèles se réunit en cet endroit le 25 Juillet, anniversaire de la mort de St. Makary. C'est ainsi que s'est établie dans cette contrée, sous le nom de *foire de Makarief* ou Makary cette foire qui, depuis cette époque, est devenue régulière et annuelle sans cesser de voir son importance s'accroître. C'est aussi, à dater de 1624, que commence l'histoire authentique, positive, de la foire de Makary. Beaucoup de personnes[a]) regardent cette année comme celle de sa véritable fondation. Toute la portée du commerce de Kazan, dont le siège était la place d'Arsk, se fit sentir à la foire de Makary; Kazan et Moscou devinrent ses auxiliaires les plus actifs. La conquête de la Sibérie, le développement des relations commerciales de Moscou avec les villes de ce pays et plus tard (par l'intermédiaire de la Sibérie), avec la Chine, ajoutèrent un nouvel élément d'une grande importance à la foire de Makary; la Sibérie et la Chine prennent, jusqu'à maintenant, une part fort active à son commerce.

Le tzar Michel Fédorovitch donna au couvent tous les revenus d'octroi que fournissait la foire; il les consacra à l'achat de bougies et d'encens, à la construction d'églises et à l'entretien de la confrérie. Toute l'administration de la foire et même la police, étaient concentrées dans les mains de l'archimandrite. Tous les logements de la foire appartenaient au couvent. Les privilèges du monastère, qui lui donnaient le droit de prélever les revenus du marché, et que le gouvernement lui enlevait, et

---

a) M. Melnikof est de cet avis (Voy. son ouvrage, indiqué plus haut, p. 341).

lui restituait alternativement, ne furent définitivement annulés que par Pierre-le-Grand; c'est encore par la volonté de ce souverain que la foire a été confiée à la direction du Collège (Ministère) de commerce (en 1718), qui a fait faire son inventaire par l'assesseur Miakinine en 1719. L'intéressant résultat de ces premières recherches statistiques sur la foire de Makary nous est inconnu. Les premières constructions en bois furent élevées à la foire de Makary en 1755, et le gouvernement préleva les revenus de ces boutiques. En 1804, sur le rapport du ministre de l'intérieur Kotchoubei, on commença des bâtisses en pierre qui remplacèrent en 1809 les baraques de bois.

Le lieu où se tenait la foire, situé (selon l'expression du chancelier Roumiantzef) sur les sables mouvants de la rive gauche du Volga, près du couvent, s'était graduellement transformé en ville; depuis le développement de la foire, ce lieu n'offrait plus les conditions nécessaires ni au transport, ni à l'entrepôt des marchandises, ni au logement de nombreux visiteurs; depuis longtemps germait le projet de transporter la foire sur la rive droite du Volga. Ce projet était d'autant plus pratique, que les marchandises arrivent en beaucoup plus grande quantité à la foire de Makary par la rive droite, que par la rive gauche du fleuve. Tout l'emplacement de la foire, sur la rive gauche du Volga était périodiquement inondé, lors de la crûe des eaux, et le transport des marchandises à l'époque de la foire, était très pénible à travers les sables profonds; une quantité de marchandises n'arrivaient point au but et restaient sur la rive droite à Lisskovo (les communications entre les deux rives étant fort difficiles). C'est en 1816, lorsque le feu eut détruit les boutiques construites par le gouvernement, que la foire, conformément à l'avis du Ministre Roumiantzef, fut transférée à Nijnii-Novgorod. Cette ville était, d'ancienne date, (dès la première moitié du XVIme siècle) renommée pour son commerce, et servait d'entrepôt au Volga et à tout l'Orient. Elle offrait en outre par sa situation au confluent de ce fleuve et de l'Oka, un grand nombre de conditions géogra-

---

5) Voy. Matériaux de l'histoire de la foire de Nijnii-Novgorod, dans la *Feuille sur la foire de Nijnii-Novgorod*, №№ 30, 31 et 33.

phiques des plus avantageuses [6]). Nijnii-Novgorod, par ses opérations commerciales et par sa navigation, était depuis longtemps
étroitement lié au commerce de Makary, et, en outre, il était plus
rapproché de Moscou que cette localité. Cette proximité de Moscou dont la prépondérance à la foire de Makary grandissait de
plus en plus, fut la cause déterminante qui décida le gouvernement à la transporter dans un lieu plus convenable.

L'installation de la foire à Nijnii et la construction d'un immense bazar furent confiées, par le gouvernement, à notre célèbre
architecte Bétancourt [7]). Ce bazar remarquable est devenu, dans
la suite, le sujet de dissentiments qui ont duré très longtemps [8]).
Les constructions de Bétancourt tombant en ruines exigeaient
des réparations; le budget de ces restaurations était énorme, il
excédait un million, et la classe marchande, mécontente de la
gestion des logements de la foire, offrit au gouvernement de le
délivrer d'une nouvelle dépense à la condition que le bazar lui
fût vendu.

Cette affaire, toute simple, semblait devoir être avantageuse
au gouvernement; il devait trouver son profit à échanger les revenus aléatoires d'une économie mal administrée, contre les intérêts du capital qu'on lui proposait. Mais ce qui est profitable à
un gouvernement, ne s'accorde pas toujours avec les intérêts liés
à une question d'Etat (il en fut de même pour les individus qui
présidaient au fermage des boutiques); c'est la raison qui fait
qu'une affaire de ce genre se présente parfois aux yeux du gouvernement lui-même, tellement masquée par les différentes combinaisons évoquées par ces intérêts et propres à induire en erreur
des gens tout-à-fait étrangers à l'affaire, — qu'un arrangement,
évidemment profitable, prend souvent le caractère d'une affaire
désavantageuse. Pendant que nous étions à étudier la foire en
1864, les marchands qui y commerçaient, étaient fort en peine

---

6) Voy. Kostomarof: *Esquisses du commerce de l'Empire de Russie*, au XVI-e
et XVII-e siècles, p. 101.

7) L'architecte *Leer* (père de G. A. Leer, notre savant militaire très connu) lui
prêta un concours très efficace.

8) Voy. les *Annales contemporaines du Nouvelliste russe* 1864, № 86. Article de
Mr. Panovsky; «*Recueil sur le commerce*» 1864, № 22.

du marché et des négociations à conclure avec le gouvernement. Depuis, la question a été promptement résolue. La presque totalité du bazar de la foire est devenue la propriété des marchands, — nous disons *presque*, parce que les boutiques ont été vendues séparément[9]) à des individus isolés, — et que quelques-unes d'entre elles n'ont point trouvé d'acheteurs. Les boutiques qui ont passé en des mains particulières se sont transformées pour le mieux.

C'est ainsi que ce célébre marché de Makary, né au-delà des limites de l'Etat de Russie, entre l'Asie et l'Europe, s'est graduellement avancé, dans l'espace de plusieurs siècles, de l'Orient à l'Occident et s'est rapproché de Moscou, qui, dès le XVI[mo] et le XVII[mo] siècles, a soumis à sa prépondérance toutes les terres et toutes les races de la plaine immense du Nord-Est et en est devenu le centre commercial. Tout le commerce de la Russie se modelait sur celui de Moscou à cette époque; Moscou lui donnait les poids et mesures, la monnaie, la direction[10]). Il faut remarquer encore, que pendant tout ce développement historique de la foire, son terme se retardait continuellement jusqu'à une époque récente; de sorte que la clôture officielle de la foire, fut fixée en 1864, au 10 Septembre, au lieu du 25 Août.

Nous n'avons ni la possibilité, ni l'intention de faire ici l'historique de la foire de Makary; ni son histoire, ni sa statistique, à dire vrai, n'ont jusqu'à présent été écrites[11]),a mis notre es-

---

9) Malheureusement ce système de vente par boutiques a été adopté, au lieu d'une vente générale du bazar. Il eût mieux valu passer toute la maison de commerce en forme de propriété communale ou bien à la ville de Nijnii-Novgorod, ou bien aux marchands intéressés au commerce de la foire. Nous en avons parlé en 1865. Dans ce cas, les boutiques auraient pu être louées à bail, pour de longues années, ou même concédées à un terme indéterminée. Le système admis a produit un singulier effet — quelques boutiques sont restées entre les mains du gouvernement, jusqu'à présent, de sorte qu'il n'est pas entièrement en dehors de l'administration économique du bazar. Il en résulte des collisions et des malentendus entre les agents de l'administration et les propriétaires des boutiques.

10) Kostomarof. *Esquisses du commerce de l'Etat de Moscou* au XVI-e et au XVII-e siècles. St.-Pétersbourg 1862, p. 84.

11) Outre les sources indiquées plus haut, les ouvrages suivants peuvent fournir des renseignements historiques, sur l'histoire de la foire de Makary: Gourianof, *Revue historique de Nijnii-Novgorod* 1824. Zoubof, *Description de la foire de Nijnii-Novgorod*, St.-Pétersbourg 1837. A. J. *Revue du commerce à la*

quisse explique suffisamment la liaison étroite du développement de la foire en question avec les événements les plus importants de l'histoire de l'Empire de Russie et de notre nation, avec la colonisation des Slaves sur tout le cours du Volga dans le Nord et le Nord-Est, avec l'absorption graduelle dans cette nationalité européenne de toutes les races étrangères, finnoises, asiatiques, qui habitaient le bassin du Volga et qui furent les premiers moteurs (les Bulgares) et les premiers intermédiaires du commerce dans ces parages. Notre esquisse initie suffisamment le lecteur à la liaison de l'histoire de la foire avec notre lutte contre les Mongols, avec la prédication de l'Evangile, avec l'introduction de la civilisation européenne dans cette partie nord-est de l'Europe, et enfin, avec l'annexion de tout ce territoire d'Orient par l'Etat de Moscou. Toutes ces considérations expliquent le caractère profondément national et historique que le marché en question a conservé dans l'esprit et dans les traditions du peuple russe. Mais le trait le plus remarquable, dans le développement historique de cette foire, le trait qui forme son lien indissoluble avec l'histoire de Russie, c'est sa propension à remonter le Volga, son mouvement graduel de l'Orient à l'Occident, qui s'est produit dès l'origine de la nation russe et qui ne s'est point interrompu pendant des siècles. Ce mouvement tient si peu du hasard, il porte tellement le cachet du sens intérieur de toute notre histoire, qu'il nous est impossible de ne pas nous y arrêter.

Evidemment, toutes les conditions *purement géographiques* ou physiques inclinent cet immense bassin du Volga, conformément au courant de ses eaux et à la direction de ses principaux affluents (la Kama exceptée) vers l'Orient, vers le fond de l'Asie qui n'a aucune route naturelle vers les voies maritimes, vers les conduits puissants de la civilisation et du commerce universel. Le cours de la Kama, du Nord-Est au Sud-Ouest, présente la seule exception sous ce rapport. Cette particularité du bassin de la Kama aura probablement servi de première issue aux tendances

foire de Nijni-Novgorod, de 1821 à 1843. Moscou 1843. Du reste, ces ouvrages sont peu dignes d'attention, nous ne les citons que pour compléter nos indications bibliographiques.

contraires et anti-asiatiques de la civilisation et du commerce, qui se sont manifestées de longue date sur ces espaces extrêmes de l'Europe orientale, et qui, contrairement à la direction purement géographique ou physique du bassin du Volga, l'ont fait pencher constamment, quoique lentement, vers l'Occident, c'est-à-dire vers la partie du monde où la civilisation et le commerce universel s'étaient concentrés. Le contact du bassin de la Kama avec celui de la Dwina du Nord a fourni au commerce du Volga un accès aux voies maritimes du monde entier (à la mer Blanche). Effectivement, l'embouchure de la Kama, qui constitue le véritable point central (physico-géographique) du bassin du Volga et qui n'a pas de liaison avec les contrées méridionales et occidentales, ni avec les autres bassins de la Russie, — l'embouchure de la Kama sert depuis longtemps de centre commercial entre le Volga et la Russie orientale.

Tout le développement intérieur et extérieur de l'Etat de Moscou dépendait de son rapprochement du monde politique et civilisé de l'Occident; en étendant ses limites vers l'Orient, en soumettant à sa domination les terres, les populations, les langages de ces contrées, en fondant toutes ces peuplades en une seule nationalité, commune à toutes les races slaves et européennes, *la nationalité russe*, l'Empire de Russie a insensiblement rapproché les éléments géographiques et historiques orientaux de l'Occident vers lequel il se frayait des routes à tout prix. L'histoire du bassin du Volga se renferme dans ce procès historique d'une portée universelle, qui insensiblement a renversé le mouvement naturel de toute la navigation du Volga de son embouchure à ses sources et lui a donné une direction diamétralement opposée à sa nature physique. Telle est la puissance de la culture humaine!

Quand l'Océan Glacial eut été abandonné, le première voie maritime qui se fut ouverte à la Russie était la mer Baltique, vers laquelle le centre de l'Etat et notre commerce extérieur s'étaient dirigés, et dont les ports ont gardé leur prépondérance jusqu'à nos jours. Avant l'acquisition des ports de la Baltique, avant la conquête des rivages de la mer Noire et de la mer d'Azof, notre commerce étranger, dont dépendait notre commerce intérieur, n'avait qu'une seule issue; c'était notre frontière ouest de terre qui, de son côté, prenait de l'extension vers l'Occident. C'est, évidemment, à la suite de cette circonstance, que la foire de Makary était, à cette époque, si étroitement liée à quelques anciennes foires de la partie occidentale de la Russie centrale (ainsi celles près de Briansk et de Koursk) qui sont tombées après l'acquisition des côtes de la mer Baltique et du littoral de la mer Noire. Les relations de la foire de Makary avec l'Ukraine se sont affaiblies aujourd'hui. Ses relations étrangères les plus importantes sont dirigées vers Moscou et St. Pétersbourg. Les chemins de fer ajoutés aux voies fluviales, la rapprochent encore forcément de ces grands centres.

C'est ainsi que le foyer principal de tout notre commerce intérieur, de notre commerce avec l'Asie, s'est graduellement avancé vers l'Occident. Il s'est transporté de Bolgar à Kazan, puis à Vassil-Soursk, à Makary et enfin à Nijnii-Novgorod. Cette ville est le centre oriental de notre commerce, qui s'est mis, avant tous les autres, en relation avec l'Occident et l'Europe, et, en même temps, c'est le centre occidental le plus important du système du Volga; telle est l'embouchure de l'Oka, point central de tous les bassins de la Russie, prépondérants actuellement encore dans nos voies de communication et dans notre commerce, et dont le Volga, avec ses canaux, constitue l'artère principale. Nous avons constaté plus haut l'importance géographique de ce point, importance que les chemins de fer n'ont fait qu'accroître.

II.

Moyens d'analyse et traits caractéristiques de la foire.

Nous n'avons nullement la prétention d'offrir une *description* quelque peu complète de la foire de Nijnii-Novgorod. Avec la meilleure volonté du monde, nous ne pourrions produire autre chose que des *esquisses*, car nous sommes loin de posséder les données nécessaires à la peinture non seulement de l'ensemble de ce marché, mais même de ses branches principales. Nous communiquons ici les renseignements recueillis sur les lieux, de première main, et le résultat de nos propres observations. Quelque nombreuses qu'aient été les sources auxquelles nous ayons pu puiser, grâce à l'aide bienveillante des commerçants, pendant nos visites réitérées à la foire (en 1860, 1864, 1879, 1880 et 1881) et pendant nos études prolongées de ce marché en 1864 et 1879, nous nous empressons de prévenir nos lecteurs, que nous regardons nos renseignements comme trop insuffisants pour prétendre à une description de la foire et même à la description des principales branches du commerce qui s'y fait. Nous reconnaissons notre stock de données comme insuffisant, parce que nous avons toujours évité les renseignements de seconde main [1]) et surtout les données officielles, qui, sans aucun doute, auraient pu figurer en longues colonnes et présenter une statistique détaillée de la foire. Les relevés statistiques officiels [2]) ne peuvent satisfaire aux exigences les plus modestes de tout investigateur impartial, dont le but serait quelque peu scientifique. Au reste, nous ne nous sommes point proposé l'étude statistique de la foire de Nijnii-Novgorod. Les efforts d'un seul individu auraient été impuissants; la foire de Nijnii-Novgorod est tellement liée à tout notre commerce, à l'activité de nos fabriques, sans compter l'industrie domestique, que son exploration détaillée nous aurait conduit à l'étude de toute notre production manufacturière et de tout notre commerce intérieur. Une étude semblable aurait pu servir de point de départ à toute la statistique industrielle et commerciale de la Russie.

---

1) Nous avons dû profiter quelquefois de données étrangères, mais certaines. En général, nous n'avons point perdu de vue tous les renseignements publiés sur la foire, sans en excepter aucun. Nous indiquerons plus loin quelques unes de ces sources.

2) Les renseignements officiels sur la foire de Nijnii-Novgorod, se recueillent ordinairement au moyen des courtiers, qui, grâce à leur longue expérience, et à leurs relations commerciales, sont plus à même de vérifier les chiffres que leur communiquent les marchands, que les officiers de police, qui font ordinairement cette besogne à d'autres foires. Cependant ces données sont souvent erronées, de sorte qu'il est impossible d'y ajouter foi.

Mais l'exploration statistique complète de la foire de Nijnii-Novgorod n'aurait été possible qu' avec la coopération et les efforts réunis du gouvernement, des savants, et des marchands qui font leur commerce à ce marché. Il eut été indispensable que la classe marchande comprit l'utilité d'une entreprise semblable, qu'elle en confiât l'exécution à une de nos sociétés savantes et qu'elle fournît à cette société les moyens pécuniaires indispensables pour mener cette oeuvre à bonne fin. Le profit purement pratique, que les commerçants de la foire en question eussent retiré de cette affaire, est indubitable. Un jour viendra, nous n'en doutons pas, où ils l'apprécieront, mais jusque-là, abandonnons toute tentative d'une statistique complète de la foire de Nijnii-Novgorod.

L'urgence des notions statistiques ressort de faits frappants sur l'ignorance de la foire, ignorance qu'on rencontre à chaque pas, dans le milieu des commerçants eux-mêmes. Il nous suffit de dire que ces derniers, s'occupant d'une espèce de marchandise, n'ont jamais aucune idée de la marche des affaires dans une autre branche de commerce; il est même difficile, quelquefois impossible, de trouver son chemin d'une ligne de boutiques[3], à une autre, se trouvassent-elles même côte à côte. Cette circonstance nous embarrassait au début, mais nous nous y sommes si bien habitué dans la suite, que nous ne cherchions jamais de renseignements topographiques locaux auprès des serviteurs et des commis, qui se tiennent devant chaque boutique[4]; il nous arrivait quelquefois d'errer pendant une heure, sur l'espace d'un quart de verste carrée, à la recherche de quelque magasin. Il est fort possible qu'une espèce de mauvaise volonté se mêle, ainsi qu'on nous l'a expliqué, à cette ignorance. Cette mauvaise volonté provient de la conviction enracinée que toute communica-

---

3) On appelle ici «boutiques» tous les lieux, où se fait le commerce de la foire (soit en gros, soit en détail). Beaucoup de ces boutiques ne sont destinées qu'aux opérations de comptoirs, de bourse et de banque.

4) Ces serviteurs ont la fastidieuse habitude d'inviter le public à entrer dans leurs boutiques. Cette habitude semblerait cependant incompatible avec les grandes affaires, des opérations de millions dans des magasins qui ont, en grande partie, leur clientèle et leur public, et qui jouissent d'une réputation générale, d'une renommée qui s'étend souvent dans toute la Russie.

tion du marchand sur son commerce nuit à ses intérêts, et particulièrement les communications pouvant servir le concurrent
dans la même branche. Du reste, la catégorie plus élevée des
commis (les directeurs de grandes maisons de commerce) qui se
tient à l'intérieur des boutiques, dirige toute la marche des
affaires et constitue la classe avancée des gens de foire, communique souvent avec beaucoup d'obligeance les notions commerciales dont cette classe est très riche. Souvent, tout un
groupe de marchands, qui font le commerce dans la même branche,
ne sait rien d'une nouvelle marchandise, parue pour la première
fois à la foire et appartenant à cette branche. Plus tard, lorsque
nous eûmes fait plus ample connaissance avec ce monde commercial, nous eûmes continuellement l'occasion de renseigner les
marchands sur la marche des affaires de la foire, même dans
leur propre spécialité. Il n'y a là rien que de très naturel: chacun est occupé de son commerce et n'a aucune possibilité non-
seulement de suivre toute la foire, mais même d'embrasser les
opérations de sa propre partie, qu'il ne connait que dans son
coin, qu'il ne voit que sous le point de vue de sa «chambre»[5];
et très souvent, sous un point de vue faux. Ce caractère du commerce provient de ce qu'il se fait en dehors de la bourse, en
quelque sorte à huis clos. Cela explique les notions erronnées
communiquées par les journaux, et même par les commerçants,
qui jugent de la foire par leurs impressions personnelles, souvent
exclusives.

Chaque branche de commerce constitue un monde à part qui
a ses intérêts particuliers, ses idées et même ses moeurs et coutumes que ne partagent point les autres branches: la vie du
quartier Chinois, — la partie la plus aristocratique de la foire, —
est tout aussi éloignée de celle du marché au poisson, sur les
«Sables» (c-à-d. sur les barques au milieu des ensablements de
l'Oka) que les plantations de thé en Chine sont éloignées du lieu de

---

5) Chaque boutique de foire possède au second étage des chambres, où logent les marchands et leurs serviteurs. La suite des commerçants est très nombreuse. Nous connaissons plusieurs gros négociants qui amènent à la foire une
cinquantaine de personnes, commis et serviteurs.

naissance de cette masse énorme de poisson, apportée d'Astrakhan et de la mer Caspienne, mais non pas à la distance d'une seule verste qui sépare ces deux quartiers de la foire. Tandis que les marchands de poisson, qui n'ont point de logement sur l'emplacement de leur commerce, et ne s'y présentent que le matin, mènent une vie de ville parfaitement régulière, mais étrangère à la foire, — les habitants du quartier ou de la «ligne» de Chine, malgré leur position sociale de «haute finance» sont entraînés à toutes les irrégularités de la vie foraine. Pendant que ces[7] soi-disant Chinois (c-à-d. les commerçants de Kiakhta, des marchands de thé de Moscou et d'autres négociants notables qui ont ici leur comptoirs et leurs magasins) en leur qualité d'aristocratie de Makary ne dînent qu'à 6—7 heures, chez le restaurateur fashionable Nikita, où se réunissent tous les étrangers (particulièrement les Allemands et les Pétersbourgeois), et ne font aucune consommation sans champagne et sans truffes, — leurs voisins d'ancien régime dans les lignes les plus voisines (les quartiers de toiles, de fourrures, etc.) terminent leur repas à midi et l'arrosent en abondance de leur unique boisson, — l'eau-de vie russe. Demandez aux premiers ce qui se passe chez les derniers, ou bien entamez la conversation sur quelque marchandise qui n'aille point à Kiakhta ou bien qui n'entre point dans les opérations de la région aristocratique Chinoise, et vous obtiendrez la même réponse que si vous aviez adressé à un habitant de Marseille ou de New-York une question sur la marche des affaires à Nijnii. Qu'a, par exemple, de commun l'Arménien trafiquant de pelisses de moutons Kalmouks, le Khivien et le Boukharien qui vendent le coton brut etc. avec les étrangers (français, allemands, juifs et arméniens) faisant le commerce de joaillerie, des articles de fantaisie et de bric à brac dans la «*Maison Principale*», et qui ne sont pas

6) On appelle «ligne» chaque quartier ou rangée de boutiques.

7) Il n'y a point de véritables Chinois à la foire de Nijnii-Novgorod.

8) La foire de Nijnii-Novgorod est appelée jusqu'ici par le peuple du nom de son ancien emplacement «Makary» (v. plus haut ch. 1).

9) La *«maison principale»* de la foire occupe le centre de toutes les boutiques; c'est ici que sont logés tous les grands pouvoirs de la foire, le gouverneur

moins que les premiers les plus anciens commerçants, les doyens de Makary. Ces derniers sont le plus souvent des coiffeurs ou ex-coiffeurs français (de Pétersbourg et de Moscou) et des traficants de toute sorte, venus ici de toute les parties de l'univers, pour vendre à «l'intérieur de la Russie» ainsi qu'ils s'expriment (en langue française), tous leurs mauvais restes, toutes leurs vieilleries qui s'écoulent ici, sous le titre de «nouveautés»; ce sont par exemple des poupées parlantes, des coquilles produisant des sons extraordinaires, des gravures scandaleuses, toutes sortes de choses, «extraordinaires», inutiles à qui que ce soit[10]) et qui d'après les traditions de cette classe commerçante, se débitent «à la noblesse russe»; celle-ci, comme le prétendent les Français de la foire, paie des prix fabuleux pour toute espèce de camelotte, qui ne trouve de débit, ni à Pétersbourg ni à Moscou, pourvu qu'on lui «conte à propos des choses impossibles». Ces gens déplorent unanimement la «ruine de la noblesse russe», car ils ne réussissent pas à vendre leur marchandise aussi facilement «à ce tiers état ignorant», à ces «moujiks enrichis» (l'aristocratie financière)» qui, à leur dire, ont supplanté la noblesse de l'empire de Russie[11]).

---

de la province, la police, le comptoir de la Banque de l'Etat etc. Au rez-de-chaussée se trouvent les magasins et un bazar pour le commerce en détail. Un orchestre donne ici deux concerts par jour, gratis (au bazar et en plein air autour du bâtiment). Les promenades ne discontinuent pas du matin au soir. C'est le centre de la vie et le lieu de tous les rendez-vous.

10) Ce commerce de la maison principale tombe d'année en année. Il est décidément impossible d'y rien trouver de passable, à moins d'un hasard exclusif. Autrefois, on y voyait de belles marchandises (principalement de la joaillerie) qui trouvaient des acheteurs parmi la noblesse et en général parmi le public riche; mais ce monde fréquente la foire beaucoup moins aujourd'hui que jadis. De plus, les chemins de fer, ayant abrégé les distances et Moscou étant par conséquent à proximité, l'emplette d'objets de luxe, de modes, d'objets de prix, à la foire, n'aurait actuellement pas le moindre sens.

11) La différence entre les chalands actuels de toutes ces bagatelles et les acheteurs d'autrefois, est fort curieuse: jadis, la famille de quelque seigneur campagnard se ruait sur la boutique d'un français de passage et s'emparait de toute sa marchandise, sans s'informer des prix; le marchand ou bourgeois enrichi, l'aristocrate moderne, manie longtemps une serinette à secret, il la porte à son oreille, il s'éloigne, revient plus d'une fois s'informer de son prix et finit par s'en aller. Le français étale devant les *dames* de ces marchands, des gants, qui, à son dire, se vendent 15 roub. la douzaine à Pétersbourg, mais qu'il cède moyennant 5 roub. pour le moment. «Rien que pour le plaisir de vous parler, madame»

Encore un exemple de la variété de cette foire: qu'a de
commun tout ce groupe de commerçants très anciens de la
foire de Makary dont nous venons de parler, avec ces autres
doyens de la foire, les paysans du Gt. de Jaroslavl, qui y
étendent des rangées de boutiques remarquables, où ils vendent
de la friperie; au milieu de cette marchandise se trouvent des objets
d'un vrai et grand prix, des diamants, des perles fines véritables.
Enfin, qu'y a-t-il de commun entre tous ces traficants étrangers,
venus d'Europe, et ces innombrables petits commerçants-pay-
sans russes, ces marchands ambulants arrivés ici de toutes les
campagnes les plus reculées avec les produits de la petite
industrie villageoise?

Il est difficile de découvrir les liens secrets qui réunissent en
un tout ces groupes divers, ces commerces isolés, — on pourrait
dire,—toutes ces foires séparées telles que: le commerce du blé,
du thé, du coton, des fourrures, du poisson, le commerce en gros,
le commerce en détail, le commerce russe, étranger, asiatique et
européen, qui se réunissent ici pour un laps de temps d'un mois.
Il faudrait préalablement un long travail d'analyse de toutes les
données et bien des observations, pour mettre en lumière la
liaison commerciale invisible des opérations qui se manifestent
entre les différentes parties de la foire, les plus éloignées les unes
des autres, entre des objets et des circonstances n'ayant évidemment aucun rapport les uns avec les autres, — entre l'étoupe de
coton de l'Asie Centrale et les productions de lin des gts. de
Kostroma, de Vladimir et les spieries de Moscou; entre la garance du Caucase (remplacée aujourd'hui par l'alizarine) la graisse
de phoque (de la mer Blanche), qui s'emploie dans les filatures
de coton et dont la demande s'accroît à mesure que cette industrie
se développe[12], et l'étoupe américaine; entre les coffres de

Mais ces *dames* ne sont pas crédules, elles savent très bien, par l'expérience de
leurs maris, que les gens ne font pas le commerce pour le plaisir exclusif de le
faire. Les véritables dames, les grandes dames russes, s'y seraient laissé prendre;
elles savent aussi, par l'expérience de leurs époux, qu'on peut entreprendre des
opérations commerciales «rien que pour le plaisir». De plus, les *dames* bourgeoises
n'ont pas l'habitude de ces manières galantes qui éveillent leur méfiance, et qui,
au contraire, séduisent les dames «nobles».

12) C'est ainsi qu'en 1862, la crise américaine a ralenti la vente de la graisse
de phoque à la foire de Nijhii-Novgorod.

Nijnii-Novgorod, qui vont en Asie, et les révolutions de la
Chine, qui, pendant un certain temps ont produit un ralentissement dans la demande de ces coffres. Cette diversité extraordinaire renferme, sans doute, un sens économique intérieur, embrassant tout le mouvement de la foire, d'un bout à l'autre; il
existe des conditions générales se répercutant sur son mécanisme:
le travail libre, par exemple, qui a remplacé la corvée de l'ouvrier
d'autrefois, a brusquement produit son effet sur les métaux des
usines de l'Oural, sur tous les produits manufacturiers, sur le blé;
la baisse du rouble papier, les récoltes bonnes ou mauvaises, influent annuellement sur la marche générale de la foire, enfin
les habitudes commerciales du marchand russe, le thé qu'il absorbe en plus ou moins grande quantité, ses conversations sans
fin au moment de la conclusion d'un marché, son entrainement
à un moment donné, sa prudence extraordinaire dans un autre,
tout cela fait le caractère général de la foire.

Ce caractère général existe dans toute cette variété,
au milieu de tous ces contrastes, mais il ne peut se découvrir qu'au moyen de la distinction de toutes les particularités; les participants au commerce eux-mêmes ne peuvent le saisir au point de pouvoir donner une prompte réponse,
à n'importe quelle question générale. Il y a un lien de toutes
les opérations et des fonctions vitales de la foire, mais le lien
intérieur reste étranger aux commerçants et échappe d'autant
plus aux visiteurs de la foire, qui dans sa forme extérieure n'a
ni centre, ni régularité. Cette dernière circonstance présente une
des particularités les plus caractéristiques et les plus remarquables de ce marché.

La symétrie du plan de la foire et des rangées (des lignes)
de boutiques, établi dans l'origine et confirmé par le gouvernement, s'est altérée depuis longtemps par la construction d'édifices élevés postérieurement, et par l'extension de la foire dans
toutes les directions, non seulement sur terre, mais encore sur
l'eau (on fait le commerce sur les bateaux et sur les sables de
l'Oka, où l'on érige provisoirement des baraques). Depuis 1863,
un énorme quartier, composé de nombre de boutiques en pierres,

et qu'on a baptisé du nom de *Loubianka*[13]) s'est élevé au-delà
de la limite de la place, destinée primitivement à la foire. Les
dimensions de ce quartier ont déjà surpassé le groupe principal et central des boutiques construites par le gouvernement,
et attenantes à la Maison Principale. Il est admis que l'on
ne discute pas des goûts, mais pour ce qui nous regarde, cette
absence de symétrie nous fait plaisir, comme preuve d'une croissance naturelle, que ni les plans administratifs, ni les diverses
règles officielles qu'on a essayé d'appliquer à la foire, n'a-
vaient pu entraver. Dieu merci, les réglementations administratives n'ont dans ce cas pu tuer la vie avec toutes ses manifestations capricieuses, ainsi que nous ne le voyons trop souvent; le commerce et la vie se sont largement étendus ici,
indépendamment de toute espèce de bornes et de centres extérieurs, partout où les prescriptions tutélaires de l'administration n'ont pu les atteindre. Les rangées de boutiques régulières et leurs titres de lignes des Fourrures, Toiles, Pendules, Coffres, Boissons, Boutiques Chinoises, Cuirs, etc., ne sont
que des symptômes extérieurs et trompeurs d'une régularité qui
n'existe pas; se tromperait grossièrement celui qui aurait cru
épuiser la statistique des coffres dans la ligne des coffres ou bien
celles des boissons, exclusivement, dans la ligne des boissons. Les
masses de coffres dans la rangée de boutiques aux coffres, sont
surprenantes, mais on en voit une tout aussi grande quantité
dans d'autres endroits. On fait le commerce de savons dans les
boutiques aux boissons; on rencontre aussi le même article dans
d'autres magasins. Il n'y guère de toiles dans les lignes de toiles;
on trouverait bien des horlogers dans les magasins de pendules,
mais les boutiques de changeurs, qui jouent un grand rôle ici,
sont leurs voisines immédiates. Il n'y a plus l'ombre de bon
ordre, même extérieur, dans les régions de la foire où s'inter-
rompent les lignes de boutiques par exemple, sur les bords du

13) Ce nom lui a été donné en souvenir des anciennes baraques en bois (loubyo-
écorce). Le commerce des fourrures et des étoffes en coton destinées aux basses
classes du peuple se fait ici. Plusieurs marchands et plus d'un fabricant y occupent
des boutiques ainsi que dans la cour principale, pour satisfaire aux demandes de
différents chalands.

Volga, au port de Sibérie, etc. Des montagnes de marchandises sont entassées, dans toutes les directions possibles et dans les ruelles les plus impénétrables; par ci, par là, des monts d'étoupe asiatique, de caisses de thé et a. d. s. Sans aucun doute, ce désordre extérieur renferme un ordre intérieur, il existe une force attractive qui rapproche les marchandises les unes des autres, par exemple, le thé, le sucre, le café, ou bien le fer et le verre, qui se concentrent généralement dans le commerce de la Russie; il y a un principe économique qui assimile les marchandises, à leur production, à leur transport, ou à leur consommation.

Il eût été difficile d'indiquer le centre principal de la foire; un commerce s'attache à un autre, ou bien ils se sont tous accumulés l'un sur l'autre; le marché de Makary représente plutôt plusieurs foires gigantesques, fonctionnant en même temps sur les mêmes lieux, mais n'ayant pas de centre commun. Dans quelque endroit que l'on se trouve, soit à l'une de ces foires, soit à l'une des extrémités isolées de l'emplacement général du marché, on pourrait se croire au centre, au foyer de toutes les transactions de la foire. Telle est l'impression que peuvent produire la Maison Principale, la place qui précède l'entrée du pont du côté de la foire et qui regorge de monde ouvrier, la place devant le pont, du côté de la ville, où les marchands occupaient leurs bancs autrefois et formaient une espèce de bourse, le port de Sibérie (qui du reste n'a aucun rapport avec la Sibérie, mais seulement avec la Russie d'Europe); les boutiques aux boissons, etc.

Deux amis intimes pourraient séjourner à la foire, depuis le premier jour jusqu'au dernier, prendre une part active à toutes ses affaires, à tous ses plaisirs, et ne jamais entendre parler l'un de l'autre ni jamais se rencontrer, malgré leurs efforts les plus énergiques pour y arriver. Dans ce cas, il n'y a qu'un moyen unique, c'est de s'adresser aux principales autorités de la foire qui peuvent, avec le secours de la police, découvrir un individu, si toutefois elles en ont l'intention formelle. Les institutions administratives et les établissements de plaisance (particulièrement les auberges) sont

les uniques centres de la foire de Nijnii-Novgorod, réunissant les gens de conditions et d'origines les plus diverses. Les
relations personnelles avec le représentant de l'autorité suprême
de la foire, priment toutes les relations avec les institutions administratives; c'est chez lui que se résolvent tous les malentendus. Le Boukhare, le Juif, le sectaire grand-russien, le marchand de première guilde de Moscou, le colporteur du gouvern.
de Wladimir, l'habitant de Tumène, celui de Novo-Tcherkask
se pressent en foule dans le cabinet du Général-Gouverneur ou
du Gouverneur et y cherchent leur droit qu'ils ont vainement
réclamé sur les degrés inférieurs de l'administration.

Les autres centres de la vie foraine, les établissements de
plaisirs, sont divisés et isolés les uns des autres; ils sont organisés par groupes conformes aux goûts des diverses classes et
types de la population. Chacun ne fréquente, en grande partie,
que son restaurant ou sa taverne, ou plutôt sa société, qui, selon
ses habitudes et ses moeurs, s'installe dans tel ou tel établissement.
Voilà, entre autres, une des causes de la grande difficulté qu'on
rencontre dans la recherche de tel ou tel individu, même dans
les auberges, où les visiteurs de la foire aiment à passer la plus
grande partie de leur temps libre[14]. Le plaisir, dans sa véritable
expression, ne se centralise que dans un ou deux établissements,
organisés à l'instar des cafés chantants de Pétersbourg ou de
Paris, mais la meilleure société et la majeure partie de la population de la foire ne fréquente guère ces lieux de divertissements
du marché de Nijnii-Novgorod[15].

Un des anciens généraux-gouverneurs à la foire (dans les
années 60), a essayé d'organiser des bals masqués dans la vaste

---

14) Les gens «sérieux» du monde commercial prennent beaucoup moins de
part à la vie d'auberge aujourd'hui, qu'ils ne le faisaient autrefois. Les grandes
affaires ne se traitent plus, comme autrefois, dans les auberges devant un verre
d'eau-de-vie ou une tasse de thé.

15) Ces établissements où se passaient des faits monstreux, même des crimes
(des assassinats) doivent disparaître prochainement, si toutefois ils existent encore.
Les mesures de police prises par le C-te Ignatieff en 1879, conformément au désir
de la partie la plus saine de la classe marchande, ainsi que la règle de fermer
les établissements à 9 heures après minuit, ont mis un frein aux désordres en
question.

I.   3

et belle salle de la Maison Principale, destinée aux assemblées des marchands et aux solennités officielles. Il avait pour but de réunir en un seul lieu tous les éléments des réjouissances de la foire, avec le supplément d'un plaisir à la mode, — une loterie-allégri; c'était sans doute un pas en avant dans l'histoire des agréments de Makary, qui se contentaient jadis de salles plus modestes, mais en dépit du libéralisme bureaucratique de cette mesure, cette expérience n'a point réussi. La mascarade, malgré tous les encouragements officiels, s'est trouvée être fort peu nombreuse, s'est terminée par un scandale et ne s'est plus renouvelée[16]).

Toutes les tentatives d'organiser des centres convenables pour la réunion du public à la foire ont été jusqu'à ce jour infructueuses. Cependant tout le monde se plaint du manque de ces centres; on trouve les auberges insuffisantes.

Le futur développement libre de notre vie sociale, devra créer dans son enceinte les centres et les noeuds qui jusqu'à présent n'ont consolidé que notre vie d'Etat officielle. Mais ces centres ne peuvent être créés par une main étrangère, quelque sollicitude qu'elle y apporte; ils ne peuvent s'élever que d'eux-mêmes, naître du mouvement des éléments de la vie elle-même, libres de toute espèce d'entraves extérieures et artificielles.

La question de l'organisation d'une *bourse* et d'un club a été soulevée plus d'une fois, à la foire de Nijnii-Novgorod; nous avons été témoin des sollicitations bruyantes sur ce sujet, de la part des commerçants participant à la foire. Bien que les réunions de la bourse se passent aujourd'hui dans un local fermé (ou plutôt à demi fermé) et non dans la rue comme autrefois, ce qui est déjà un progrès, cependant ces assemblées ne comptent

16) Nous n'avons point omis cette caractéristique des plaisirs de la foire, écrite en 1864, ainsi que d'autres descriptions de ce genre, parce qu'elle peint en quelque sorte les «moeurs» de cette époque, qui ont, depuis, changé en mieux, mais pas beaucoup. Il est à remarquer que les plaisirs de la foire, même dans leurs formes les plus inconvenantes, trouvaient protection et même encouragement de la part des autorités locales (quelquefois les plus élevées. Cette singularité a disparu (surtout depuis 1879, où le C-te Ignatief, a été provisoirement nommé général-gouverneur). Du reste la foire a considérablement gagné dans ces dernières années, par suite de l'amélioration des moeurs de la classe commerciale.

exclusivement que des commerçants de blé et de poisson et n'ont presque pas de liaisons avec les autres transactions de la foire. On ne peut pas accuser les commerçants eux-mêmes de ne pas sentir l'urgence d'une bourse, que les rencontres dans les auberges et dans différents taudis remplacent maintenant, on ne saurait dire qu'ils ne remarquent point les faits grossiers, provenant du manque d'un centre convenable aux transactions commerciales. Nous mentionnerons ici un échantillon de ces faits: les prix sur lesquels se basent les marchés, ou bien les prix qui s'établissent à la foire, constituent en général un mystère que chacun cherche à pénétrer à sa manière et qui sans aucun doute ne peut rester secret, mais qui ne se découvre pas au moment opportun, ce qui occasionne plus ou moins de malentendus. On comprend combien l'absence de prix-courants, de prix de bourse, publics, notoires, nuit au commerce *régulier*, (cependant, quoiqu'on en dise, la majorité des intérêts personnels est liée aux progrès du commerce régulier). Voilà la source du fait surprenant dont nous avons été témoin. Une marchandise fondamentale, une marchandise qui fait mouvoir des millions se vend à des prix différents, dans la même rangée de boutiques et à la même heure. Cela explique la confusion dont nous avons parlé plus haut.

Il ne faut pas croire que les marchands préfèrent, pour leurs entretiens, des auberges malpropres à un club. Le développement du club commercial de Moscou est une preuve du contraire. Mais les habitudes contractées pendant des siècles ne changent point brusquement, et dans tous les cas, elles ne peuvent changer que par l'initiative des personnes intéressées, sans aucune participation étrangère. Plusieurs de nos administrateurs éclairés qui se sont chrgés d'organiser ici des «distractions» «régulières», tout en déplorant la lenteur des progrès de la civilisation et de la moralité sociale et le manque *d'initiative* de notre société, n'ont pas voulu comprendre, qu'en dehors des entraves extérieures qui, pendant des siècles, ont paralysé l'activité du public, la sollicitude de l'autorité ne peut y apporter que des obstacles, parce qu'elle inspire la conviction que, même les plaisirs, sont soumis à la réglementation bureaucratique.

Telle est, entre autres, notre activité statistique officielle en ce qui concerne la foire. La question de la statistique, elle aussi, ne peut se poser sur des bases solides, que par l'initiative de la classe commerçante! Des chiffres précis, des renseignements sur la quantité de chaque marchandise apportée, vendue et restée entre les mains de chaque marchand, seraient bien à désirer, mais il faut renoncer à la possibilité de données même approximatives à ce sujet, vu les circonstances actuelles et les idées qu'on a sur le commerce, non seulement dans notre pays, mais encore dans toute l'Europe.

La quantité de marchandises apportées à la foire et restant sur les bras du négociant présente un côté trop délicat, trop chatouilleux dans les opérations commerciales, pour qu'on puisse prétendre à une sincérité même relative de la part du commerçant sous ce rapport; une réponse exacte, dans ce cas, serait l'aveu de toute la situation commerciale du marchand et une franchise semblable est reconnue impossible dans tous les pays, car elle pourrait quelquefois porter un coup mortel aux affaires, et ne peut être admise que dans des cas exclusifs. Et cependant, cette question constitue l'élément principal de la statistique officielle de notre foire. Des dépositions véridiques (concernant la quantité de la marchandise vendue et surtout de celle qui n'a point eu de débit) auraient pu troubler toute la marche des affaires puisque souvent le prix d'une marchandise et ses débouchés dépendent uniquement de la connaissance ou de l'ignorance, où l'on se trouve, de la quantité des marchandises qui sont entre les mains des commerçants ou bien de celles qui restent non vendues. Cette circonstance prouve combien la statistique du commerce est chose délicate. Les intérêts publics s'y rencontrent et s'y entrelacent avec les intérêts particuliers et privés; l'étude de questions générales, comme par exemple, le fait de la décadence ou du développement de la foire de Nijnii-Novgorod se complique de questions purement *personnelles* dont l'analyse peut souvent nuire aux intérêts particuliers de tel ou de tel négociant. Voilà, selon nous, le côté le plus difficile de la statistique du commerce, que la statistique officielle ne prend point en considération. Qu'aurions-nous dit, si les rédacteurs de notre statistique morale, ne se contentant point des renseignements devenus la propriété de la police et des tribunaux, c-à-d. la propriété du public, étaient allés chercher des données dans la vie de chaque citoyen, s'étaient introduits dans le sein des familles, et avaient exigé de chacun de ses membres une confession sincère des délits que lui et ses proches auraient commis et qui auraient échappé aux poursuites de la loi? Une direction semblable de la statistique morale n'aurait pourtant pas été plus absurde que les procédés employés par notre statistique officielle, quoiqu'évidemment la statistique morale soit loin d'être exacte quand elle repose exclusivement sur les données de tribunal et de police.

Au reste, la statistique n'était pas le but de nos études pendant nos visites réitérées à la foire de Nijnii-Novgorod; tous les renseignements que nous avons recueillis ici, n'ont servi qu'à l'étude de quelques questions économiques spéciales sur lesquelles nous avons concentré toutes nos observations et tout notre travail.

Les deux problèmes, qui ont particulièrement absorbé notre attention autant en 1864, qu'en 1879—1881, furent les suivants:

1) Extraire de la marche de cette foire les faits qui peuvent servir de symptômes sur la situation générale des nos affaires commerciales et industrielles, et en tirer quelques conclusions par rapport à cette situation.

2) S'assurer si le caractère de la foire de Makary se modifie sous l'influence des conditions contemporaines du commerce, et, en général, de tous les progrès de la civilisation (du perfectionnement des voies et des moyens de communication, de l'accroissement des centres commerciaux des différentes contrées de la Russie, de l'établissement de nouveaux marchés, de nouveaux usages du commerce et a. d. s.).

En émettant les notions que nous avons recueillies par rapport à ces questions principales, nous nous efforcerons, autant que possible, de nous mettre en contact avec d'autres questions plus ou moins rapprochées, sans cependant nous soumettre à une description systématique de la foire.

III.

Revue de quelques branches spéciales du commerce de la foire et de la marche générale de nos affaires industrielles dans les années 60[1]).

Abordons la première des deux questions que nous nous sommes proposées dans le chapitre précédent: Quels indices sur la situation générale de nos affaires commerciales et industrielles, la foire de Nijnii-Novgorod de 1864, que nous avons étudiée en détails, nous a-t-elle offerts? Nous verrons plus tard, que la marche des affaires de 1864 exerça une influence toute particulière sur notre histoire industrielle moderne, par suite des liaisons de notre époque actuelle avec les époques précédentes.

Pour répondre à cette question, nous devons, autant que possible, écarter de la description de la foire de 1864, tout ce qui n'y a présenté qu'un intérêt éphémère et nous contenter des traits les plus généraux et les plus remarquables ayant rapport aux questions générales de notre économie nationale. Du reste, tout en parlant des différentes branches de notre industrie et de notre commerce, nous nous permettrons de toucher à quelques-unes des particularités caractéristiques de la foire de Nijnii, qui n'appartiennent pas tout-à-fait à notre sujet; des digressions de

---

1) Bien que la marche des affaires de la foire ne soit donnée ici que pour les années 60 — 70 (particulièrement pour l'année 1864), tout cet exposé n'a point perdu de son intérêt, par rapport aux questions générales de notre économie nationale contemporaine. Premièrement, le mouvement de notre industrie et de notre commerce de l'année 1864 et des années précédentes (que nous avons décrit en partie) est intéressant par lui-même, puisque les phases et les circonstances de ce mouvement étaient liés à la quantité excessive du papier-monnaie (billets de crédit émis par le gouvernement), que la première guerre d'Orient avait jeté sur le marché, et que la question générale de notre papier-monnaie a acquis pour notre pays, une importance très grande depuis cette époque et surtout depuis la dernière guerre. Secondement, les conditions du commerce et de l'industrie des années 60—70, se trouvent en liaison étroite avec la position actuelle de nos affaires industrielles; cette liaison se renferme, entre autres, dans notre circulation monétaire et son désarroi, qui dure jusqu'à présent. L'esquisse de tous les faits que nous avons observés dans les années 60 — 70 réunis aux faits de nos jours et à la marche de la foire dans les années 1879—1881, exposés dans le texte de cet ouvrage (Chapitre III), présentent le tableau général de notre vie commerciale et industrielle et des phénomènes pathologiques de notre circulation monétaire dans l'espace de ces 20 dernières années.

ce genre sont parfaitement conformes au caractère général de l'ouvrage que nous intitulons «Esquisses».

Un commerçant forain de second ordre, vif et intelligent, lorsque nous nous informâmes auprès de lui, des résultats de la foire de 1864, nous répondit: «Oui, les affaires n'allaient pas trop mal, mais elles n'allaient pas non plus bien chaudement!» Cette réponse nous semble fort juste et caractérise pour ainsi dire cette foire. Les affaires n'y allaient *pas chaudement*,—c'était là sa nature et son cachet national-économique.

L'animation du commerce de Moscou, qui a précédé la foire de 1864, et qui s'est particulièrement manifestée dans les produits en coton, article si important au marché de Makary, faisait espérer une foire excessivement animée, «*chaude*», comme on dit, d'autant plus que la quantité de marchandises de tous les genres envoyées à Nijnii-Novgorod, les années précédentes (et surtout en 1863), avait été comparativement peu considérable. Cependant cette attente fut entièrement déçue: on peut considérer la foire de 1864, comme peu animée. Voici, probablement, la raison qui a produit tant de mécontents et qui a donné lieu à l'opinion, accueillie en partie par les journaux, que les résultats de la foire avaient été fort peu *satisfaisants*. Le fait est, que la foire n'a pas répondu aux attentes qu'elle avait fait naître. Cependant, nous reconnaissons les résultats de la foire de 1864 comme *forts satisfaisants*, au point de vue de l'économie nationale en général, et comme très favorable aux intérêts de notre commerce et de notre industrie, en dépit des circonstances mentionnées plus haut et en partie même à cause d'elles. La foire de Nijnii-Novgorod exprimant tout le mouvement du commerce et de l'industrie de notre pays pour l'année écoulée et déterminant ce mouvement pour l'année suivante, a parfaitement réussi, sous ce rapport.

D'après tous les indices, l'animation des affaires de Moscou, avant cette foire, a été provoquée par l'épuisement des produits manufacturés dont Moscou est, dans tout l'Empire, le dépôt le plus important. L'activité des manufactures et la consommation de leurs produits, ont, comme chacun le sait, atteint des dimensions inouïes, immédiatement après la guerre d'Orient et à la suite de

l'émission extraordinaire du papier-monnaie[2]), à l'époque fébrile
de notre effervescence industrielle et de notre agiotage. Mais la
crise monétaire et notre crise industrielle ont causé un renchérissement général et ont ralenti la consommation (vers 1859). Il
faut attribuer ces crises aux dépenses improductives que les opérations militaires ont occasionnées, à une quantité innombrable
d'entreprises mal calculées, au déplacement des propriétés, à l'é-
branlement de tous les intérêts, enfin à la réforme générale de
l'Etat entier et surtout à l'émancipation des paysans. De combien la consommation s'est-elle ralentie, de combien s'est-elle
ralentie comparativement à l'époque normale qui a précédé la
guerre d'Orient, c'est une question difficile à résoudre; évidemment, on ne peut admettre le dernier cas : cependant, il est hors
de doute que tous les écoulements intérieurs ont diminué, en
comparaison de leur animation excessive, de l'année 1856 à
l'année 1859. Et pourtant, même après cette crise (des années
1858 et 1860), l'activité des manufactures, en dépit de la mauvaise marche des affaires et malgré les faillites générales, *ne
pouvait se décider* (du moins parmi les producteurs, dont les
capitaux étaient assez considérables pour soutenir cette crise)
à restreindre les limites excessives qu'elle avait atteintes,
immédiatement après la guerre d'Orient[3]). Ce n'est qu'en
1862 et même en 1863, que nos grandes manufactures sur lesquelles se règlent toutes nos fabriques, ont décidément ralenti
leur activité. La crise, survenue dans les produits en coton pendant
la guerre aux Etats-Unis s'est réunie, fort à propos, à notre
crise intérieure, pour précipiter cette conséquence inévitable. Le
résultat de l'échange des billets de crédit contre des espèces sonnantes (en 1862, en 1863), l'exclusion d'une partie de nos billets
de banque (en 1863) et les troubles de Pologne ont agi dans la

---

2) Les émissions extraordinaires pour la première guerre d'Orient ont augmenté
notre circulation de papier de 800 millions roubles (1,200 millions de francs) jusqu'à 700 millions de roubles à peu près (2,800 millions de francs).

3) Il faut toujours comprendre, sous l'expression de *Renforcement anormal de
la production*, le renforcement excessif de quelques branches aux dépens d'autres,
mais non pas l'augmentation générale de l'industrie nationale, qui est toujours
désirable et qui ne peut jamais être excessive.

même direction. C'est ainsi que nos manufactures ont accumulé une masse énorme de leurs produits (de 1859 à 1863) qui ont vainement cherché un écoulement à toutes les foires et qui ont, de cette manière, trahi la stagnation de notre commerce. Cependant, ces marchandises commencèrent à s'épuiser en 1864, et c'est alors que Moscou est devenu le foyer de l'animation commerciale que nous avons mentionnée plus haut. Beaucoup de personnes ont considéré cette animation, qui, sous l'effet de la baisse du cours de change, s'était jointe à l'animation de notre exportation, comme l'avant-coureur d'une révolution favorable à toute l'industrie et à tout le commerce de notre pays. Tel est le tableau sommaire de nos affaires commerciales, avant la foire de Nijnii-Novgorod de 1864. Nous citerons plus loin les oscillations ultérieures de ce mouvement général, ainsi que celles de ses particularités, que nous avons pu saisir et qui méritent quelque attention.

Les diverses péripéties de notre industrie se reflètent particulièrement, dans l'intervalle de 1855 à 1865, sur nos cotonnades qui, du reste, sont dignes d'attention par elles-mêmes. Les 120 millions de roubles, que cette branche a représentés annuellement, en produits de toutes les espèces[4], dans le cours des années 60, donne une mesure de l'influence que cette fabrication exerce sur notre économie nationale. Une quantité d'autres branches de l'industrie et du commerce de notre pays, sont liées à celle-là. Les produits en coton jouent actuellement, à la foire de Makary, le rôle qu'on attribuait jadis aux thés de Kiakhta. C'est le pivot dont dépendent les destinées d'une foule d'autres marchandises et le dénouement d'une masse innombrable d'affaires qui se font à la foire. Notre commerce d'importation et d'exportation en Asie y est étroitement lié, ainsi que l'importation de l'étoupe que nous fournit l'Asie Centrale; l'exportation de nos cotonnades et d'autres produits, celle des espèces sonnantes que nous échangeons contre l'étoupe et qui occupe un rang fort im-

---

4) Nous considérons ce chiffre, que nous avons puisé dans un manuscrit, comme étant assez juste, autant que des calculs approximatifs de ce genre, peuvent être précis. Depuis cette époque, notre industrie cotonnière s'est excessivement développée, probablement elle a *doublé*.

portant à la foire de Nijnii-Novgorod. Enfin, ce sont les produits
en coton qui influent sur le débit d'une quantité de fabrications
qui lui sont apparentées et qui ont pour objectif le vêtement.

Après le développement excessif produit par le tarif douanier
de 1822, et en outre, par quelques élévations particulières pro-
tectrices et prohibitives des droits, notre fabrication d'articles de
coton s'est extraordinairement accrûe et ne s'est même nullement
ralentie malgré la baisse des droits en 1851 et 1857. Le nombre
des fuseaux à filer le coton a presque triplé de 1843 à 1853[5]).
Dans la période de 1814 à 1824, l'importation moyenne de l'é-
toupe, atteignait annuellement 200000 pouds; en 1852, elle atteignit 1,750,000, et, entre 1858 et 1860, elle oscilla de
2,300,000 à 2,500,000 pouds. Pendant et après la guerre
d'Orient, cette industrie, malgré son développement si fortement
accentué, et malgré le relâchement de la protection douanière de
1851 et de 1857, prit une plus grande extension encore, de
sorte que l'importation de l'étoupe, grandissant constamment depuis 1851, arriva en 1859, à 2,800,000, et en 1860, à —
2,600,000 pouds. Ces chiffres remarquables suggèrent diverses
réflexions: ils prouvent d'abord l'accélération extraordinaire de
l'activité de nos filatures de coton[6]), non seulement sous l'influence des conditions naturelles de la consommation et de la
protection artificielle que les douanes ont offerte à l'industrie de
notre pays, mais encore par l'effet de l'émission exagérée de
la monnaie en papier, qui a augmenté la consommation et le
luxe dans des proportions incroyables et maladives, au commencement de la seconde moitié du siècle (de 1856—1859). Un
renforcement de ce genre pouvait il être normal et sain, et
pouvait-il durer? Ajoutons encore, qu'avant la crise d'Amérique, ou bien avant l'année 1861, l'Amérique nous expé-
diait la dix-huitième partie de toute son étoupe indigène. La

---

5) Voy. l'article de Schérer sur l'industrie du coton, dans le *Recueil des
différentes branches de l'industrie manufacturière de la Russie*. St.-Pét. 1863. Plusieurs des chiffres que nous avons cités plus haut, sont puisés dans cet article.

6) L'emploi de *l'indigo*, qui, de 1822 à 1859, a pris des proportions sept fois
plus grandes qu'autrefois, est un des indices les plus certains du renforcement de
cette activité.

Russie occupe le cinquième rang, sur tout le globe, pour ses produits en coton, elle égale presque à l'Allemagne et ne le cède qu'à l'Angleterre, aux Etats-Unis et à la France. Le tiers du total de toutes nos principales substances textiles consiste en coton. La soixante-dixième partie des bras de toute la population de la Russie, est occupée à divers travaux qui entrent dans la fabrication des articles de coton. A en croire, même approximativement, les chiffres statistiques officiels, nos articles en coton constituent le 15% de la valeur de toutes les marchandises de la foire de Nijnii-Novgorod.

Tout ce que nous venons de dire, prouve non seulement la portée immense de cette branche, dans la marche de tout notre commerce, mais les péripéties qu'elle éprouve, servent encore de témoignage intelligible, par rapport à l'état général des affaires industrielles de la Russie. L'oscillation des prix est particulièrement intéressante. Dans le cours des vingt années qui ont précédé l'année 1860, les prix de nos articles de coton, ont constamment baissé (de 20% à 30%) comme sur tous les marchés du monde; les perfectionnements techniques, surtout celui des accessoires mécaniques et la concurrence, produite par l'augmentation des fabriques et par la réduction des tarifs douaniers dans les années 50—60, ont fait tomber les prix de tous les tissus en coton. Les cotonnades faisaient une exception au renchérissement général de toutes nos marchandises, après la guerre d'Orient; leur prix ne haussait pas. Les fabricants cherchaient à regagner leurs bénéfices sur la *quantité* de leur marchandise, dont le débit avait atteint de très grandes proportions de 1856 à 1859; les affaires marchèrent ainsi jusqu'au moment où notre crise intérieure se manifesta; tous les frais de fabrication commencèrent à monter, la consommation et le débit à diminuer. La crise de l'Amérique Septentrionale éclata au milieu de la stagnation du commerce de nos produits en coton, qui s'étaient accumulés en masses considérables, et du mauvais état général de nos affaires, qui s'était manifesté vers 1859. Le mouvement des prix n'était pas uniforme dans les diverses catégories de ces produits, à commencer de la matière brute jusqu'à son apprêt définitif. La direction générale de ce mouvement était proportionnellement inverse du degré d'apprêt de cette marchandise (l'étoupe, le fil, le calicot, l'indienne): le prix de l'étoupe haussait le plus, celui de l'indienne le moins. Telle était, en dehors de quelques oscillations indispensables et exclusives, la direction générale des prix de 1861 à 1864. Nous avons déjà eu l'occasion de mentionner ce fait ailleurs[7]: toutes nos études de la foire de Nijnii-Novgorod et les nombreuses données que nous avons recueillies de la bouche même des commerçants, sur les prix des divers produits en coton, dans la période de 1861 à 1864, nous ont confirmé dans la justesse de ce point de vue. Nous ne fatiguerons point le lecteur par la communication de tous les chiffres que nous avons recueillis, nous indiquerons seulement leurs particularités les plus notables, et leurs rapports avec toute notre économie nationale pendant cette dernière période. Malgré la distance qui nous sépare de cette époque, les faits que nous communiquons ici sont intéressants, pour illustrer quelques questions théoriques de la circulation monétaire et du papier-monnaie.

Les chiffres suivants prouvent le degré du renchérissement de l'étoupe, concordant avec les fluctuations de la crise américaine: l'étoupe de l'Asie Centrale, ou bien l'étoupe boukhare, se vendait avant la crise 4 et 5 roub. le pond; son prix était monté à 7 r. 75 cop. à la foire de Nijnii-Novgorod, en 1861, jusqu'à 12—13 roub. en 1862, et avait enfin atteint 22 et 23 roub. en 1864 (au commencement de la foire). L'étoupe de l'Asie Centrale qui s'obtenait à un prix très modique avant la crise devint plus chère que l'étoupe américaine après la crise. Cette dernière quadrupla de prix dans cette période. On peut dire en général, que le prix de l'étoupe (boukhare) s'est élevé de 300 et même de plus de 400 pour cent.

Le coton filé a de beaucoup renchéri, mais toutefois dans des proportions moindres: par exemple, à l'époque où l'étoupe avait haussé de 70% à la foire de Nijnii-Novgorod, de 1862, le prix du coton filé n'avait monté à la même foire que de 20—25%. En général, le prix du coton filé, dans la période de 1861—64

---

7) Voy. notre ouvrage: «Quelques phénomènes de la circulation monétaire en Russie.

s'est augmenté à peu près du triple et quelquefois même davantage.

Les prix du calicot et en général, celui des tissus en coton
écrus[8], se sont beaucoup moins élevés. Autant que nous en sommes informé, le renchérissement du calicot n'a jamais atteint
le triple du prix normal (ou bien 200% avant la crise américaine), mais quelques qualités inférieures, comme par exemple,
la *biaze* (toile de coton fabriquée pour les pays asiatiques) n'a
vu son prix hausser que du double, ou quelque peu plus[9]).

Les indiennes et en général tous les tissus en coton imprimés,
ont également renchéri dans la période de 1861—1864 à un
degré beaucoup moindre; pendant que les prix de l'étoupe dou-
blaient et triplaient, les marchands d'indiennes parvenaient à
grand peine à hausser quelque peu leur prix, à toutes nos foires
de 1861 et de 1863, et souvent n'y réussissaient pas du tout,
de sorte que ce n'était qu'après une lutte opiniâtre qu'ils obte-
naient un copek de bénéfice; il nous est arrivé plus d'une fois,
dans ces années de les voir quitter la foire avec des quantités
énormes de marchandises restées sans débit. Les plaintes amères et, sans aucun doute, sincères, des vendeurs, accompagnaient
la clôture de presque toutes nos foires en 1862 et en 1863. La
hausse de 100% doit être regardée comme la limite extrême de
leur renchérissement, mais cette limite extrême n'a été atteinte
qu'après la hausse rapide et presque subite des prix (de 10%—
20%) au printemps de 1864, à Moscou, et au commencement
de la foire de Nijnii-Novgorod. Nous avons déjà mentionné ce
fait. En général, les prix des tissus en coton apprêtés, même à
l'époque de leur plus grande hausse, restèrent au-dessous de ce

8) La baisse du cours du change étranger a influé, à un certain degré, sur le
renchérissement excessif des produits en coton *importés*, renchérissement excessif
en comparaison du prix de nos produits. Elle n'a agi qu'à un *certain degré*, puis
que toute hausse du prix des marchandises étrangères influe par elle-même sur
celle des produits du pays.

9) Le meilleur calicot, qui se vendait en 1861 à 8 et 9 cop. l'archine, atteignait
en 1864, les prix de 21 et 22 cop.; la biaze d'une largeur de 9 verchoks et de la
dernière qualité se vendait en 1861;—4 cop. et en 1864, 8 cop. l'archine; la biaze
grande largeur se vendait en 1861, — 7 cop. et en 1864; — 16 cop. le calicot de
la dernière qualité valait en 1861, 6 cop. l'archine, et en 1864 — 10, 12½ cop.

dégré extrême (ou bien de 100%) comparativement aux prix de 1860 et 1861.

Le renchérissement de l'indienne, dans la période de 1861— 1864, de 16 à 17 cop. répondait à celui du calicot qui servait à cette indienne, et qui s'était élevé de 8 à 21¹/₂ cop. ce qui représente la mesure la plus évidente de la différence des degrés de l'élévation du prix des marchandises en coton apprêtées et non apprêtées. Nous ne citons ici que les qualités les plus inférieures de cette marchandise. Plus la qualité des indiennes et en général des tissus en coton était élevée, plus cette qualité se rapprochait des objets de luxe, plus elle pénétrait dans les classes comparativement élevées des consommateurs, et moins elle renchérissait. Cependant les qualités supérieures des tissus absorbent une beaucoup plus grande quantité d'étoupe Américaine que d'étoupe Asiatique, qui sert aujourd'hui exclusivement aux tissus de dernière qualité, et qui aurait dû (à la suite du cours de change et de la crise américaine) renchérir à un moindre degré que l'étoupe américaine ou, en général que l'étoupe de l'Europe Occidentale [10]). Cette circonstance met en évidence d'une manière frappante le fait général, que nous avons déjà mentionné, de l'accumulation excessive des nos marchandises manufacturières, pendant ces dernières années et du ralentissement de la demande et de la consommation, qui évidemment ont fait baisser les prix de l'indienne et ne leur ont point permis de s'élever proportionnellement aux prix de l'étoupe et du coton filé [11]).

Incontestablement bien des choses entrent, indépendamment des matériaux primitifs, dans les frais de la fabrication ou de la *valeur* des articles en coton, et plus ces articles sont apprêtés, moins ils doivent relever du prix de l'étoupe: les prix du travail,

---

10) Le grand renchérissement de l'étoupe de l'Asie Centrale, comparativement à l'étoupe américaine, dans la période de 1861—1864, s'explique par la demande des tissus inférieurs-moyens qui excédait celle des qualités supérieures. Il faut toujours comprendre sous le nom d'étoupe américaine, l'étoupe que nous recevons par l'intermédiaire de l'Europe Occidentale (l'Angleterre) c-à-d. outre l'étoupe américaine, les étoupes égyptienne, indienne et a. d. s.

11) Il est évident, entre autres choses, que les consommateurs des tissus de première qualité passaient aux étoffes inférieures.

des couleurs, des machines et d'autres éléments de la valeur de
l'indienne ne doivent point tripler ni quadrupler en raison du
renchérissement triple et quadruple de l'étoupe. Mais cette combinaison loin d'affaiblir la valeur de notre hypothèse, ne fait que
la corroborer: le bon marché relatif des objets en coton apprêtés a été causé, dans notre pays, par la diminution de la demande
et de la consommation, et en raison de l'accumulation de cet article, car la hausse de tous nos prix après la guerre d'Orient, et
particulièrement du prix de la main d'oeuvre, a considérablement augmenté les frais de la fabrication des cotonnades et
cela, bien avant la crise américaine. Toutes ces raisons ont été
cause de ce que notre commerce d'indiennes n'a produit que
des pertes pendant quelque temps et précisément après la crise.
Cependant, cette crise nous a été favorable d'un autre côté: elle
a accéléré, déterminé et accentué notre propre crise industrielle,
que notre activité manufacturière ne voulait point admettre. La
force productive de nos fabriques s'est décidément restreinte en
1863, et leur activité a commencé à marcher de pair avec le débit. L'animation des prix, avant la foire de Nijnii-Novgorod de
1864, a éveillé de nouvelles espérances, auxquelles les fabricants
et les commerçants ne voulaient pas renoncer après les heureuses affaires de 1856—1858, dont ils ont conservé le souvenir.
Mais la balance définitive de la foire a éclairé les esprits: les
prix des produits en coton se sont encore soutenus au commencement de la foire, mais vers la fin ils ont rapidement suivi la débâcle de l'étoupe asiatique. Les résultats de la foire de Nijnii-
Novgorod se déterminent à Moscou, et après celle de 1864, les
prix tombèrent encore (c'est ainsi que l'étoupe qui se vendait
27 roubles le poud au commencement de la foire, était descendue
vers la fin au-dessous de 20 r., que le coton filé avait reculé de
55 à 45 roub.) et continuèrent à baisser dans le cours de l'hiver
(1864—1865), pendant que les affaires étaient au calme. Ce ne
fut qu'après la semaine de Pâques 1865, que la réduction du
prix de l'étoupe et le dénouement heureux des foires d'hiver,
amenèrent une réaction naturelle. Nos filatures reprirent leur
activité (aux mois d'Avril et de Mai, 1865).

Tous les faits mentionnés plus haut et cités plus loin, sembleraient dénués d'intérêt, puisqu'ils se rapportent à une époque écoulée depuis longtemps; mais en dehors de leur portée générale, comme base de l'étude des lois et des incidents économiques en général, ces faits se trouvent étroitement unis à des incidents de la même nature, surgis dans notre vie industrielle, après la seconde guerre d'Orient en 1879 — 1881. La description de notre situation industrielle dans les années 60 contribue à l'étude de notre situation actuelle des années 80, bien que celle-ci, malgré toute sa conformité avec la première (l'émission excessive du papier-monnaie) offre plus d'une particularité. Les conditions de notre industrie, après la seconde guerre d'Orient, diffèrent déjà par l'élévation du tarif de douane, tandis qu'au contraire, des réductions de tarif fort notables ont précédé et accompagné la première guerre d'Orient. Voilà la source de la différence des suites (sous plus d'un rapport) des émissions excessives du papier-monnaie dans les années 50 et les années 70.

On ne peut attribuer exclusivement à des causes extérieures la réduction du prix des articles en coton qui s'est manifestée à la fin de la foire de Nijnii-Novgorod, en 1864: à l'espérance d'une paix prochaine en Amérique et à l'influence des marchés étrangers, qui n'ont éprouvé, comme nous, ni une brusque réduction des prix, ni une stagnation dans le commerce des cotonnades. La nouvelle d'une paix prochaine, qui s'était subitement répandue à Nijnii-Novgorod, vers la fin de la foire de 1864, a effectivement occasionné une crise décisive dans le mouvement des prix. Cependant, les évènements ultérieurs de l'Amérique n'ont point justifié les espérances en question, ils n'ont aucunement influé sur les prix, qui ont continué à baisser (la dernière animation de notre débit coïncide même avec le virement décisif des affaires de l'Amérique, vers la fin de la guerre civile). Des masses énormes d'étoupe de l'Asie Centrale, qui n'avaient point été vendues à Nijnii, furent envoyées à Moscou et confiées à des commissionnaires, rendus pécuniairement responsables des engagements pris par les Asiatiques, l'année précédente. Leurs efforts, les concessions qu'ils offrirent, ne produisirent aucun résultat, ils ne parvinrent point à vendre leur marchandise. Cette circonstance ne peut s'expliquer, ainsi que plusieurs personnes d'ont fait à la foire, par une entente des marchands en gros contre les Asiatiques. Si même de semblables tentatives avaient pu germer, leur accomplissement n'eût été possible qu'à la faveur d'une certaine situation générale du marché, de l'ensemble de ses conditions défavorables à l'offre et au débit de la marchandise. Assurément l'arrivée tardive des Boukhares, retenus d'abord à la frontière, par ordre du gouvernement, a produit un mauvais effet sur le résultat du commerce des articles en coton, à la foire, mais néanmoins, c'est l'état général des affaires commerciales de l'intérieur de la Russie, qui a principalement entraîné ce dénouement. Nous ajouterons que le ralentissement du débit de la marchandise en question s'est manifesté dans notre pays, bien avant (en 1859) les troubles de l'Amérique et la crise universelle du coton, ce qui vient encore à l'appui de notre opinion: l'origine de la stagnation du commerce des articles en coton, appartient à des causes intérieures, mais non à des motifs extérieurs, et le débit de ces articles n'a point été paralysé par leur cherté, mais par la cause contraire.

Une transition du calme et de la stagnation à l'animation, était certainement désirable ou possible, pour notre industrie, mais elle demandait des conditions de l'économie nationale, capables de soutenir cette animation, de la justifier par des exigences de débit normales, et de la préserver d'une irritation maladive, toujours inéluctablement suivie d'une réaction.

Une marche plus animée de la foire de Nijnii-Novgorod en 1864, n'aurait pas manqué de pousser nos fabricants à un surcroît d'activité; il suffit de l'impulsion la plus insignifiante de la part des chalands pour les encourager. Mais la foire a été excessivement sage; la modération et la réserve, qualités fort rares dans notre monde commercial, ont été les traits distinctifs de ce marché, dans toutes ses branches, et elles ont paru particulièrement saillantes dans le commerce du coton. Cette foire n'a été redevable d'une certaine animation qu'à ses relations commerciales avec l'Asie (entre autres avec Kiakhta, comme nous le verrons plus loin) et surtout avec le Caucase, dont la pacification a évidemment éveillé les espérances d'une augmentation dans le débit des produits manufacturés de la Rus-

sie. Les mots: «le Caucase nous a tirés d'affaire», sont plus d'une
fois parvenus à nos oreilles et, cela, touchant plus d'une branche
d'industrie. Il nous aurait probablement encore mieux tirés d'affaire, si les récoltes de 1864, dans le gouvernement de Stavro-
pol, et en général dans toute la partie septentrionale du Caucase,
n'avaient été aussi mauvaises. Le débit satisfaisant des marchandises manufacturées spécialement destinées au commerce avec
l'Asie, et entre autres le débit des indiennes gros-bleu, qui se
sont mieux écoulées que quoi que ce soit, prouve en général l'activité de notre commerce avec l'Asie (le retard que les Boukha-
hares ont éprouvé n'a été que passager, et ne peut avoir de suites
fâcheuses pour l'avenir).

Les chalands, et particulièrement les marchands de ville, nos
commerçants en gros et en détail, qui se réunissent en si grand
nombre à la foire de Makary, malgré l'épuisement de leurs
«stocks», s'abstenaient de les renouveler et bornaient excessivement leurs achats, quoique ce ne fut point l'argent qui leur
manquât. Ce dernier fait se prouve *positivement* par les belles
recettes de la foire de 1864: les paiements, pris au total, étaient
fort satisfaisants, et il n'était question de faillites, qui sont liées
à la marche générale des affaires, ni à la fin de la foire, ni après
sa clôture. L'argent ne manquait pas, et sa *pénurie* ne provoquait décidément pas de plaintes. Cela se confirme par l'insignifiance du taux d'escompte qui régnait à la foire, qui baissa encore à Moscou, et qui, par extraordinaire, ne fut pas supérieur à
celui de la Banque d'Etat. Il paraît certain, que l'offre d'argent
excédait la demande, et que des sommes disponibles considérables (nous en connaissons plusieurs exemples) revinrent intactes
de la foire, où elles ne furent employées ni à l'achat de marchandises ni à l'escompte des lettres de change. Le crédit commercial, comme on le soit, fut considérablement restreint pendant ces années; les termes ont été abrégés et selon tous
les indices, il n'est plus question du crédit illimité d'autrefois.
La réserve se fit remarquer des deux côtés; les acheteurs, ne
comptant point sur une vente facile et active dans leurs pays, ne
voulaient même pas profiter de toute l'étendue du crédit à eux
offert pour l'acquisition des marchandises, et refusaient souvent

de s'en pourvoir. Sans doute, les prix élevés des articles en coton les effrayaient, et c'est ici, comme nous l'avons déjà observé, que se faisait sentir la bienfaisante influence de la crise cotonnière sur notre industrie; mais la hausse des prix n'était qu'une des raisons qui avait augmenté l'effet d'autres causes, d'autant plus que le niveau des prix des autres marchandises, les produits en coton exceptés, n'était pas élevé en général, et était même plutôt modique dans quelques branches.

Un état aussi triste et aussi calme de nos affaires industrielles et commerciales, ne présente, assurément rien de fort consolant, mais il a été amené par les circonstances économiques précédentes; la foire de Nijnii-Novgorod, qui décidément détermine tout le commerce intérieur, n'a rien ajouté ni ôté en 1864, à la situation générale; elle n'y a rien changé, elle n'a nullement encouragé l'industrie du pays par les produits dont elle s'apprivisionne principalement, mais en même temps, elle n'a porté aucune atteinte à l'industrie intérieure. Cette foire a consolidé de la manière la plus évidente la retenue des marchés intérieurs; ces derniers ne risquent plus de nouvelles épreuves, après les vicissitudes et les orages qui ont précédé le calme plat des années 1864—1865, orages accompagnés de naufrages et de faillites, qui ont purifié l'air commercial, aux malheureuses foires de 1862 et 1863. Les motifs qui excitent l'industrie, qui poussent à la dépense de nouveaux capitaux et à l'animation des spéculations, ne peuvent jamais être suffisants: telle est l'opinion générale. Observons, en passant, qu'une accumulation d'argent disponible s'est fait remarquer à la bourse de St. Pétersbourg, au printemps de 1864. La marche de toutes les autres foires, qui ont suivi celle de Nijnii, de 1864, vient tout-à-fait à l'appui de notre coup-d'oeil. Aucune de ces foires ne s'est distinguée par une animation superflue, mais personne ne s'est plaint d'un mauvais dénouement: les foires d'Irbitsk, de Kharkof, de Kief, de Rostov (au grand Carême) etc. ont réussi; selon l'opinion générale, à la suite des concessions sur le prix des marchandises (ou du moins, malgré ces concessions). La foire de Nijnii-Novgorod, en 1864, n'a représenté dans notre industrie et dans notre commerce intérieurs qu'un facteur complétement nul, *ce qu'exigeait* autant cette

4*

époque, que l'avenir le plus rapproché. Mais nous avons, du moins, lieu d'être satisfaits de la conclusion de notre crise intérieure industrielle (que nous attribuons particulièrement à 1864) ainsi que du dénouement de nos embarras commerciaux, accompagnés de faillites, dans les années précédentes. Le calme des affaires, très favorable à l'emploi des capitaux et à la suggestion des entreprises, indispensables aux progrès du bien-être national, accompagne ce dénouement. Nous avons du moins atteint à cette époque une espèce d'équilibre entre notre activité *manufacturière* et notre débit. Le mouvement ultérieur de nos affaires dépendra de l'alliance favorable de quelques circonstances extérieures et intérieures, et dans le nombre des dernières, — principalement de la construction des chemins de fer et de la *consolidation de l'unité monétaire.* De nouvelles oscillations de la valeur du rouble-papier produiront de nouveaux ébranlements dans notre industrie (v. Ch. III).

Revenons à la fabrication des articles en coton. Le mauvais cours, à l'étranger, de notre monnaie, paralysant l'importation des tissus en coton étrangers, est une condition particulièrement favorable à cette industrie dans notre pays. Cette importation n'a augmenté que très accidentellement après le tarif de 1857, elle s'est ensuite sensiblement ralentie, de sorte que le revenu prélevé par la douane sur les articles en coton est descendu d'un million (de 1856 à 1863) à un demi-million[12]. Les marchés intérieurs ne s'inquiétèrent plus de la concurrence des produits similaires de l'étranger.

Au nombre des circonstances, qui ont accompagné la crise du coton, il n'y en a qu'une susceptible d'avoir de graves conséquences dans l'avenir. Nous avons parlé de l'importance que l'étoupe de l'Asie Centrale a acquise pour nos filatures. Cette étoupe ne s'importait que par dizaines de milliers de pouds (30—40 m.), dans les années 30, lorsque cette industrie avait déjà pris un grand développement; on l'importe actuellement par centaines de mil-

---

12) D'après les renseignements publiés, l'importation des articles en coton, en 1864, est restée au-dessous de celle de 1863, car, en dépit du renchérissement excessif (quelques marchandises avaient doublé de prix), l'importation de 1864 était évaluée à 2 millions de roubles, et celle de 1863, à 1.700,000.

liers de pouds; on évaluait cette importation à environ 200,000
pouds en 1861, et en 1864, la seule foire de Nijnii-Novgorod,
en a compté près de 500,000 pouds. Autrefois, cette étoupe ne
servait point à produire les N^{os} du fil et de l'étoffe, que l'on
en confectionne aujourd'hui; il n'y a pas bien longtemps, par
exemple, on regardait comme impossible de l'employer pour la
chaîne, et à l'époque de la crise américaine, quelques espèces de
tissus en furent confectionnés en entier, sans le moindre mélange
d'étoupe américaine[13]). La crise de l'étoupe a donc produit des
améliorations techniques notables dans cette branche d'industrie
de notre pays. Ces perfectionnements ont beaucoup contribué à
son développement ultérieur. Le prix de l'étoupe asiatique a
quadruplé pendant la crise américaine; elle se vendait autrefois
de 4 à 5 roub. le poud. Il était même possible de l'obtenir à un
prix moindre; ce prix à atteint à 18 et 20 roub. (1863—
1865[14]). Cependant, pour que cette étoupe devint un élément
essentiel de notre industrie, il faudrait qu'elle s'affranchît des
fourberies innombrables, que les Asiatiques mettent en oeuvre si
effrontément[15]). Ces fourberies ont considérablement entravé la
propagation de l'étoupe asiatique dans notre pays. Le développement des relations directes de nos fabricants avec les contrées
de l'Asie Centrale[16]), dont les expéditions militaires nous ont ouvert les portes, l'influence des idées commerciales européennes
sur les usages asiatiques, dont nous serons les intermédiaires,
promettent un brillant avenir à ce commerce. En outre, il faut
désirer l'augmentation de l'importation de l'étoupe de Perse
dont le filament est bien estimé[17]).

---

13) Il y a des cas où les fabricants et les marchands dissimulent l'emploi de
l'étoupe asiatique.

14) Les prix de cette étoupe varient excessivement, tout comme ses espèces et
ses qualités.

15) Le supplément habituel de noisettes à l'étoupe de Boukhara et de Khiva,
est la moindre de ces fourberies. Les colis d'étoupe renfermaient quelquefois des
objets fort pesants, comme par exemple des selles, des clous.

16) Ce qui est curieux, c'est que, sous le rapport du débit de nos marchandises (et particulièrement des articles en coton), nos marchands qualifient Boukhara
de village en comparaison des contrées de Kokhand.

17) On a également essayé de cultiver le coton au Causase, et ces tentavives
on parfaitement réussi; malheureusement elles ne prennent pas un grand développement.

C'est ici le moment de parler du commerce des couleurs, si inhérent à la marche de la fabrication des indiennes. Les couleurs en général, ont quelque peu haussé de prix en 1864, comparativement à la foire de 1863 : la garance s'est élevée de 5 roub. 25 c. à 5 roub. 65 le poud, l'indigo s'est élevé de 10%. La garance du Caucase[18]) a acquis une très grande vogue dans les années 60, et son commerce de 1855 à 1865, a subi de fortes fluctuations, liées en partie à la marche générale des affaires, et produites d'un autre côté par quelques propriétés particulières de cette marchandise. Le long espace de temps (4 ans) qu'exigent sa croissance et sa préparation, et la grande distance qui sépare le lieu de sa culture de nos marchés manufacturiers, ont excessivement contribué à l'accaparement de cet article en des mains particulières, et à une spéculation qui a pris une grande extension à la foire de Nijnii-Novgorod de 1857. Ce bénéfice a tenté tous les habitants de Derbent, qui se sont livrés à la culture de la garance, au point qu'il était devenu difficile de se procurer un ouvrier ou un domestique. Mais la crise qui accompagne toujours la limite extrême d'une spéculation, ne se fit pas attendre : les prix tombèrent subitement à 10 roub., à la même foire de 1857, lorsque le principal vendeur se décida à se défaire de la totalité de son stock, et depuis cette époque jusqu'en 1864, la baisse des prix de la garance ne discontinua pas et s'accentua encore avec la crise cotonnière. Cet incident est-il exclusivement l'effet d'une spéculation personnelle et fortuite? Il n'y a aucun doute, que cette spéculation a été excessivement favorisée par la surexcitation de notre industrie, précisément vers 1857, et n'a même été possible qu'à la faveur de cette effervescence fébrile. Depuis, avec l'introduction de l'alizarine, la garance a perdu toute valeur.

La crise cotonnière a produit un grand effet sur toutes les branches parentes de cette marchandise et a eu, surtout, une influence bienfaisante sur les affaires de lin. Ce produit, dans toutes ses variétés, a été une des marchandises les plus favorisées de la

---

18) La garance est remplacée aujourd'hui par l'alizarine, et a perdu toute sa valeur.

foire de Nijnii-Novgorod, en 1864. A quel point, notre industrie du lin, si brillante encore au commencement du XIX^{mo} siècle et entièrement anéantie dans la suite, était écrasée par l'industrie du coton, son réveil au moment du renchérissement du coton le prouve bien. Il n'est pas d'industrie dans notre pays, méritant plus d'attention que celle du lin. Elle est cependant insignifiante comparativement à l'industrie du coton, en dépit des conditions naturelles si favorables à sa culture, que lui offrirait la Russie. On peut en juger approximativement d'après les chiffres relatifs des marchandises apportées à la foire de Nijnii-Novgorod. Tous les produits en lin et en chanvre, du 1864, y représentaient la somme de 3 millions, tandis que les articles en coton atteignaient 15 millions. Pour que l'animation de la fabrication en lin, provenue en 1864 du renchérissement de tous ses produits, eût pu escompter un avenir solide, il eût été indispensable que cette industrie prospérât malgré des prix moins élevés, c'est-à-dire des prix capables de soutenir la concurrence de la valeur des objets en coton, retirés d'une étoupe moins coûteuse. Depuis cette époque, l'industrie du lin (le fil et le tissu mécaniques) s'est considérablement accrue dans notre pays (ainsi que nous l'avons dit en 1865) et s'est même accrue antérieurement à l'élévation du tarif de 1878 et 1880. Cependant elle est loin d'avoir atteint le développement, ni d'avoir une base aussi solide que l'industrie du coton. En dehors de tout ce que nous venons de dire à propos de la fabrication en lin et relatif à une époque antérieure à 1866, il faut encore avoir en vue les renseignements puisés par nous dans nos études récentes et qui seront insérés dans l'ovrage présent. (v. Ch. III) Les prix des objets en lin, se sont particulièrement élevés en 1864; avant 1863, ils se tenaient presqu'au même niveau, probablement parce que les articles en coton n'avaient point encore haussé, au point de pouvoir rivaliser avec les objets en lin, qui, en général, ont plus de valeur. Le fil en lin (mécanique) avait renchéri à la foire de Nijnii-Novgorod, comparativement à l'é-

19) Un économiste fort original d'un journal de St. Pétersbourg (Voy. le *Recueil commercial*, 1865, № 15) prétend qu'il n'y a point de concurrence entre les articles en coton et les articles en lin; que chacun de ces objets satisfait à des

poque qui a précédé la crise d'Amérique[20]), environ de 40% à
43%. Les toiles de lin ont renchéri plus tard mais à un moindre
degré, toutefois de 30% à 40%. Les toiles grossières, celles que
tissent les paysannes ont haussé plus que les toiles fines, autant
que nous avons pu juger; selon toute probabilité, parce que leur
emploi a remplacé, chez le bas peuple, celui des tissus en coton.
C'est le lin qui a le moins renchéri depuis 1863, — ses prix ne
se sont élevés que de 20%; ainsi qu'on nous l'a expliqué, c'est
la conséquence de l'augmentation de sa culture, à laquelle les
paysans surtout se sont livrés avec zèle. Indépendamment de
cette circonstance, la disproportion du prix du fil et de celui du
tissu présente la même particularité que nous avons observée à
l'endroit de l'industrie en coton, c-à-d. la faiblesse de la demande
et du débit. Les produits manufacturés en lin ont été supplantés
depuis longtemps par les produits en coton. Ils constituent généralement un objet de plus de luxe, et exigent pour l'accroissement de leur débit, de plus grands progrès dans le bien-être du
peuple que n'en demande le coton; un débit plus large des produits en lin (du linge) dépendrait des progrès de l'éducation, du
confort et de la propreté chez le peuple. On ne peut guère s'é-
tonner de l'abandon où se trouvent les produits en lin, lorsque
ce n'est pas seulement chez ce qu'on appelle le bas peuple,
qu'un drap de lit, une taie d'oreiller, une serviette représentent
une rareté; lorsque ce n'est qu'à grand peine qu'on peut obtenir
du linge de lit dans les meilleurs hôtels des chefs-lieux de gouvernements, même dans quelques hôtels des capitales (ce qui
prouve que le public s'en passe) et qu'il nous est arrivé par
exemple, de voir l'absence de linge, de cet objet d'outre-mer,
dans certaines maisons de marchands, maisons à plusieurs
étages, remplies de meubles recouverts de soie, de bronzes

---

exigences particulières. Le même écrivain suppose que notre industrie linière est
redevable de son développement (dans les années 60) à la découverte de certaines
nouvelles machines (?!). C'est avec des idées aussi saugrenues, qu'il suffit de ne
mentionner qu'en passant, que les gens de notre pays entrent en lutte avec les
lois de la science économique!

20) Par ex. le poud de fil de lin, dont la valeur était de 12 roub. à la foire de
1863, se vendait en 1864 à 17½. D'après d'autres indications, quelques NN de
fil (surtout le gras fil), s'était élevé de 50% en 1863.

et de tous les objets de luxe imaginables. D'un autre côté, l'extension de l'emploi du linge, dans les masses, dépend, à son tour, de son bon marché; les articles en coton, dans notre pays comme dans le reste de l'Europe, ont passé des classes supérieures aux classes inférieures, et ont pris une vogue, précisément en raison directe de leur bon marché, qu'aucune substance textile n'a pu atteindre. C'est dans ces dernières années, et par l'effet de leur baisse de prix, que les tissus en coton ont supplanté les produits en lin et en chanvre, autant en Europe qu'en Amérique, même dans l'emploi du linge, — ce domaine du lin par excellence. Il serait à désirer qu'il n'en fût pas de même dans notre pays. Les produits en lin ont sur les produits en coton l'avantage incontestable de *la solidité* qui compense considérablement leur cherté; mais cet avantage relatif des articles en lin s'efface en grande partie, pour les classes peu aisées, devant la triste nécessité de devoir dépenser un argent *comptant plus considérable* et qui manque, à acquérir un objet plus solide. De plus, ces produits ont un grand désavantage pour le commerce: ils pèsent généralement beaucoup plus que les produits en coton. Cet inconvénient, vu nos moyens de transport, est surtout sensible en Russie.

L'industrie linière se trouve donc entre deux conditions contradictoires: d'un côté, il serait à désirer que le prix des articles en lin fût assez élevé, pour que cette industrie, souffrant de l'insuffisance des capitaux, les attirât le plus possible; d'un autre côté, il serait à souhaiter que le prix de ces articles fût accessible aux masses des classes pauvres.

Le problème difficile de l'accord des bénéfices pour les producteurs et du bon marché pour les consommateurs, se résout particulièrement aujourd'hui par les procédés du filage et du tissage, à la vapeur. Les progrès de cette branche d'industrie, si faible dans notre pays, sont cependant sensibles depuis quelque temps et nous en sommes particulièrement redevables à la crise cotonnière des années 60. Nos fabriques de ce genre encore très peu nombreuses et d'origine presque récente (à Jaroslavl, à Kostroma, à Nérékhta, à Viasniky etc.), ont considérablement accéléré leur activité. Bénissons les efforts des principaux agents de cette branche: Mrs. Séukof, Démidof, Khloudof, Brukhanof, Zotof, Diakonof, Trétiakof, Kachine, Lokalof, etc. bénissons — les pour des efforts tendant à l'accomplissement d'une entreprise non-seulement industrielle, mais d'une action tout-à-fait patriotique. Il est à remarquer que le filage à la mécanique prédomine sur le tissage dans toutes ces manufactures. Ce fil que les paysans achètent en grande quantité pour leurs toiles, a entièrement supplanté le fil fait à la main; quant aux toiles, tissées mécaniquement à ces manufactures, elle ne circulaient, à l'origine, que fort médiocrement, et pouvaient à peine concourir avec les toiles tissées à la main, si répandues dans les localités où se trouvent les fabriques en question. Mais, depuis 1865, nos toiles à la mécanique ont pris une vogue considérable. Nos toiles de qualité supérieure ne soutiennent point la concurrence des toiles étrangères.

La question de la fabrication en lin, liée à l'économie rurale acquiert un grand intérêt, elle devient alors une question d'Etat d'une grande importance. Les intérêts des fabricants s'accordent ici d'une façon surprenante, avec les intérêts proprement dits, de l'économie rurale et de l'agriculture. Nous cultivons une grande quantité de lin, qui constitue une de nos principales marchandises d'exportation. Cependant notre mode de préparation de cette substance est si imparfait, que les fabricants emploient souvent du lin étranger, — et, qui plus est, ils préfèrent le lin anglais, qu'ils paient 8 roub. le poud au lin russe ne leur revenant qu'à 4 roubles. Tandis que le poud de notre lin produit seulement 15% de fil fin (le reste n'est que peignure) le lin anglais et le lin belge en fournissent de 20% à 25%. Les fabricants consentiraient à payer notre lin beaucoup plus cher qu'ils ne le font actuellement s'il était mieux apprêté. Le perfectionnement de l'apprêt de ce produit présenterait à l'économie des propriétaires, un des meilleurs moyens d'en élever la valeur et de l'élever á l'avantage des consommateurs et du pays entier, tandis que l'économie rurale se laisse relativement opprimer par le bon marché de ses produits et par la concurrence de la culture du paysan; cette dernière, qui fournit principalement le lin aux fabricants, ne peut cependant perfectionner l'apprêt de ce produit qu'au moyen du concours et de l'exemple de la grande culture. Les chiffres indiqués prouvent de combien la culture du lin, s'il était bien apprêté, pourrait gagner en valeur et en quantité comme article d'exportation[21]). Les propriétaires seraient-ils gens assez peu pratiques pour laisser échapper cette affaire d'entre leurs mains, au moment où elle pourrait être si avantageuse? Cependant, au dire des fabricants, elle réussit mieux aux paysans qu'aux grands propriétaires, qui l'ont abandonnée après l'avoir reprise avec ardeur[22]).

On peut conclure de tout ce que nous venons de dire[23]) qu'en général, un renchérissement exagéré des articles en lin aurait été un grand obstacle aux progrès de cette branche d'industrie, et que, par conséquent, le renforcement de la protection de douane, que tant de personnes appellent de leurs vœux, aurait sans nul doute, contribué exclusivement au maintien de la hausse de prix des objets en lin.

Passons maintenant à deux autres substances textiles, — la *laine* et la *soie*.

Le commerce des articles en laine n'est pas resté en arrière, comme on le sait; il s'est considérablement animé par suite du renchérissement du coton. La foire de Nijnii-Novgorod de 1864, a ressenti les effets de cette animation (quoique les marchandises en laine s'y soient trouvées en plus grande quantité qu'en 1863). Les draps que Kiakhta réclamait principalement,

---

21) Le lin du gouvernement de Pskof est particulièrement apprécié et est consommé en grande quantité par les fabriques des gouvernements de Jaroslavl et de Vladimir. Le lin de Pskof est surtout redevable de sa belle qualité à l'économie des propriétaires, mais non à celle des paysans.

22) Tout ce que nous venons de dire au sujet de notre industrie linière a été écrit en 1865, mais n'a, jusqu'ici, rien perdu de sa justesse (1882); si ce n'est pour quelques détails. Nous mentionnerons ces détails plus tard (dans notre description des fabriques des gouvernements de Jaroslavl et de Kostroma). Nous nous contenterons d'observer ici, que la culture du lin (presqu'exclusivement exploitée par les paysans) s'est extrêmement accrue dans notre pays après 1865 (dans les gouvernements de Jaroslavl, de Kostroma, de Vladimir, de Tver, de Kalouga etc.). Les paysans se sont aussi perfectionnés dans cette culture. Le tissage à la mécanique s'est encore étendu, mais dans de médiocres proportions. En dehors de toutes sortes de causes (causes non locales) qui ralentissent la marche de l'industrie du lin, elle est encore entravée par une circonstance universelle, — *la supplantation continue des tissus en lin par les tissus en coton.*

23) Comp. l'article de Mr. Ovsiannikof sur l'industrie du lin, dans le *Journal de la foire de Nijnii-Novgorod* № 18, 1864.

eurent surtout un grand succès. Le débit du demi-velours, jadis une des marchandises les plus importantes de Kiakhta, et aujourd'hui entièrement tombée, n'est que très faible. Malgré la hausse modérée de son prix (relativement au coton) au commencement de la crise (41%), le velours de coton avait excessivement renchéri en comparaison du drap destiné à Kiakhta, dont le prix n'avait monté que de 3%. Assurément, les étoffes en laine d'autres qualités n'ont pas renchéri au même degré; selon l'opinion générale, leur prix s'est peu élevé en comparaison des produits en coton, qu'elles ont, en partie, remplacés à l'époque de la crise cotonnière. Puisque les articles en laine répondent généralement aux exigences d'une toilette plus ou moins recherchée, et qu'ils sont également employés par les classes plus ou moins aisées, leur renchérissement modéré n'exprimerait-il point la faiblesse générale de notre consommation à cette époque (surtout en ce qui concerne les classes élevées), consommation qui ne se s'est animée qu'en conséquence du bon marché de ces articles (relativement au coton)? Du moins, les prix de la laine crue se sont infiniment plus élevés en 1864 que ceux des étoffes en laine, et ce fait ne pourrait être expliqué par la raison généralement admise, (et qu'on a appliquée aux prix relativement faibles des indiennes en 1862 et 1863), que de grandes quantités de laine brute obtenues à bon marché et d'avance, ont servi à la confection des articles en laine; une explication semblable du mouvement des prix est tout aussi contraire au bon sens qu'a la loi économique élémentaire de l'établissement des prix, comme résultat de l'offre et de la demande. La laine a éprouvé bien des brusques et curieuses vicissitudes, après la première guerre d'Orient. Autant que nous le pouvons savoir, les prix de la laine, en général, se sont animés en 1864, mais ne se sont pas également élevés pour les différentes qualités de cette marchandise (celle qui était destinée à l'étranger s'appréciait le plus), de sorte que quelques sortes n'avaient même nullement renchéri. L'exportation à l'étranger, comparativement à 1863, s'était naturellement augmentée, par l'effet de la baisse du cours de change, mais seulement à un degré très faible. L'élévation des prix de la laine en 1864, a suivi la réduction fort brusque qu'ils avaient éprouvée aux foires de l'Ukraine, en 1862; toutefois, il ne faut pas oublier que les prix de la laine s'étaient élevés outre mesure, aux marchés de l'Ukraine, après la première guerre d'Orient et sous l'influence de la spéculation. Ce niveau élevé et anormal auquel on a coutume de comparer les prix de cette époque, devrait, ce nous semble, expliquer la faiblesse de l'élévation des prix, comparativement à la hausse des prix du coton et à la baisse du cours de change[24].

Le commerce de *la soie* à la foire était excessivement caractéristique, sous le rapport de l'état général de nos affaires. La soie, comme chacun le sait, a beaucoup renchéri, sous l'influence de diverses causes, sur les marchés du monde entier, dans les années 60. Le prix de la soie crue (de Boukharie) s'est élevé à la foire de 1864, à plus de 200 roubles le poud, de 140 à 150 roub. qu'il était en 1863 (c-à-d. de plus de 42%). En dépit de ce renchérissement de la matière qui grandissait constamment, les tissus en soie et les brocards qui ne peuvent trouver de débouchés que dans les classes aisées (il faut inclure dans ce nombre les paysans riches des gouvernements manufacturiers), et qui constituent en général, un objet de luxe, n'ont comparativement haussé que de 10% en 1863; en dépit de ce bon marché relatif (surtout en comparaison des articles en coton), le commerce de ces objets n'a été que peu animé. C'est là un fait digne d'attention. Le prix des brocards n'a même pu s'élever en proportion du renchérissement du fil d'or et d'argent. La réduction de la demande et celle du débit se remarquent dans cette branche plus que dans toute autre, et caractérisent l'abandon général de l'emploi des objets de luxe à cette époque.

Passons à l'une des branches spéciales les plus importantes du marché de Makary, — au *commerce de thé de Kiakhta*, qu'on regardait jadis comme la partie principale et dominante de notre foire. Nous ne pouvons consigner ici toute la marche de ce com-

---

24) Les renseignements que nous avons retirés de nos études récentes sur la laine et sur les articles en laine, seront insérés dans notre ouvrage; mais il ne faut point perdre de vue les données émises dans cet appendice et auxquelles nous renverrons le lecteur.

merce, excessivement vaste et compliqué, ni celle des questions
variées avec lesquelles il entre en contact[25]). Nous essaierons
seulement de tracer une esquisse rapide du commerce de thé de
Kiakhta, principalement dans ses rapports avec la situation générale de nos affaires; nous indiquerons en même temps quelques
traits originaux de cette affaire, qui sont restés jusqu'à présent
étrangers au public[26]).

C'est en 1862, lorsque l'importation du thé de Canton fut
autorisée, c-à-d. lorsqu'une nouvelle voie maritime, par l'Europe
Occidentale, fut ouverte à ce produit, que l'ancien[27]) commerce de thé de Kiakhta entra dans une crise restée sans
solution jusqu'aujourd'hui (les années 80); cette crise provoque des débats[28]) autant dans notre monde commercial,
que dans notre presse. Les points de vue erronnés et exagé-

---

25) Nous pouvons recommander l'ouvrage de M. Krit, l'ancien directeur de la
douane de Kiakhta, à ceux qui désireraient approfondir ce sujet: *Matériaux pour
l'étude des questions du commerce du thé*. St. Pétersbourg 1864. Idem: *L'avenir du
commerce du thé*. St.-Pétersbourg 1862. Comp. A. Korsakof: *Revue historique des
relations commerciales de la Russie avec la Chine*. Kazan 1857; N. Ovsiannikof:
La foire de Nijnii-Novgorod (Art. 1 dans la *Bibliothèque de lecture* 1865, № 1).
Notre description du commerce de Kiakhta est presqu'exclusivement basée sur
des données que nous avons recueillies nous-même.

26) Le commerce de thé de Kiakhta et son organisation se sont considérablement modifiés, depuis que nous avons écrit tout ce que nous venons de communiquer ici. Ces changements sont décrits dans le Chap. III du livre présent. Mais
nous laissons ici, sans les altérer, toutes les notions conformes aux renseignements de 1864, parce qu'elles ont un intérêt historique et qu'elles sont liées à
la situation actuelle de notre commerce de thé.

27) Il faut regarder comme le commencement de ce commerce, le traité conclu
en 1728, entre le gouvernement russe et le gouvernement chinois, traité qui a
ouvert à notre commerce les portes de deux villes frontières: Kiakhta et Tou-
roukhaïtou.

28) Tous ces débats (entre les partisans de la prohibition absolue du thé
de Canton et les adhérents à son importation), avaient déjà lieu à l'époque des
années 60. Cette question constituait la principale pomme de discorde entre nos
protectionnistes et nos libres-échangistes. C'était le sujet d'une polémique acharnée dans les journaux. Depuis, ces débats se sont entièrement calmés, bien que
la «liberté du commerce» passionne encore les esprits. Si quelqu'un avait eu maintenant l'idée d'exiger la prohibition du thé de Canton, devenu le pivot de vastes
transactions dans le milieu de la classe marchande russe, il eût excité l'irritation de ce milieu; pourtant toute cette classe (à très peu d'exceptions près) ne
voulait point entendre parler de l'importation du thé de Canton, dans le commencement des années 60, et l'aurait regardée comme une espèce de forfaiture vis-à-
vis de la patrie.

rés à l'extrême, des défenseurs et des adversaires de la mesure d'Etat que nous venons de mentionner, ne peuvent échapper aux yeux d'un explorateur impartial[29]). Tout notre commerce de thé de Kiakhta, disaient les uns, n'est basé que sur l'ignorance, la routine et la fourberie; il n'existe uniquement que pour l'avantage personnel de quelques commerçants, qui l'ont accaparé et qui en fixent les prix arbitrairement; ce commerce ne peut résister aux progrès de la civilisation, et il est même à désirer qu'il s'annihile, etc. le plus tôt possible. Quelques-uns ajoutent qu'il est déjà tombé, depuis l'importation du thé de Canton, avec lequel le thé de Kiakhta, sans goût aucun, et privé de son arôme, par suite d'un transport négligemment effectué, ne peut rivaliser. Ces mécontents produisaient le fait suivant comme preuve de la routine et de l'ignorance de nos négociants: les marchands russes ne quittent point Kiakhta, et ne se dirigent pas vers des points d'échange infiniment plus avantageux, situés à la frontière occidentale de la Chine. Il suffirait d'une connaissance élémentaire des voies commerciales de la Chine et de leurs conditions géographiques et politiques, pour douter même actuellement, de la possibilité du développement de notre commerce du thé à la frontière occidentale de la Chine. Le prix élevé des marchandises russes, qu'on échange contre le thé, est, dit-on, une preuve de la cupidité de nos marchands qui mènent le commerce de Kiakhta; les marchands russes sont accusés de n'avoir point amélioré la navigation de l'Angara et du Jenisseï et même de n'avoir point établi de fabriques en Sibérie (au lieu de les multiplier dans les gouvernements de Moscou et de Vladimir) dans le but de fournir la Chine de marchandises russes, etc. etc. En même temps, on exhortait le gouvernement à liquider au plus vite les affaires de Kiakhta, à retirer quelque profit que ce

29) Nous pouvons citer comme échantillons de cette polémique: la « Crise du commerce de Kiakhta» (*Journal de la foire de Nijni-Novgorod* 1864, NNº 19, 20, 21) et la réplique de A. P. Chipof.

30) Voy. l'article de N. K. Krit sur les voies commerciales de la Chine (nouvelles de la *Société Impériale Géographique Russe* 1865, № 2). Cet article prouve, entre autres choses, que Kiakhta est aujourd'hui notre point commercial le plus commode et le plus avantageux sur la frontière de Chine.

fût d'un droit de douane prélevé sur le thé, et à le remplacer
par des impôts directs ou bien par une augmentation d'accise
sur les boissons spiritueuses, et ainsi de suite. Les opinions des
champions de la partie adverse ne sont certainement ni moins
erronnées, ni moins singulières, mais ce qu'il y a peut-être de
plus regrettable, c'est cette lutte[31]) contre des idées semblables
à celles qui ont été émises plus haut, comme contre les idées de
la science et des économistes dans les rangs desquels il est cependant impossible d'admettre des gens, écrivant toutes sortes
d'absurdités, au nom de la science, quelque désir qu'ils aient
d'y jouer un rôle. Des opinions, non moins extraordinaires,
sont exprimées dans le camp des adversaires du thé de Canton
(des protectionnistes), et peuvent être mises en parallèle avec les
exemples cités plus haut: la réduction des prix du thé, disent-
ils, comme de toute autre espèce de marchandise, n'est nullement un bien pour le peuple, auquel il est indifférent de payer
2 roubles ou 1 rouble argent une livre de thé; ce qui est beaucoup plus important que ce bon marché, c'est l'augmentation des
bras ouvriers, employés au commerce du thé, celle des cochers
entre la Chine et Moscou, c'est le nombre des ouvriers de fabrique qui produisent des marchandises pour la Chine et a. d. s.;
le thé de Canton est nuisible à la Russie, parce que nous l'obte-
nons au prix d'espèces sonnantes, et le thé de Kiakhta nous est,
au contraire, fort utile, parce qu'il est échangé contre des marchandises; de plus ce sont des marchands russes qui dirigent le
commerce de thé de Kiakhta, et des marchands étrangers qui
font celui de Canton. Tels sont les principaux arguments invo-
qués contre l'importation du thé de Canton et pour la protection
artificielle du commerce de Kiakhta. En s'exprimant de cette
façon, on semble ignorer que la monnaie sonnante russe s'é-
coule tout aussi bien à Kiakhta; quelle a même été quelquefois
préférée aux marchandises, et que nos productions s'échangent
contre le thé de Canton tout aussi bien que contre toute marchandise étrangère; que les négociants d'essence véritablement
russe s'approvisionnent de thé tout autant à Canton qu'à

---

31) Par ex. voy. les articles de Mr. Chipof, cités plus haut.

Kiakhta, et qu'il n'est pas de marchand russe qui ne vende du thé de Canton. Enfin, on est allé jusqu'à dire que la réduction des droits de douane a fait naître la contrebande, que l'importation du thé de Canton dans notre pays a developpé la contrebande sur notre frontière occidentale, et que cet abus est particulièrement nuisible au commerce de Kiakhta[32]).

Une opinion économique, saine et impartiale, doit faire voir cette affaire sous un tout autre aspect. Ne serait-il pas déraisonnable et peu pratique, de négliger le développement et peut-être même la destinée d'une branche de notre activité nationale aussi importante que l'est pour nous le commerce de Kiakhta, qui lie les intérêts de notre industrie et de notre civilisation aux intérêts du continent asiatique, lequel cède de plus en plus à notre influence? Pourrions-nous voir avec indifférence l'épuisement de cette artère vivante qui pénètre des principaux centres commerciaux de la Russie, jusqu'aux marchés intérieurs de la Chine, au moment où les efforts de toute l'Europe tendent à s'emparer de son commerce? Il aurait été déraisonnable de négliger la perte de centaines de millions de capitaux, d'une quantité énorme de travail, employés directement ou indirectement à nos transactions commerciales avec Kiakhta. D'un autre côté, il n'eût pas été moins léger, d'oublier les intérêts fort essentiels des consommateurs de thé, c-à-d. de toute la population de la Russie, qui, jusqu'à présent, ne jouit, excepté le thé, que d'un seul luxe, — l'eau-de-vie, et de sacrifier au profit d'une branche de commerce, les intérêts non moins essentiels d'une autre branche, qui nous attache à l'Europe Occidentale, dont nous ne pouvons pas plus nous passer que de la Chine.

Evidemment, le commerce de Kiakhta ne peut avoir de la valeur pour la vie nationale, qu'à la condition de ne pas être soutenu par des privilèges artificiels, désavantageux pour les autres éléments de la vie nationale. Dans tous les cas, les divers intérêts de l'Etat et du peuple, qui en dependent, doivent

---

82) Tout ce débat s'est calmé aujourd'hui, mais il est encore fort intéressant, par sa ressemblance avec tous les débats entre protectionnistes et libres-échangistes.

être mis dans la balance, lorsqu'on analyse des questions se rapportant à ce commerce: les intérêts des participants directs de ce marché, — les marchands russes de la Sibérie et de l'intérieur de la Russie, les intérêts des industriels Sibériens, dont les marchandises (les pelleteries) viennent en Russie avec le thé, les intérêts des fabricants qui travaillent pour Kiakhta et la Chine, les intérêts de la classe ouvrière qu'ils emploient, ceux des consommateurs, et ceux enfin du gouvernement (les revenus des douanes). Chacun de ces intérêts nombreux et variés a droit à l'attention et à la protection qu'ils exigeraient, dans le cas d'un changement du système douanier. Cependant, toute politique commerciale doit céder aux exigences du temps, tendre, autant que possible, à affranchir le commerce international de toute entrave, et contribuer de toutes ses forces au développement des échanges entre les nations (tant à l'importation qu'à l'exportation).

Quoi qu'il en soit, le commerce de Kiakhta a énergiquement soutenu la crise dont il a été atteint; il l'a même brillamment soutenue à la foire de Nijnii-Novgorod de 1864. Quel que soit son avenir, il est encore loin de clore son existence, et c'est la meilleure réponse qu'il puisse donner aux conjectures chimériques de ses avocats et de ses détracteurs. Sur la situation actuelle du commerce de Kiakhta v. le texte de cet ouvrage, Ch. III.

Avant de passer aux circonstances du commerce du thé, à la foire de Nijnii-Novgorod de 1864, nous ne regardons pas comme superflue la communication sommaire de quelques particularités de l'organisation de ce commerce[33]).

Le thé de Kiakhta doit passer par les mains de plusieurs intermédiaires avant d'arriver des plantations de la Chine, sous le robinet d'un samovar russe; chacune des catégories de ces intermédiaires a sa destination particulière, sa fonction économique, qui se distinguent les unes des autres. Nous n'insisterons que sur les principales catégories de ces intermédiaires. Ce ne sont pas les cultivateurs chinois eux-mêmes

---

33) Cette organisation, dans ses traits essentiels, s'est conservée (1882) jusqu'à présent, telle qu'elle est décrite ici.

qui apportent leur thé à Kiakhta ou Maïmatchine (faubourg chinois de Kiakhta, au-delà de notre frontière), mais ils le livrent à des marchands chinois. Ceux-là le donnent à des *marchands* russes en échange des marchandises russes. Ces premiers acheteurs de thé (ou bien ces véritables premières mains) qu'on appelle le plus souvent *Sibériens* (quoique, comme nous le verrons plus tard, ils ne soient pas tous sibériens), vendent ce thé à Nijnii, à Moscou, à Irbit et en général en Russie, et achètent des marchandises russes qu'ils échangent en Chine contre de nouvelles provisions de thé[34]). La foire de Nijnii-Novgorod ou de Makary, en raison de sa situation géographique (sur la voie d'eau de la Sibérie à Moscou), et en conséquence de l'usage enraciné depuis longtemps de fixer les prix des thés et d'effectuer les paiements à ce marché, représente le principal centre de dépôt du commerce de Kiakhta ; mais les thés de cette ville s'importent en Russie et particulièrement à Moscou, en dehors de la foire, pendant toute l'année. Moscou en reçoit à peu près une aussi grande quantité que la foire. Les négociants en gros, le plus souvent des marchands de Moscou (quelquefois des marchands de Kazan, dont un grand nombre fait le commerce du thé) achètent le thé aux Sibériens par grandes quantités (quelques milliers de caisses). Ces commerçants en gros se nomment *premières mains*, quoique ils ne soient, en réalité, que les secondes mains. Le thé passe de ces acheteurs dans des troisièmes mains (qu'on a coutume de nommer *secondes mains*) ou bien aux marchands des villes (ou en détail), qui arrivent de tous les coins de la Russie et se réunissent à la foire de Makary, pour s'y approvisionner, et attendent ici que les prix soient fixés et que les négociants en gros aient fait leurs achats aux Sibériens. Ces *secondes mains*, ou plutôt ces troisièmes mains — marchands en détail — achètent leur thé par centaines de caisses, et quoiqu'ils le vendent aux consommateurs dans des boutiques ouvertes,

---

34) Indiquons en passant les marchandises russes échangées contre le thé de Kiakhta: articles en laine (le drap, le drap de dame, la camelotte; ce sont les objets les plus importants de notre exportation); articles en cuir (objets en peau de bouc, en maroquin); articles en coton etc.

(ce que les premières mains qui possèdent des dépôts de thé, ne font guère), ils ne représentent pas toujours les dernières marches de l'échelle de ce commerce ; ils en achètent souvent de grandes cargaisons et fournissent sur place un nombre infini de petits marchands. Outre toutes ces premières catégories de vendeurs de thé, ce commerce a encore des participants fort essentiels : *les commissionnaires*, le plus souvent natifs de Moscou, qui n'achètent point le thé aux Sibériens, pour leur compte, mais qui se chargent de le vendre et de le garder pendant une année entière ; ensuite, les voituriers ou les agents qui prennent sous leur responsabilité le transport du thé et qui, en raison de l'étendue et des difficultés de cette opération, remplissent une fonction économique particulière et d'une grande importance ; enfin, les *spéculateurs* qui achètent une cargaison de thé, dans le but exclusif de la revendre sur place, et qui existent dans le commerce du thé comme dans tout autre (quoique en nombre infiniment moindre). Les commissionnaires de Moscou jouent un grand rôle, peut-être le rôle principal dans le commerce de thé de Kiakhta et surtout dans l'acte le plus important de sa circulation annuelle, — dans l'établissement des prix et la vente du thé à la foire de Makary ; ce sont les principaux intermédiaires entre les Sibériens qui, le plus souvent, ne se présentent point personnellement à la foire et donnent des *procurations*, et les premiers acheteurs ou les acheteurs en gros : ce sont justement les taxateurs de la marchandise et les ordonnateurs des prix. Ces commissionnaires sont puissants par le crédit qu'ils offrent aux Sibériens, qui ont besoin, soit d'argent comptant, soit de crédit, pour l'achat de marchandises russes à Nijnii et à Moscou et de thé à Kiakhta, et qui ne peuvent l'attendre ni à la foire, ni à Moscou, dans le cas où le prix offert pour le thé leur serait désavantageux, ou bien dans le cas où leur provison resterait invendue. Cette dernière circonstance donne aux commissionnaires une importance toute particulière : ils prennent la marchandise en commission, procurent de l'argent comptant aux Sibériens, ou bien les fournissent de marchandises pour un échange futur, et leur facilitent de cette manière le moyen de gagner du temps et d'éviter les vexations et les catastrophes fatales, que les conditions commerciales dans lesquelles ces gens se trouvent, ne manqueraient pas de leur attirer. Ces commissionnaires, qui profitent des occasions pour spéculer pour leur propre compte et qui parent les changements trop brusques des prix, comment font-ils tout cela? Ils connaissent à fond l'état des affaires commerciales et manufacturières de Moscou, — centre principal et véritable des toutes les opérations de Kiakhta; ils suivent le mouvement des prix des marchandises manufacturées destinées à Kiakhta, ils connaissent l'importance de la demande de thé, la quantité de thé que contient Moscou et enfin, — ils savent l'état des affaires des acheteurs en gros. Ils mènent toute la correspondance. Ils sont donc indispensables aux Sibériens. Ces commissionnaires sont fort peu nombreux, quelquefois (surtout autrefois) il y en a un ou deux. Il va de soi qu'ils ont une influence illimitée sur les affaires. Il fut un temps, où un seul individu menait à sa guise toutes les affaires en thé; de lui dépendait tout le marché. Il ne faut pas confondre les commissionnaires de Moscou avec les commissionnaires de Kiakhta. Ces derniers se chargent d'acheter du thé dans cette dernière ville au compte des acheteurs en gros de Moscou. Les occupations spéciales de chacune des catégories des participants du marché de Kiakhta, que nous venons d'énumérer, sont souvent concentrées dans les mains d'un seul individu, ce qui n'empêche pas cependant chaque catégorie d'avoir ses fonctions particulières. C'est ainsi que presque tous les commerçants de thé en gros de Moscou, ou du moins, les plus considérables d'entre eux, sortis le plus souvent du milieu des Sibériens de Kiakhta, font venir leur thé directement de cette ville; les véritables Sibériens locaux ne se rencontrent plus que rarement. Les commissionnaires de Moscou ont leur propre thé à vendre, les marchands de ville en détail, vendent aussi en gros. Chacun des intermédiaires, chacun des participants de ce commerce y trouve son compte, chacun recueille son bénéfice, de sorte que le thé arrive aux consommateurs, avec un surcroît de prix énorme, relativement à sa valeur primitive (à Kiakhta). Le thé passe en général des négociants en gros aux marchands en détail, avec une augmentation de 5 à 10 roubles par caisse, selon les circonstances du commerce. Les commissionnaires perçoivent de 1% à 1½%, indépendamment du profit qui leur revient sur le crédit. Cependant, chaque chaînon du mécanisme de ce commerce est indispensable, chaque bénéfice est bien mérité, d'autant plus que la spéculation qui porte aussi ses fruits, est fort insignifiante par elle-même, dans le total général de ce commerce. Les négociants en gros qui reçoivent leur marchandise des Sibériens, pour la répartir ensuite en secondes mains, peuvent surtout sembler superflus; et cependant ces négociants et les commissionnaires, forment le chaînon principal et indispensable de tout le mécanisme de l'opération; ces deux catégories réunissent en elles-mêmes les *connaissances* spéciales (sur la marchandise et le marché) *le capital* et *le crédit*; ces moteurs tout-puissants transportent un produit des bords de l'Océan Pacifique, et en approvisionnent sans cesse les extrémités les plus reculées de la Russie, ces localités se trouvassent elles même loin de tout centre commercial et privées de toute voie de communication soit par mer, soit par terre. De même que les commissionnaires représentent principalement les connaissances spéciales et en partie le crédit, dans le rang de ces trois éléments fondamentaux de toute affaire commerciale, les commerçants en gros représentent particulièrement le capital. La marche régulière du commerce en détail de tout l'Empire de Russie, exige la présence permanente d'approvisionnements de thé à Moscou. Ces approvisionnements *ne peuvent* y arriver de Sibérie journellement et incessamment, et cependant ils *doivent* s'écouler tous les jours et sans interruption dans toutes les régions, ce qui a effectivement lieu. Des caravanes, chargées de grandes et de petites cargaisons de thé se rendent journellement de la Chine à Kiakhta; les Sibériens doivent avoir constamment entre les mains, de l'argent comptant ou des marchandises russes qu'ils puissent échanger contre ce thé pendant toute l'année. Ils se procurent des espèces sonnantes et achètent leurs marchandises principalement à la foire de Makary. Là réside pour eux l'importance de la foire de Nijnii-Novgorod. Les commerçants en gros assortissent la marchandise et l'enlèvent. Ils fournissent des fonds aux Sibériens et confient leur thé à terme, (d'une foire à l'autre, c-à-d. à 12 mois, sinon jusqu'à la foire d'Irbit) à des marchands en détail, qui le vendent par petites quantités sur place, dans le courant de toute l'année, et qui n'ayant pas la possibilité de déterminer leur débit, sont nécessairement obligés de recourir au crédit et s'acquittent le plus souvent envers leurs débiteurs avec le produit de la vente qu'ils ont effectuée. Les commerçants en gros doivent donc engager un capital et c'est au moyen de leur propre crédit ou de celui des commissionnaires qu'ils peuvent toujours (en escomptant les lettres de change obtenues des acheteurs, ou autrement), se procurer de l'argent comptant; ils doivent ensuite se familiariser plus ou moins avec la position des marchands de ville, position que les Sibériens ignorent complètement. Dans les cas extrêmes, les commissionnaires remplissent les fonctions des marchands en gros. Les marchands de ville auraient pu trouver un grand avantage à acheter leur thé directement, des mains des Sibériens, à l'embarcadère de Sibérie sur le Wolga (où de véritables montagnes de caisses à thé sont exposées sous la garde des gens d'affaires des Sibériens, qui logent à côté dans des baraques en nattes); des achats semblables ont lieu, mais ce ne sont que des exceptions, car ils exigeraient de l'argent comptant et de plus des sommes considérables, puisque les Sibériens ne vendent en général que de grandes provisions. Outre cette circonstance, il ne faut pas oublier que les provisions des Sibériens renferment ordinairement des espèces de thé les plus variées. Mais le contraire peut aussi avoir lieu: Kiakhta peut n'avoir livré que du thé d'une seule espèce, tandis que le commerce en détail en exige de différentes. Enfin, les cargaisons, destinées à la vente en détail, peuvent passer des premières aux secondes mains, non d'après la facture de Kiakhta[85]) mais dans l'état que demanderait ce commerce, c-à-d. évalué et assorti; ce qui est une condition indispensable de la vente en détail.

---

85) Les factures russes de Kiakhta (il y en a de chinoises, d'après lesquelles les Chinois vendent leur thé aux Sibériens) sont faites sur papier timbré et avec un soin extrême; y sont indiquées: la qualité du thé, son poids et le poids de l'emballage (le premier emballage des Chinois, c-à-d. les corbeilles, et les peaux dans lesquelles les marchands russes enveloppent les corbeilles pour les expédier en Russie).

Nous devons mentionner ici une des particularités du commerce de thé de Kiakhta, dans l'évaluation de cette marchandise. Le chiffre moyen général du prix de chaque caisse s'obtient au moyen d'une simple division arithmétique de la somme totale à laquelle est évaluée la cargaison partagée en un certain nombre de caisses contenant des thés fort variés sous le rapport de la qualité et du prix; cela s'observe pour chaque cargaison et pour chaque facture. On considère ce chiffre moyen à la foire, comme le prix de la marchandise en question; mais les factures et les cargaisons peuvent être de différentes qualités et de différents prix, par conséquent les prix moyens des caisses des différentes cargaisons peuvent varier. Il est évident, que ce prix moyen d'une caisse n'est qu'approximatif, et ne peut servir de mesure des prix établis à la foire. Ce système d'évaluation de la marchandise provient du passage des premières mains à d'autres, des mêmes cargaisons chinoises composées de différentes espèces de thé; l'évaluation du thé selon la qualité, et non par cargaison, et des factures et des cargaisons conformes à chaque espèce de thé, auraient été plus justes. Cependant, une évaluation semblable par rapport aux thés de Kiakhta n'a lieu qu'à leur passage des mains des négociants en gros à celle des marchands en détail. L'organisation du commerce de thé de Canton diffère complètement de celle-là; les premiers négociants en gros donnent leurs échantillons et ne font venir que la quantité de chaque espèce, qu'ils déterminent; cette organisation de commerce est incontestablement plus régulière et plus commode que celle qui domine dans le commerce de Kiakhta.

Le transport des marchandises de Kiakhta à Nijnii et à Moscou est, par lui-même, une opération très vaste et très compliquée. Le louage des cochers (iamstchiks), le rechargement des caisses de thé sur d'autres véhicules par d'autres cochers, le contrôle du thé contenu dans chaque caisse (aux quatre principales stations: à Irkoutsk, à Tomsk, à Tumène et à Perm) forment toute une série d'opérations importantes, dont la responsabilité pèse sur des gens de confiance, accompagnant chaque caravane, et agissant en vertu d'une procuration de leurs patrons.

Telle est, esquissée à grands traits, cette organisation qui s'est formée d'elle-même, d'une façon toute naturelle; nul doute que toute une série de départements, une quantité innombrable d'employés, eussent été indispensables, si cette organisation avait été régentée officiellement, c'est-à-dire, si l'administration s'en était mêlée. Nous n'avions pas l'intention d'initier le lecteur au commerce de Kiakhta proprement dit, mais tout ce que nous venons de dire, dessine un des principaux rôles, que toute la foire de Nijnii-Novgorod joue dans notre commerce intérieur, puisque la même procédure se répète sous d'autres formes, par rapport à d'autres marchandises (c.-à-d. le passage d'un produit des premières mains aux secondes, et de celles-là aux troisièmes).

La transmission du thé, des Sibériens aux premières mains, ou bien *l'évaluation des thés*, constitue le premier acte du commerce du thé à la foire de Makary; on l'aborde après des discussions nombreuses et prolongées, après l'absorption d'une quantité abondante de thé et nombre de déjeûners. Cet acte, qu'on qualifie aussi de *dénouement de l'affaire du thé* a une portée très grande: le sort des marchandises de toute une année, le sort d'un grands nombre de marchands de villes en dépendent. Ces gens attendent leur sort à chaque instant pendant plus d'une semaine, à la porte des négociants en gros et des commissionnaires, qui trônent dans leurs boutiques chinoises et prononcent leur arrêt sur ce sort de tous les participants du commerce du thé. La nouvelle du dénoûment, qui entouré de mystère comme un sacrement de l'église, se prononce au milieu du silence le plus profond de toutes les parties intéressées et parcourt toute la foire en un clin d'oeil. Le thé a passé en secondes mains. Ce moment solonnel était autrefois regardé comme l'instant le plus critique de la foire de Makary, — celui qui décidait de tout son dénouement. Les millions qui paient le thé de Kiakhta mettent, dit-on, toute la foire en mouvement. Les Sibériens achètent et commandent des produits manufacturés, les fabricants et les commerçants d'articles manufacturés s'acquittent envers leurs créanciers, achètent et commandent les marchandises et les matériaux dont ils ont besoin, et a. d. s. — Enfin tout le monde de la foire, les gros Sibériens en tête, ferment leurs malles pour s'en retourner *chez eux*, après la conclusion de l'affaire du thé et l'époque la plus bruyante des établissements de plaisirs remplace celle des affaires! La manière d'envisager autrefois le dénoûment de la question du thé, était-elle juste ou exagérée? Nous n'en savons rien; mais ce dénoûment n'a plus aujourd'hui la même importance pour la foire.

Nous pouvons maintenant passer à la question du thé à la foire de Nijnii-Novgorod de 1864. Le dénoûment de 1864, a été, comme on le sait, brillant au possible. Les commerçants de Kiakhta, tant producteurs que Sibériens et acheteurs directs — les Moscovites, c'est-à-dire les véritables premières mains, ont recueilli, de leur propre aveu, de gros bénéfices, qui les ont dédommagés du dénoûment malheureux de la foire de 1863, et des pertes qu'ils y avaient éprouvées; plus de la moitié du thé de Kiakhta n'avait point trouvé de débit cette année là, et il avait été taxé de 10% à 20% au dessus des prix de 1862. En 1864, la caisse de thé de Kiakhta se vendait de 15 à 40 roubles de plus qu'en 1863 (environ 100 et 140 roubles la caisse, tandis qu'en 1863, les prix oscillaient de 75 à 100 roubles). Ce renchérissement, qui représente de 25% à 40% est fort remarquable et s'est produit très rapidement, puisque deux mois avant la foire, le prix d'une caisse de thé, à Moscou, ne dépassait point 85 roubles. Les caisses se transmettaient très rapidement et avec des surenchères considérables aux secondes et aux troisièmes mains. Presque tout le thé apporté à la foire fut vendu; une quantité insignifiante fut retenue par les vendeurs eux-mêmes, qui auraient pu facilement s'en débarrasser. Mais la seule hausse des marchandises, ne prouve pas encore les bénéfices des commerçants. Ces bénéfices, dans la circonstance présente, étaient considérables, puisque les marchands de Kiakhta espéraient, disaient-ils, vendre leur thé avec avantage, le prix eût-il baissé plus tard de 10%. Le renchérissement du thé de Kiakhta, à la foire, a eu, d'après l'opinion générale, plusieurs causes: tout d'abord, la quantité qu'on en avait apportée, était presque de moitié moins forte que celle de l'année 1863; l'importation du thé de Canton était peu de chose comparativement à celle de 1863; il avait renchéri, en raison de la baisse du cours du change, l'importation du thé de contrebande par la frontière occidentale s'était ralentie, et enfin la qualité du thé de Kiakhta était meilleure en comparaison des années précédentes et en comparaison du thé de Canton.

Analysons ces circonstances plus minutieusement; elles sont intéressantes par rapport à quelques questions générales. Les marchands de Kiakhta ont eu non seulement la possibilité de vendre leur marchandise plus avantageusement qu'en 1863, mais cette marchandise leur était revenue à meilleur marché, puisqu'on n'a acheté aux Chinois, qu'un peu plus de la moitié des approvisionnements dont ils s'étaient munis en 1863; ils les ont contraints de faire un rabais. En outre, le voyage de la Sibérie à Nijnii a coûté moins cher, en 1864, que les années précédentes. De plus, les thés choisis dans les quantités apportées par les Chinois étaient de qualité supérieure à ceux d'autrefois, de sorte que les consommateurs n'étaient pas lésés par leur renchérissement. Enchantés d'un résultat semblable, les marchands de Kiakhta achetaient et commandaient avec entrain les marchandises qui devaient servir à leurs futurs échanges contre du thé. Tout cela nous prouve que la concurrence du thé de Canton, par suite de son importation, modique en 1862 et de son prix assez élevé (avec un cours de change 10% au dessous du pair), n'avait point effarouché les marchands de Kiakhta; après une vente satisfaisante en 1862, ils importèrent à la foire de 1863 une plus grande quantité de leur marchandise et éprouvèrent alors un désastre terrible, dû au bon marché du thé de Canton, que notre cours de change, élevé à cette époque (au pair), avait particulièrement favorisé. Toute cette affaire changea radicalement en 1864, ainsi que nous l'avons vu.

A quelles conditions pouvait continuer et se développer le commerce de Kiakhta?[36]).

En approfondissant les circonstances de la vente *avantageuse*

---

36) Les notions que nous communiquons sur la marche du commerce de Kiakhta ne sont intéressantes que comme matériaux de son histoire, du moment où sa crise s'est affirmée par l'importation excessive du thé de Canton. Toute la face de l'affaire a changé depuis. Le commerce de thé de Kiakhta n'a pas cessé de décroître; voy. les renseignements récents que nous insérons dans le chap. III de notre ouvrage.

du thé, en 1864, il faut se convaincre que ces circonstances étaient *exclusives*, et que la crise, qui s'est déclarée pour le commerce de Kiakhta, par suite de l'importation du thé de Canton (1862) ne pouvait pas s'arrêter.

Pour juger à quel degré le thé de Kiakhta pouvait soutenir dans l'avenir la concurrence du thé de Canton, il fallait avant tout comparer le prix de revient (les dépenses de l'acquisition et du transport) de l'un et de l'autre, et déterminer leur proportion; cela fait, il n'était pas difficile de prévoir, au juste, l'avenir réservé au commerce de Kiakhta. Mais c'est précisément, parce que les études exactes, sur cette question[37] fondamentale relativement au thé de Kiakhta sont impossibles (quoiqu'elles aient été souvent tentées, mais, selon nous, bien infructueusement) que toutes les prédictions sont plus ou moins hasardées. L'impossibilité de l'étude précise de la *valeur* du thé de Kiakhta se manifeste dans les combinaisons suivantes:

Le calcul des dépenses de l'acquisition et des chances de bénéfices d'un côté, et de l'autre des pertes que les marchands qui participent à ce commerce peuvent y trouver, est excessivement compliqué et embrouillé; il l'est tout autant que le sont les diverses circonstances commerciales et les intérêts souvent opposés, dont dépend ce marché, dans ses éléments primordiaux. Le *thé* s'échange ici *non contre la monnaie*, mais contre diverses marchandises russes. C'est le troc en nature dépourvu de l'étalon monétaire et par conséquent de toute mesure précise de la valeur. Le lecteur ne doit donc pas être surpris, s'il rencontre dans nos assertions des contradictions, découlant nécessairement des conditions de l'affaire elle-même.

C'est ce caractère de troc qui embarrasse particulièrement tout calcul commercial relatif au commerce de Kiakhta, et qui le prive non seulement d'une unité de valeur, mais encore d'une *unité de calcul* quelque peu solide que ce soit. Voilà pourquoi tout calcul de la *valeur* du thé de Kiakhta est illusoire: comment

---

37) C'est là le motif pour lequel nous avons omis cette question dans notre ouvrage présent, bien que nous possédions quelques calculs à nous communiqués par les commerçants eux-mêmes.

évaluer une valeur ne possédant point d'unité ou de mesure pour son évaluation? On comprend, à quel point cette difficulté grandit et se complique par le désarroi général de notre système monétaire et par les oscillations de son étalon en papier, dont dépend nécessairement la marche du commerce de Kiakhta, indépendamment de l'unité de calcul qui lui appartient.

En dépit de l'abrogation complète (d'abord en 1855 et définitivement en 1861) de toutes les restrictions de la loi, qui apportaient des obstacles au libre échange des marchandises chinoises contre l'argent russe et les métaux précieux, limitations qui soutenaient le caractère du troc en nature, ce caractère dominant tout notre commerce asiatique[38]) ne disparaîtra pas de sitôt de celui de Kiakhta. Lorsque les marchands de Kiakhta s'acquittent envers les Chinois en argent comptant (espèces sonnantes ou en billets de crédit, selon le cours), l'argent (quand bien même sa quantité surpasserait la quantité des marchandises) ne s'accepte qu'en qualité d'à compte sur la marchandise russe. On compare toujours le thé avec ces dernières, on marchande et ces marchandises servent d'unité d'échange. Jadis, des *pièces de drap*, la marchandise russe, dont l'écoulement était le plus facile en Chine, servaient d'unité de calcul. On s'accordait sur la quantité de pièces de drap, qu'on acceptait en échange d'un certain nombre de caisses de thé; telle caisse coûtait une pièce de drap, une pièce et demie, deux pièces etc. Pour définir les limites du bénéfice, recueilli par les marchands russes sur cet échange, il est indispensable de connaître non-seulement la qualité du thé qu'ils ont acquis, son prix actuel

---

38) La question générale de l'unité monétaire dans notre commerce asiatique, est intéressante au suprême degré. Les renseignements dont nous disposons ne sont pas encore suffisants pour l'éclaircissement de cette question fort obscure. Comment expliquer, par ex. que la demi-impériale valait 6 roub. 30 cop. (en billets de crédit) dans notre pays et ne représentait que 5 roub. 50 c. à Boukhara? Sur quelle unité ce dernier chiffre se base-t-il? (est-ce sur une unité monétaire de Boukhara, est-ce sur nos billets de crédit, ou bien autrement?). Il nous faut l'avouer, nous n'avons pu jusqu'ici arriver à le comprendre. Il y a une chose avérée: c'est la complication excessive des éléments qui entrent dans la composition de ce calcul (une valeur se traduit en une autre, cette autre en une troisième et a. d. s.).

sur les marchés chinois et russes, le prix qu'il pourrait atteindre à sa vente à Makary ou à Moscou, mais il faut encore supputer à combien est revenu le drap, quel est son prix au moment de l'échange et, pour la précision du calcul, quel sera son prix à l'époque de la vente du thé. En d'autres termes, il faut baser simultanément le calcul des bénéfices et des pertes occasionnées par l'opération, sur le prix de deux marchandises, en comparant ces prix, à un an d'intervalle et à quelques milliers de verstes de distance. Une marchandise achetée dans une autre partie du monde, quelques mois avant le marché en question, sert à l'échange du thé et ce thé sera vendu dans une autre partie du monde quelques mois plus tard. Quelle doit donc être la mobilité des circonstances sur une aussi grande étendue de temps et d'espace? Quels doivent être les intérêts et la prime d'assurance, susceptibles de garantir les risques d'une opération semblable? Mais tous ces inconvénients ne sont rien en comparaison de la nécessité de faire le commerce à tâtons, avec l'impossibilité de déterminer la valeur de la marchandise qu'on achète, et par conséquent celle du thé que l'on acquiert, puisque cette valeur se base, non sur une unité métallique, fixe, dont la valeur est constante sur toute la surface du globe, mais sur la valeur excessivement variable du drap ou de quelque autre marchandise. Les métaux précieux et l'argent, qu'on ajoute en quantité considérable aux marchandises offertes en échange du thé de Kiakhta, se calculent aussi et se comparent avec le thé sur la même base de l'unité de marchandise; la demi-impériale représente tel ou tel prix, selon celui qu'il a, comparativement à la pièce de drap. La confusion des calculs dans le commerce de Kiakhta, causée par l'absence de l'unité monétaire, se manifeste, entre autres, par des faits curieux: par ex. le prix des marchandises russes à Kiakhta, est quelquefois au-dessous de leur prix sur les marchés intérieurs de la Russie (à Moscou); ces phénomènes proviennent, évidemment, de ce que les marchands russes taxent le thé de Kiakhta, aussi bas qu'on évalue à bon marché les marchandises russes qu'ils offrent en échange. Mais des subterfuges semblables, fort naturels du reste, dans un commerce d'échange en nature, n'embrouillent-ils point le calcul des gains et des pertes? Les bénéfices et les déficits ne se manifestent qu'au bout d'un laps de temps prolongé, lorsque le commerce se clôt subitement par un capital énorme, acquis sur une somme relativement modique, ou bien, par une faillite, succédant à des capitaux considérables et à des transactions qui ont semblé brillantes. Le caractère du commerce de Kiakhta entraîne encore un grave inconvénient: il met obstacle à la régularité des combinaisons de la proportion de l'achat du thé, à son débit et à la demande de thé en Russie; on est obligé de proportionner la quantité du thé qu'on achète à la quantité des marchandises russes qui sont déjà sur les lieux et de celles qu'on attend encore à Kiakhta, et cette quantité dépend principalement des résultats de la vente du thé de l'année précédente à Nijnii, à Moscou, à Irbit etc. etc., ainsi que des conditions de la production et de l'approvisionnement de ces marchandises en Russie. Les résultats curieux de cette circonstance sont évidents: par exemple, une masse considérable de thé (jusqu'à 200,000 caisses) a été importée à Nijnii en 1847, sans qu'on se fût nullement conformé à la proportion de la demande de cette denrée en Russie, et les marchands de Kiakhta ont éprouvé des pertes énormes. Enfin, l'échange des marchandises contre le thé s'effectue toute l'année et à différents prix; par conséquent, ce n'est qu'approximativement, en prenant la valeur moyenne du drap, qu'on peut déduire le prix de revient des cargaisons de thé importées en Russie.

L'insuffisance d'une unité monétaire solide est, en général, la plaie de tout notre commerce asiatique. Cet inconvénient aurait pu être considérablement paralysé par la fixité de la valeur de l'unité monétaire russe; on aurait pu se baser sur elle, pour calculer le prix de toutes les marchandises d'échange, autant russes qu'asiatiques, et n'éprouver ensuite que les embarras de comptabilité, de calculs commerciaux fort compliqués. C'est ainsi, par exemple, que peuvent agir les Anglais dans les cas d'échanges pareils. Mais le prix même de l'argent russe est devenu, lui aussi, variable, tout comme (si se n'est plus) la valeur des pièces de drap. En 1861, la monnaie sonnante qui se transportait de Russie à Kiakhta, revenait aux marchands russes, comparativement à l'unité monétaire légale (ou la monnaie en papier) de 10% à 14% pour cent plus cher; en 1862, elle a graduellement baissé avec l'admission de l'échange dans la Banque d'Etat, à un cours inférieur; en 1863, à l'époque de la foire de Nijnii-Novgorod, elle est tombée jusqu'au pair, et en 1864 elle s'est encore élevée à un prix exorbitant de 25% au-dessus du pair (le rouble en argent s'achetait 1 r. 25 cop., la demi-impériale 6 r. 30 cop. et 6 r. 40 c.).

Des circonstances pareilles peuvent-elles ne pas être nuisibles à l'extrème à toute espèce de transactions commerciales? Il faut s'étonner de ce que les commerçants de Kiakhta ne leur donnent pas suffisamment d'attention et qu'au milieu de leurs plaintes incessantes sur les conditions défavorables qui entravent leur commerce, ils passent sous silence les variations de notre unité monétaire. Disons plus: ils regardent la baisse de nos cours de change étrangers, comme identique au renchérissement de notre monnaie sonnante ou à son agio comparativement aux assignats, — baisse qui a paralysé l'importation du thé de Canton et qui a fait monter ses prix; ils considèrent cette circonstance, comme une condition favorable au plus haut point à leurs affaires et le pair des cours de change (qui a eu un mauvais effet pour eux en 1863) comme une circonstance funeste. Cette question mérite une attention particulière, non seulement sous le rapport du commerce de Kiakhta, puisque nos marchands et nos fabricants sont singulièrement disposés à considérer la baisse des cours de change étrangers comme une condition très heureuse pour notre commerce international (pour la balance commerciale) et pour notre production nationale, mais encore sous le rapport de l'exportation des marchandises russes à l'étranger, et sous le rapport de leur débit aux marchés intérieurs. Cette question ne peut certainement pas être analysée ici dans tous ses détails; mais les conditions du commerce de Kiakhta, et particulièrement son caractère d'échange en nature, peuvent beaucoup contribuer à l'éclaircissement de quelques côtés de la question générale de l'influence de l'oscillation de l'unité monétaire sur notre industrie et sur notre commerce.

Les avantages que les commerçants de Kiakhta ont retiré de

la baisse du cours de change ou de la hausse de l'agio comparativement aux commerçants du thé de Canton, qui se renchérit par l'effet de l'agio, sont complètement annihilés par les désavantages que les mêmes négociants éprouvent dans l'acquisition de la monnaie sonnante qu'il a fallu acheter pour Kiakhta en 1864, à un prix aussi élevé que celui auquel se payaient les lettres de change étrangères pour l'achat du thé de Canton; la monnaie sonnante s'est vendue en grande quantité pour Kiakhta, à la foire de Nijnii-Novgorod en 1864 (dans cette quantité figuraient jusqu'à un million de francs en monnaie française). Les avantages exclusifs que le commerce de Kiakhta a recueillis en 1864, *exclusivement du désarroi de notre circulation fiduciaire*, (ou encore des oscillations de notre unité monétaire en papier) doivent être attribués á la baisse du cours du change ou plutôt, non à cette baisse seulement, mais encore *au bon marché des marchandises russes achetées pour Kiakhta et représentant la mesure de la valeur du thé de Kiakhta, comparativement au prix élevé de la monnaie sonnante qui exprimait la valeur du thé de Canton.*

Pendant que l'agio s'élevait à 25% et que ces 25% tombaient de tout leur poids sur le thé de Canton, dont les vendeurs n'acquittent la valeur que par des lettres de change ou de la monnaie sonnante, pendant que cette circonstance faisait hausser le prix du thé en général, quelle qu'en fût l'origine, le thé de Kiakhta comme tout autre, — les marchandises russes qu'on achetait pour cette ville avec de l'argent comptant retiré de la vente du thé, ne renchérirent que faiblement. C'est là que se trouve, à notre avis, le trait le plus saillant du commerce de Kiakhta en 1864—1865. C'est ainsi, par exemple, que le drap n'a haussé de la foire de 1863 à celle de 1864, que de 3% (de 63 à 65 roubles) et la marchandise la plus chère destinée à Kiakhta, le velours de coton (qu'on ne demande presque plus en raison de son prix élevé) n'a renchéri que de 25%. Il est connu que le mouvement des prix des marchandises ne correspond presque jamais au mouvement de l'agio ou du prix de la monnaie; sur la différence de ces prix se base toujours la spéculation dans les pays du cours forcé du papier-monnaie. Quelles que soient les cau-

6

ses auxquelles les négociants de Kiakhta attribuent leurs bénéfices extraordinaires de 1864, — et ces causes illusoires sont
très nombreuses, vu la confusion des calculs—nous sommes convaincus que la raison principale doit être cherchée dans l'acquisition, exclusivement avantageuse, des marchandises russes, autant
de celles qu'ils ont échangées contre du thé en 1864, que de
celles qu'ils ont achetées pour l'argent provenant de la vente
de ce thé, et qui devaient servir à l'échange de 1865. En
un mot, les commerçants de Kiakhta retirent leurs principaux bénéfices, de l'achat et de l'exportation des marchandises russes, mais non de l'achat et de l'importation du thé;
c'est là la principale source de l'avantage du commerce de
thé de Kiakhta sur celui du thé de Canton, dont l'importation n'est pas intimement liée à l'exportation des marchandises russes. Cet avantage est provenu, en 1864, de la hausse
du prix des marchandises russes, — faible relativement, au
renchérissement de la monnaie et de la baisse des cours de
change, ou plutôt de la baisse de la monnaie en papier, —
plus faible en comparaison des marchandises, qu'en comparaison de la monnaie sonnante. C'est sur ce fait que se sont exclusivement basés les bénéfices de notre commerce étranger de
1864 et toute son activité spéculative. Il est vrai, qu'en 1864,
les marchandises étaient, en somme, un peu plus chères qu'en
1863, mais, en revanche, la monnaie de 1863 était tombée en
même temps que les billets de crédit s'évaluaient au pair (vu
l'échange momentanement ouvert à la Banque de l'Etat). Les
thés de 1862 et de 1863, avaient été au contraire échangés
contre des marchandises fort chères. Cette circonstance du renchérissement constant des marchandises russes malgré toutes les
oscillations de l'étalon monétaire (en papier), joue un rôle immense dans l'histoire du commerce de Kiakhta. Ce fait dépend
de la baisse constante de notre unité monétaire malgré toutes
les oscillations en sens contraire; il ne se met malheureusement
point dans la balance, pour les commerçants de Kiakhta, auxquels il est plus fatal que l'importation du thé de Canton.
Ils ne veulent pas comprendre que l'avantage de cette opération
gît dans la baisse du prix des marchandises russes, — de cette

pièce de drap, qu'ils échangent contre du thé, — dans cette baisse, aussi grande que possible, — comparativement aux marchandises étrangères, au prix desquelles les Anglais achètent leur thé, mais non dans le renchérissement du thé, renchérissement qui nuit à son débit, et met leurs intérêts, *sans qu'ils en profitent le moins du monde*, en antagonisme avec les intérêts du public et des consommateurs. Mais nos marchands aiment mieux expliquer tous les phénomènes économiques par les théories surannées du mercantilisme et du protectionisme et voir tous leurs malheurs, non dans les fluctuations de notre valeur monétaire et dans les perturbations de notre papier-monnaie, mais dans la balance de commerce international, qui sert d'explication à toute chose!

Nous devons nous arrêter ici, ne fût-ce qu'en passant, au fait que nous avons effleuré plus haut, du renchérissement de nos produits (dans les années 1863—65), faible, en comparaison du renchérissement (de l'agio) de notre monnaie sonnante, c-à-d. relativement à la baisse du cours de change et de la baisse des valeurs en papier. Ce fait représente, selon notre opinion, le trait le plus remarquable de nos conditions financières, après l'interruption de l'échange des billets de crédit, au mois d'Août, en 1863. Ce fait est en contradiction complète avec celui qui distinguait la période précédente du cours forcé des billets de crédit, c-à-d. depuis 1856, à l'ouverture de l'échange au mois de Mai de 1862. Tous les prix des marchandises russes se sont excessivement élevés dans cette période comparativement à l'époque normale de notre circulation fiduciaire, avant la guerre d'Orient, quelques marchandises ont même doublé de prix, tandis que les cours du change n'avaient baissé que de 10%, et que le *maximum* de l'agio de la monnaie sonnante, à l'intérieur, n'allait qu'à 13 et 14%. Nous voyons une circonstance parfaitement opposée, dans les années 1863—65, — la baisse rapide, presque subite, des cours de change de 20 à 25%, une élévation tout aussi rapide de l'agio intérieur et un renchérissement relativement très faible des marchandises. Nous ne pouvons indiquer ici des chiffres qui auraient fatigué le lecteur, mais nous donnons leur résultat général. Une tendance des prix vers la baisse et l'affirmation de la chûte de quelques — uns d'entre eux (comme par exemple, les prix des matériaux en bois, du blé, et en général de tous les produits d'exportation et particulièrement de la main d'oeuvre) se font remarquer en 1863, au moment du re-trait de la circulation de près de 70 millions de billets de crédit. Les prix s'élèvent de nouveau en 1864, mais si faiblement, que, de toutes les marchandises que nous connaissons, nous ne pourrions en citer une seule qui se soit élevée de 25%, dans la période de 1853 à 1865, c-à-d. jusqu'à la limite extrême des oscillations des cours du change et de l'agio [39]) que nous ayons atteinte jus-que là. C'est ainsi que nous devons conclure, des renseignements que nous avons recueillis, à la foire de Nijnii-Novgorod, sur le commerce de la pelleterie, que ce sont les seules fourrures desti-nées aux pays étrangers (par exemple l'écureuil brun), qui aient renchéri de 20% (en comparaison de 1863) et encore n'était — ce qu'une exception. Les prix des objets en argent, offrent certaine-ment le plus d'intérêt, pour l'étude du mouvement des prix

---

39) L'étude du mouvement des prix des marchandises éclaire mieux que toute autre chose la situation de l'industrie, du commerce et de la circulation fiduciaire, mais rien n'est plus difficile que de saisir ici l'effet de chaque cause particulière, puisque le mouvement des prix dépend d'une quantité de causes de différente nature, n'ayant rien de commun entre elles. C'est ainsi, qu'indépen-damment de nos conditions intérieures, les prix de nos produits d'exportation os-cillent souvent, uniquement en raison de causes extérieures. Ainsi, une baisse constante des prix du froment se fait remarquer en Angleterre depuis 1861, et cette baisse influe à un tel point sur nos prix de vente que notre froment, non seulement ne s'est point élevé en 1864, comparativement à 1863, mais a baissé à Pétersbourg de 4%, à Odessa de 8%, à Taganrog de 6%, en argent anglais (pour les acheteurs étrangers), c-à-d. en dehors de la différence du cours de change. Il ne faut pas oublier dans tous les calculs du commerce étranger, que nos produits ne se paient, fût-ce même à un prix élevé, qu'en *billets de crédit*, et que pour les traduire en espèces métalliques, nous perdons de 20 à 25% sur leur cours. Autant que nous en sommes informé, aucune de nos marchandises d'exportation, même dans les villes maritimes, n'a renchéri proportionnellement à la baisse des cours. En même temps, les oscillations les plus variées, généralement désavantageuses à nos producteurs, se sont produites dans les prix de ports (de vente) et dans les prix locaux (d'achat). Mentionnons encore une circonstance compliquant excessi-vement l'étude des prix: c'est la modification des qualités, et les changements de la valeur intrinsèque des produits. Il faut continuellement comparer les prix d'une marchandise, qui porte le même nom, mais qui a changé en réalité. Par exemple, le savon jaune de Kazan, le savon *ordinaire* (à environ 2 roubles le poud, dans les années 40), est remplacé aujourd'hui par un savon gris beaucoup meilleur — (3½ roub.) et par un savon chimique (3 roub.). Comment donc comparer ces prix et en déduire les mouvements?

des marchandises, sous l'influence des oscillations de l'unité monétaire ou de l'agio. Nous n'avons, sous ce rapport, que des renseignements détachés, qui cependant ne manquent pas d'être fort convaincants. Les objets en argent ont renchéri en 1864, comparativement à 1863, mais ils n'ont point atteint la proportion de l'élévation de l'agio de la monnaie sonnante, loin de là. Plus ces objets étaient *ouvragés*, plus ils entraient dans la série des objets de luxe, et moins leur renchérissement était *sensible*. Les *cuillères*, qui ont toujours représenté la mesure la plus juste du prix de la monnaie, ont renchéri plus que tout le reste; les cuillères, qui se vendaient 29 roubles la livre, à la foire de 1863, se sont vendues 30 roubles à la foire de 1864, elles avaient donc renchéri de 4%. Cependant, les fabricants qui nous ont communiqué ces données, achetaient le métal des cuillères en 1863, à 22 roub. argent (en billets de crédit) et à 24 roubles en 1864, — par conséquent, le renchérissement atteignait ici près de 9%. Enfin, le rouble métallique, c-à-d. le métal en monnaie, s'éleva de 25%, dans le courant de la même année.

Quelles que soient les causes de toutes ces circonstances (il est clair qu'il y en avait d'intérieures et d'extérieures, et que l'escompte élevé, qui écrasait le prix des marchandises sur les marchés étrangers, en était une des principales), il s'ensuit que cette situation des prix était plus favorable à l'exportation de nos produits et moins propice à l'importation: Pouvait-il en être autrement, lorsque nos négociants, dans les conditions où se trouvaient les prix des marchandises russes, relativement aux cours du change et à l'agio, voyaient infiniment plus d'avantage à payer en marchandises leurs dettes à l'étranger, qu'en lettres de change et en monnaie; ainsi, nous connaissons des cas, où des gens, qui n'ont jamais fait le commerce du suif, remplaçaient une remise d'argent par une cargaison de suif qu'ils achetaient à cet effet et qu'ils envoyaient à l'étranger. Pouvait-il en être autrement, lorsque les négociants en produits étrangers (tels que: étoffes en soie, de modes, vins, gants et a. d. s.) n'ont jamais pu hausser leurs prix en proportion de la baisse des cours de change, dont une certaine partie retombait sur eux en pur déficit? sans cela, ils auraient dû, re-

streindre au possible le débit de leurs marchandises, ou bien
même y renoncer tout-à-fait, comme plusieurs d'entre eux
nous l'ont prouvé. Il est impossible de nier que toutes ces
circonstances sont le résultat du fait que nous avons mentionné plus d'une fois, — la réduction du débit et de la consommation, qui lèse les prix de nos marchandises sur tous nos
marchés intérieurs. L'opération de l'achat et de l'exportation
des marchandises devenait, par l'effet de ces circonstances et à
l'époque du cours forcé des billets de crédit, c-à-d. depuis l'annulation de leur échange en 1863, beaucoup plus avantageuse
que l'achat et l'exportation de la monnaie, comme cela avait lieu
avant cette époque, à commencer à la fin de la guerre d'Orient.
Empressons nous d'ajouter qu'il serait plus correct de s'exprimer ainsi: l'opération de l'exportation des marchandises est
moins désavantageuse que l'opération de l'exportation de la
monnaie et, selon toute apparence, une différence aussi avantageuse des prix de vente des marchandises russes sur les
marchés étrangers, comparativement à leurs prix russes (si on
la compare à la baisse des cours de change, ou bien
au prix de notre argent) se trouve *purement illusoire*. Cette
opération n'est uniquement avantageuse que comme moyen
d'acquitter nos dettes. Les résultats des virements de notre
commerce avec les pays étrangers en 1864, — commerce
qui est tombé et qui tombe, en dépit de ce que l'exportation
excède de beaucoup l'importation, en sont une preuve flagrante. Ces réflexions peuvent servir de réponse à ceux qui se ré-
jouissent de la baisse de nos cours de change. Nous savons effectivement que, malgré ce point de vue étranger à la science sur
le profit extraordinaire que la production nationale retire de la
baisse des cours de change étrangers, qui favorise, dit-on, l'exportation de nos marchandises et met obstacle à l'importation des
marchandises étrangères, — la production du pays ne s'est nullement animée, nous savons que, le nombre des navires étrangers
qui fréquentent les ports russes et qui apportent autant de marchandises qu'ils en remportent[40]), n'a fait que diminuer à cette

---

40) C'est ainsi que le nombre des navires étrangers qui sont entrés dans le
port de St. Pétersbourg en 1864, était d'un tiers moins grand qu'en 1863.

époque. Nous n'avons presque point de navires.pour le transport
des marchandises russes dans ports étrangers; le revenu que
l'Etat recueillait sur les droits de douane, tomba en même
temps[41]); les frais de la vie ne diminuaient pas, mais ils montaient
dans notre pays, après une interruption dans les années 1862—
1863, et la cherté de l'existence oblige des masses de Russes à
quitter le pays[42]). Nous nous bornerons, en attendant, à ces remarques par rapport aux suites fatales de l'inconstance de l'unité
monétaire: tout ce que nous venons de dire dessine en partie ces
profits chimériques que nous offre la baisse des cours de change,
dont une spéculation éphémère a pu profiter, puisqu'elle sait toujours tirer son avantage de toute oscillation des prix; nul doute,
cependant, que le mouvement ultérieur des prix, annule ces profits momentanés. Les oscillations des prix du commerce, qui
proviennent des oscillations de l'unité monétaire, enlèvent aux
calculs d'un commerce régulier toute espèce de base solide.
Revenons au commerce de Kiakhta.

Comme nous l'avons vu, les causes des résultats particulièrement heureux de la foire de 1864, se trouvent étroitement
liées à la situation générale de nos affaires qui l'explique. *Ce
n'est pas la baisse du cours du change par elle-même* qui fut la
cause principale et dominante des bénéfices du commerce de
Kiakhta à cette époque, mais bien le rapport exclusif tombé sur
l'année 1864, de la valeur d'acquisition des thés de Kiakhta,
aux suites de cette baisse (au renchérissement de la monnaie, à
une certaine élévation du prix de vente des thés et, surtout à la
réduction de l'importation du thé de Canton); en d'autres termes,
la vraie cause se trouvait dans le bon marché relatif des marchandises russes échangées contre le thé, en 1864.

Deux conditions définissent, dans leurs relations mutuelles,
les circonstances du commerce de thé de Kiakhta: 1) son prix
de *vente* qui, par suite de l'importation du thé de Canton, est
subordonné à la valeur de la monnaie universelle (métallique)

---

41) Le revenu de la seule douane de St. Pétersbourg fut de 3 millions 350 mille
roub. moins fort en 1864 qu'en 1863.
42) Le nombre des départs pour l'étranger, qui avait diminué en 1863, s'est
de nouveau élevé en 1864.

(ou bien, à son rapport avec notre monnaie en papier) et 2) le prix *d'achat* du thé, que domine le prix de nos marchandises (ou bien, leur rapport avec la monnaie sonnante universelle). Autant la dernière de ces deux quantités (le prix d'achat), est inférieure à la première (le prix de vente), autant les prix des marchandises russes sont bas, en les traduisant en monnaie universelle, le plus commerce de Kiakhta doit être avantageux à ses participants. Pour que ce rapport des prix d'achat et de vente fût en même temps aussi avantageux que possible aux consommateurs de thé, il faudrait que cette proportion s'élevât, non aux dépens du renchérissement du prix de vente, mais aux dépens des prix d'achat; en d'autres termes, les bénéfices des commerçants doivent grandir avec la baisse de prix du thé qui, de plus, doit augmenter de débit. La baisse de prix des marchandises russes destinées à Kiakhta, qui s'est produite en 1864, n'est pas, comme nous l'avons vu, une baisse de prix effective, normale, saine; ce n'est qu'un rabais *temporaire*, ou bien un relâchement du renchérissement relatif à l'agio, c-à-d. à leur valeur de notre papier monnaie. Ce rapport des prix, résultat des circonstances intérieures et maladives de notre économie nationale, de la réduction de la consommation et du débit, après leur augmentation excessive et anormale, n'est qu'une des faces variées et temporaires d'une maladie fondamentale, qui mine toutes les fonctions vitales de notre organisme économique; le désarroi de la circulation fiduciaire correspond au dérangement de la circulation du sang dans un organisme animal. Puisque tous les avantages, provenant des oscillations maladives des cours du change, ne peuvent être regardés comme des profits de l'économie nationale, mais comme des profits éventuels et passagers de la spéculation, puisque la hausse des prix de nos marchandises d'exportation, traduite en monnaie universelle, n'est qu'illusoire, — les bénéfices de tout négociant russe, de même que ceux du marchand de Kiakhta, seront pures chimères tant qu'ils s'exprimeront par une unité monétaire aussi variable que la nôtre. Il serait indispensable que le rapport de la valeur du thé de Kiakhta à son prix de vente, que le hasard a fait tomber sur l'année 1864, fût permanent, pour que ces bénéfices et, par contre, la prospérité de notre commerce devinssent réels; des conditions capables de contribuer aux progrès et au bon marché de notre production unies à la suspension de notre désarroi monétaire pourraient seules amener ce résultat. La baisse des cours du change, qui peut, et qui, selon tou teprobabilité, grandira encore, doit *nécessairement* entraîner, avec l'épuisement des marchandises étrangères sur nos marchés et avec l'écoulement de nos capitaux hors de la frontière, d'abord, le renchérissement de toutes les marchandises d'importation, puis celui de toutes les marchandises russes qui leur seraient analogues[43]. Les prix du thé monteront-ils, et de combien s'élèveront-ils comparativement aux prix des autres marchandises, c'est encore là une question, à laquelle il est impossible de répondre affirmativement, car le funeste ébranlement des prix produit par les oscillations de l'unité monétaire, se renferme justement dans la disproportion excessive du mouvement des prix des différentes marchandises. Les spéculations aléatoires profitent de cette disproportion, qui cause la ruine du commerce régulier. Le résultat heureux de la foire de 1864 s'attache, comme nous l'avons vu, à deux circonstances fortuites: la quantité de thé importé de Kiakhta en 1864 ne dépassait que de peu la moitié de celle de 1863 (60,000 caisses en 1863, 37,000 en 1864); l'importation du thé de Canton avait fait défaut, — circonstances qui, sous plus d'un rapport, peuvent servir d'indications utiles.

Nul doute que l'acquisition du thé de Kiakhta peut devenir moins chère, par elle-même, indépendamment du hasard: [1]) par l'achat direct de ce thé aux Chinois, sur les marchés intérieurs de Chine, et non par l'achat à des accapareurs chinois, à Kiakhta (cette circonstance donne un avantage considérable aux thés de Canton sur ceux de Kiakhta; nos marchands l'ont compris, — ils ont, dans ces deux dernières années, envoyé leurs agents en Chine); [2]) par le bon marché du transport de Sibérie en Russie; cette condition ne dépend nullement des marchands eux-mêmes.

---

43) Tout ce que nous venons de constater ici, a été écrit en 1865, et s'est suffisamment justifié depuis (1881).

Disons maintenant quelques mots sur le commerce *du fer*, appartenant spécialement aussi à la foire de Nijnii-Novgorod et dépendant de la position géographique de cette ville. Les fabricants, leurs acheteurs en gros et en général tous les commerçants, ont été, paraît-il, mécontents du dénouement de cette affaire en 1864; les consommateurs du fer ou le public, n'ont pas eu lieu d'en être contents non plus, puisque les prix de ce métal ne baissèrent point, malgré l'extrême nécessité pour le peuple de l'acquérir à bon marché. Après de nombreuses oscillations, les prix, ne s'en modifièrent généralement pas à la foire de 1864: quelques qualités de ce métal haussèrent, d'autres baissèrent; les premières mains durent faire une concession, après une certaine élévation de prix que cette marchandise atteignit à son passage en secondes mains. Pourtant, quelque désirable que soit le bon marché du fer, les fabricants ne trouvèrent point leur compte à la foire, précisément parce qu'ils ne réussirent point à élever son prix; les marchands en gros regrettèrent de l'avoir acheté trop cher, d'autant plus qu'une grande quantité de ce métal leur resta pour compte et ne passa point en secondes mains. La crise du fer survint en même temps que l'émancipation des serfs: les dépenses, non seulement de la production du fer, mais encore celles de son transport des usines aux embarcadères (qui autrefois s'effectuaient par corvée) s'élevèrent; les propriétaires des usines, criblés de dettes, ne possédaient pas de capitaux roulants suffisants, et malgré tout cela le débit et la consommation du fer, comme nous l'ont assuré des commerçants en gros, n'augmentèrent pas dans notre pays, à cette époque. L'organisation de notre commerce en fer, présente une circonstance provoquant les plaintes générales et méritant d'être mentionnée: c'est la participation des commerçants en gros, qui, par leur médiation coûteuse nuisent, dit-on, aux fabricants, comme aux consommateurs (en élevant les prix de vente à ces derniers). Autant qu'il nous a été possible d'approfondir cette question, ces plaintes, au point de vue économique, sont fort injustes, quoique les commerçants en gros, forts de leurs capitaux et de leur crédit, puissent se permettre des abus. Cependant, ces abus proviennent uniquement du nombre restreint de ces commerçants en gros, vendeurs de fer, dont le nombre se limite depuis longtemps et d'une façon incompréhensible, à trois individus. Il n'y a qu'une chose à souhaiter, — l'augmentation de leur nombre, et par conséquent une concurrence qui, maintenant, est presque nulle entre eux. Leur médiation est indispensable, d'après les combinaisons que nous avons émises, dans la description du rôle que jouent les gros marchands de thé. Les commerçants en fer accordent leur crédit, autant aux propriétaires d'usines, qu'aux marchands de ville, aux marchands locaux. fort étendues: le crédit est surtout indispensable dans le commerce du fer. Nos voies de communication n'offrant point un moyen de transport assez rapide, le fer est fort lent à atteindre sa destination, et pourtant les propriétaires des usines ne peuvent se passer de l'argent comptant, que ne leur fournissent ni les secondes ni les troisièmes mains. De plus, les premières mains, ou les négociants en gros, en livrant leur fer, argent non comptant, en secondes mains, et en même temps en offrant leur crédit et de l'argent comptant aux usines, ont acquis une expérience particulière dans ces sortes de transactions de crédit, qui exigent des connaissances spéciales, une activité particulière et une singulière hardiesse. Nous sommes convaincu que le fer aurait encore été exposé à plus de fluctuations commerciales, sans ces marchands en gros[44]).

Le commerce des *peaux* brutes et façonnées, et les objets en peau tiennent un rang important à la foire de Nijnii-Novgorod. Nous n'avons pas étudié ce commerce dans toutes ses branches variées et nous ne possédons sur lui que quelques données éparses, ce qui explique peut-être les quelques contradictions qui peuvent s'être glissées partiellement dans les renseignements qu'on nous a donnés sur la marche de ce commerce. Il paraît certain

---

44) Le commerce du fer est encore au même état jusqu'aujourd'hui à la foire de Nijnii-Novgorod. Les patrons d'usines et les petits chalands continuent à se plaindre de la prépotence des gros commerçants, dont le personnel a quelque peu changé, mais dont le nombre n'a pas augmenté dans le cours de ces dernières années (ils sont toujours 3 ou 4 et peuvent facilement s'entendre entre eux). Un seul changement s'est produit dans la marche de ce commerce: l'activité des gros marchands locaux (de ville) s'est restreinte; les moindres marchands locaux fréquentent Nijnii et achètent leur fer des premiers négociants en gros.

que les objets façonnés se sont plus facilement écoulés en 1864
que toute autre marchandise de ce genre, surtout les bottes
et les souliers, qui trouvent leur emploi dans nos classes moyennes
et nos classes pauvres; la demande de la chaussure en peau
s'est considérablement accrue dans notre pays, pendant ces dernières années, du moins l'affirme-t-on généralement, et ce commerce a eu plus de succès, en 1864, que les années précédentes.
Le cuir de veau qui sert à la confection des cuirs *vernis*, a eu de
même un débit fort satisfaisant; son emploi s'est considérablement
multiplié, autant dans notre pays qu'à l'étranger. On nous a communiqué des renseignements fort curieux à ce sujet. Le cuir de
veau est tellement recherché, que toutes les peaux apportées à
la foire (par les paysans et les marchands des gouvernements de
Vologda et de Viatka) furent vendues, et que les commissionnaires
étrangers étaient tout prêts à acheter toutes celles qui leur tombaient sous la main, sans prendre garde ni à leur défauts[45])
ni à leur prix élévé[46])
(comparativement aux prix des pays étrangers). Cet article d'exportation pourrait, moyennant quelque perfectionnement, s'accroître considérablement dans notre pays. Les cuirs vernis se
confectionnent déjà en Russie (même dans les villages), mais
en dehors des cuirs faits à Pétersbourg (où cette fabrication
est entre les mains d'étrangers), nos cuirs vernis ne peuvent
soutenir la comparaison de ceux qui se fabriquent en pays étrangers avec nos peaux de veaux et que nous achetons en énorme
quantité. C'est encore là un des articles qui présenterait les
conditions les plus naturelles à notre pays et dont les progrès
pourraient se passer des privilèges artificiels de la douane. Autant
que nous avons pu le remarquer, le prix des cuirs (à l'exception
de ceux qui s'exportent à l'étranger) n'a point varié.

---

45) Ces défauts proviennent de la négligence que les paysans mettent à soigner leur bétail vivant, et de la manière dont ils dépouillent l'animal mort.

46) Les spéculations ont excessivement élevé les prix de cette marchandise,
après la première guerre d'Orient; depuis 1857 à 1860, une crise s'est produite
dans les prix qui plus tard se sont de nouveau animés en même temps que la demande de cette marchandise à l'étranger. Les faits de la marche générale de nos
affaires se manifestent ici, comme dans presque toute autre branche de notre commerce, mais sous d'autres formes et à d'autres époques.

Nous avons déjà mentionné la *pelleterie* ou le commerce des fourrures, qui joue un grand rôle à la foire de Nijnii-Novgorod. Ce commerce est si vaste et si compliqué que nous n'avons pu l'étudier suffisamment. Nos données se rapportent exclusivement au commerce des fourrures travaillées à Moscou, et qui appartiennent en général à la catégorie supérieure. Un certain ralentissement, relativement à la foire de 1863, s'est fait sentir en 1864, dans le débit de cet article. Les marchands de ville surtout n'ont point fait d'approvisionnements. Les belles fourrures ont eu moins de succès que le reste, cependant le débit des fourrures à bon marché, de celles dont se servent les paysans, ne s'est pas augmenté dans ses diverses catégories. Les prix étaient en général plus élevés qu'en 1863, mais le renchérissement n'a été particulièrement sensible que pour les fourrures destinées aux pays étrangers. Si les renseignements qu'on nous a communiqués sont précis, les prix de vente (surtout au détail) des fourrures façonnées pour l'usage de l'intérieur, se sont peu modifiés dans cette dernière période, et le prix des fourrures brutes, dont la foire d'Irbit est le principal marché, s'est élevé; cela s'accorde avec la marche générale de notre économie nationale. Une des branches de ce commerce a pris, à une époque récente, un développement extraordinaire, et mérite une attention particulière: c'est le tannage des peaux de mouton et autres dans la ville de Chouya, gouvernement de Vladimir. Il suffit de dire que la ville de Chouy aa fourni jusqu'à 100,000 pelisses à l'armée. Les *tanneurs* de Chouya se sont laissé entraîner par leur succès, ils ont apporté à la foire de 1864 une pacotille si considérable de leur marchandise, que le prix en a fléchi. Ce n'est là, certainement, qu'un échec passager; cette industrie s'est assise sur des bases solides; elle a un côté fort remarquable: de simples paysans s'en occupent, ils vont même jusqu'à s'établir, dans ce but, dans la ville de Chouya.

Terminons notre esquisse de la foire de Nijnii-Novgorod par une branche de commerce que nous avons eu l'occasion d'étudier personnellement et qui lie le côté économique de cet immense marché à son côté intellectuel. Nous voulons parler du *commerce des livres* que les marchands qualifient en toute justice

de «*commerce boiteux*.» Ce commerce produit effectivement une
singulière impression, lorsqu'on l'observe au milieu de cette immense accumulation de marchandises, propres à satisfaire toutes
les exigences, sans exception aucune, du monde russe; on dirait
que ce commerce existe sans avoir sa raison d'être, non pour satisfaire
aux besoins des chalands, ni pour procurer des bénéfices aux vendeurs,
mais rien que grâce à la charité bénévole que lui accordent les
profits des autres branches de commerce. Nul négociant ne considère le commerce des livres comme une affaire sérieuse, — c'est
une pure distraction et un passe-temps pour les libraires. Au
fond il en est ainsi. Les marchands, satisfaits de leur affaires,
après le dénouement de la foire, achètent, la veille de leur départ, des cadeaux pour leur famille; ils donnent à leurs «employés», entre autres ordres, celui de passer à la boutique aux
livres et d'en prendre quelques-uns «des moins chers.» Les
libraires emballent ce qui leur plaît. C'est ainsi que les livres
se donnent aux enfants en place de pains d'épices ou de cadeaux
de foire. Cette coutume qui n'a pas encore complètement disparu,
peint parfaitement notre commerce de livres. C'est la marchandise la moins courue de notre pays. Si quelques livres s'écoulent
rapidement, c'est le plus souvent, indépendamment de leurs mérites intérieurs. Par exemple, l'unique livre, qui ait trouvé un
grand débit, à la foire de 1864, c'était l'«Ouvrage le plus nouveau»
parfaitement inconnu dans le monde littéraire et paru (effectivement réimprimé) en 1864, sous le long titre de «*10,000 recettes*»,
et a. d. s. Les idées, les goûts des producteurs et en général,
les conditions de l'offre, s'écartent des idées, des goûts des consommateurs et des conditions de la demande, dans ce commerce
incomparablement plus que dans tout autre[47]. C'est le trait économique le plus saillant de cette branche. La faiblesse de la demande
ne peut être expliquée, comme on le fait souvent, par la *seule* ab-

---

47) Le caractère du commerce des livres à la foire de Nijnii-Novgorod ne s'est
point modifié jusqu'à ce jour, en dépit de nos progrès intellectuels depuis 1864.
Ce commerce est même plutôt tombé, puisque la seule et unique maison considérable qui, dans le commencement des années 60, a fait des efforts énergiques
pour donner cours à ce commerce à la foire de Makary, n'existe plus depuis cette
époque.

sence des goûts intellectuels ou bien par l'insuffisance des moyens pécuniaires du public; pendant qu'un chaland desserre les cordons de sa bourse, avec des efforts inouïs, pour ajouter 25 copeks au prix d'un livre, la bourse d'un paysan laisse aller des centaines de roubles pour payer quelque volume que l'acheteur de nos librairies ordinaires n'ouvrira jamais. Nous avons vu de nos propres yeux des paysans et des paysannes déguenillés, appartenant à nos diverses sectes religieuses, compter de grosses sommes d'une main tremblante et les dépenser en livres d'ancienne impression: 25 et 50 roubles argent se déboursaient sans qu'on y prît garde, pourvu que le vendeur assurât que le livre était authentique. Le commerce des vieux bouquins sectaires est un des faits les plus curieux de la foire de Nijnii-Novgorod. L'empressement avec lequel l'argent se débourse dans la crainte de laisser échapper quelque exemplaire précieux qui contient les décrets du concile tenu à Moscou, en 1551, ou bien quelque livre de l'époque du métropolite Joseph, est surprenant!

IV.

Influence générale de la foire de Nijnii-Novgorod sur notre économie nationale et son avenir.

Quel est l'avenir réservé à la foire de Nijnii-Novgorod? Cette question, liée aux nouveaux progrès du commerce et des voies de communication, a été soulevée plus d'une fois dans le cours de ces dernières années. Des gens, aussi compétents les uns que les autres, y font deux réponses opposées: les uns prévoient la ruine de ce marché, — les autres lui prédisent une grande prospérité future. Les uns et les autres trouvent depuis longtemps les symptômes de leurs prévisions et appuient leurs combinaisons sur des faits essentiellement positifs. Cela ne doit pas nous surprendre si nous prenons en considération, que chaque manifestation dans la vie d'un peuple, et à plus force raison, une manifestation qui, conformément à celle du développement de la

foire de Makary, s'est produite pendant la durée de plusieurs
siècles, dépend d'une masse d'exigences diverses, qui toutes ensemble, produisent un fait donné et présentent en même temps
des symptômes extérieurs, se contredisant souvent mutuellement.
C'est ainsi que le développement des foires dépend, d'une part, —
des défauts des voies et des moyens de communication, — de
l'autre de l'insuffisance des différentes conditions physiques et
économiques d'un commerce régulier. Telles sont les bourses
qui, en dehors des foires, donnent aux commerçants la possibilité
de se réunir pour conclure leurs transactions et pour discuter la
situation des marchés; ensuite, les centres de dépôt et de commerce qui reçoivent continuellement des marchandises et qui les
fournissent à différentes régions, sans que les petits commerçants
et les consommateurs soient obligés de se déplacer; en général la
confiance commerciale, la connaissance précise des commerçants
et des consommateurs de la marchandise qu'ils achètent, et la publicité dans le monde commercial, qui permet de vendre et d'acquérir
sur des échantillons, sans être forcé de transporter à grands frais
ces marchandises; enfin, le crédit, les banques et toutes sortes
d'intermédiaires de crédit et de commerce, suffisamment organisés pour affranchir les commerçants de contrats personnels
dans les opérations à terme, et surtout des recherches personnelles de leur créanciers, qui constituent pour un grand nombre
de marchands un des principaux buts de leur visites à nos foires.
Le développement insuffisant de conditions semblables, que nous
indiquons à grands traits, accompagne évidemment le développement insuffisant de l'activité commerciale de la nation et prouve la
faiblesse de ce développement, du moins en comparaison des
autres nations, qui disposent déjà des forces commerciales mentionnées. Il est évident que le commerce d'une localité donnée,
son caractère de foire fut-il même soutenu par les circonstances
et les coutumes, peut cependant s'accroître relativement, et par
conséquent les foires, où il se concentre particulièrement, peuvent
aussi prendre de l'extension; de cette façon, les symptômes de
la faiblesse ou de la force peuvent se confondre aux yeux de
l'observateur et produire sur lui les impressions les plus
opposées. Il en fut de même pour la foire de Nijnii-Novgorod,

dont les transactions, sous l'influence de la situation générale des affaires commerciales et industrielles de la Russie, tantôt se renforçaient, comme après la première guerre d'Orient, en 1857, (ainsi qu'en 1878—79, après la seconde guerre d'Orient) et tantôt s'affaiblissaient, comme dans les années 60 au milieu de la stagnation industrielle et de la crise du coton. Voilà pourquoi il est excessivement difficile de tirer des conclusions générales sur le mouvement de cette foire, surtout au milieu de nos circonstances économiques, complètement anormales, et au milieu de la transformation générale de l'économie nationale, dont nous sommes actuellement témoins. Tout ce qui, dans la marche de la foire, constitue ni plus ni moins que les suites de commotions commerciales passagères de tout l'Empire, peut être facilement envisagé comme un changement dans le caractère de la foire elle-même. Le contraire peut avoir lieu tout aussi bien: les changements effectifs et réels dans le caractère de la foire peuvent être expliqués comme l'effet exclusif de circonstances temporaires du commerce.

En même temps, la nouvelle ère qui s'est ouverte pour notre économie nationale embarrasse de son côté, et sous un autre rapport, les conclusions générales qu'on pourrait faire sur le marché de Makary; les conditions de la vie du peuple, qui ont précisément donné un si immense développement à notre commerce forain en général, et à celui de Nijnii-Novgorod en particulier, (depuis l'abolition du servage et toutes les réformes du dernier règne) se sont quelque peu transformées dans ces derniers temps. Un nouveau système de communications prend de l'extension: les chemins de fer entrent en concurrence avec les voies fluviales qui ont prévalu presqu'à présent, et qui, comme nous l'avons vu, ont prodigieusement favorisé la foire de Nijnii-Novgorod. Mais, d'un autre côté, la construction de notre réseau de chemins de fer a été irrégulière, et ce réseau n'est pas encore terminé jusqu'aujourd'hui dans ses principales ramifications (la ligne de Sibérie), de sorte que tout l'effet du nouveau système de communications, qui a transformé de fond en comble la carte commerciale de l'Europe et qui a annihilé une des principales causes de l'existence des foires, n'a pas encore pu se produire dans toute sa force,

1.   7

bien qu'une foule d'embranchements secondaires, et même de lignes inutiles, aient été construits. Néanmoins, les modifications et les perfectionnements des voies de communication qui se sont déjà effectués, autant au profit immédiat de la foire de Nijnii-Novgorod (le chemin de fer de Moscou à Nijnii-Novgorod et en partie les lignes qui aboutissent à Moscou) qu'à celui de tout l'Empire (principalement le développement de la navigation à vapeur et des télégraphes), ont dû forcément influer à un certain degré sur la foire qui, par son immense portée, dépend de l'état des voies de communication, non-seulement dans son propre rayon géographique, mais aussi dans toute l'étendue de la Russie. L'effet de ces nouvelles conditions ne se manifeste que très difficilement, d'abord parce qu'il est tout récent, et de plus, fort incomplet, puisqu'une grande partie des chemins de fer est encore inachevée et qu'aucun système, aucune liaison, ni entre eux, ni avec les communications des bateaux, ni avec les voies commerciales et les marchés de l'Europe, ne se sont encore établis[1]). Les conditions intellectuelles de notre monde commercial, le niveau de la civilisation et des coutumes commerciales, la manière des marchands d'envisager les choses, conditions qui ont une influence directe sur le développement de l'activité foraine (comme par exemple la passion pour le genre de vie de commerçant ambulant), — se sont aussi modifiées à un certain degré, mais encore ne présentent-elles point de progrès assez prononcés, capables de signaler la nouvelle époque de la vie commerciale. L'ancien ordre de choses est tenace et ne cède pas facilement à un nouveau système; il se passera bien du temps encore, avant que les idées européennes s'inoculent à notre monde commercial, et prévalent sur les usages asiatiques et les coutumes des peuples à demi-civilisés et même demi barbares, qui, jusqu'à présent, envahissent notre commerce du côté de l'Orient.

Tout ce que nous venons de dire prouve à quel point les

---

1) Ces lignes ont été écrites en 1865. Le réseau de nos chemins de fer s'est considérablement développé depuis cette époque, mais l'effet décisif et définitif qu'il aurait pu produire sur le commerce de foire ne se remarque pas encore, ce qu'il faut attribuer à l'absence de la ligne ferrée de Sibérie, qui présenterait à la foire de Nijnii-Novgorod la première condition capable de changer toute sa portée.

symptômes les plus variés et les plus opposés des conditions et des mouvements du genre de vie et de l'économie de notre peuple, se mêlent au caractère actuel et à la période contemporaine de la foire de Nijnii-Novgorod, et combien l'appréciation générale de la portée de cette période est difficile. Des prédictions certaines sur l'avenir de ce marché seraient encore embarrassantes.

Si la complication des circonstances dont dépendent les faits sociaux, si le caractère transitoire de notre époque s'opposent généralement à la certitude des prédictions, l'éventualité extraordinaire qui préside aux évènements de notre pays, dont nous sommes souvent témoins, et qui déjouent tous les calculs du bon sens, rendent impossibles les prévisions même les plus vraisemblables, sous le rapport de l'avenir en général, et particulièrement sous celui du développement futur de nos voies de communication, dont dépend, plus que de toute autre chose, l'avenir de nos foires[2]).

Qui donc, par exemple, dans l'histoire de nos chemins de fer, aurait pu prévoir une année, un mois d'avance, que la construction des chemins de fer dans le midi de la Russie commencerait par les lignes transversales et secondaires, destinées à réunir les lignes longitudinales et les lignes les plus importantes qui n'existaient pas encore, et qu'on ne commencerait point par ces dernières, comme cela se pratique dans tous les pays de monde? Qui aurait pu prévoir que la jonction de Balta avec Krémentchoug et même avec Elisavethgrad, et la jonction entre les steppes, — jonctions auxquelles personne n'avait rêvé jusque là, — auraient précédé la jonction entre Moscou, Kief et Odessa, — auraient eu le pas sur un lien entre les centres politiques, industriels et historiques de la Russie avec ses frontières et avec le monde civilisé? Qui donc aurait pu croire qu'une communication secondaire aurait la préférence sur une communication vers la réalisation de laquelle le peuple russe a aspiré d'une manière

---

2) La construction de notre ligne de Sibérie qui, dans le cours de ces vingt dernières années, a été tantôt définitivement décidée, tantôt suspendue, qui même a été plus d'une fois oubliée, est un exemple frappant de cette éventualité dans la marche de nos affaires, surtout dans celles de nos affaires économiques.

7*

ou d'une autre, dès les premiers instants de son existence politique? Assurément, personne n'a pu le présumer et c'est pourtant ce qui est arrivé. Le même sort est peut-être réservé aux combinaisons qu'on ferait par rapport à la foire de Nijnii-Novgorod, qui se trouve dans une dépendance inéluctable des détails les plus divers de tout le système des voies commerciales, qui répartissent entre toutes les régions de la Russie d'Europe et de la Russie Asiatique les marchandises russes et étrangères dont elle se fournit.

Ces idées générales peuvent servir à expliquer les opinions contradictoires que provoquent l'avenir de la foire de Nijnii-Novgorod, et le rôle qu'elle joue dans notre économie nationale contemporaine. Ces idées peuvent aussi justifier en partie l'insuffisance de nos propres observations et quelques contradictions qui s'y trouvent, ainsi que les grandes lacunes que nous avons laissées dans la solution de notre problème. Les prévisions les plus sensées par rapport à l'avenir de la foire de Nijnii-Novgorod dégénèrent facilement en conjectures énigmatiques; si nos combinaisons tombent dans le même domaine, nous espérons, du moins, que la communication des faits que nous citons, — les observations personnelles sur lesquelles nous basons notre appréciation de la foire, ne seront point regardées comme complètement superflues.

Pour juger avec quelque certitude de l'avenir du marché en question, il faudrait avant tout, pouvoir déterminer: 1) les exigences de notre commerce auxquelles il satisfait, et le but auquel il tend actuellement, dans le mouvement général de notre économie nationale. En d'autres termes, il faudrait préalablement définir le rôle principal qu'il joue dans l'activité économique de notre peuple, les conditions actuelles de son existence étant prises en considération. Après cela, la question suivante aurait été éclaircie: en quoi pourrait se modifier ce rôle mis en parallèle avec les changements dans nos circonstances économiques auxquels il faut, selon toute probabilité, s'attendre dans l'avenir le plus prochain? Plus loin, pour juger de l'avenir de la foire, il nous importerait de savoir: 2) quelles suites les changements de quelques circonstances, changements qui se sont déjà effectués, ont-ils pro-

duites sur la marche de la foire? Il ne faut pas oublier ici, que la
vie du peuple avec toutes ses habitudes, ses préjugés, ses goûts,
qui ont une influence puissante sur la direction du commerce, ne
peut changer de caractère d'un jour à l'autre, le soustraire à
tout son passé, quelque promptitude et quelque énergie que les
circonstances environnantes mettent à se modifier. Supposons
qu'un marché quelconque, point de réunion d'une masse de peuple
pendant l'espace de plusieurs siècles, soit devenu plus tard parfaitement inutile au commerce à la suite d'une révolution complète
dans la direction des voies commerciales et dans l'emplacement
des marchés, nous ne pourrions nous attendre cependant à ce que
ce marché fût abandonné immédiatement; on le fréquenterait longtemps par habitude: la foire de Korennoï (gouv. de Koursk) en
est un exemple vivant.

La solution des questions que nous venons de poser n'est possible qu'avec les limitations et les restrictions que nous avons
mentionnées plus haut, au moyen desquelles nous pouvons
grouper autour de la question principale de l'avenir de la foire,
les différents renseignements sans lesquels l'analyse de cette
question n'aurait été que le fait inutile d'une curiosité oisive:
l'avenir de la foire est important et pratiquement intéressant,
uniquement par sa liaison avec le présent; il n'est important que
par les changements qui s'opèrent aujourd'hui autant en lui-
même que dans toutes les transactions commerciales qui entrent
en contact avec lui et qui, peu à peu, insensiblement, lui préparent
une autre situation dans l'avenir. Enfin, ce qu'il y a de plus
important dans l'appréciation de cet avenir, c'est l'approfondissement de la portée générale, au point de vue de l'économie nationale, de ce marché de foire englobant deux parties du monde.
Dans tous les cas, nous prions le lecteur de considérer notre
programme de questions comme un canevas que nous ne perdrons
pas de vue, dans le but de le remplir de nos observations, sans
cependant prêter à notre exposition aucun ordre strict et systématique. Le programme de nos questions peut servir de point de
départ aux explorateurs futurs de la foire en question.

On a toujours regardé cette foire, comme un lien entre l'O-
rient et l'Occident, entre l'Asie et l'Europe, c'est-à-dire comme

le principal centre russe-européen de notre commerce asiatique.
Cette appréciation de la fonction économique de cette foire, à été
jusqu'à présent la plus répandue et la plus généralement adoptée.
Elle domine dans le petit nombre d'ouvrages que nous possédons
sur la foire de Nijnii-Novgorod, elle s'exprime plus ou moins par
les commerçants eux-mêmes, lorsqu'ils discutent sur la grande
importance de Makary. La prééminence que l'opinion accordait
au commerce de Kiakhta ou au résultat des opérations faites sur
le thé comparativement à toutes les autres transactions de la foire,
correspondait à cette idée qu'on s'était faite sur la foire de
Nijnii-Novgorod, tout comme y correspond l'opinion qu'on a sur
les voies d'eau qui, rarement interrompues, constituent une chaîne
continue de communications de l'Orient à l'Occident et constituent pour les marchandises qui s'écoulent à la foire, un moyen
de transport, depuis les limites méridionales et occidentales de
l'Asie Centrale, les rives de la mer Caspienne et l'Oural, de la
Sibérie et du fond de la Chine, et enfin du côté opposé, des nombreuses provinces intérieures de la Russie d'Europe, arrosées
jusqu'à nos ports extrêmes nord-ouest, par les affluents et les
communications artificielles du bassin du Volga. Ce coup d'oeil
est parfaitement conforme à l'origine historique de la foire qui,
depuis l'époque du royaume de Bolghar, a toujours servi d'intermédiaire entre les peuples de l'Orient et ceux de l'Occident; le
monde entier ne pourrait présenter, même jusqu'à nos jours, un
autre point de réunion aussi considérable, dans un but purement
commercial, des Asiatiques et des Européens. C'est ici que se
pressent les représentants de toutes les branches de notre commerce asiatique oriental, en suivant toute la ligne géographique
de notre limite asiatique, depuis le commerce de la Perse, d'au-
delà du Caucase, le commerce boukhâre, celui du pays de Kokhand, celui d'autres contrées de l'Asie Centrale et se terminant
par le commerce avec la Chine. C'est ici qu'affluent non-seulement les marchandises des différentes contrées de l'Asie, mais les
marchands eux-mêmes, à l'exception des Chinois, qui ne dépassent
pas les points d'échange situés sur leurs frontières. Un grand
nombre d'Arméniens, ces juifs de l'Orient, race douée par la nature
d'une disposition particulière au commerce, une quantité de peup-

lades asiatiques qui nous sont soumises, et qui jusqu'à présent existent à proximité de nos limites orientales, telles que les Tatares de
Kazan, les Kalmouks et a. d. s. se joignent à ces représentants
des nationalités les plus variées qui habitent les provinces asiatiques
limitrophes de notre pays. Les costumes nationaux bigarrés de
tous ces peuples orientaux, leur idiomes qui se font continuellement entendre sur tous les points de la foire, des rangées
de boutiques qu'ils remplissent, enfin deux temples qui leur
appartiennent, situés sur la place la plus fréquentée de la foire,
— une église arménienne à droite de la cathédrale orthodoxe
qui tient le centre de tout l'espace qu'occupe la foire, et une
mosquée à gauche, — tout cela semble vouloir vous rappeler
les droits civils historiques de l'Orient non chrétien établis sur le
cours central du Volga, au sein d'une province russe de l'essence russe
la plus pure, la plus primitive, au milieu de la grande terre de
Souzdal, au coeur du peuple européen chrétien le plus nombreux
de la terre. Cette mosquée avec minarets, dont la hauteur
égale presque celle des coupoles de la cathédrale orthodoxe, vous
rappelle aussi les rapports d'une tolérance surprenante, peut-être
unique dans l'histoire, du peuple russe avec les nationalités qu'il
a soumises au prix de son sang, et avec leurs croyances religieuses.
Il ne sera peut-être pas superflu de compléter ce tableau par un
trait caractéristique, bien qu'insignifiant : l'entrée de la Grande
Maison, que l'aristocratie de la foire fréquente assidûment le
soir, à l'heure de la musique, est sévèrement interdite au *bas*
peuple (particulièrement aux paysans); mais cette défense ne s'é-
tend pas aux Asiatiques, et le cosaque, qui observe strictement la
consigne, n'a même jamais l'idée d'assimiler un étranger à la catégorie du bas peuple, quelque sauvages que soient sa figure et son
costume. Ce n'est pas seulement à la foire de Nijnii-Novgorod,
que les étrangers, sans en exclure les Asiatiques, sont les con-
vives les plus aimés des Russes.

L'apparence de toute la foire de Nijnii-Novgorod a une teinte
orientale, asiatique, qui ne vous laisse pas oublier un instant
que vous vous trouvez à un marché oriental, poussé par les
efforts de plusieurs siècles physiquement et moralement vers
l'Europe, mais non transformé encore en marché européen. Et

ce n'est pas seulement par son apparence que la foire de Nijnii-Novgorod, appelée caravansérail par les étrangers, a conservé ses éléments asiatiques: elle est encore aujourd'hui le théâtre de nos transactions commerciales les plus considérables avec l'Asie; c'est ici qu'une masse de produits des manufactures russes se commandent et s'achètent pour servir aux échanges contre les marchandises de l'Asie. Le premier rang, sous ce rapport, appartient à Kiakhta et à la Sibérie; viennent ensuite les contrées d'au-delà le Caucase et le Caucase, qui ont prodigieusement augmenté leurs achats depuis quelque temps, et les terres de l'Asie Centrale — Boukharie, Khiva et Kokhand (ces dernières contrées principalement par suite de l'importation du coton). De même les représentants des peuples de l'Europe Occidentale, — Allemands, Français, juifs allemands — entrent en contact avec l'Asie encore à la foire de Makary et particulièrement par l'intermédiaire de Moscou et de Pétersbourg (en partie par notre frontière occidentale) qui est leur route habituelle pour se rendre ici.

En dépit de toutes ces conditions, nous persistons absolument à ne pas admettre que le commerce asiatique ou l'échange des marchandises entre l'Asie et l'Europe constitue l'importance capitale de la foire de Nijnii-Novgorod, du moins à notre époque et par rapport à la Russie. Depuis que nos frontières s'avancent de plus en plus au cœur de l'Asie, et que le territoire de l'Empire de Russie embrasse les steppes qui nous séparaient de l'Empire Chinois et des petits Etats de l'Asie Centrale, depuis que nous sommes solidement installés sur les voies commerciales reliant l'Asie à l'Europe, depuis que les provinces les plus reculées de la Russie d'Europe du côté de l'Orient se sont peuplées, et que les colons russes se transportent aux limites de nos provinces d'Asie et participent aux caravanes qui pénètrent jusqu'à leurs marchés intérieurs — depuis cette époque, la portée spéciale du marché de Makary, comme centre du commerce asiatique, diminue graduellement. Les anciens points d'échange ont pris une grande extension, de nouveaux points ont surgi dans le siècle actuel et principalement dans ces 50 dernières années, autant sur notre frontière asiatique que dans ses environs; nos points d'échange sont: Irbit, Tumène, Sémipalatinsk, Orenbourg et a.

d. s., les points chinois: Tchougoutchak et Kouldja qui, autrefois, n'ont joué aucun rôle commercial. Les dernières expéditions militaires dans l'Asie Centrale et les progrès de l'organisation administrative dans nos provinces limitrophes doivent puissamment agir dans le même sens. Les points commerciaux acquis par nous dernièrement (le Turkestan, Aoulet, Tchemkent, Tachkent) situés sur les voies des contrées de l'Asie les plus différentes et même les plus opposées (de l'Orient et du Sud), doivent encore plus nous rapprocher des marchés intérieurs de l'Asie. L'activité commerciale doit s'être animée dans ces parages, au dire de nos marchands, qui fréquentent les foires de la Russie Orientale et les points d'échange de nos frontières. Le développement excessif de la foire d'Irbit dans ces derniers temps, est la preuve la plus manifeste du rapprochement des centres de notre commerce asiatique de l'Orient. Les affaires qui dans les années 20 arrivaient péniblement au chiffre de 20 millions de roubles, atteignent aujourd'hui celui de 50 millions. Les transactions qui s'y faisaient ont généralement doublé dans ces vingt dernières années. La foire d'Irbit se trouve étroitement liée à la foire de Nijnii-Novgorod et agit de concert avec elle, par rapport au commerce de la Sibérie et de l'Asie septentrionale. La supposition que la foire d'Irbit s'est graduellement renforcée aux dépens du commerce asiatique de la foire de Nijnii-Novgorod, ne serait donc pas trop hasardée. La foire de Tumène a surgi depuis peu (depuis 1845), plus loin, vers l'Orient. Sa situation géographique, au noeud de toutes les communications par eau et par terre de la Sibérie Occidentale, lui promet un brillant avenir. La marche progressive de notre commerce asiatique vers l'Orient est un fait parfaitement naturel: outre les circonstances que nous avons mentionnées et dont dépend ce mouvement, le développement de la navigation à vapeur qui s'est même introduite dans le système de l'Obi, y a joué un grand rôle; ce développement donnera, avec le temps, une grande importance à Tumène. Le mouvement de la navigation à vapeur qui s'est considérablement développé sur la Kama et entre Nijnii, Kasan et Perm, ont considérablement modifié le caractère du commerce avec la Sibérie et avec Kiakhta; on n'est plus forcé d'expédier en toute hâte

les marchandises de Sibérie destinées à Makary, et d'acheter, à
la foire de Nijnii-Novgorod, des marchandises pour Kiakhta, pour
la Sibérie et en général pour l'Asie, comme on était contraint de
le faire jadis. Les mêmes marchandises peuvent en tout temps
(pendant plusieurs mois) êtres reçues directement de Moscou et
expédiées directement dans cette capitale peu distante de Nijnii,
au point de vue du commerce de Sibérie et d'Asie habitué à
calculer le transport de ses marchandises par mois, à ne point
compter quelques journées de plus ou de moins, et à *fortiori* les
quelques heures qui séparent aujourd'hui Nijnii-Novgorod de
Moscou. La quantité de thé que Kiakhta fournit directement à
Moscou, dans le cours d'une année, égale celle que cette ville
envoie à Nijnii. La navigation de la Kama qui a considérablement augmenté le commerce de Perm et en général, le développement excessif de la navigation à vapeur sur le Volga, en liaison
avec le rapprochement général des centres de notre commerce
asiatique vers l'Orient, n'ont pas affaibli l'importance de Kazan,
mais, bien au contraire, l'ont accrue. Toutefois, Kazan qui jouait
autrefois, après Moscou, le premier rôle à la foire de Nijnii-Novgorod, Kazan qui, à une époque reculée, était le théâtre de la foire
elle-même et où les marchands de Moscou s'exterminaient par
l'ordre de ses Tzars, — Kazan a perdu aujourd'hui ce rôle. Il faut
en chercher la raison probable, autant dans la direction que notre
commerce asiatique a prise, que dans la modification d'autres conditions de la marche de la foire de Nijnii-Novgorod. Les marchands d'Orenbourg, agents fort actifs de notre commerce des
steppes et de l'Asie Centrale[8]), ont acquis une force particulière
à la foire de Nijnii-Novgorod, en accord avec le mouvement du
commerce asiatique vers l'Orient et le Sud-Est.

---

3) On pourrait nous reprocher de parler de différents faits de la foire, en termes
trop indéfinis: *le commerce est tombé, commerce considérable* et a. d. s. Mais nous
répéterons encore une fois que nous préférons les impressions générales, tirées de
nos observations personnelles et des renseignements que nous fournissent les commerçants, aux chiffres statistiques ne présentant pas la moindre exactitude, même
approximative. Nous comprenons cependant l'insuffisance de nos expressions in-
déterminées, qui ne peuvent acquérir de précision, qu'au moyen d'études produites
par d'autres méthodes que celles appliquées à la rédaction de nos relevés statistiques
sur les foires.

Comme nous l'avons dit, nous ne croyons pas que l'échange des marchandises entre l'Orient et l'Occident, entre l'Asie et l'Europe, constitue la portée principale et distinctive de la foire de Nijnii-Novgorod[4]), quoique nous soyons loin de nier sa participation active à notre commerce asiatique et ses éléments orientaux qui se sont si abondamment, historiquement et géographiquement, infiltrés dans sa substance et qu'elle conserve actuellement. Nous parlerons encore dans la suite de tous ces éléments orientaux, européens, et de leur influence respective. La foire de Nijnii-Novgorod nous semble beaucoup plus importante pour le commerce asiatique, comme point de réunion, comme source de renseignements, comme endroit convenable à la conclusion des transactions entre commerçants, que comme point d'échange des marchandises. C'est à cette foire que se délient les noeuds de notre commerce de thé avec Kiakhta pour l'année écoulée, et c'est ici encore qu'ils se lient pour l'année suivante; c'est encore principalement ici que la direction future des virements de Kiakhta se décide, qu'on prend de nouveaux engagements pour les opérations sur les thés et sur les marchandises russes et qu'on établit les prix sous l'influence desquels se produit l'oscillation ultérieure de la valeur du thé, dans toute la Russie. Quelque part qu'on achète ou qu'on vende du thé, — — soit à Odessa, à Tiflis ou à Pétersbourg — le premier soin de l'acquéreur ou du chaland sera de s'informer à quel prix il se vendait ou se vendra à Makary. La foire de Nijnii-Novgorod a la même influence pour d'autres branches de notre commerce asiatique; nous connaissons bien des opérations, bien des marchés qui se sont entamés ou conclus pendant la foire, sans que la marchandise fut présente. C'est ainsi, que d'immenses cargaisons de tissus en coton, vont du gouvernement de Kostroma

---

4) Nous devons ajouter à tout ce que nous avons dit plus haut sur le commerce asiatique à la foire de Nijnii-Novgorod, et qui est rigoureusement exact aujourd'hui encore (1881), que ce commerce a prospéré, et que le nombre des Asiatiques qui se réunissent à la foire, a augmenté dans ces dernières années. Nos conquêtes récentes en Asie, la pacification définitive du Caucase, et en dernier lieu (après la seconde guerre d'Orient) l'agrandissement de notre territoire aux dépens de la Turquie d'Asie (Kars), sont les causes de cet accroissement.

(de la Vitchouga et des contrées environnantes)· aux steppes Kirghises et à l'Asie Centrale, sans faire halte à la foire de Nijnii-Novgorod; mais c'est à ce marché que les fabricants combinent toute l'affaire et qu'ils engagent les agents, dont la fonction est de conduire la marchandise à son lieu de destination. Cette dernière circonstance est digne d'attention: Nijnii-Novgorod, en sa qualité d'un des nœuds les plus importants de toutes les voies d'eau de la Russie, ainsi que de centre le plus populeux et le plus rapproché de Moscou que présente le bassin du Volga, offre aujourd'hui les conditions les plus favorables à l'expédition des marchandises. Ce n'est pas seulement le principal centre de la navigation de tout genre du Volga, mais c'est là aussi que se réunissent les entrepreneurs, les commissionnaires qui se chargent du transport des marchandises dans les régions les plus reculées de la Russie, soit par terre, soit par eau. Toutes ces opérations se concentrent autour des embarcadères de la foire, qui présentent un monde à part dans l'enceinte du marché: c'est ici que les entrepreneurs établissent leurs comptoirs dans des huttes et dans des baraques. Si par exemple, l'expédition d'une marchandise de quelque fabrique du gouvernement de Vladimir ou de celui de Nijnii-Novgorod à un lieu situé à une centaine de verstes, présentait des difficultés, la question se trancherait promptement à la foire de Nijnii-Novgorod et la marchandise irait n'importe où, fût-ce au bout du monde, sans qu'on la vît à la foire.

Evidemment, cette facilité d'envoi et de transport ne tient pas seulement aux conditions géographiques de la localité, mais principalement, à ce que la foire réunit un si grand nombre de participants du commerce — une foule de producteurs, de commerçants, de commissionnaires, d'entrepreneurs et d'ouvriers. La portée de la foire considérée comme *bourse* et comme centre commercial, peut être regardée comme prééminente dans le domaine de notre commerce intérieur des marchandises de manufactures russes, comme aussi dans celui du commerce de l'Asie, surtout de la Sibérie, et dans quelques branches d'exportation (comme les cuirs et les fourrures que l'Orient et le Nord fournissent en général). Les productions de l'Oural et en général toutes les marchandises qui, comme le fer et le poisson, suivent le Volga par Nijnii, appartiennent à la première catégorie. Il faut cependant en exclure le blé, pour lequel la foire de Nijnii-Novgorod comparativement à d'autres localités est insignifiante, quoique les facilités de transport offertes par les nouveaux chemins de fer lui aient donné une certaine importance depuis quelque temps.

Un grand nombre de négociants et quelquefois même des plus sérieux, se rendent à la foire, sans y produire de marchandises, rien que pour *régler leurs comptes*, comme ils s'expriment. Il faut comprendre sous cette dénomination de «comptes» tout ce qui attire un commerçant à une bourse, et principalement, outre les réglements proprement dits, les liquidations auxquelles la foire présente, avec les conditions de notre crédit, le moyen le plus commode; un débiteur peu exact ne pourrait compter sur les marchandises, ni de son créancier, ni sur celles de ceux qui sont en relations d'affaires avec lui. Cette mesure est fort efficace, ou pour mieux dire, elle est la seule garantie de notre crédit. La foire de Nijnii-Novgorod offre des conditions particulièrement commodes sous ce rapport, puisque c'est là que se règlent les comptes d'une quantité d'autres foires et d'opérations qui s'effectuent ailleurs. Qu'un visiteur habituel ne vienne point chercher ses approvisionnements à Makary, c'est mauvais signe, il faut aller se faire payer chez lui. L'état des affaires de chaque commerçant s'ébruite et se dévoile à ce marché, mieux que sur tout autre point de la Russie. Beaucoup de gens viennent à la foire, pour un jour, pour quelques heures, dans le seul but de toutes ces combinaisons de bourse; les décisions les plus graves, des marchés d'une valeur de plusieurs millions s'engagent ici, pour se résoudre loin de Nijnii-Novgorod, chez soi, le plus souvent à Moscou. Aussi est-ce cette ville, toute-puissante à la foire, qui y envoie principalement ses agents. Le même but y amène les fabricants les plus considérables, dont la présence personnelle est parfaitement inutile à la vente de leurs marchandises qui s'effectue par leurs commis. Le chemin de fer de Moscou à Nijnii-Novgorod, en partie la ligne de Nicolas (Pétersbourg-Moscou) et les bateaux à vapeur ont facilité ces visites de courte durée, qui n'étaient guère possibles autrefois. Beaucoup de gens, beaucoup de gros commerçants surtout, viennent plusieurs fois à la foire. C'est ainsi que les nouveaux moyens de communication, sans en exclure les télégraphes, qui transmettent les renseignements sur les prix de la foire et conformément à la marche des affaires, des ordres relatifs à la préparation et à l'envoi de nouvelles marchandises, ont accentué le *caractère de bourse* de ce marché. Ce caractère peut même s'accuser encore davantage, dans l'avenir le plus prochain.

Mais tout ce que nous venons de dire n'exprime pas encore la portée la plus essentielle et la plus importante que nous attachons à la foire de Nijnii-Novgorod, et sans laquelle elle n'aurait pu servir à tous les buts indiqués par nous plus haut. Cette portée consiste particulièrement, et avant tout, dans la répartition des marchandises destinées à notre consommation intérieure entre les commerçants moyens et les petits commerçants, ou bien les marchands en détail (les marchands *de ville* proprement dits, c.-à.-d. les marchands locaux), qui se fournissent à la foire chez les premières mains, les fabricants ou bien les marchands en gros de première classe. C'est donc là que réside la principale force économique de la foire de Nijnii-Novgorod, sous le rapport du commerce intérieur et de l'industrie manufacturière de la Russie et en partie sous celui du commerce étranger. Les marchandises d'importation les plus usitées dans notre consommation intérieure partent de la foire pour arriver à tous les lieux de leur débit. Les procédés de cette activité sont amplement détaillés dans la description du commerce du thé et du fer (Chap. III). Il est parfaitement inutile de s'étendre sur les avantages que la Russie trouve à cette activité. D'un côté, l'étendue de notre pays, sa population peu compacte, l'insuffisance des voies de communication qui rend la circulation des marchandises et les opérations commerciales infiniment plus onéreuses que ne l'exigeraient de petits espaces et une population plus dense; d'un autre côté, indépendamment de ces conditions naturelles, l'absence de grands capitaux et la faiblesse du crédit, enfin, l'éloignement respectif des villes et le petit nombre de commerçants considérables, dans la plus grande partie de l'Empire, — toutes ces circonstances, prises ensemble, prêtent une importance particulière

à la répartition des marchandises entre les lieux de consommation, à leur passage des premières mains aux secondes, aux intermédiaires entre les producteurs et leurs acheteurs en gros, d'une
part, et à celui des marchands en détail qui vendent leurs marchandises aux consommateurs, de l'autre. L'achat des produits
par les marchands de ville aux commerçants en gros, la *réunion*
des marchands de ville à Makary, — voilà, selon notre opinion,
le côté le plus important de ce marché, le côté qui domine de
beaucoup tous ses autres éléments, tout notables que soient quelques-uns d'entre eux; c'est encore là la source de l'influence
puissante que ce marché exerce sur le mécanisme entier de
notre économie nationale. C'est ainsi, que l'approvisionnement
des marchands de ville est le but principal du commerce de thé
à la foire de Nijnii-Novgorod; la vente de cette denrée par ces
gros marchands sibériens, l'achat des marchandises pour Kiakhta
dépendent de cette opération. Nous trouvons la même chose
dans toutes les autres branches de commerce. C'est encore la
cause du rôle considérable que les produits en coton, présentant
une branche de consommation immense à l'intérieur, jouent actuellement à la foire. La vente à des *marchands de ville* donne l'impulsion à toutes les transactions de la foire liées à la fabrication des articles en coton; toutes les autres opérations de la foire qui, bien
qu'appartenant à d'autres branches du commerce se mettent en
contact avec l'affaire du coton, en dépendent et s'y conforment.
Le règlement des comptes des marchands de ville et des commerçants en détail de toute espèce qui font leurs affaires sur place,
le solde qu'ils font d'une marchandise à eux livrée aux foires
précédentes, le nouvel approvisionnement qu'ils acquièrent, la
quantité d'argent comptant dont ils peuvent disposer, les proportions et les termes du crédit qu'ils obtiennent, les restes de
marchandises qu'ils ne sont point parvenus à vendre, leur opinion sur la marche des affaires locales, leurs visées et leurs espérances pour l'avenir — voilà ce qui constitue le principal intérêt
de la foire de Nijnii-Novgorod pour tous ceux qui y prennent part,
voilà ce qui donne telle ou telle direction à son résultat définitif,
ce qui détermine une bonne ou une mauvaise foire, ce qui en
constitue l'intérêt capital, l'intérêt le plus vital, même pour

le commerçant qui y est venu sans y apporter de marchandises, pour celui même qui ne s'y est pas montré. Toutes les productions de la Russie et toutes les transactions intérieures de son commerce dans le cours d'une année, dépendent évidemment de cette question. La foire représente mieux que toute autre chose la consommation intérieure locale de la Russie, c'est le thermomètre du ressort commercial dominant de notre pays. Les marchandises qui ont un emploi général, — les articles ordinaires, moyens, fondamentaux, communs au goût du public tout entier, trouvent leur débit à cette foire. D'un autre côté, il importe essentiellement a un objet d'emploi quelconque, de paraître à la foire de Nijnii-Novgorod, pour être adopté par la masse du public.

Nous avons suffisamment expliqué celle des fonctions de la foire de Makary qui, selon notre conviction, domine toutes ses autres fonctions; nous ne nions point ces dernières, mais nous ne accordons qu'une portée subalterne, secondaire.

La foire de Nijnii-Novgorod présente tous les degrés, toutes les formes, toutes les séries de l'activité commerciale, depuis les opérations en gros les plus considérables, même les opérations internationales qui remuent des millions de roubles, jusqu'au commerce en détail le plus minime, qui ne fait circuler que des dizaines de copecks. Une immense affluence de monde de toutes les classes, de toutes les nationalités, aux goûts et aux exigences les plus variés, soutient prodigieusement le commerce en détail, de sorte que ce commerce qui satisfait aux exigences du public de foire (par exemple, le commerce fait par les aubergistes), constitue par lui-même une vaste branche d'activité, employant des milliers de bras. Là où vous êtes frappé d'une masse de marchandises en vente, où vous voyez une abondance inimaginable, où les dépôts de marchandises atteignent les dimensions de véritables montagnes et où, en conséquence d'une particularité inhérente à notre commerce, la vente en gros se réunit souvent, entre les mêmes mains, à la vente au détail, — c'est encore là, que les gens qui vendent du thé par huitièmes de livre, que les colporteurs, dont tout le commerce se base sur une dizaine de pommes ou sur deux douzaines de boutons, qu'ils transportent d'un lieu à l'autre, trouvent leur profit. Là où notre commerce le plus vaste d'articles en coton se concentre, où il n'y a presque pas de fabriques d'indiennes qui ne vendent leurs produits des premières mains, une marchande qui passe d'une foire à l'autre avec une vingtaine de pièces d'indienne que la foire lui a fournies, trouve aussi son bénéfice et pourtant chacun aurait pu acquérir la même quantité d'indienne dans les boutiques de la foire. Le magasin d'un fabricant qui peut vous fournir de 10 à 100 pièces d'indienne est avoisiné par la boutique d'un marchand (non manufacturier) qui vend la marchandise du même fabricant et qui la vend non seulement en détail, mais aussi en gros. Cette circonstance trouve entre autres explications celle-ci: le fabricant ne peut vous fournir qu'une indienne de sa propre fabrication, tandis que le marchand en met à votre disposition de toutes sortes de maisons; de plus, le manufacturier vend au comptant, tandis que le marchand livre sa marchandise à terme au chaland qui ne pourrait trouver de crédit chez le fabricant; et a. d. s. C'est ainsi que s'expliquent tous les faits de ce genre, qui semblent incompréhensibles à première vue et qui prêtent une si grande variété au marché de Makary. La foule des marchands ambulants de toutes les espèces y est surtout nombreuse; les colporteurs du Gt. de Vladimir y jouent un rôle particulièrement actif; ils ne se contentent pas de se fournir à la foire d'une masse de marchandises qu'ils transportent dans tous les coins de la Russie, mais en connaisseurs raffinés de la foire et des affaires, ils servent encore de commissionnaires, d'intermédiaires, dans toutes les opérations possibles. Cependant l'activité et le nombre de ces petits commerçants diminuent considérablement depuis quelque temps. Il faut inclure dans le nombre des différentes séries du commerce et de l'industrie de la foire, les accapareurs des produits des villages (par ex. des cuirs bruts) qui débitent à la foire les marchandises qu'ils ont accumulées en détail sur les lieux dans le cours de l'année.

Les opérations de banque et de crédit se bornent, à la foire de Nijnii-Novgorod, à l'escompte des lettres de change: des comptoirs de différentes banques y sont établis à cet effet, des

capitalistes (particulièrement de Moscou) y viennent, et s'occupent de ces affaires indépendamment de leur commerce spécial. Toutes les opérations de crédit se concentrent presque
exclusivement à la Banque d'Etat. Le commerce purement
spéculatif, c.-à.-d. qui se baserait uniquement sur l'achat et
la vente immédiate à la foire, n'y joue pas un grand rôle, autant,
du moins, que nous avons pu nous en assurer. Les emplettes que
faisait le public (particulièrement les propriétaires des environs)
qui se réunissait à Nijnii, comme à d'autres foires, de tout ce qui
pouvait lui être nécessaire dans le cours de l'année, présentait
autrefois une branche de commerce considérable. Les articles
de joaillerie, de modes, les objets d'élégance y jouaient le premier
rôle. Ce commerce est généralement tombé, par suite de la facilité
des communications avec Moscou et du développement du commerce de ville. Les objets d'un usage indispensable et habituel
se trouvent aujourd'hui dans les villes qui, autrefois, n'offraient
rien aux exigences des gens aisés. Dans tous les cas, ce genre
de commerce, dans la catégorie des objets à l'usage du peuple et
en général dans celle de marchandises de qualité inférieure,
surpasse aujourd'hui le commerce des objets de luxe et de haut
prix. Plus d'un commerçant nous a communiqué que sa marchandise de qualité inférieure se débitait, comparativement aux
années d'autrefois, mieux que les marchandises de choix; les
horlogers nous ont dit qu'ils vendaient beaucoup plus de pendules à bon marché, et deux fois moins de pendules de prix.

Nous n'avons cité les différentes séries de l'activité commerciale de la foire de Nijnii-Novgorod, que pour donner une idée
de sa grande variété et de la multiplicité de ses faces. Nous n'a-
vons point l'intention de les analyser à fond, et nous nous empressons de revenir aux questions que nous nous sommes posées
au commencement de ce chapître, et entre autres, à celle de l'a-
venir de la foire.

La prédominance du rôle que, selon notre conviction, la
foire de Nijnii-Novgorod remplit aujourd'hui dans notre économie
nationale, prouve combien ce rôle, et particulièrement sa médiation entre le commerce central en gros, et local en détail, peut
se modifier sous l'influence des progrès économiques et intellec-

tuels de notre pays. L'effet de tous les perfectionnements qui
rapprochent le genre de vie de notre peuple de celui des autres
peuples de l'Europe, doit s'assimiler à l'effet général de toutes
les causes qui affranchissent le commerce de son caractère forain,
de son type *nomade*, dominant chez les peuples non civilisés et
qui le transforment en commerce *domicilié*, ou sédentaire, dominant chez les nations éclairés. Il fut un temps où les foires
constituaient dans l'Europe occidentale des centres de commerce
fort importants; cependant elles n'ont jamais atteint le degré
d'importance qu'elles possèdent dans notre pays, vu la différence
des conditions géographiques dont l'influence est tout aussi
grande que celle des conditions morales sur le caractère du
commerce. Les foires de l'Europe occidentale sont tombées en
proportion des progrès de la civilisation, et s'il y en a encore
comme, par exemple, celle de Leipzig, ce ne sont principalement que des réunions de commerçants, des assemblées de
bourse. Les expositions ont en quelque sorte remplacé les
foires. Ces expositions peuvent nous avertir dans quel sens,
et à quel point à peu près, nos foires sont encore susceptibles
de conserver leur force, — comme centres de réunions périodiques des producteurs et des commerçants, comme moyen
puissant de leur rapprochement mutuel et comme exposition des
échantillons de toutes les marchandises. Nous avons déjà parlé
de la foire de Nijnii-Novgorod, comme de la réunion de tous
les représentants de notre industrie et de notre commerce,
la plus notable de l'Empire. Le perfectionnement des voies
de communication a servi à un certain degré au renforcement de la foire sous ce rapport, dans ces derniers temps. Il n'y
a pas la moindre possibilité de déterminer le nombre des visiteurs
annuels de la foire de Nijnii-Novgorod; ce chiffre s'évalue depuis
longtemps d'année en année[5]) et approximativement, à 200,000
âmes journellement. Si l'on prend en considération, d'un côté,
le nombre toujours croissant des logements destinés aux visiteurs, et de l'autre côté, — la réduction constante du terme des
séjours que ces visiteurs font à la foire, on peut affirmer, en toute

---

5) Les calculs les plus précis ont été basés sur la quantité de pain.

8*

confiance, que le nombre des gens, s'y rendant annuellement, augmente continuellement. Et il en sera longtemps ainsi, de sorte que la portée de la foire de Nijnii-Novgorod, comme point de rencontre des commerçants, comme emplacement de notre bourse intérieure, peut s'accroître précisément sous l'influence du perfectionnement des voies et des moyens de communication. Les télégraphes seuls augmentent déjà l'importance de la foire, comme place pour les affaires de bourse. Mais ce développement a aussi ses limites, puisque notre bourse principale, *Moscou*, ne se trouve plus aujourd'hui qu'à la distance de 16 heures de Nijnii-Novgorod qui, en ce moment, est tout aussi redevable de son importance à la proximité de cette capitale, qu'aux eaux du Volga. Moscou sert au commerce intérieur et à l'industrie manufacturière de toute la Russie — de *bourse* qui ne s'endort jamais; les regards des négociants de toutes les extrémités de notre pays sont constamment dirigés vers elle: Irkoutsk, Orenbourg, le Caucase, le Don, sont tout aussi bien que Riga et les rives de la Baltique, attentifs aux mouvements de cette bourse. L'une de ses périodes les plus animées c'est celle qui suit la foire de Makary, le moment où toutes les affaires de la foire se résolvent définitivement dans notre ancienne capitale. Maintenant que les communications entre la foire et Moscou sont extrêmement facilitées par un chemin de fer, maintenant que cette ville est devenue le centre d'autres lignes de fer, et que les Asiatiques mêmes ne peuvent éviter de s'y rendre après la foire de Nijnii-Novgorod, la portée commerciale de ce *second Makary*, ainsi qu'on a coutume de l'appeler souvent, s'est encore augmentée. Voilà donc la limite naturelle et le concurrent le plus puissant de l'activité de la foire de Nijnii-Novgorod! Mais nous parlerons plus loin des rapports de Moscou avec la foire.

Revenons de nouveau à la fonction principale de cette foire, à la fonction que nous avons l'intention de mettre particulièrement en évidence. Nous avons déjà dit dans quel sens cette fonction doit se modifier, sous l'influence des progrès de la civilisation et de l'économie nationales. L'ensemble de tous ces progrès produit le résultat général suivant: les marchandises et les gros et petits commerçants ne sont plus obligés de se réunir périodi-

quement comme ils le font aux foires, afin que les marchandises
puissent, des lieux de leur production, passer des mains de quelques gros négociants aux lieux de consommation répandus dans
tout le pays et passer aux mains d'une quantité innombrable de
vendeurs locaux. Outre le perfectionnement des moyens de communication, un grand rôle appartient encore, sous ce rapport,
aux centres commerçiaux et aux lieux de dépôt récemment surgis dans les provinces dont les habitants possèdent des capitaux
et un crédit suffisants pour recevoir constamment des marchandises, et pour en fournir les localités placées dans le cercle de
leur activité commerciale. La ville de Kharkof, par exemple,
remplit cette fonction vis-à-vis de la Russie du sud-est; les foires
de Kharkof se transforment en dépôt permanent et en siège de
commerce en gros continu, absorbant graduellement l'activité de
toutes les foires de l'Ukraine. C'est ainsi que les progrès de
l'époque peuvent produire un changement dans l'importance des
gros négociants de Moscou; toute leur force consiste en ce qu'ils
ont seuls la possibilité de se pourvoir aux fabriques de première
classe, et en ce que les marchands de ville et même les commerçants de cette capitale sont obligés de se fournir chez eux.

Nous ne ferons pas l'exposition théorique de tout ce procès
économique qui, dans son résultat définitif, présente l'allégement
et l'accélération de la médiation commerciale entre les producteurs et les consommateurs, — la réduction des ressorts de cette
médiation, réduction qui accompagne tout progrès économique.
Les foires, dans l'origine, ont aussi représenté un progrès dans
cette voie: elles constituent un progrès considérable en comparaison du monopole des marchands ambulants qui visitent quelque région écartée une fois par an, pour y accaparer tous les
produits locaux, et pourvoir les habitants d'objets de luxe
ou bien en comparaison du monopole d'un marchand en
gros opérant dans un district, ou d'un marchand en détail,
faisant le commerce dans un village. Les foires ont donné
aux consommateurs et aux négociants des localités les plus
écartées et les plus éloignées la possibilité d'acquérir leurs
marchandises des premières mains. Ce progrès surtout sensible
dans notre pays, depuis que non seulement les commerçants pro-

prement dits, mais les fabricants eux-mêmes ont commencé à fréquenter les grandes foires: les fabriques des gouvernements de Moscou et de Vladimir confient leur produits à des commis et les envoient directement aux foires les plus éloignées. Quoiqu'il en soit, les foires doivent céder le pas, tôt ou tard, au commerce sédentaire et régulier, qui fournit aux habitants de l'endroit la marchandise provenant directement des centres de dépôt ou des lieux de la production, sans interruption, en proportion de la consommation et sans être contraint de recourir à une agglomération préalable et périodique de toutes les marchandises. C'est le progrès du commerce le plus sûr et le plus désirable. Nous ne parlerons pas des inconvénients, bien trop connus, du commerce de foire, de la dépense extrême des forces du peuple qui l'accompagne et qui s'étend sur le prix des marchandises, des avaries auxquelles ces dernières sont exposées, du temps que les commerçants et leurs commis perdent à courir de foire en foire, de ce *monde de foire*, monde nomade et vagabond, — qui constitue une partie distinctive de la population de l'Empire, s'arrachant à la production et aux occupations régulières, de l'influence morale nuisible de cette vie sans domicile et a. d. s.; mais accordons notre attention à une seule circonstance défavorable, inséparable du commerce forain et causant un déficit immense à l'économie nationale. Nous voulons parler de l'irrégularité excessive dans l'établissement et dans l'oscillation des prix. Les commerçants des foires calculent toutes leurs dépenses *en gros*, y compris toutes les foires de l'année qu'ils ont visitées, et ajoutent ces dépenses aux prix des marchandises, quelque part qu'il les vendent, sans en exclure le rayon de leur propre activité où ils fournissent les foires de leurs produits. Ils ne pourraient guère même agir différemment. Il en résulte qu'une marchandise donnée peut se vendre au même prix, par exemple, à la foire de Nijnii-Novgorod, à Irbit, à Kharkof, et même à Moscou, en dépit de la différence des dépenses faites à chaque foire et qui forment le surplus, en dépit même des dépenses du transport. Plus loin et ce qui est bien plus important, — les foires produisent des commotions dans les prix ne dépendant nullement du mouvement général des prix dans le pays, ni des conditions naturelles et générales de ce mouvement. Qu'un commerçant considérable ait, par exemple, la fantaisie d'accaparer toutes les marchandises apportées à une foire et le prix de cette marchandise atteindra dans l'espace de quelques heures une hausse fabuleuse; il est impossible de s'approvisionner une seconde fois dans une foire, et les marchands en détail doivent, coûte que coûte, se fournir de marchandises; — ils ne peuvent donc pas rentrer les mains vides. Nous avons été plus d'une fois témoin de faits semblables. Il ne saurait, du reste, en être autrement. Les approvisionnements des foires étant limités et déterminés d'avance sur le calcul fort approximatif d'une demande probable, les rapports quantitatifs de l'offre et de la demande, des vendeurs et des acheteurs, donnent lieu à des éventualités et à des incompabilités qu'il serait impossible de rencontrer dans un commerce à résidence fixe, ni dans des centres constants de transactions industrielles et commerciales. Il n'est guère possible de prévoir le résultat effectif de chaque foire; il répond rarement aux attentes les plus sensées. La circonstance la plus insignifiante peut renverser toute la marche d'une affaire. Si le mauvais état des routes ou bien quelque autre cause retarde l'arrivée d'une marchandise quelconque, et qu'en même temps un grand nombre d'acheteurs soient survenus inopinément, cette marchandise renchérit outre mesure; si le contraire se produit, que deux ou trois des principaux acheteurs, à l'intention desquels un article a été produit en grande quantité, ne se présentent point, le vendeur le cède pour rien, afin de ne pas être obligé de le remporter. Nos foires fourmillent d'éventualités et de catastrophes de ce genre. Cela se comprend, puisque l'offre et la demande ne se rencontrent et ne se joignent point mutuellement, mais ils s'*entrechoquent*, et si brusquement, que les commotions les plus rudes ne peuvent jamais être prévues.

Voyons maintenant les modifications qui se sont effectuées depuis peu dans le caractère de la foire de Nijnii-Novgorod, modifications que nous avons observées nous-même et sur lesquelles on nous a communiqué quelques renseignements[6]). Disons tout

---

6) Toutes ces observations se rapportent aux années 60. Elles ont été complétées pour les dernières années dans le Chap. III du texte de ce livre.

d'abord, que l'examen de toutes les données que nous possédons, n'a justifié à nos yeux ni l'une ni l'autre des opinions émises plus haut : — que la foire de Nijnii-Novgorod prend en général de l'extension, ni qu'elle tombe.

Nous doutons même qu'il soit possible d'établir une conclusion décisive, vu l'insuffisance de données statistiques précises et complètes. Nous avons déjà parlé du manque d'exactitude des chiffres, sous le rapport de l'importation et de la vente des marchandises. Les seuls chiffres exacts relativement au mouvement de la foire et nous permettant de faire quelques résumés, sont ceux qui nous indiquent les contributions perçues sur la foire par le gouvernement. Par exemple, nous avons des notions sur le nombre des boutiques (des N^{os}) en location, à l'époque de la foire, depuis 1824. Ils nous apprennent, que de 1824 à 1864 inclusivement, le nombre des N^{os} a presque doublé (il s'est élevé de 3,294 à 5,907); mais cette augmentation n'a été que fort inégale, de sorte que, si l'on divise cette période de quarante ans en dizaines, nous trouvons que le nombre des boutiques louées par le gouvernement s'est élevé :

De 1824 à 1834 — de 17½ %
« 1834 « 1844 « « 28 %
« 1844 « 1854 « « 5½ %
« 1854 « 1864 « « 13½ %

D'après ces données, l'espace de temps compris entre 1834 et 1844, a été l'époque du plus grand accroissement de la foire de Nijnii-Novgorod, et celui de 1844 à 1854, celle du plus faible. Ensuite, si nous nous basons sur ces données, la foire s'est accrue, dans des proportions beaucoup plus considérables de 1854 à 1864, que dans les dix années précédentes. Nous pourrions ajouter encore qu'en dehors des boutiques du gouvernement, des rangées énormes de boutiques en pierres, appartenant à des particuliers, ont été construites dans ces derniers temps, qu'elles tiennent lieu de logements provisoires pendant la foire, et qu'en général le marché s'est considérablement développé, du moins au point de vue de l'extérieur. Cette circonstance saute aux yeux; ceux qui n'auraient point vu la foire pendant cinq ans, auraient

de la peine à la reconnaître (de même dans la période de 1865
à 1880).

Toutefois, l'élévation du nombre des boutiques et des négociants bien que parfaitement avérée, est encore loin de pouvoir
servir de preuve définitive du renforcement de la foire elle-même,
c.-à.-d. de l'accroissement de son activité et de sa portée, sous le
rapport de l'industrie et du commerce de la Russie. D'abord, la
foire doit nécessairement s'élever *quantitativement* en proportion
de l'augmentation de la population du pays et du développement
de toutes les branches de son activité économique, à moins quelle
ne tombe réellement, ce qu'il est impossible d'admettre. Ensuite,
— le commerce de foire ne se pratique pas seulement dans les
boutiques; ni les magasins, ni les dépôts de marchandises, ni en
général, aucun accessoire matériel de la foire ne représentent
par eux-mêmes tous ses virements commerciaux et sa force
économique intérieure. Des transactions s'opérant dans une seule
boutique, sont quelquefois infiniment plus vastes et plus importantes sous le rapport des intérêts généraux de notre économie
nationale, que les affaires d'une cinquantaine de boutiques. Enfin,
une foule de gens viennent à la foire et y font de grandes affaires
sans même songer à chercher un domicile; et ce sont justement
ces acheteurs de ville qui constituent le principal nerf de la
foire. Il est impossible de définir les limites de leurs opérations
d'après leur nombre, puisqu'ils représentent tous les degrès de
l'échelle commerciale, depuis les acheteurs à cent roubles jusqu'aux acheteurs à centaines de milliers. Chacun d'eux peut
également occuper un taudis dans la première auberge venue. Il
n'y a qu'une comparaison d'une quantité de symptômes variés
de la vie de foire, après une longue étude de chacun de ces
symptômes, qui puisse donner quelque idée des transactions de
la foire et de son mouvement.

En nous basant sur les données existantes, nous devons renoncer à déterminer les dimensions des opérations commerciales
qui s'effectuent à la foire de Nijnii-Novgorod et à la définition
de leur portée sous le rapport des dimensions de tout le commerce intérieur de la Russie; nous ne pourrions non plus décider
de combien ce rapport s'est modifié et se modifie au profit ou

bien au détriment de la foire. Nous nous permettons seulement d'indiquer quelques faits, observés par nous dans les différentes branches du commerce forain, et donnant une idée approximative des conditions de la foire qui se sont modifiées dans ces derniers temps.

Nous avons surtout observé, dans les branches de commerce que nous avons eu la possibilité d'étudier à la foire et dans quelques-unes des plus importantes, — un fait présentant un changement notable dans sa marche. Ce fait appartient justement au cercle des opérations dans lesquelles la foire joue un rôle prépondérant et, par conséquent, mérite une attention particulière. Nous voulons parler de l'accroissement du nombre des commerçants-acheteurs *moyens* et *minimes* comparativement à celui des marchands en gros qui, loin d'augmenter, semble diminuer. Le nombre des commerçants moyens de ville, faisant un commerce en détail à côté d'un commerce en gros, et les marchands ne s'occupant que d'un trafic en détail ou d'un commerce de boutique, s'est excessivement élevé dans ces derniers temps, selon nos propres observations et selon l'opinion des marchands. Les négociants de ville en gros, de premier ordre, se fournissaient à la foire de toutes sortes de marchandises pour l'usage local et en approvisionnaient les marchands au détail de toute la contrée: aujourd'hui, ces derniers vont eux-mêmes faire leurs achats à la foire. Ce fait est surtout saillant dans les contrées riveraines du Volga, qui se sont rapprochées de la foire au moyen de la navigation à vapeur. Au lieu de dépendre du marchand en gros local, le plus petit commerçant dépense 3 roub. arg. pour se transporter à la foire et y fait ses provisions en personne. Plusieurs commerçants de ville en gros ont dû, pour ne point liquider leurs affaires, établir un petit trafic auprès de leur commerce en gros: Kazan, qui autrefois, par l'intermédiaire de Makary, fournissait de marchandises toute la contrée nord-est, a particulièrement souffert sous ce rapport. En même temps, une réduction dans le nombre des commerçants-acheteurs ambulants, de tous les genres, surtout parmi les plus considérables, qui fournissaient les contrées éloignées, se remarque aussi; des commerçants en résidence fixe remplacent de plus en plus les colporteurs.

Tel est, dans les conditions de la foire de Nijnii-Novgorod, le changement capital que nous avons pu saisir. Quelques auteurs, en disant qu'elle devient de plus en plus *populaire* (?) ont peut-être voulu dire la même chose. Dans tous les cas, cette expression, adaptée à la foire de Nijnii-Novgorod, ne nous semble pas parfaitement intelligible. La foire de Makary, dans le sens d'un fait important, sous le rapport des intérêts industriels et commerciaux de tout le pays, a été populaire dès les temps les plus reculés de notre histoire. Si l'on a voulu dire par cette expression, prononcée avec la solennité qu'on applique habituellement dans des occasions semblables, que le bas peuple ou le peuple (?) participe aujourd'hui au commerce de la foire plus que les classes élevées et aisées d'autrefois, que le commerce de foire devient *populaire*, c.-à-d. villageois, c'est là une assertion absolument fausse; si un fait semblable, que rien ne confirme, excepté un nombre plus grand de paysans ou d'ouvriers, venant des localités les plus voisines, chercher du travail ou du plaisir à la foire, si un fait semblable, disons-nous, se produisait effectivement, ce serait certainement le symptôme de la décadence définitive de la foire. Des foires populaires, ou bien tout simplement des bazars sont répandus, en quantité innombrable, dans toute l'étendue de l'Empire.

Le développement des voies de communication, qui favorise aujourd'hui l'augmentation du nombre des visiteurs de la foire et qui élargit, en quelques sorte, le rayon géographique de son activité, doit cependant amener, avec le temps, des résultats opposés, et la foire peut effectivement perdre insensiblement son importance actuelle.

Le marché de foire de l'Ukraine nous prouve à quel point la ville de Moscou est toute-puissante dans la répartition des marchandises manufacturées et des objets de luxe du commerce de ville, qui constituent aujourd'hui la fonction principale de la foire de Nijnii-Novgorod; il nous prouve aussi à quel point, toute facilité apportée dans les communications avec Moscou, rend inutiles les liaisons avec la foire. D'abord une chaussée, maintenant un chemin de fer ont réuni ce marché à notre ancienne capitale. On peut dire, qu'il n'a plus rien de commun avec la foire de Nij-

nii-Novgorod; tout le marché de l'Ukraine avec toutes les marchandises qu'il reçoit et qu'il expédie est aujourd'hui entièrement
distrait de Makary. Les agents commerciaux de l'un et de l'autre
sont parfaitement différents.

Mais personne n'aurait eu rien à faire à la foire de Nijnii-
Novgorod sans Moscou: cette ville est le principal entrepôt de
tout notre commerce intérieur; de plus, nos marchés de l'intérieur se fournissent de marchandises étrangères presqu'exclusivement par l'intermédiaire de Moscou. Les marchands de ville
sont toujours certains de trouver en tout temps, toute espèce de
marchandise à Moscou; aucune foire, pas même celle de Nijnii-
Novgorod, ne pourrait leur inspirer cette certitude. Une quantité
de commerçants locaux vont à Moscou avant de se rendre à Makary, y trouvent plus de choix et s'en retournent souvent chez
eux, munis d'articles, qu'il leur est inutile d'aller chercher
à la foire. Ils vont encore à Moscou après la foire, compléter
leur approvisionnement et acheter ce qui a manqué au marché
de Nijnii-Novgorod. Les marchandises qui n'ont point trouvé de
débit vont, en grande partie, de Nijnii à Moscou, comme nous
l'avons dit. Presque tous nos fabricants, quelque peu considérables, ont des magasins, des dépôts ou des commissionnaires à
Moscou et y entretiennent un commerce permanent. Les marchandises les plus pesantes, et surtout celles qui viennent à Nijnii par eau, comme par exemple le fer, quand même elles séjourneraient à Makary, après la clôture de la foire, se vendent à
Moscou et se transportent au fur et à mesure de la demande:
les chemins de fer ont considérablement facilité ces affaires. Indépendamment des rapports directs de Moscou avec la foire de
Nijnii-Novgorod, la portée commerciale de cette ville s'est extrêmement accrue depuis quelque temps; elle grandit avec
chaque année, ainsi que nous le voyons et comme nous l'entendons dire, dans tous les coins de la Russie. La pleine et entière
manifestation de la puissance commerciale de Moscou, son lien
direct avec tous nos marchés intérieurs qui tendent depuis longtemps vers cette ville, ont été retardés jusqu'à présent par les
progrès trop lents de nos chemins de fer[7]. Autrefois, lorsque les

_____

[7] Depuis que ces lignes ont été écrites, quatre lignes ferrées qui aboutissent

communications avec Moscou étaient si difficiles, tout commerçant local, que ses affaires appelaient dans cette capitale, profitait des jours où Moscou, avec toutes ses marchandises et ses
capitaux, se transportait sur le Volga, (c.-à-d. à Nijnii), dans le
centre le plus important de toutes ses communications avec le
reste de la Russie.

Quelque nombreux que deviennent nos chemins de fer, leur
influence sur la diminution de l'importance des foires, ne peut
se faire sentir subitement[8]). Sans parler de beaucoup d'autres
choses, les voies de transport latérales, le charroi et le tarif lui-
même des chemins de fer doivent passer par bien des transformations
pour que les chemins de fer s'adaptent à toutes les exigences de
notre commerce. Il n'y a presque pas de doute que le commerce
de Moscou devra tôt ou tard absorber celui de Makary dans la
transmission des marchandises des premières mains aux marchands en détail et dans celle de l'approvisionnement des marchés locaux (cette principale activité de la foire de Nijnii-Novgorod), mais ce changement ne peut assurément s'effectuer encore de sitôt. Une absorption semblable n'aurait été qu'une victoire du commerce sédentaire et régulier sur le commerce forain et nomade, — victoire vers laquelle tendent tous les progrès économiques de notre époque. Evidemment, ce ne sont pas
les voies de communication seules qui peuvent accélérer ce progrès; les principaux moteurs du mouvement commercial doivent
y contribuer: l'agrandissement des capitaux et surtout du crédit,
qui accroît prodigieusement l'activité des capitaux et paralyse le
commerce des foires; le développement des institutions de banque,
qui sont pour la circulation des marchandises, ce que les chemins

---

à Moscou sont venues se joindre aux chemins de Nicolas et de Nijnii-Novgorod.
La puissance commerciale de Moscou s'est de beaucoup accrue depuis cette époque,
dans la direction que nous indiquons.

8) Les lignes de fer qui ont réuni le sud à Moscou (depuis que tout ce que
nous venons de dire a été émis en 1865) ont déjà produit leur effet sur notre commerce forain. Tout le trafic de foire de l'Ukraine s'est presqu'exclusivement concentré à Poltava (à la foire d'Iliënsk) et surtout à Kharkof (à quatre foires). Plusieurs petites foires de l'Ukraine n'existent plus. La foire de *Korennoï* à Koursk
meurt visiblement. On parle depuis peu de transporter la foire d'Iliënsk à Kharkof. Le commerce du sud-est se concentre de plus en plus sous l'influence des
lignes du sud à Moscou et à Kharkof.

de fer sont pour leur transport, enfin, les progrès intellectuels de la classe marchande, qui lui rendraient anthipatique la vie nomade des foires.

Nous devons mentionner ici en passant une circonstance particulière, aussi importante à l'avenir de la foire de Nijnii-Novgorod qu'à tout le mouvement commercial qui nous occupe. Le commerce d'importation étrangère est si faible aujourd'hui dans le sud de la Russie et surtout dans les ports de la mer d'Azof, que tout la Russie sud-est, jusqu'à ses extrémités les plus reculées, dans la mer d'Azof et au Caucase, se fournit de produits manufacturés du pays, en partie de marchandises étrangères et en général d'objets de luxe, produits du nord, par l'entremise de Moscou, de Kharkof et de la foire de Nijnii-Novgorod. Ce fait étrange a de nombreuses causes; nous ne les analyserons point ici, mais nous nous contenterons d'en indiquer une seule, — le système protecteur. La question des droits de douane n'est point étrangère à l'avenir de la foire de Nijnii-Novgorod, où circulent principalement les produits manufacturés du pays. Le développement de l'importation des marchandises étrangères doit infailliblement influer sur la foire; ces marchandises pénétreront évidemment sur les marchés intérieurs, beaucoup plus par Moscou que par la foire. Mais le progrès de notre commerce étranger au sud, dans les ports de la mer Noire et de la mer d'Azof, doivent en général limiter un peu le domaine géographique du débit de nos produits manufacturés dans toutes ces contrées maritimes. Kief, comme lieu d'entrepôt des marchandises étrangères peut grandir considérablement sous ce rapport, avec le développement des voies de communication et celui du mouvement commercial du midi, mentionnés par nous plus haut. Kief, dont l'activité commerciale s'est quelque peu effacée dans notre histoire moderne, doit enfin se relever. Cette ville, a déjà fait du reste, depuis quelque temps, de grands progrès dans cette voie. Tout cela, cependant, ne peut nullement affaiblir le développement de l'industrie manufacturière de notre pays ni celui de son commerce intérieur qui, avec les progrès du commerce international et avec le perfectionnement des voies de communication s'ouvriront de nouvelles routes et de nouveaux marchés.

Le commerce étranger ne peut prendre de l'extension sans un accroissement du commerce intérieur et de l'industrie nationale ; ce n'est plus, actuellement, un axiome de la théorie économique, mais c'est un fait, qui se répète dans tous les états de l'Europe[9]).

Nous avons mis en évidence, autant que possible, toutes les circonstances compliquées, dont dépend aujourd'hui et dont dépendra dans l'avenir le développement de la foire de Nijnii-Novgorod[10]). Nous n'avons pu le faire qu'approximativement, comme nous l'avons dit plus haut, et nous nous sommes abstenu de toute opinion radicale, difficile à émettre à notre époque de transition. Le développement apparent de la foire, dans ces dernières années, et l'augmentation considérable de ses visiteurs, ne nous permettent pas de prévoir sa fin prochaine comme le font beaucoup d'autres personnes, qui du reste, n'en jugent pas le plus souvent, *de visu*. Cependant, ce développement apparent et cette animation de la foire ne nous semblent pas non plus une garantie de sa prospérité dans le futur. Nous avons déjà parlé de la cause principale de cette animation observée par nous. Les mêmes conditions, qui ont produit ce fait et que nous avons décrites, peuvent dans la suite, exercer sur la foire une influence diamétralement opposée; les progrès du commerce local dans nos provinces et nos villes, — le perfectionnement des voies de communication, donneront de plus en plus aux commerçants locaux, les moyens de se passer de la foire, de se pourvoir aux sources premières, aux lieux de la production, aux villes maritimes (pour les marchandises étrangères) et enfin à Moscou, comme au centre prépondérant et au principal entrepôt de tout notre commerce intérieur.

La prévision de l'absorption du commerce de Makary par le grand marché de Moscou est le résultat de nos études sur la

9) Il serait parfaitement intempestif d'entrer maintenant dans des combinaisons quelconques par rapport aux modifications de notre politique de douane, dans le sens de la liberté du commerce; il serait presqu'impossible d'espérer ces modifications dans un avenir prochain, puisque l'esprit protectionniste règne dans toute l'Europe occidentale (excepté l'Angleterre) et s'est encore accentué depuis ces dernières années.

10) Voy. encore dans le texte de ce livre, Ch. III, nos idées à ce sujet, basées sur nos études de ces dernières années.

foire. Ce déplacement de la foire de Nijnii-Novgorod à Moscou n'aurait été que le dernier acte de son mouvement historique de l'est à l'ouest, aussi ce déplacement doit-il nous sembler un phénomène parfaitement naturel et probable. Depuis l'époque de l'existence de la Grande Bulgarie et de son marché, à l'embouchure de la Kama, tout ce marché oriental s'est graduellement élargi dans deux directions: vers l'Orient, — du côté de Kazan, de Makary, de Nijnii-Novgorod, de Moscou; à l'Orient, — du côté de Perm, d'Irbit, de Tumène. Moscou est la limite extrême du mouvement de la foire de Makary vers l'Occident. Il nous semble que ce mouvement se manifeste déjà dans l'animation du marché de Moscou, qui suit ordinairement la clôture de la foire. Cette animation peut grandir progressivement dans l'avenir, comme elle augmente déjà de nos jours. D'un autre côté les opérations de foire, et particulièrement les approvisionnements des marchands de ville, peuvent de plus en plus se produire à Moscou, dans le cours de toute l'année. C'est dans ce sens que nous comprenons le déplacement de la foire de Nijnii-Novgorod à Moscou et que nous nous permettons même de le prédire.

V.

Observations générales sur la foire.

La conclusion de nos esquisses doit contenir quelques notions, qui se rapportent à une autre face de la foire de Nijnii-Novgorod, à son côté non plus commercial, mais purement moral.

Le précepteur de Pierre I, N. M. Zotof, disait au grand réformateur futur de la Russie: «Le marché de Makary est un rassemblement de gens par trop important, — il ne faut jamais l'oublier». Ces paroles, selon toute probabilité, étaient une allusion à l'importance du marché de Makary, en tant que centre de la vie nationale, comme point de rencontre des hommes de toutes les races et de toutes les nationalités de la terre russe.

A ce point de vue, le marché de Makary, qui se maintient jusqu'à nos jours, quoique dans une autre localité de la Russie, encore plus remarquable sous le rapport géographique et politique que celle qu'il occupait du temps de Zotof (à Makary) mérite assurément une sollicitude particulière.

C'est au confluent des bassins de l'Oka et du Volga, si important dans l'histoire ethnographique et politique du territoire de la Russie, que des centaines de milliers d'hommes de toutes les religions et de toutes les civilisations, se réunissent annuellement pendant deux mois. Les pulsations de la vie nationale se précipitent ici pendant ces deux mois; il faut évidemment y prêter une oreille attentive. Il est impossible de ne point saisir, au milieu de ces pulsations, les symptômes des mouvements qui se produisent aux différentes extrémités de la Russie et dans les divers recoins de la société russe; ces mouvements se reflètent avec une force impétueuse dans ce centre, pour répandre ensuite avec la même force sur toutes les voies de la Russie, les éléments les plus variés qui se sont agglomérés, confondus et dissous ici dans ce réservoir général. Il est impossible de ne point garantir de toutes les façons, la sécurité d'un centre de la vie nationale aussi important. C'est dans ce sens que nous nous permettons d'expliquer l'injonction léguée par Zotof à son auguste élève quoique, sans aucun doute, la postérité comprenne toujours à sa manière les paroles des ancêtres.

Mais en quoi notre sollicitude pour ce «rassemblement par trop important» s'est-elle particulièrement manifestée et en quoi a-t-il principalement fixé notre attention jusqu'à présent?

La foire de Nijnii-Novgorod se présente souvent à l'esprit de la masse du public non commerçant comme un lieu de plaisir et de dissipation; du moins, le scandale, les anecdotes curieuses sur les *«amusements»* des marchands font-elles le sujet de la conversation, tout comme si cette débauche renfermait le principal intérêt intellectuel et moral, ou bien, comme l'on dit aujourd'hui, le seul intérêt *social* de ce grand rassemblement des russes. La presse, lorsqu'elle parle de cette foire et sort du cercle des transactions commerciales, — ne gravite presqu'exclusivement qu'autour des établissements de plaisir. Et pourtant, cette manière d'envisager la foire, dans le sens le plus strict de la débauche qui s'y donne carrière, est parfaitement erronée.

Les relations du gouvernement avec la foire correspondaient plus ou moins à l'idée qu'on s'en était faite. La garde administrative de ce centre important de la vie nationale, n'a jamais consisté qu'en une surveillance de police et même en une surveillance militaire apparentes. Prévenons un malentendu. La police est certainement une mission spéciale du gouvernement et nous ne sommes nullement disposé à souhaiter le développement de l'activité du gouvernement, sous le rapport du commerce, hors des limites de cette mission irrécusable. Ajoutons que le redoublement d'attention, qu'on a dirigé vers le côté militaire de la surveillance de police, à la foire de Nijnii-Novgorod, comme cela a eu lieu dans les années 60 (et surtout dans les années 80) a porté ses fruits. Les commerçants paisibles ont été garantis du trouble qui s'était emparé des esprits après l'insurrection de Pologne dans les années 60 et les crimes politiques de 1879—1881. Mais quelqu'importante que soit l'institution de la police pour la société, quelque utiles que soient sous plusieurs rapports, ses accessoires même les plus extérieurs, cependant, le rôle de la police ne consiste pas seulement dans de l'apparat et des armements, propres à défendre le public contre des gens qui s'effraient à la vue d'une arme blanche ou d'une arme à feu. Evidemment, le problème de l'institution de la police ne peut être encore regardé comme définitivement résolu, lorsque nous voyons, par exemple, à la foire de Nijnii-Novgorod en 1864, des agents de l'ordre public confortablement installés aux portes de tous les lieux de plaisirs et de débauche: la police régulière ou civile, gendarmes, cosaques et même les militaires de la ligne. Quand bien même les gardiens de l'ordre eussent été établis, non-seulement à l'entrée des bals publics, mais à l'intérieur des salles de danse; quand bien même un cosaque eût été placé à l'entrée de chaque panorama et que d'autres cosaques n'eussent pas interrompu leurs rondes un seul instant sur les ponts, en faisant claquer leurs fouets et en criant sans cesse «allez doucement» — alors même, on n'eût pu regarder le problème de la police comme définitivement résolu.

Il est curieux de voir comment la surveillance de la police et la tutelle gouvernementale des moeurs se convertissent souvent en une protection directe accordée à l'immoralité: c'est ainsi qu'un cosaque placé à l'entrée, de chaque panorama force le patron de ce petit théâtre, à montrer ses tableaux les plus secrets[1]), que réclamait la foule attroupée. Le patron lui-même, personnage assez cynique, hésitait à exhiber ces tableaux, par égard pour une jeune paysanne qu'il avait remarquée à la fenêtre de son panorama. Enfin, on ne saurait affirmer que mêmes les plus grossières infractions à l'ordre aient été entièrement écartées par ces mesures de police. Nous avons été témoins de rixes sanglantes dans la rue et au grand jour, — de scènes qui frisaient l'assassinat, — en dépit d'un grand nombre de cosaques, qui se rendant aux ordres de leurs supérieurs, passaient à bride abattue l'un après l'autre, devant la place de ces querelles. Des actes de pillage au milieu de la rue, remplie de monde, des tentatives secrètes d'assassinat, une grande confusion accompagnée de périls à tous les passages par eau, confusion qui se répétait toutes les nuits (lorsque les ponts étaient démontés), — voilà les faits qui se sont produits maintes fois durant notre séjour à la foire. Il ne faut pas oublier que tout ce que nous venons de dire par rapport à la police est le résumé de nos études de la foire avant que le Cte N. P. Ignatief eut été nommé gouverneur général (en 1879 et 1880), et qu'il eût résolu d'une manière brillante tous les problèmes de l'ordre et de la police. Nous ne regardons cependant pas comme inutile la description des institutions et des coutumes de police, *avant* que le Cte Ignatief eût été installé à Nijnii-Novgorod en qualité de gouverneur général, parce qu'elles ont un intérêt historique et qu'elles pourraient se renouveler dans l'avenir. Enfin, ces «manières» de la police sont fort usitées jusqu'à présent dans d'autres localités.

Tous en indiquant des faits dont nous avons été témoins, nous sommes loin de vouloir donner des leçons pratiques à la

---

1) Ces tableaux obscènes atteignaient autrefois (du reste à une époque peu éloignée) les limites les plus extrêmes de l'indécence et propageaient, parmi les enfants du peuple, qui s'attroupaient par milliers autour de ces théâtres, des notions auxquelles ils n'auraient assurément jamais songé dans leurs villages.

police et nous craindrions que nos paroles n'inspirassent l'idée de l'urgence d'une plus grande extention de son activité et d'une plus large invasion de l'administration dans la vie privée. Nous ne savons que trop combien les problèmes de la police poussés hors des limites de la surveillance de l'ordre materiel et de la garde de la securité se résolvent difficilement et combien les misères de la vie du peuple sont souvent le fruit du zèle le plus honorable des administrateurs sur ce terrain, sans y apporter le moindre avantage; tout mis dans la balance, nous préférérions incontestablement l'ordre ou le désordre de choses qui existait à la foire de Nijnii-Novgorod, à toute augmentation ultérieure de la police (si elle ne devait se borner qu'à un formalisme grossier et arbitraire). Les procédés primitifs et mécaniques pour ainsi dire, qui régnaient autrefois à la foire, avaient du moins un côté réellement utile, — c'était le développement libre et naturel de la faire. Le redoublement irréfléchi de l'activité de la police pourrait nous faire perdre même cet avantage, sans le remplacer par aucun autre. Le problème de la police, au delà d'une surveillance materielle ou exterieure (le problème dit de la surveillance de «l'ordre moral») quelque indispensable et quelque facile qu'il semble à résoudre, est incomparablement plus difficile à mener à bonne fin que la tâche d'une simple surveillance materielle et militaire. En tout cas, la garde de l'éducation du peuple, qui se fait, — il vrai, — beaucoup plus dans la rue et dans les lieux de plaisirs qu'à l'école, cette garde de l'ordre moral, pour qu'elle soit productive, non arbitraire et non gênante pour les particuliers, — une garde de ce genre exige une étude préalable et soigneuse de la vie du peuple; de plus, sa réalisation dépend de moyens et d'armes qui ne sont pas toujours à la disposition des autorités. Ces armes de la police sont elles-mêmes le produit des progrès de l'éducation du peuple et ne peuvent être créées au gré du pouvoir. C'est encore ici le lieu de se rappeler de l'ancienne et de la bonne vérité économique: que l'activité gouvernementale la plus productive est celle qui produit la sécurité et ce borne à cette sécurité de la liberté individuelle et publique! Sans entrer dans l'étude de ces questions, nous nous permettrons toutefois de communiquer encore quelques observations et quelques réflexions, faites par nous à la foire de Nijnii-Novgorod; elles nous sont suggérées par des faits exprimant, selon nous, les l'idées erronées, qui régnaient à la foire de Nijnii-Novgorod, dans les années 60, sur le but de la police de foire, tout autant que sur celui de toute police. Ces idées sur l'activité tutélaire et protectioniste de la police n'ayant pas encore perdu toute leur force dans différentes sphères officielles, nos observations peuvent avoir quelque valeur.

La peinture que l'on a coutume de faire de la débauche qui se pratique à la foire de Makarij est exagerée, du moins en ce qui concerne notre époque; elle est basée sur des faits d'un temps bien éloigné. Dans tous les cas, tout ce que le monde des divertissements et des plaisirs présente ici de plus blessant au sentiment moral et de plus dangereux pour les mœurs du peuple ne consiste pas autant dans les manifestations cyniques d'une grossière dépravation, que dans d'autres faits bien moins perceptiles et plus délicats.

Nous devons remarquer tout d'abord, que la nouvelle génération de la classe marchande, si nos observations fondées sur des relations prolongées et étroites avec les représentants de toutes les séries de cette classe, ne nous trompent pas, — s'est considérablement amendée en comparaison de l'ancienne. Des progrès de la vie de famille, de la répugnance pour l'existence nomade qui constitue l'essence de la vie foraine se remarquent réellement chez la nouvelle génération. Le perfectionnement des voies de communication permet aux femmes des marchands d'accompagner leur maris à la foire de Nijnii-Novgorod; quelques autres indices font aussi espérer que la femme de marchand entrera enfin en possession des ces droits naturels. Sa transformation de *femme de ménage* et de réclusé en compagne et en participante à la vie de son mari, est déjà en train de s'effectuer. Assurément, il reste encore bien des choses à souhaiter; faisons surtout le vœu que notre *marchande* ou bourgeoise cherchant le progrès, ne fasse pas, pareillement à quelques unes de ses compatriotes, un saut radical pour atteindre les sphères si séduisantes de *l'émancipation* de la femme! La débauche de la vie nomade n'appartient plus qu'à l'ancienne génération des gens de commerce;

les jeunes gens restent souvent en arrière des vieillards. Le côté intellectuel de notre nouvelle classe marchande se montre aujourd'hui, plus faible que le côté moral; le développement de l'instruction scolaire constitue une des premières questions pour le commerce de notre pays, qui se trouve indubitablement dans une position humiliante en comparaison de la domination des étrangers et de leurs capitaux autant à l'intérieur de la Russie qu'aux marchés universels. Quelque bruit que l'on fasse à propos des tarifs protecteurs cette domination étrangère provient non de l'insuffisance de la protection douanière, qui est bien assez forte chez nous, mais elle provient de la supériorité de l'instruction des concurrents étrangers sur les marchands russes; et cette supériorité ne peut fléchir devant aucune espèce de tarif. Les capacités dont la nature a doué le russe et entre autres son aptitude extraordinaire aux affaires commerciales sont réellement dignes de l'admiration qu'elles inspirent quelquefois aux étrangers. On le comprend, lorsqu'on voit un commerçant, sachant à peine déchiffrer une note de marchand et signer une lettre de change, mener des affaires compliquées avec les étrangers, ayant, pour la plupart, terminé leur cours d'études à des écoles élémentaires tout au plus. Empressons nous d'observer, que ce n'est pas tant le mauvais vouloir des marchands, qui s'oppose aux progrès de l'éducation que leurs enfants pourraient acquérir dans les écoles, que la triste direction que ces dernières ont prise dans notre pays depuis quelque temps. Nous avons eu l'occasion de voir pendant nos voyages combien cette classe est pénétrée de la nécessité de bien élever sa jeunesse. Mais est — ce la faute des marchands, si l'éducation des écoles se manifeste à leurs yeux depuis quelque temps sous l'apparence du nihilisme, de la négation de tout ce qui, d'après l'instinct le plus naturel, constitue le fondement de la morale, de la dignité et du mérite de l'homme? Est-ce la faute des marchands, si leurs fils rentrent au foyer paternel avec la conviction nouvellement acquise, que toute la science des peuples civilisés, que l'ordre de choses établi et adapté à la vie sociale — ne sont que des balivernes, qui doivent être renversés d'un jour à l'autre. Quelque éloignée que soit notre classe marchande de la civilisation occidentale, elle ne peut

en aucune façon se réconcilier avec ce *dernier résultat* (?) de l'instruction scolaire; il lui est impossible de se persuader que des
jeunes gens, revenus de l'école, professant ce *dernier mot* de la
science, soient réellement plus civilisés que leurs prédécesseurs.
La classe marchande de notre pays a religieusement conservé
les usages et les coutumes nationales, au milieu d'un bouleversement général, mais il ne s'ensuit pas, qu'elle ait les idées chinoises sur la civilisation de l'Europe et sur l'ordre de choses qui
règne dans les pays civilisés, que professent quelques-uns de nos
gens éclairés (?), s'intitulant «progressistes», libéraux, avancés,
etc. La nouvelle génération marchande, la plus avancée, effa-
rouche quelquefois tout son milieu, par le résultat pratique
du développement qu'elle acquiert dans les écoles, puisqu'elle
y puise du mépris pour les occupations de ses pères et de
l'éloignement pour leur métier. Jadis, la jeunesse marchande
cherchait les grades et la noblesse; aujourd'hui, un grand
nombre des jeunes gens de cette classe, aspire à la mission de
réformateurs de l'ordre politique et social. Au reste ce n'est pas
seulement dans les écoles que les marchands entrent en contact
avec ces idées dites «nouvelles et progressives».

Revenons à la question de la dépravation qui règne d'après
l'opinion générale à la foire de Nijnii-Novgorod. Cette opinion
est à un certain degré erronée: ce n'est pas le côté de la dissipation qui se montre à la majorité du public qui est le plus dangereux pour le moeurs, ce ne sont pas les manifestations d'une
gaieté sauvage qui appartiennent à une génération sur son déclin,
ni les éléments cyniques des plaisirs de Makary qui offrent le
plus d'appâts à la corruption, mais ce sont bien tôt les raffinements et les perfectionnements des plaisirs, qui appartiennent
à l'époque moderne. La partie récréative de la foire de Makary est une véritable encyclopédie des plaisirs de tous les temps
et de tout les peuples; les artistes de tous les coins de la Russie
et de l'Europe se réunissent ici pour étaler leur art et leur savoir faire. C'est ici, comme le disent les gens du peuple, qu'on
trouve décidément tout ce que «l'humeur et les dispositions du
russe» pourraient souhaiter. Il est inutile de dire que toute cette
marchandise réjouissante est de la dernière qualité, à l'exception

cependant du théâtre [2]). Evidemment, les nombreuses populations de la Russie puisent à la foire leurs idées sur le beau et le sublime et répandent ces idées à travers le pays. A ce point de vue, le théâtre. russe pourrait acquérir une importance immense à Nijnii-Novgorod. Cette influence ne pourrait certainement appartenir au ballet, qui a été monté ici en 1864, et qui est moins propre, quoi que ce soit, à inculquer le goût du beau dans l'imagination du peuple. «La Danse d'Hérodiade!» disaient les sectaires vieux-croyants, lorsqu'un ballet, particulièrement protégé par la police, fut monté avec une grande solennité, en 1864, précisément le jour de St. Jean.

Quelque variée que soit l'encyclopédie des plaisirs et des récréations de la foire du Nijnii-Novgorod, on peut cependant observer dans leur développement, deux courants, provenant de deux côtés opposés: l'un arrive de notre capitale septentrionale et, par elle, d'au delà des mers, — l'autre arrive de Moscou et par cette ville, de l'intérieur de la Russie. Pétersbourg infiltre ses raffinements dans les plaisirs de Makary et envoie à Nijnii-Novgorod tous les propagateurs de ce genre, et entre autres (à une époque passée, mais récente) des agents avancés du ballet et du bal Mabille, qui ont reçu ici le nom de bals masqués; ces plaisirs n'auraient pu s'organiser, sans un essaim d'individus des deux sexes que Pétersbourg fournit encore [3]). En même temps, ces raffinements de la dépravation, tout-à-fait

---

2) Le théâtre de la foire de Nijnii-Novgorod a atteint un degré de perfection remarquable dans ces dernières années. Il y a aujourd'hui deux théâtres, où les représentations se sonte répétées journellement en 1879 et en 1880. L'un est destinée à l'Opéra, l'autre aux pièces dramatiques. Autrefois le ballet de St. Pétersbourg se transportait à Nijnii. En 1881, il n'y a eu qu'une troupe dramatique. Les talents les plus remarquables de la capitale et de la province participent à ces représentations. Le goût du public pour le théâtre, goût qui grandit et qui le détourne des autres plaisirs de Makarij, est le symptôme le plus sûr de l'amélioration des moeurs de la foire.

3) Nous pouvons noter à notre grande satisfaction, que de ces deux «courants» des plaisirs de la foire, celui de Moscou a pris la prépondérance sur celui de Pétersbourg ou sur le courant étranger. Les choeurs de chantres russes qui se font entendre dans les auberges tiennent le premier rang après le théâtre; quelques uns d'entre eux sont si beaux, qu'ils donnent de véritables jouissances musicales ils initient même le public aux oeuvres musicales classiques russes et étrangères. Ces choeurs ont presqu'entièrement supplanté les bohémiens (tziganiy) qui cependent se conservent ici, comme un attribut inévitable de Makary.

inaccessibles aux idées grossières du peuple russe primitif, effa-
cent d'une façon surprenante la ligne de démarcation tranchée
qui autrefois, séparait le domaine de la debauche de celui des
plaisirs, les établissements du premier ordre de ceux du second,
les visiteurs des uns et des autres. D'après nos observations personnelles, la dépravation était beaucoup plus «concentrée» autrefois et même à une époque récente; même des limites géographiques (le bourg Kounavino) lui servaient de démarcation. Aujourd'hui, elle s'est répandue, sur toute l'étendue de la foire,
sous des formes plus convenables, il est vrai. Les gens sérieux
quoique très familiarisés avec la vie d'auberge, des marchands
grands-russiens, ont dû faire de grands efforts pour fermer la
porte de quelques réstaurants à ce courant subtil des plaisirs
raffinés: les habitués d'un certain nombre de ces établissements, qui prirent le nom d'auberges «commerciales», firent, avec
leurs propriétaires, la convention de ne laisser entrer aucune
femme, sous quelque titre qu'elle se présentât, soit artiste, soit
cantatrice etc. Cependant cet élément de femmes équivoques
s'est introduit, dans tous les restaurants sans exception aucune,
dans ces dernières années. Comme on le sait, la démarcation géographique de la prostitution existe dans plusieurs capitales et dans
les villes les plus populeuses de l'Europe et précisément dans
celles qui se distinguent par une moralité sévère, comme, par
exemple, Londres. Cette centralisation, présente, nous semble-t-il,
une question fort importante pour l'ordre et pour la bienséance,
et facilite sans aucun doute, la surveillance de la police, quoique
les manifestations apparentes de l'immoralité semblent, à première vue, s'y agglomérer.

Il faut en convenir, le Russe ne s'entend pas à ennoblir la
débauche, quelque enseignement qu'on lui en ait donné à l'étranger et à Pétersbourg; ce trait, fort peu affligeant pour notre
amour-propre national, provient peut-être effectivement, de ce que
nous sommes arriérés dans la voie de la civilisation européenne
et peut-être est-il une conséquence de quelques propriétés[4]),

4) Les Asiatiques, par ex. les Chinois et les Turcs, savent pourtant épurer et
raffiner la dépravation, malgré leur ignorance et la grossièreté de leurs moeurs.

fort peu regrettables, inhérentes à notre race. Ce trait est
particulièrement saillant à la foire de Nijnii-Novgorod. Toutes
ces soirées dansantes, organisées dans les meilleures intentions
et dans le but d'initier le russe à des raffinements qui lui sont
inconnus se transforment rapidement, entre ses mains, en orgies
grossières et en cabarets répugnants. Ce qu'il y a de remarquable,
c'est qu'en dehors des danseurs «de louage» et ceux que l'on fait
venir, il n'y avait guère que les étrangers (les français et les
allemands) et *les russes ivres-morts*, qui prissent part à ces bals;
pourtant le peuple russe se distingue par un goût très prononcé
et des dispositions particulières pour l'art de la danse. Tous ces
bals «Mabile» sur les bords de l'Oka, se perdent dans l'ivrognerie
qui y domine et dans les «cabinets particuliers» qui attirent le
public beaucoup plus que la danse. On peut affirmer, sans exagération, que tout le public quelque peu sérieux de la foire (et
dans le nombre les jeunes gens) ne vont à ces spectacles que rarement et par curiosité, pour voir quelque chose de «curieux».

Nous ne sommes nullement disposé à l'idéalisation démocra-
tique des classes inférieures, mais cependant, nous ne pouvons
taire le résultat de nos observations sur la foire de Nijnii-Novgorod: plus on descend l'échelle sociale de la débauche et des
établissements destinés aux plaisirs et aux réjouissances, moins
on rencontre de cynisme moral et d'atteintes aux sentiments naturels de la pudeur et de la dignité humaine. La gaieté du peuple
ne se défigure que par l'ivrognerie (qui défigure tout dans notre pays),
sur les promenades publiques de la foire, aux établissements de
plaisirs de la dernière catégorie, aux guinguettes, aux cabarets,
où la gaieté la moins retenue du russe se donne libre carrière,
où la cornemuse de confection domestique et le *trépack* (danse nationale) se montrent sous les formes les plus primitives. N'était
l'ivrognerie, rien ne blesserait ici le sentiment moral. Nous avons
été frappé de la décence qui y règne en comparaison des plaisirs
d'un genre plus élevé et plus progressiste. Tous les airs russes
nationaux, par exemple, que nous avons eu l'occasion d'entendre,
même les chansons plus secrètes, contenaient moins d'expressions
cyniques, que les romances perfectionnées de ce genre chantées
dans quelques établissements de plaisirs. De plus, le public pris

dans le peuple (même le public ivre) ne demande pas de ces chansons secrètes, et se contente principalement de chansons sentimentales. Ce n'est qu'au milieu de la débauche des classes les plus pauvres de la population de la foire, au milieu du peuple, qu'on aurait pu remarquer les traces de quelques éléments de poésie et d'idéalisme, qui n'abandonnent jamais entièrement l'homme, quel que soit son milieu. Aussi l'unique souvenir poétique que nous aient laissé les plaisirs de Makary (en 1864) c'est l'air russe (*Vanitchka*) surprenant d'originalité et que nous avons entendu pour la première fois, dans un des bouges les plus malpropres de la foire de Nijnii-Novgorod; cet air (accompagné de la danse du *Kazatchëk*) en ton mineur et imprégné d'une profonde tristesse, produit, en dépit des voies criardes et ronflantes des femmes, une impression très vive. C'est dans ces sombres recoins de Makary qu'on pouvait se rafraîchir l'âme de sensations idéales et pures!

Nous venons d'aborder ici le second courant des réjouissances de la foire de Makary, le courant opposé à celui du nord, — le courant du génie populaire. Ce génie pénètre dans toute la débauche, dans tout le genre de vie de la foire; il se fait sentir sous le vernis étranger, même dans les spectacles d'outre-mer, qui prennent, malgré leur origine étrangère, un cachet national tout particulier, pareillement à l'incorporation des chanteurs russes même dans le programme des soirées dansantes, organisées sur des modèles parisiens. Moscou, joue le rôle de représentante et même de dominatrice dans cet élément russe de la foire. Moscou, comme nous l'avons déjà dit, est la puissante ordonnatrice de ce marché. Le cachet de Moscou, la coutume de Moscou[5]) se remarque au milieu de la débauche la plus effrenée, dans tous les attributs de la vie d'auberge et d'autres établisse-

---

5) Les choses sont dans le même état encore aujourd'hui (1882). L'élément russe a même acquis une plus grande puissance autant dans le commerce que dans la vie sociale, quoique le monde commercial étranger, principalement celui de Pétersbourg et d'Allemagne, se soit prodigieusement multiplié à la foire, dans ces dernières années. La société allemande a tellement grandi, qu'elle a même établi son centre spécial dans un restaurant allemand «Germania» un des plus grands établissements de ce genre, nouvellement construits à la foire.

ments publics. «Les choses se font ainsi à Moscou, tel est l'usage à Moscou» — sont des paroles qui décident toutes les questions à la foire, et qui s'opposent à toute espèce de blâme, de tel ou tel autre arrangement. «Les choses se font ainsi à Pétersbourg» — ne décide encore rien; ce n'est pas une autorité à laquelle on se soumette, ce ne sont que des paroles qui excitent la curiosité et le désir d'entendre et de voir ce qui se passe là-bas, à Pétersbourg. Moscou ne représente pas toute la Russie, mais elle en est le premier, le principal centre; c'est à Moscou que les divers éléments provinciaux et locaux, les mœurs et les coutumes de la vie russe se réunissent et se communiquent mutuellement, et c'est encore ici qu'ils se modifient d'une manière ou d'une autre, pour se répandre dans toutes les contrées de la Russie. Nous en citerons comme exemple insignifiant, mais néanmoins assez caractéristique, la cornemuse qui, naguère, jouait un rôle remarquable sur les promenades publiques de la foire de Nijnii-Novgorod. La cornemuse était cultivée par quelques chœurs de paysans d'une localité du gouvernement de Vladimir, renommé pour cet art; ces cornemuses se fabriquent aujourd'hui à Moscou, dans les ateliers d'un marchand d'instruments de musique et supplantent, même entre les mains des inventeurs eux-mêmes, l'instrument primitif, de fabrication domestique. Cette cornemuse, peut, nous semble-t-il, servir d'échantillon du développement et de la transformation non-seulement de tout objet semblable, mais elle est encore l'image de la renaissance que subissent les mœurs et les usages de la vie nationale, dans leurs rencontres continuelles avec les perfectionnements des arts et des sciences. Nous voudrions bien répondre par ces quelques paroles, à la question générale, qui s'élève très souvent sur le degré d'originalité de telles ou de telles autres mœurs et coutumes de la vie du peuple. On prétend que toutes les manifestations du caractère et de la nature russes à la foire de Nijnii-Novgorod sont artificielles et nullement naturelles, que par exemple la danse et le chant russes, ne sont pas russes, ne sont point populaires, que tout y est refait, défiguré par l'imitation et l'enseignement, par l'influence des idées étrangères et enfin que rien n'y rappelle un village russe éloigné des villes, des foires, des voies industrielles. Ce n'est assuré-

ment pas à la foire de Nijnii-Novgorod ni à aucune foire qu'il
est possible d'étudier un village russe, mais il est tout aussi incontestable que la nationalité ne se compose pas exclusivement
des seuls villages et de la vie de campagne. Un rassemblement
aussi nombreux que celui de la foire de Nijnii-Novgorod, indépendamment de sa portée purement économique, doit exercer une
influence puissante sur le village même, sur les campagnes les
plus éloignées bien qu'elles soient complètement isolées de la vie
de ville et de l'industrie. Les nouvelles étoffes destinées au peuple,
différents accessoires de la parure, les ornements, les costumes,
tout aussi bien que les idées et les amusements partent de la foire
de Nijnii-Novgorod et se répandant au moyen de toutes les routes
et de tous les sentiers de la vie du peuple, dans les coins les plus
oubliés de la Russie. Ainsi, quelque paysan après avoir passé
quelque temps à Makary, rentre chez lui avec des façons, une
manière de voir qu'il a acquises dans les établissements de plaisirs
de la foire, ou bien, il enseigne à ses voisins une nouvelle manière
de chanter un air quelconque, comme il l'a entendu faire par des
chanteurs de Moscou. Nous avons souvent entendu dire à nos
paysans des gouvernements du centre qu'ils avaient leurs modes
comme les seigneurs. Et qu'est-ce donc que la mode, si ce n'est
un changement «artificiel» dans les coutumes?

Quelqu'un peut-il ignorer que la vie du peuple et toutes ses
manifestations se modifient continuellement et que leur mouvement, pareillement au langage, ne se suspend pas un seul instant.
Les éléments les plus étrangers les uns aux autres se confondent,
se mélangent, ainsi que l'idiome, dans le courant de ce mouvement et forment, certainement sous l'influence de l'élément national primitif un tout homogène, qui soumet ces éléments divers
à un certain type de race. Y aurait-il une force humaine, capable
de deviner la substance intérieure de ce type national, d'en découvrir la cause, le mystère du génie du peuple, et de définir les
bases primitives de l'origine nationale? Les études les plus
précises de la vie du peuple, pourraient seules saisir les traits
extérieurs et les manifestations d'un type national, les forces
dominantes et les conditions de son mouvement. Il ne serait pas
moins impossible de distinguer dans la réalité, les *éléments na-*

turels de la vie d'un peuple, les éléments primitifs, spontanément surgis par la force créatrice de cette même vie — des éléments *artificiels* introduits dans cette existence du dehors par la force du génie inventif, par la fantaisie et l'arbitre personnels. Le degré d'acclimatation de telle nouvelle coutume dans la vie, pourrait seul servir de mesure pour distinguer le degré de l'élément naturel ou artificiel dans cette coutume. Une chose a été adoptée, s'est infiltrée dans les moeurs, une autre ne s'est point introduite ou bien commence à peine à le faire; une autre encore s'est établie sous nos yeux et ne se nomme point «usage populaire» etc. De plus, une localité possède la force de répandre ses coutumes dans d'autres localités et une autre au contraire les garde pour elle. Il y a des centres qui ont une faculté particulière d'absorber en eux, une quantité de courants des plus variés de la vie nationale; il s'y passe un échange continuel de tous les idiomes et de tous les provincialismes du peuple, de sorte que les éléments nationaux les plus répandus y prennent naissance. Telle est Moscou. C'est dans ce sens que nous acceptons la prépondérance des coutumes et des moeurs de Moscou dans la vie foraine de Nijnii-Novgorod, et de la vie russe en général; il s'entend que cette prépondérance n'exclut point l'affluence de tous les éléments russes provinciaux vers la foire de Makary et l'effet inverse que les moeurs et les usages qui se forment à ce grand marché, exercent sur Moscou. Cependant, nous ne croyons pas nous tromper, en disant que l'élément russe agit à la foire principalement sous le cachet de Moscou. Ce cachet s'étend, et sur la cornemuse, de fabrication domestique, perfectionnée par un artisan de Moscou, et sur les chanteurs russes, qui ont cultivé leur art primitif à Moscou, et sur les différents attributs de la cuisine russe, qui dominent parmi les plats de la foire de Nijnii-Novgorod et qui ont acquis leur apparence présentable sous la direction des cuisiniers de Moscou; ce cachet s'étend enfin, sur toute la vie de foire, la vie d'auberge qui doit son origine à Moscou. Quelque séduisants que soient les bals et les cancans, dont le courant, arrivé de Pétersbourg et de Paris, s'est rué sur la foire de Nijnii-Novgorod, toutes ces séductions glissent sur la surface de la vie nationale; elles n'y pénètrent pas, ne s'y incorporent

pas, et n'attirent le peuple que comme une curiosité étrangère
— dans le cas le plus bénévole, — ou bien comme la danse
d'Hérodiade, — dans le cas contraire. C'est dans ce sens, que
nous avons voulu dire, que le courant des idées et des sentiments,
qui s'incorporent dans toutes les extrémités de l'organisme national, qui pénètrent dans sa chair et dans son sang, — découle
de Moscou.

Ce courant, quelque orageux, sales et sauvages que soient
quelquefois ses débordements, ennoblit cependant l'élément moral
de notre marché. Nous en viendrons, plus tard, à sa portée sociale
et politique, appartenant effectivement à ce grand confluent de
sentiments de pensées, de croyances et de traditions, dont Moscou est le centre principal et primitif, et qui trouve son débordement périodique au rassemblement de Makary. Revenons, en
attendant au chapitre des plaisirs et des amusements de la foire
de Nijnii-Novgorod. Nous avons déjà indiqué en partie les cordes
poétiques[6]) de l'élément récréatif de ce marché: tout ce qu'il contient de sale et de cynique est loin de se renforcer, mais cède aux
progrès du temps. Les manifestations sauvages de la dépravation
sont presque inadmissibles aujourd'hui (nous disons presque),
elles appartiennent aux traditions fabuleuses de la période héroï-
que de la foire, où le bain, cet élément oriental, qui s'est introduit dans la vie de notre peuple, jouait, parait-il, le rôle
principal (par exemple, l'emploi du vin de Champagne en guise
d'eau pour se laver, un séjour de vingt-quatre heures au bain,
dans un état sauvage, qui n'a, pour ainsi dire, rien d'humain, et
a. d. s.). Il n'était cependant nullement urgent au point de vue
historique que les plaisirs de l'Occident, quoique plus raffinés,
mais tout aussi immoraux, supplantassent ces amusements sauvages et grotesques; en fin de compte ils ne les ont pas détrônés;
mais ceux-ci ont disparu d'eux-mêmes, nullement par l'influence
d'un élément étranger, incapable de satisfaire aux exigences de
la nature russe, ou bien comme l'on dit ici, de «la disposition

---

6) Les chœurs des chanteurs russes sont devenus depuis quelque temps
1881), les moyens les plus efficaces de l'amélioration et de l'ennoblissement
des plaisirs de Makary.

russe» qui cherche de l'espace dans la large débauche de Kounavino (un faubourg de Nijnii-Novgorod, destiné aux maisons de
prostitution). Ni les soirées dansantes de la foire, ni les ballets,
n'auraient la puissance de remplacer cette débauche, si même,
ils présentaient quelque supériorité morale sur Kounavino, ou
même plus de décence extérieure que ce lieu de plaisirs. Les
bals publics se rapprocheraient plutôt des établissements de Kounavino, à part les avantages qu'offre ce fameux faubourg de Nijnii; son isolement géographique, joint à la surveillance administrative et sanitaire de la ligne de démarcation que chaque visiteur de la foire était libre de franchir, ou de ne pas franchir
présentait d'innombrables avantages pour le beau sexe: en
franchissant la limite de Kounavino, une femme savait et était
tenue de savoir ce qu'elle franchissait; quant aux bals publics
où les pères venus de province se présentent par erreur avec
leurs filles, une femme ne sait pas et n'est pas obligée de savoir
où elle se trouve. Il s'ensuit que le progrès, sous le rapport des
plaisirs, ne peut pas être considéré comme un progrès véritable,
et qu'il n'y aurait point motif sérieux de lui prêter une protection particulière aux dépens des amusements du temps passé.
Les coutumes d'autrefois tombent d'elles-mêmes par l'effet du
temps, et les nouvelles coutumes avec leur lustre et surtout les
coutumes privilégiées, et étrangères aux moeurs du peuple, sont
aptes à un développement artificiel et à des progrès ultérieurs.
Ce qui se présente aujourd'hui comme une curiosité, étrangère
au sol national, ce qui glisse à la superficie de la société comme
un scandale d'outre-mer, — est capable, uni aux sucs maladifs
du sol lui-même et secondé par des transformations inattendues,
d'engendrer d'autres résultats que ceux produits dans leur pays
d'origine, au delà des mers. Tel est, dans un autre domaine, notre
nihilisme russe, la théorie abâtardie, la plus inattendue et la plus
monstrueuse des théories, ayant pris naissance sur un sol
étranger.

Le courant de l'esprit national est surtout sensible dans une
manifestation de la nouvelle époque: dans la *domination de la
chanson russe* à la foire. Les choeurs de chanteurs russes sont
devenus un accessoire indispensable de tous les restaurants, des

premiers jusqu'aux derniers. Sans eux, pas de fête complète.
Ils supplantent les *artistes* et les musiciens étrangers et ont
presqu'entièrement détrôné les bohémiens, qui dominaient autrefois à Makary. Les chœurs de Moscou se distinguent entre tous;
quelques-uns ont effectivement atteint un degré de perfection,
qui pourrait satisfaire même les difficiles. Nous ne pouvons considérer ce fait comme l'effet d'un pur hasard; au contraire, nous
y voyons le reflet naturel des mouvements patriotiques si signi-
ficatifs de notre époque. Nous avons eu l'occasion de nous convaincre pendant notre dernier séjour à la foire de Nijnii-Novgorod
(en 1881) que le public était plus avide de musique vocale russe,
que de tout autre plaisir, tandis qu'autrefois (par ex. en 1860) il
n'était pas question de ce genre de musique. L'hôtel, renommé
pour la supériorité de son chœur de Moscou, attire le plus grand
nombre de visiteurs, quand même l'organisation matérielle des
autres hôtels le surpasserait. Le chant russe possède principalement l'influence morale, qui appartient à l'élément national des
amusements de Makary: nous avons été témoins de l'enthousiasme avec lequel le public passait des nuits entières à écouter
ces chanteurs, s'enivrait de leurs concerts, en oubliant le vin et
tout autre plaisir. La même chose se passait autrefois, par
rapport aux bohémiens. Mais l'effet que ces deux genres de
chants produisent sur les auditeurs, la disposition qu'excitent l'un
et l'autre, sont complètement différents. Le chant mélancolique
russe éveille la tristesse de l'âme et une profonde rêverie, le
chant bohémien excite les nerfs et les instincts sensuels. Ajoutons que les jouissances que donne une troupe de bohémiens
sont impossibles sans un certain enivrement et que le chant russe
au contraire, exclut le vin, même dans les cercles d'ivrognes les
plus incorrigibles. Des alliages parasites asiatiques se manifestent dans le chant bohémien, quoique sa base soit le motif russe.
Ces motifs du chant bohémien rappellent involontairement les
steppes de la partie méridionale de notre pays, où les campe-
ments des peuples barbares de l'Asie trouvaient tant d'espace et
où l'élément slave ou russe, c.-à-d. l'élément européen de notre
histoire, avait tant de peine à les vaincre. L'élément russe, exprimé
par le chant russe, domine aujourd'hui à ce grand rassemblement

10

des peuples de l'Asie et de l'Europe, que les efforts séculaires de la civilisation russe septentrionale ont converti de caravansérail en un des centres les plus importants du commerce européen.

Mais revenons au point de départ de nos réflexions — à la police, dont nous devons inévitablement dire encore quelques mots.

Il serait superflu d'insister sur l'urgence de la police extérieure, sur la nécessité de l'ordre matériel de la sécurité personnelle et de la propriété contre toute espèce d'atteinte matérielle; chacun est pénétré de l'idée de cette nécessité, et pourtant il est impossible d'affirmer que même ce problème élémentaire de toute police soit définitivement résolu à la foire de Nijnii-Novgorod. La solution satisfaisante de cette question aurait été un bien que les populations participant au marché de Makary auraient su apprécier, et en échange duquel elles auraient été disposées à affranchir la police de toute autre sollicitude, de tout autre soin. Lorsque l'administration de la police désire étendre son activité au-delà des devoirs d'une surveillance matérielle de la sécurité et ne point priver les mœurs nationales de sa sollicitude contre toute espèce de tentation, ses devoirs se compliquent excessivement. Nous avons déjà vu échouer plusieurs entreprises tentées dans ce but et dictées par les meilleures intentions. Nous nous permettrons d'indiquer rapidement la cause première et principale de la déroute de la police sur ce champ de son activité qui a agi en d'autres temps, autant à la foire de Nijnii-Novgorod, que dans toutes les régions de notre pays. Le fait est que tous les efforts de la police ne se sont dirigés ici jusqu'à présent que vers un but: celui de préserver de la dépravation la dépravation elle-même, et non de protéger contre la dépravation les sphères de la vie sociale qui lui sont étrangères; la plus grande partie de ces efforts n'a tendu qu'à garantir les tentateurs de l'entraînement, et non pas ceux qui pouvaient y succomber. Voilà la source de cette réglementation mécanique des manifestations de la débauche, si oppressive pour la liberté de la vie, si impuissante dans sa lutte contre le mal, — cette réglementation peut-être beaucoup plus dure dans notre pays, que dans tout autre, et quelque peu supportable, en ce que sa force principale s'épuise sur

le papier et ne trouve point d'éxécuteurs suffisamment sévères
Ce système produit encore d'autres effets: les sphères de la vie
du peuple, que la corruption n'a point atteintes, — les jeunes
générations, les femmes qui réclament particulièrement la protection, enfin tout le *public*, sont exposés à toutes les atteintes à
leur sentiment moral, aux convenances, à la pudeur, à toutes les
insultes les plus impudentes de la part de la débauche. Que voyons-
nous, par exemple, à la foire de Nijnii-Novgorod? Les prescriptions
de la police se sont montrées excessivement soucieuses par rapport
à toutes les manifestations extérieures de la gaieté, non-seulement
dans les bals publics, mais encore à l'intérieur des établissements,
où ne se rencontrent certainement pas les gens qui demandent
protection contre la corruption; pendant que les gestes et les accessoires les plus secrets de la toilette des danseurs se soumettaient
à une réglementation sévère, la police restait parfaitement indifférente à la présence d'enfants, et même à la participation de
ces enfants aux danses les plus effrénées de ces *bals de barrière*.
On ne peut expliquer cette incurie que par l'esprit général de
notre police, parce que la protection des enfants contre la corruption n'offre pas la moindre difficulté: il suffirait de leur interdire
l'entrée de tout lieu de plaisir appartenant à la catégorie des
lieux suspects. Sans aucun doute, la force d'une interdiction
semblable doit même s'opposer à la volonté des parents dont les
droits sur une génération naissante ne sont pas illimités. Nous
insistons sur ce sujet, parce que les enfants se présentent ordinairement aux établissements de plaisirs, accompagnés de leurs
parents, ce qui, selon l'opinion de beaucoup de gens, paralyse
l'autorité de la police. La restriction mécanique d'un mal de ce
genre aurait été un bienfait, et aurait affranchi le sentiment moral du public d'atteintes beaucoup plus graves que les gestes des
danseurs soumis à une réglementation sévère de la part de la
police.

Ce qui est frappant, c'est que personne dans notre pays, ne
serait étonné de voir les autorités de police s'ingérer sous un
prétexte quelconque ou bien sur un soupçon, dans les secrets du
foyer domestique, pour y chercher la preuve d'un acte immoral
entre des gens d'un âge mûr, — et que beaucoup de personnes

10*

auraient été surprises, mieux que cela, indignées, de voir p. ex.
les jeux de hasard et les loteries poursuivis dans les lieux publics, où ils attirent non plus des joueurs de profession ou de mauvais joueurs, mais des troupes d'enfants et des paysans, qui ont
appris ici pour la première fois, l'existence de ces jeux, et qui
n'ont aucune idée des fourberies qui y sont inhérentes. Les gravures prohibées sont poursuivies dans les magasins les plus aristocratiques où des libertins raffinés seuls iraient les acheter, et
des tableaux beaucoup plus dégoûtants sont exposés dans les panoramas, situés sur la place, aux regards de milliers de gens du
peuple de tout âge et de tout sexe. Tout en soumettant chaque
pas de la société à une tutelle, — qui se borne ordinairement à
un formalisme bureaucratique tout-à-fait mécanique, mais qui
n'en est pas moins fort gênant. — nous ne protégeons nullement
la société contre la fourberie la plus contraire à la loi, contre la
violation illégale de la confiance publique. Portons notre attention sur une circonstance qu'on perd de vue continuellement
dans notre pays: tout acte, toute chose peut éviter la poursuite
de la loi qui les réprime, *rien qu'en changeant de nom* (de nom
légal). Des établissements publics par exemple, appartenant à
une catégorie particulière (à la prostitution) et soumis à un système de surveillance tout-à-fait spécial, existent sous le nom
d'auberges et jouissent des droits qui appartiennent légalement
à des établissements de cette espèce. On peut dire la même
chose des bals publics. Ce fait n'est pas sans importance, surtout à la foire de Nijnii-Novgorod. Il détruit d'un coup toute la
sage prévoyance de la loi. Si les efforts tendaient à ce qu'un cabaret portât le nom de cabaret et non de boutique à bouteilles,
à ce qu'un bal public destiné aux célibataires, ne portât point le
nom de soirée de «famille», à ce qu'une maison de prostitution
ne s'intitulât point du nom de restaurant, et a. d. s., le public
jouirait d'une garantie beaucoup plus sûre contre la violation de
ses droits, que ne peuvent lui en donner les gendarmes, qui dé-
livrent les billets aux entrées des bals publics et réglementent les
gestes des danseurs ou bien la prohibition de chansons inconvenantes dans des maisons de débauche avec le but de conserver
les bonnes mœurs de ses habitantes!

Telle ou telle direction de l'activité de la police, quelque désirable qu'elle soit, ne dépend pas seulement de l'autorité législative ou administrative: les meilleures intentions de l'autorité dépendent des circonstances environnantes et leur réalisation dépend des instruments de leur application. Cela est surtout vrai pour la police qui, pour résoudre quelque problème, doit en pénétrer tout son personnel, jusqu'au dernier officier de police, jusqu'au dernier agent. Chacun sait combien ce but serait difficile à atteindre dans notre pays. Cette difficulté est surtout délicate à la foire de Nijnii-Novgorod et n'échapperait point au coup d'œil le plus superficiel: l'élément *asiatique* se mêlait, depuis quelque temps, à l'élément juif qui entrait ordinairement dans le personnel inférieur de la police. Cet élément *asiatique* (les troupes cosaques d'Orenbourg, composées de Bachkirs, de Kalmouks, etc.) dominait dans l'essaim des conservateurs de l'ordre et de la bienséance à la foire: par un singulier caprice du sort, la mission d'établir un ordre européen au milieu de ce rassemblement d'Asiatiques, incombait aux Asiatiques eux-mêmes. Ces individus d'essence orientale, à peine introduits par la Russie dans la famille des peuples d'Europe, ayant à peine reçu le premier stygmate d'un peuple civilisé, — un uniforme militaire est leur unique indice européen, — se présentaient gardiens de la moralité européenne, et étaient chargés de soumettre les passions au frein de la civilisation. N'est-ce point là une ironie amère du sort?

Il faut observer en général que le personnel inférieur du service de la police est complètement négligé dans notre pays et qu'en même temps, tout *le système de la police repose* sur les agents les plus infimes de ce service, sur le dernier grade, sur le soldat, même sur le commissionnaire, sur tous ces individus n'agissant point seulement sur le papier, comme les grands pouvoirs de la police, mais de la façon la plus effective. C'est certainement dans le service de la police, que l'ordre est possible et impossible avec de bons exécuteurs et de mauvais. Quelque simple que soit cette vérité, on ne l'admet pas dans notre pays. Nous voyons continuellement tous les soins appliqués à l'amélioration de la police être principalement, sinon exclusivement dirigés, vers l'établissement des autorités supérieures de la police. C'est le cas d'observer que, si la présence d'un gouverneur général peut effectivement introduire l'ordre et appuyer la police, ce n'est que parce que ce gouverneur général est investi du pouvoir d'augmenter le personnel de la police inférieure et en cas de besoin, d'appeler les militaires de la ligne à leur aide. Nous avons vu cet état de choses à la foire de Nijnii-Novgorod. Une singulière opinion s'est formée depuis longtemps dans notre pays: on trouve que chacun est apte au service inférieur de la police, que tout vaurien est bon à cet usage.

Quelque curieuses que soient les questions morales et politiques ayant rapport à la police, aux plaisirs et à la débauche pendant la foire de Nijnii-Novgorod, — ce ne sont pas encore ces questions qui constituent le principal intérêt de ce marché. Cet intérêt ne gît même pas dans les affaires de commerce, quelque immense que soit l'influence qu'elles exercent sur l'économie nationale de notre pays. La portée universelle de cette foire, dont l'origine se perd dans les temps antéhistoriques, dont le développement a suivi côte-à-côte toutes les destinées historiques de notre peuple, — se détermine par l'expression que nous lui avons déjà appliquée plus d'une fois: elle représente la *rencontre* des hommes et des peuples, c'est un des principaux centres de la transmutation des éléments divers de la vie russe en un seul type national tout russien ou plutôt grand-russien.

C'est à la foire de Makary que se rencontrent, plus que dans *toute autre région de la Russie*, les hommes et les idées, les races, les croyances et les civilisations qui se sont infiltrées dans la substance de notre nationalité, dans notre unité politico-ethnographique, ainsi que les croyances et les civilisations qui nous sont restées étrangères, mais qui ont influé sur notre développement historique. C'est à ce rassemblement de Makary que s'est passé un des plus critiques moments de l'incorporation des éléments divers de race et de culture, qui ont formé notre nationalité. Plus les éléments de races et de civilisation qui entrent dans la substance d'une nation sont nombreux et variés, plus la croissance historique de ce peuple est puissante et plus son type national

qui absorbe et élabore tout ce mélange d'éléments de races diverses, devient puissant. Voilà pourquoi des rassemblements, semblables à celui du marché de Makary, sont importants; ils sont
surtout féconds pour le peuple qui à dû adopter et unifier tant
d'éléments, et les absorber en un seul type national surprenant
par son *homogénéité*, dans un pays dont le territoire n'a point
d'égal sous le rapport de l'étendue. Ici nous voyons ce procès
colossal, historique et éthnographique de la fusion de toutes ces
nationalités en un seul tout appelé nation russe.

Le motif qui donne lieu au rassemblement de Makary, —
le commerce, — possède les propriétés *qui réunissent et conci-
lient particulièrement* les différences et les contrastes des races et
des coutumes; ce motif unifie plus rapidement et plus solidement
que toute autre cause de rencontre: il faut à tout prix vendre et
acheter. Une tasse de thé, une bouteille de vin, le bruit réjouis-
sant d'une auberge, établissent involontairement un niveau commun entre l'orgueilleux marchand de premier ordre de Moscou et
le Boukhare à demi barbare et toujours inévitable à la foire, et
qui n'est pas moins orgueilleux de son toit; ils passent des heures
entières à discuter, ils mettent en œuvre toute une batterie de
ruses commerciales, ils se menacent mutuellement des suites extrèmes qui pourraient provenir de la rupture d'un engagement:
d'un côté, c'est un voyage de retour, à travers les steppes de l'Asie
centrale avec une cargaison de coton, inutile dans le pays, et point
d'argent comptant sans lequel on ne peut faire un pas, dans une
partie du monde où le crédit et les banques sont choses inconnues,
et de plus peut-être, des coups de bâton en public, salaire d'un
commerce mal conduit; de l'autre côté, un voyage de retour (c.
à. d. le retour du fabricant qui ne s'est point approvisionné de
coton à la foire) en chemin de fer, un voyage beaucoup plus
court et plus perfectionné, mais accompli dans des conditions fort
peu riantes: la perspective d'une fabrique privée de matériaux
bruts et surchargée de marchandise toute prête, qui ne peut trouver son débit qu'en Asie. Tous les inconvénients, toute la gêne, qu'en-
traînerait la rupture de l'affaire traversent l'esprit des deux commerçants; ils luttent, s'arrangent entre eux et enfin les deux côtés
se font des concessions réciproques; l'un cède beaucoup plus que

l'autre; son chemin de retour est beaucoup plus long, sa position beaucoup plus critique; l'Europe prend le dessus sur l'Asie. Quelque tenace que soit le Boukhare, le Moscovite soutient la lutte plus longtemps; les deux côtés finissent par s'entendre et suivant *la coutume russe*, se frappent dans la main, quoique le Boukhare ait encore la perspective d'être obligé d'aller chercher son argent à Moscou[7]).

Le contraste le plus frappant des éléments ethnographiques dominant encore à la foire de Makary se manifeste certainement entre l'Asie et l'Europe; aussi le marché de Nijnii-Novgorod lui doit-il son origine; la lutte de ces deux éléments a produit la substance la plus importante du rassemblement de Makary. Lequel de ces deux éléments l'emporte? tous les symptômes historiques et géographiques du développement de la foire le disent clairement. La rencontre des peuples de l'Asie et de l'Europe y a encore lieu, bien que l'influence de la foire de Nijnii-Novgorod, sous le rapport du commerce intérieur de la Russie, domine de beaucoup, comme nous l'avons déjà dit, sur le rôle qu'elle joue dans notre trafic avec l'Asie. Cependant, l'influence morale et intellectuelle de la Russie sur les Asiatiques ne se montre, peut-être nulle part, aussi clairement qu'à la foire, en conséquence de la prééminence entière qu'y exerce l'élément russe, européen.

Le procès d'une autre lutte de races beaucoup plus sérieuse se passait avec une énergie toute particulière, dans cette même région et sur la voie que suivait le développement historique du marché de Makary. Nous voulons parler de la fusion des races finnoises et slaves. Le développement intérieur de la foire ne pouvait certainement rester étranger à ce procès ethnographique, si important dans notre histoire, mais qui, selon toute apparence, n'influait qu'indirectement sur la foire. Les races finoises, qui se sont conservées dans toute leur pureté sur les bords du Volga et dans les localités qui avoisinent la foire (dans les gouvernements de Nijnii-Novgorod, de Kazan, de Riazane), ont depuis longtemps perdu l'esprit industriel et commercial qui a

---

7) Nous avons été témoin de négociations semblables, qui durent plusieurs jours de suite.

animé, avec une force toute particulière, la nationalité russe, celle
surtout de la région en question. La participation de tous ces
débris finois au commerce de la foire, — les Tchérémisses, les
Tchouvaches, les Mordwas — ne se remarque même point aujourd'hui. La présence des races finoises dans le domaine géographique de la foire de Makary est plutôt remarquable sous un
autre rapport: leur fusion avec les races slaves à augmenté la
puissance de l'élément russe dans sa lutte avec l'Asie, si l'on admet toutefois l'hypothèse, exacte à notre avis, que l'absorption
des races finoises par les races slaves dans l'élément russe, à
été un fait excessivement favorable au développement de ce dernier. La foire de Makary a, sans aucun doute, contribué à
la marche de ce procès éthnographique: c'est ici que le peuple
russe a manifesté la domination décisive de son esprit commercial et industriel sur toutes les races primitives de son territoire,
et dans le nombre sur les races finoises qui, en s'en rapportant
aux documents historiques, ont joué le premier rôle au marché
primitif de Makary, dans les contrées du royaume de Bulgarie[8])
voisines de la Kama. A cette époque, les races finoises représentaient l'Occident et l'Europe, devant l'Orient et l'Asie, tandis
qu'aujourd'hui, elles sont descendues devant l'élément russo-
slave, à la position subalterne que la ville de Tchéboksari, appelée,
par dérision, la capitale de la Tchérémissie, occupe dans le bassin
du Volga, devant Nijnii-Novgorod et Moscou.

La foire se présente principalement et même exclusivement
comme un centre tout-puissant des grands-russiens, et reste
presqu'étrangère (maintenant plus encore autrefois) à la «petite»
et la «blanche» Russie (à la branche méridionale et occidentale
de la nation russe).

Ce ne sont pas seulement des variétés et des contrastes de
races que nous rencontrons à la foire de Nijnii-Novgorod; les
courants intellectuels et moraux les plus variés, les mœurs,
les usages de toutes les classes et de tous les groupes de
la société russe s'y entrechoquent. Nous en avons donné plus
d'une indication; le lecteur a pu juger d'après différents faits

---

8) Voy. le chap. 1er.

qui se trouvent épars dans nos esquisses, du contraste extrême
des idées et des goûts du peuple russe qui se réunissent à la foire
et qui y cherchent satisfaction, ainsi que de l'échange des sentiments et des idées qui a lieu ici et qui accompagne l'échange
des marchandises. Et cet échange d'idées n'y joue point un rôle
secondaire : Makary sert de point de réunion et de moyen de
propagande aux agitateurs de diverses idées; ils viennent directement à la foire, des différents coins de la Russie, dans le but
de répandre leurs convictions. Ainsi, parmi les mouvements intellectuels qui se concentrent à Makary, l'activité des sectaires
est particulièrement remarquable. C'est précisément ici, à la foire
de Nijnii-Novgorod, que nous avons eu l'occasion d'apprécier le
rôle éminent, que les sectes religieuses jouent dans les mouvements intellectuels et moraux du peuple russe.

C'est encore ici, au milieu de causeries intimes et de discussions en pleine rue, que nous avons pu saisir les liens organiques intellectuels et matériels des divisions religieuses avec la vie
nationale; c'est surtout ici, au cœur de la propagande que font
aujourd'hui tous les genres de sectaires, que nous avons pu remarquer combien l'activité du clergé orthodoxe était impuissante
dans la voie de l'enseignement religieux.

La noblesse russe ne participe que très faiblement aux transactions de la foire de Nijnii-Novgorod; la réunion des propriétaires
des environs à la foire s'est même considérablement amoindrie
dans ces dernières années. Aussi, ce rassemblement de quelques centaines de milliers d'hommes, a-t-il le moins d'importance, sous
le rapport des mouvements intellectuels, pour la classe la plus
élevée et la plus civilisée de notre pays. Il faut mentionner ici
une particularité caractéristique de l'époque actuelle, — il faut
consacrer quelques mots à plusieurs propriétaires qui se tiennent
dans les boutiques et vendent en personne leurs marchandises.
Ces individus n'appartiennent point au nombre des représentants
déclassés de notre classe élevée, qui se jettent à corps perdu dans
toutes les entreprises après s'être ruinés; au contraire, ces gens
étaient aisés et avaient des allures fort distinguées. Ils s'é-
taient décidés à faire le commerce en personne, tout simplement,
pour mener la chose à meilleure fin que ne l'auraient fait leurs

commis; peut-être avaient-ils pris leur parti sans s'en douter eux-
mêmes, par déférence pour l'esprit du temps et dans le but de la
fusion des classes. Nous ne nous chargeons pas de communiquer à quel point cette fantaisie a commercialement réussi, mais
nous savons seulement, que les marchands adroits font volontiers
le commerce avec des nobles. Des vendeurs de ce genre plaisent
mieux aux marchands que les commis des fabricants — nobles.

Une variété excessive dans les idées, dans les moeurs et dans
les usages, constitue selon nous, le côté le plus intéressant de la
foire de Nijnii-Novgorod. Vous rencontrez à chaque pas les contrastes les plus frappants de la civilisation humaine, s'accommodant
entre eux et marchant côte à côte. Tels sont particulièrement
les contrastes du monde chrétien et du monde musulman, dont
les représentants sont si nombreux à la foire. «La femme n'est
pas un être humain, la femme n'a aucune des impulsions élevées
d'un homme, elle n'a que des instincts animaux» nous disait un
Tatare fort instruit, cherchant à appuyer son thème barbare par
des raisonnements qui indiquaient un certain développement
d'esprit et une certaine connaissance des exigences de la civilisation européenne. «Nous ne reconnaissons point d'âme à la femme,
aussi ne la laissons nous point entrer dans nos temples», conti-
nuait-il. Une famille chrétienne habitait la boutique voisine de celle
de ce Tatare, et nous y voyions souvent une femme réprimer, par
sa présence seule, la débauche à laquelle son mari était disposé à
prendre part; elle était la gardienne unique des croyances et des
coutumes de ses pères, au milieu de la raillerie des choses saintes
que se permettait la partie masculine de la famille, ébranlée dans
ses croyances par la propagande nihiliste et qui, comme tous les
prosélytes, s'était jetée dans les extrêmes de la nouvelle doctrine.
Pendant que les musulmans abandonnaient toutes leurs affaires,
et qu'animés d'un zèle extraordinaire, ils remplissaient la mosquée, à l'heure consacrée aux prières, et que leurs femmes ne devaient se tenir qu'à une certaine distance du temple, — la cathédrale orthodoxe était principalement remplie de femmes,
parce que les hommes vaquaient à leurs affaires commerciales.
Mais le Tatare ne voit à la foire, ni une femme en prières,
ni une femme, gardienne de la pureté des moeurs de sa famille,

aussi la réplique caractéristique que nous fit notre musulman civilisé, lorsque nous lui exprimâmes l'indignation que nous inspirait sa manière d'envisager la femme était-elle fort naturelle. «Vos femmes ne sont-elles pas une preuve vivante de la justesse de nos opinions, qui ne leur accordent point la dignité d'être humain, ni la faculté de savoir jouir de la liberté d'un homme? Ne voyons nous pas à toutes ces mascarades et dans vos établissements de plaisir ce que c'est que vos femmes? Ne devons nous pas nous convaincre que nous faisons parfaitement bien de les enfermer et de leur ôter toute liberté?» Telle fut la réponse sincère du musulman. Nos Tatares russes pourraient encore, s'ils le voulaient bien, acquérir d'autres opinions sur nos femmes et, en général, sur le genre de vie chrétien et européen. Mais le mahométan, arrivé de l'Asie Centrale, et qui n'apprend à connaître notre civilisation, que dans les seuls établissements de plaisirs de la foire, où il passe tous ses loisirs? Représentez-vous les Boukhares et les habitants du Kokhand qui tombent de leurs steppes aux bals Mabile de la foire et qui les quittent pour retourner à leurs steppes? Quelles doivent être les impressions de ces sauvages au milieu du monde européen, inconnu pour eux jusqu'alors? Quelque blessante que soit pour notre amour-propre européen l'opinion que les Asiatiques conservent de la civilisation qu'ils ont appréciée à la foire, nous devons nous consoler cette fois, parce que l'imagination de ces sauvages garde justement l'empreinte du courant étranger des plaisirs raffinés de Makàry que nous avons déjà distingué de leur élément russe national; la gaieté russe, en dépit de ses ignobles débordements, est incapable de produire sur les Asiatiques des impressions aussi écœurantes pour la civilisation européenne, que celles qu'éveille la dépravation venue ici de Pétersbourg, de Varsovie, ou de Paris.

Mais la civilisation russe qui se présente à la foire, ne renferme pas moins de contrastes et de rencontres d'idées inattendues. D'un côté, les sectaires vieux-croyants jettent l'anathème au ballet et intitulent du nom de danse d'Hérodiade tout spectacle que protègent les autorités, dans la vue de relever (?) ces moeurs russes (en 1864); d'un autre côté, les feuilletons de la presse locale se lancent dans le sentimentalisme, à propos des charmantes

créatures qui se perdent à la foire et les élèvent même, par
l'instigation de la presse progressiste de la capitale, au degré
d'idéal de la société[9]). Il serait difficile de se représenter les contrastes d'opinions plus tranchés ..... Et pourtant ce contraste n'est pas
le seul; une série de points de vue et d'inclinations diverses qui
remplissent l'atmosphère morale de notre patrie et qui planent
dans les différentes classes de notre société se heurtent ici à
chaque pas. D'une manière ou d'une autre, nos progrès futurs
dépendent de ces points de vue divers, dont les uns retracent à
notre imagination le tableau d'une époque antérieure à Pierre-le-
Grand ou même au patriarche Nikon, et les autres vous représentent la nouveauté la plus nouvelle de notre temps. Un garçon
des boutiques de Moscou imbu jusqu'à la moëlle des os des doc-
trines sur l'émancipation de la femme, qu'il a puisées de la bouche
d'un ami, lié avec des gens intelligents (?), peut-être même avec
des journalistes, est enfin fermement convaincu que la véritable
émancipation de la femme ne se réalise entièrement que dans les
cafés chantants de la foire, et cherche à nous prouver, avec la
ténacité d'un russe, que les relations qui s'établissent entre les
sexes, dans les cafés, sont les relations les plus normales et les
plus naturelles (sic). Après des discours semblables qui réunissent le progressiste russe européen et le Tatare, il nous a été
plus difficile encore de persuader à ce dernier, que les établissements de plaisir de la foire ne peuvent donner une idée juste de
la position sociale d'une femme européenne; il avait déjà entendu
parler des progressistes, qui soutiennent précisément qu'une émancipation semblable de la femme était le dernier mot du progrès
et de la science!

Ne nous arrêtons point à des faits de ce genre: un cas isolé,
pris dans tout l'ensemble, pourrait produire des conclusions par
trop exclusives. Il faut se mettre à quelque distance, pour juger
de la portée historique et nationale de cette grande «rencontre»
des hommes russes, que présente le rassemblement de Makary;
il faut qu'à cette distance, la difformité des faits moraux et in-

_____

9) Voy. la feuille de la foire 1864.

tellectuels, qui ne se remarque que de très près, disparaisse
dans l'idée générale, il faut que les taches de l'époque moderne, perceptibles pour l'oeil d'un observateur contemporain
troublé par les agitations du jour, se perdent dans le tableau
vu de loin. Toutes ces difformités, toutes ces taches disparaissent sans laisser de traces dans l'idée historique du marché de
Makary.

L'idée historique, qui nous semble prédominante ici, — c'est
la prééminence de l'élément national russe dans cette rencontre
des peuples de l'Orient et de l'Occident. C'est dans cette rencontre
des idées et des hommes, des mondes et des civilisations les plus
opposés, que la civilisation russe sort victorieuse et pose définitivement son stigmate et son type sur toutes les manifestations
et sur tous les faits de ce marché et de cette vie. Et ce type
russe est un type en même temps européen qui transforme
tous les éléments étrangers, tous les éléments asiatiques en éléments russes et européens. Et ce type russe ou grand-russien
qui, comme tout type vivant et national, se trouve dans un mouvement perpétuel, s'élabore et se fortifie dans cette rencontre et
dans ce frottement d'éléments étrangers, locaux, infiniment variés, qui deviennent graduellement un seul élément national. Un
tableau vivant de la vie foraine se retrace à notre mémoire
comme une certaine personnification de cette idée. C'était dans
une salle d'auberge. Un petit tatare, coiffé de son petit bonnet
musulman, joue avec entrain sur son violon des airs de danse
russe, et une femme polonaise reproduit les pas de notre danse
nationale en suivant le rhythme de la musique. L'un et l'autre
chantent des paroles russes et cherchent à prouver à la société,
qu'ils ont saisi l'esprit de la danse et du chant russes et que,
malgré leur origine, ils sont capables de reproduire un trait
russe, tout à fait national. Cela leur réussit effectivement et la
compagnie, composée de petits commerçants de toutes les races
et parlant toutes les langues (dans le nombre des Français, des
Allemands, des juifs) et qui, comme toutes les réunions de Makary,
cherche à se faire passer pour une compagnie russe, entre dans
un enthousiasme sans bornes. Nous avons longtemps admiré ce
tableau, à travers lequel, malgré la pauvreté des décorations,

perçait le sens intérieur des grands mouvements nationaux semblables à ceux de la foire de Makary.

Nous nous permettons de supposer que cette scène, que nous avons surprise dans le tourbillon de la gaieté de la foire, et dont chaque acteur, quels que fussent son origine, sa religion et son idiome, avait le même chant russe sur les lèvres, le même motif russe dans l'âme, la même disposition de sentiment et de pensée russe, — nous supposons que cette scène pouvait exprimer d'une manière palpable l'idée qui domine dans nos *Esquisses de la foire de Nijnii-Novgorod.*

Nous pouvons déplorer plus d'un fait sombre qui se produit dans nos rassemblements nationaux: d'un côté, les Bachkirs, cosaques, garants de l'ordre et de la sécurité, gérants de l'ordre moral, d'un autre côté, les propagateurs des bals masqués et des cafés chantants et les nihilistes, — tous ces représentants des éléments civilisateurs de l'Europe d'un autre côté, mais nous ne pouvons nier que la vie russe soit en voie de se développer et de progresser dans ces grands rassemblements et à tous ces foyers commerciaux, et qu'aucun représentant de nos faux progrès modernes n'est de force à entraver ce mouvement. *L'unité* de la vie et de l'esprit russe s'élabore à ces rassemblements, — unité, qui par elle-même constitue une force, bien que cette force eût pu grandir à l'infini par son plus grand rapprochement de la civilisation européenne. Pendant que les progrès de notre enseignement et de notre développement scolaires sont encore si faibles, pendant que, d'un autre côté, l'insuffisance des moyens de vie matériels et des perfectionnements des voies de communication ne permettent point à toutes les régions de la Russie d'échanger leurs marchandises et leurs idées, et de soutenir leur unité russe autrement qu'au moyen de *rencontres* semblables, réjouissons-nous de ce que cette grande unité nationale, qui représente le fond de la puissance d'un Etat, puisse se conserver et se développer au moyen de points de réunion et de mouvements semblables au marché de Makary.

Ouvrages du même auteur publiés dans la VII. Série des Mémoires de l'Académie Impériale des Sciences.

T. X, № 14. Études sur les revenus publics. Impôts sur les actes. *Première partie.* 1866. (Avec 2 tableaux.) Pr. 45 K. = 1 Mk. 50 Pf.

T. XI, № 8. Études sur les revenus publics. Impôts sur les actes. *Seconde partie.* 1867. Pr. 40 K. = 1 Mk. 30 Pf.

T. XI, № 10. De l'influence de la science économique sur la vie de l'Europe moderne. 1867. Pr. 65 K. = 2 Mk. 20 Pf.

T. XI, № 4. Études sur les revenus publics. Revenus des mines. *Première partie.* 1870. Pr. 30 K. = 1 Mk.

T. XVIII, № 9. Études sur les revenus publics. Revenus publics de la Russie leur classification, leur situation actuelle et leur mouvement 1866 — 1872. 1872. Pr. 70 K. = 2 Mk. 30 Pf.

❈

Imprimé par ordre de l'Académie Impériale des sciences.
Février, 1888.   C. Vesselofsky, Secrétaire perpétuel.

Imprimerie de l'Académie Impériale des sciences.
(Vass.-Ostr., 9 ligne, № 12.)